사제의 첫 마음

사제의 첫 마음

2014년 3월 31일 교회 인가
2014년 6월 27일 초판 1쇄 펴냄
2014년 9월 15일 초판 3쇄 펴냄

엮은이 | 김창환, 가톨릭신문, 평화신문, 가톨릭출판사
펴낸이 | 염수정
펴낸곳 | 가톨릭출판사
편집 겸 인쇄인 | 홍성학
디자인 자문 | 김복태, 류재수, 이창우, 황순선
윤　문 | 이창건
편집장 | 송향숙, 편집 | 이현주, 허유현
표지 및 내지 디자인 | 정해인

본사 | 서울특별시 중구 중림로 27
지사 | 경기도 고양시 일산동구 노첨길 65
등록 | 1958. 1. 16. 제2-314호
전자우편 | edit@catholicbook.kr
전화 | 1544-1886(대), (02)6365-1833(영업국)
지로번호 | 3000997

ISBN 978-89-321-1358-6 03230

값 20,000원

인터넷 가톨릭서점 http://www.catholicbook.kr
직영 매장: 명동대성당 (02)776-3601, 3602/ FAX (02)776-1019
　　　　　가톨릭회관 (02)777-2521/ FAX (02)777-2520
　　　　　서초동성당 (02)313-1886
　　　　　서울성모병원 (02)2258-6439, (02)534-1886/ FAX (02)392-9252
　　　　　분당요한성당 (031)707-4106
　　　　　절두산 (02)3141-1886/ FAX (02)3141-1886
　　　　　미주지사 (323)734-3383/ FAX (323)734-3380

가톨릭의 모든 도서와 성물을 '인터넷 가톨릭서점'에서 만나 보실 수 있습니다.

이 도서의 국립중앙도서관 출판 시 도서목록(CIP)은 서지정보유통지원시스템 홈페이지(http://seoji.nl.go.kr)와 국가자료공동목록시스템(http://www.nl.go.kr/kolisnet)에서 이용하실 수 있습니다(CIP제어번호: CIP2014012423).

성경 · 교회문헌 © 한국천주교중앙협의회

이 책은 저작권법에 의해 보호를 받는 저작물이므로 무단 전재와 무단 복제를 금합니다.

사제의 첫 마음

406명의 사제가 들려주는
내 인생 모토가 되어 준 한마디

김창환
가톨릭신문
평화신문
가톨릭출판사
엮음

가톨릭출판사

일러 두기

1. 지금의 《성경》이 발행되기 전에 사제품 받은 분들 중에는 서품 성구로 《공동 번역 성서》 등 당시의 공용 성경 구절을 그대로 쓴 경우가 있습니다.
2. 본문 배치는 '서울관구', '대구관구', '광주관구 및 군종교구', '선교회와 수도회'로 나누었고, 교구 순서도 그에 따랐습니다. 각 교구의 추기경, (대)주교, 몬시뇰, 신부순으로 정렬한 다음, 가나다순으로 이름을 배치하였습니다. 단, 추기경과 (대)주교, 몬시뇰은 사제 수품순입니다. 선교회와 수도회의 경우는 수도회명을 가나다순으로 정렬한 다음, 가나다순으로 이름을 배치했습니다.
3. 서술 어투는 높임말로 통일했습니다.
4. 고故 김수환 추기경님은 《추기경 김수환 이야기》(김수환 추기경 구술, 평화신문 엮음, 평화방송·평화신문, 2009)에서, 고故 이태석 신부님은 《친구가 되어 주실래요?》(이태석 지음, 생활성서, 2009)에서 발췌 인용하였습니다.
5. 〈가톨릭신문〉과 〈평화신문〉에 실렸던 글의 경우 출처를 본문 끝에 표시했으며, 그 글 중에는 저자의 뜻과 현 상황에 맞게 수정된 내용이 있음을 밝힙니다.

추천의 글 _ 염수정 추기경

천국의 문을 여는 사람들

사제품을 앞둔 부제들은 많은 것을 준비하게 됩니다. 우선 미사 집전 시 입을 제의와 그리스도의 성체와 성혈을 담을 성작과 성반 등을 마련합니다. 그러나 무엇보다 중요한 것은 사제로서 어떻게 살 것인가를 결심하여 모든 이에게 그 결심을 공적으로 드러내는 일입니다. 그것이 바로 서품 성구입니다.

사제 생활의 좌우명(모토, motto)이 될 구절을 대부분 성경에서 찾고 정하여, 초대장 상본에 자신의 이름과 세례명과 함께 담습니다. 이는 사제품을 받는 그 순간만을 위한 것이 아니라 사제로서 끝까지 살아 하느님 안에 영원한 안식을 얻기까지 참으로 그렇게 살겠다는 다짐이요 약속입니다.

사제를 제2의 그리스도Alter Christus라 부르는 것은 그에게 부여된 권한 때문이 아니라 그가 집행하는 성사와 그 역할 때문입니다. 이를 위해 사제는 말과 행동의 지침으로 자신의 서품 성구를 떠올린다면 사제는 참으로 '천국의 문을 여는 사람들'이 될 것입니다.

전국의 주교와 사제들의 서품 성구를 모은 김창환(심플리치오) 형제님의 노고에 진심으로 감사드립니다. 많은 사제들에게 편지하고 다시 답장을 받는 일도 쉽지 않았겠지만, 그렇게 기다리고 일일이 받아 사제들의 첫 마음을 읽으실 때 그 누구보다도 그 사제를 위해 많이 기도해 주셨을 거라고 생각됩니다. 또한 〈가톨릭신문〉과 〈평화신문〉에 게재된 서품 성구까지 더해져 더욱 의미 있는 책이 되었습니다.

"관리는 지위를 얻는 데서 게을러지고, 병은 조금 나아지는 데서 악화되며, 재앙은 게으른 데서 생기고, 효도는 처자에서 약해진다. 이 네 가지를 살펴서 삼가 끝맺음을 처음처럼 할지니라."

중국 전한前漢 말의 유향劉向이 쓴 《설원說苑》에 있는 글입니다. 처음의 마음을 잃지 않고 살고 싶은 이들은 서품 성구를 간직하고 있는 사제들만이 아닐 겁니다. 이 책을 읽으시는 모든 분들이 처음의 마음으로 자신에게 주어진 일을 잘 끝맺으시기를 기도합니다.

천주교 서울대교구 교구장

염수정 안드레아 추기경

추천의 글_이해인 수녀

자신의 성구로 새롭게 피어나는 기쁨

사제들이 일생의 지표로 삼고자 깊이 생각해서 선택한 여러 성구들을 이렇게 한자리에 모은 것 자체가 참으로 아름답고 뜻 깊은 일이라 여겨집니다.

살아가면서 어느 순간 어둠과 시련의 폭풍이 닥쳐와도 이 성구들은 반짝반짝 빛을 내며 사제들에게 희망과 용기를 더해 주고, 축성된 삶의 길을 끝까지 걸어갈 수 있는 인내와 사랑의 기적을 낳아 주었으리라 봅니다.

우리 모두 사제들을 위해 기도하는 마음으로 이 성구들을 묵상하다 보면 어느새 우리 자신의 성구로 새롭게 피어나는 기쁨을 맛볼 수 있을 것입니다.

이해인(수녀, 시인)

이 해인 수녀

추천의 글_염봉덕 신부

초심으로 돌아가는 행복한 삶

　공직자, 재벌, 정치인이나 연예인 등 사람들이 비리에 연루되어 문제가 발생했을 때 흔히 하는 말이 있습니다. "국민들에게 누를 끼쳐서 대단히 죄송하게 생각하며 앞으로 초심으로 돌아가서 열심히 일하겠습니다."라는 말입니다.
　그렇습니다. 누구나 무슨 일을 하든 처음에는 사심 없이 열심히 하겠다는 마음을 갖습니다. 그러나 시간이 지나면 처음에 가졌던 마음가짐이 흐트러지기 쉽습니다.
　성직자들도 사제품을 받을 때 앞으로 사제 생활을 열심히 하리라고 다짐하면서 자신이 평생 사제로 살면서 좌우명으로 삼고 싶은 성경 구절(성구)을 서품 초대장에 써서 친지들에게 보냅니다. 그러나 사제도 인간인지라 시간이 지나면서 사제 서품 때 가졌던 초심이 퇴색되어 가기가 쉽습니다. 그래서 사제들은 매년 교구에서나 개인적으로 피정을 하면서 자신의 사제 생활을 뒤돌아보며 사제 서품 때 가졌던 좌우명대로 살고 있는지 반성하고, 다시 그때의 마음으로 돌아가려고 다짐합니다. 사제가 초심을 잃지 않고 평생을 살았다면 그 사제는 진정으로 행복한 사제라 할 수 있을 것입니다.

몇 년 전 본당 사목을 했을 당시 본당 김창환 회장님이 전국의 주교님들과 사제들의 성구를 모아서 출판을 하겠다고 했을 때는 솔직히 불가능할 것이라고 말했습니다. 한 사람이 책을 써서 출판하는 것도 쉽지 않은데, 전국의 사제들의 성구를 모아서 책으로 펴낸다는 것은 도무지 가능한 일이 아니라는 생각이 들었습니다. 그런데 회장님은 포기하지 않고 끈기 있게 전국의 주교님들과 사제들에게 편지를 보냈고 그 성구들을 모았습니다. 그리고 그 노고가 결실을 맺고, 또 〈가톨릭신문〉과 〈평화신문〉에 발표된 글들도 합해져 이렇게 책으로 출판하게 된 것을 매우 기쁘게 생각합니다.

끝으로 이 책을 읽으시는 모든 분들이 자신이 지녔던 초심으로 돌아가 일하시면서 행복한 삶을 사시기를 바랍니다.

천주교 부산교구
염봉덕 원로 신부

추천의 글_장혁표 전 부산대 총장

신앙생활의 길잡이가 되길

　성직자로서의 소명을 받아 하느님의 사도가 되는 것은 먼저 하느님의 성소가 있어야 하고 다음으로는 자신의 응답이 있어야 합니다. 하느님의 부르심에 응답하여 살아가는 과정이 순탄하지만은 않다는 것을 많은 사례를 통해 짐작할 수 있습니다. 이러한 어려움에 부딪힐 때 스스로 정한 모토는 시련을 극복하는 데 큰 도움이 될 것입니다. 더욱이 사제 생활을 시작했을 때와 그 후에 시대 상황이 변화되어 어려움을 더할 수도 있습니다.
　그러나 초지일관 한눈팔지 않고 오직 그곳으로 향하게 하는 힘은 처음의 결심입니다. 특히 서품 성구는 일상의 목표나 모토와도 또 다른 의미를 지닌다고 생각됩니다. 나와의 약속 이상의 약속인, 하느님과의 약속이기 때문입니다. 특히 그 약속에는 항상 성령께서 깊이 관여하십니다.
　많은 분들의 사제 서품 성구를 모아 책으로 발간하겠다는 김창환 심플리치오 형제님의 발상이 특별하다는 느낌을 가졌습니다. 생각과 달리 실제 일을 하다 보면 어려움이 있기 마련인데, 보통 그럴 때 중도에 그만두는 경우가 많습니다. 그런데 김창환 형제님이 긴 시간과 노력을 들여 많은 분들로부터 서품 성구를 모은 것은 정말 대단한 일입니다.

신도들이 신부님의 서품을 축하하기 위해 서품식에 참석하면 기념으로 서품 상본을 받게 되는데 이것을 모아 두었다면 제법 많을 것입니다. 기도서의 책갈피로 활용하여 가끔 그 신부님을 기억하다가 언제 없어졌는지도 모르게 잃어버립니다. 지금 이 책의 발간 소식을 듣고 그때 저에게 서품 상본을 주신 신부님들에게 새삼 죄송한 마음이 듭니다. 그분들에게는 매우 소중한 것을 소홀히 대했다는 점 때문입니다. 이번 일로 늦게나마 반성하게 되었습니다.

하느님을 향한 우리의 신앙은 본질적으로는 같으나 그 삶의 방법은 다양합니다. 다양한 그 뜻이 서품 성구에 배어 있습니다. 그러므로 이 책을 읽음으로써 신앙생활에 크게 도움을 얻게 될 것으로 생각됩니다.

장혁표 아타나시오 (전 부산대 총장)

머리말

빛과 소금이 되는 삶을 위해

사람들은 보통 출세하여 돈을 많이 벌고 좋은 짝을 만나서 행복하기를 바랍니다. 그런데 이와 다른 행복을 찾거나 인생의 목표를 다르게 설정한다면 과연 그 인생은 어떻게 바뀔까요?

여기, 촛불처럼 어둠을 밝히고 소금처럼 녹아 없어지는, 자신보다 남을 위한 삶을 선택한 분들이 있습니다. 바로 사제들입니다. 그분들이야말로 빛과 소금이 되는 분들이라고 할 수 있습니다. 세상의 부귀영화를 뒤로하고 평생 독신으로 살면서 자신이 아닌 남을 위하여 모든 것을 바치며 사시기 때문입니다. 이런 삶은 보다 더 큰 열매와 희망을 낳습니다.

그분들도 사제가 되기 전에는 평범한 가정의 귀한 자녀였습니다. 그러나 하느님의 부르심을 받고 자신의 모든 것을 포기한 채 이 외길을 선택할 때까지 인간적으로 많이 고뇌했을 것입니다. 물론 여기에는 어머니의 사랑과 정성 어린 기도가 있었을 것입니다. 이런 과정을 겪고 나서 이분들은 사제 수품을 앞두고 신앙의 모토인 성구를 정합니다. 그 성구에 따라 하느님의 마지막 부르심 때까지 험난한 사제의 길을 묵묵히 실천해 가기로 결심합니다. 바로 이때 선택한 서품 성구가 그분들의 생활 철학이요 영적인 생명이라 할 수 있습니다.

이 책에는 수많은 사제들의 첫 마음이 담겨 있습니다. 그분들은 순명과 독신을 약속하며 각오를 다진 분들입니다. 이 책을 읽으면, 우리 가까이에서 이 사회의 빛과 소금으로 일하시는 많은 신부님들의 평소 생활 철학과 하느님 사랑과 이웃 사랑을 실천하는 삶에 대해 더욱 잘 이해하게 될 것입니다.

그동안 이 책이 출간될 수 있도록 뜻을 같이 하고 격려를 많이 해 주신 여러 주교님, 몬시뇰님을 비롯한 신부님들께 진심으로 감사드립니다. 이 책이 그리스도를 믿는 사람들은 물론 비종교인에게 널리 보급되기를 바랍니다. 특히 청소년이 이 책을 읽고, 사제의 길에 대해 가슴속 깊이 생각해 보는 기회를 갖기를 바랍니다. 하느님께서는 이 세상의 모든 피조물 가운데서 우리 인간을 가장 사랑하셨습니다. 이런 사랑의 말씀을 널리 전파하는 일은 매우 중요합니다. 이러한 일과 선한 일을 하는 모든 이들에게 하느님의 축복이 풍성히 내리기를 바랍니다.

아울러 신부님들께서도 이 책을 읽으며, 지난날 사제품을 받앉을 때의 초심을 기억하고, 다른 분들의 서품 성구도 눈여겨보시면서 하느님께서 동료 신부님들에게 주신 축복도 알아보시는 기쁨도 함께 누리시길 바랍니다.

끝으로 이 책이 빛을 볼 수 있도록 출판을 흔쾌히 승낙해 주신 가톨릭출판사 홍성학 사장 신부님과 관계자 여러분께 감사드립니다. 그리고 주옥같은 추천의 글을 써 주신 염수정 추기경님과 부산교구 염봉덕 원로 신부님께도 감사드립니다. 항상 사제를 위하여 기도하시는 이해인 수녀님과 청소년을 남달리 사랑하시는 장혁표 전 부산대 총장님을 비롯한 많은 분들께 진심으로 고마움을 전합니다.

김창환 심플리치오

목차

✎ 추천의 글
- 5 · 천국의 문을 여는 사람들_**염수정 추기경**
- 7 · 자신의 성구로 새롭게 피어나는 기쁨_**이해인 수녀**
- 8 · 초심으로 돌아가는 행복한 삶_**염봉덕 신부**
- 10 · 신앙생활의 길잡이가 되길_**장혁표 전 부산대 총장**

✝ 머리말
- 12 · 빛과 소금이 되는 삶을 위해_**김창환**

서울관구 · 17
- 19 · 서울대교구
- 93 · 춘천교구
- 119 · 대전교구
- 167 · 인천교구
- 203 · 수원교구
- 263 · 원주교구
- 289 · 의정부교구

대구 관구 · 315

- 대구대교구 · 317
- 부산교구 · 367
- 청주교구 · 427
- 마산교구 · 455
- 안동교구 · 481

광주 관구 및 군종교구 · 503

- 광주대교구 · 505
- 전주교구 · 539
- 제주교구 · 583
- 군종교구 · 599

선교회와 수도회 · 621

찾아보기 · 665

- 교구 및 선교회와 수도회별 · 667
- 이름별 · 694
- 성구별 · 707

서울관구

서울대교구
춘천교구
대전교구
인천교구
수원교구
원주교구
의정부교구

서울대교구

하느님, 저를 불쌍히 여기소서.

시편 51,3

김수환 스테파노 추기경

    과연 한평생 착한 목자로 살 수 있을까? 장점보다 단점이 많은 내가 오히려 하느님 앞에 죄인으로 남을 가능성이 높지 않은가. 그렇다면 내 생명이 다하는 순간까지 성찰하고 고백해야 할 것은 "하느님, 저는 죄인이오니 이 죄인을 불쌍히 여기소서."라는 말 이외에 무엇이 더 필요하겠는가.

《추기경 김수환 이야기》에서

1951년 9월 15일 수품

나 너를 사랑하는 줄을
너 알으시나이다.

요한 21,15

정진석 니콜라오 추기경

저는 1961년 3월 18일 명동 성당에서 사제품을 받았습니다. 그때 서품 성구로 택한 성경 구절이 "나 너를 사랑하는 줄을 너 알으시나이다."(요한 21,15)입니다.

저는 그때 감히 제가 거룩한 사제가 된다는 것이 너무 두려웠습니다. 그리고 사제품을 받기 위해 땅에 엎드려 기도하는 동안 6·25 전쟁 때 죽을 고비를 넘기던 일들이 마치 영화의 장면처럼 스쳐 지나갔습니다. 그 많은 죽을 고비에서 제가 죽지 않고 살아난 것은 이유가 있었습니다. 사제가 되라는 하느님 뜻이었습니다.

이제 제 인생은 덤으로 받은 삶이라고 생각했습니다. 사제 서품 미사 중에 죄 많은 제가 어떻게 성스러운 사제직을 수행할 수 있을지, 감정이 북받쳐 많이 울었습니다. 감격스러우면서도 두려웠습니다. 시간이 많이 흘렀지만 저는 그날을 잊을 수가 없습니다.

저의 성구는 예수님께서 부활하신 후 베드로에게 세 번이나 "나를 사랑하느냐." 하고 물으시자 베드로가 한 대답입니다(요한 21,15-19 참고). 당연히 베드로는 예수님이 붙잡히셨을 때 세 번이나 예수님을 모른다고 부인했던 일이 떠올랐을 것입니다. 베드로는 배신자였습니다. 그러나 중요한 것은 주님을 모른다고 한 후 주님과 눈을 마주친 다음 밖으로 나가 슬피 울며 자신의 행동을 뉘우쳤던 것입니다. 회개야말로 배신자 베드로를 으뜸 제자로 만든 원동력이었습니다.

그때 제 마음이 베드로와 같았습니다. 아무리 노력해도 주님 보시기에는 잘못투성이일 겁니다. 그럼에도 주님은 제가 주님을 사랑한다는 것을 알고 계시리라 믿었습니다. 겉으로 드러난 모습은 아무리 부족할지라도 마음만큼은 주님과 함께한다는 것을 고백했습니다.

성경에서 보면 베드로는 결점이 많은 부족한 사람이었습니다. 그는 자신의 한계를 철저히 체험한 사람이었습니다. 세속적 관점에서 보면 더 유능하고 똑똑한 제자들이 있었는데도 예수님은 그를 으뜸 제자로 세우셨습니다. 인간은 누구나 잘못할 수 있습니다. 죄를 짓기에 신이 아니라 인간입니다. 부족하고 죄 많은 인간에게 가장 필요한 것은 회개임을 베드로 사도는 가르쳐 줍니다.

또한 예수님은 베드로에게 "나를 따라라."라고 말씀하십니다(요한 21,19 참고). 예수님을 따라가기 위해서는 모든 것을 버려야 합니다. 심지어 가족과의 작별 인사도 허락하지 않을 정도였습니다. 그만큼 예수님을 따른다는 것은 쉽지 않은 힘든 일입니다.

저는 '지난 50여 년 동안 내 모든 것을 버렸는가.' 하고 가끔 자문해 봅니다. 부끄럽게도 모든 것을 다 버렸다고 쉽게 말할 수 없습니다. 그래서 또한 다시 한 번 반성합니다. '나는 나의 모든 것을 다 버렸는가?' 여전히 부족하지만 매일 최선을 다해 살고자 노력합니다. 그리고 주변의 모든 것에 대해 매일 매 순간 감사드립니다. 그것이 주님이 저에게 베풀어 주신 사랑에 대한 최소한의 응답이라 생각합니다.

〈평화신문〉
1961년 3월 18일 수품

아멘, 오십시오. 주 예수님!

Amen. Veni, Domine Iesu!

묵시 22,20

염수정 안드레아 추기경, 서울대교구장

신약 성경의 마지막 권인 묵시록 맨 마지막에 나오는 이 말씀은 하느님 나라가 완성되기를 갈구하는 사람들에게 "그렇다. 내가 곧 간다."라는 주님의 말씀에 대한 하느님 백성의 응답이요 간청입니다.

사제로 살면서 늘 간절히 이렇게 주님의 오심을 깨어 기다리며 살겠다는 저의 다짐이었습니다.

이 사제 서품 성구는 주교가 되었을 때 문장으로, 또 교구장이 되었을 때 사목 표어로 이어졌으며, 이제 다시 추기경이 되었을 때도 문장으로 사용하며 계속해서 저의 기도가 되고 있습니다.

1970년 12월 8일 수품

아버지의 뜻이 하늘에서와 같이 땅에서도 이루어지게 하소서.

마태 6,10

조규만 바실리오 주교

　예수님은 하느님 아버지의 뜻을 이루기 위해 오셨습니다. 아버지의 뜻을 실천하는 것이 당신의 양식이라고까지 말씀하셨습니다. 올리브 동산에서도 아버지의 뜻대로 이루어지기를 기도하셨습니다. 또 제자들에게도 아버지의 뜻을 이루도록 기도하라고 가르쳐 주셨습니다. 누구보다도 사제는 예수님처럼 하느님 아버지의 뜻을 따르는 사람이어야 할 것입니다. 하늘에서 천사와 성인들이 하느님 아버지의 뜻을 이루듯이, 땅에서도 사제들과 그리스도교 신자들이 하느님 아버지의 뜻을 이루도록 해야 할 것입니다.

1982년 8월 26일 수품

오직 죄인을 부르러 왔노라.

마태 9,13

황인국 마태오 몬시뇰

주님은 사도들을 부르시어 당신이 하실 일을 맡기셨는데, 사도들 중에 가장 부적합한 사람이 마태오였습니다. 그는 반민족적, 반종교적인 직업을 가져, 뭇 사람들로부터 지탄을 받던 세리였기 때문이었습니다.

"건강한 이들에게는 의사가 필요하지 않으나 병든 이들에게는 필요하다." 이 말씀처럼 주님은 의인을 부르러 오시지 않았습니다. 주님이 마태오 사도를 부르실 때 "사실 나는 의인이 아니라 죄인을 부르러 왔다."라고 하신 말씀을 항상 떠올리면서, 너무나 부족한 저를 불러 주신 주님께 감사드리며 사목 생활을 하고 있습니다.

1964년 12월 18일 수품

너 나를 사랑하느냐?
요한 21,15

나원균 바오로 몬시뇰

예수님은 베드로에게 "너 나를 사랑하느냐?"라고 세 번 물으시고 다짐을 받으셨습니다.

"너 나를 사랑하느냐?"라는 말씀은 예수님이 "네가 나의 고통을 아느냐? 네가 나의 슬픔을 아느냐?"라고 물으시는 것 같습니다. 또한 "너는 나의 미래를 아느냐? 나를 주님으로 사랑하느냐?"라고 물으시는 것 같습니다. 그리고 또 "나를 권력으로 대하느냐?"라고 물으시는 것 같습니다.

사제직에 불러 주신 것은 곧 주님에 대한 사랑의 고백이고, 사랑의 약속입니다. 그리고 사랑의 실천입니다.

1971년 12월 8일 수품

> 당신의 숨을 내보내시면 그들은
> 창조되고 당신께서는 땅의 얼굴을
> 새롭게 하십니다.
>
> 시편 104,30

강귀석 아우구스티노 신부

　이 세상 모든 것의 주권자이신 하느님께서 그 어떠한 상황일지라도, 당신의 입김 한 번으로 모든 것을 새롭게 다시 창조해 주시는 분임을 믿고 고백하는 신앙인으로 살고자 하는 뜻입니다. 낙담하거나 절망하지 않기를 비는 마음입니다.
　최민순 신부님은 이 구절을 "보내시는 당신 얼에 그들은 창조되어 누리의 모습은 새롭게 되나이다."로 아름답게 옮겼습니다. 언제나 하느님의 도우심으로 맑고 깨끗한 새로운 얼굴을 가질 수 있을 것입니다. 이는 하느님 보시기에 참 좋을 것입니다.

1986년 1월 28일 수품

나를 구원하신 하느님 안에서 기뻐 뛰렵니다.

하바 3,18

강재흥 요셉 신부

하느님 안에서 즐거운 삶을 살고자 하였습니다. 성모님께서 엘리사벳을 방문하셨을 때 엘리사벳 태중의 아기가 기뻐 뛰는 것처럼 그분의 방문, 그분과의 삶이 얼마나 기쁘고 즐거운 일인지 늘 느끼며 기억하고자 하였습니다.

가브리엘 대천사가 성모 마리아에게 나타나신 것도 저를 구원하기 위해서라고 생각합니다. 그것을 성모님께서는 주님의 뜻이 이루어지기를 바란다고 하셨습니다. 그 위대한 신앙 고백 안에서 아기 예수님도 기뻐하셨을 것입니다.

1996년 7월 5일 수품

너희가 내 말을 마음에 새기고 산다면 너희는 참으로 나의 제자이다. 그러면 너희는 진리를 알게 될 것이며 진리가 너희를 자유롭게 할 것이다.

요한 8,31-32

고형석 스테파노 신부

신학교에 입학하여 사제가 되고자 영성과 학업에 전념하면서 저는 훌륭한 사제상을 늘 염두에 두고 살았습니다. 그러나 현실에서 저의 모습은 언제나 부족했습니다.

부제 서품을 앞두고 있었던 이냐시오 피정에서 '주님을 뵙지 못하면 신학교에서 나와야겠다'는 굳은 각오와 결심을 했습니다. 그런데 피정 중에 제 자신을 돌아보니 제가 관념적으로 만들어 놓은 사제상에 제 자신이 도달하지 못해서 자기 연민에 빠지고, 그런 제 자신의 모습을 받아들이지도 못하고, 사랑할 수도 없었습니다. 이런 제게 주님은 말씀하셨습니다.

"스테파노야, 나는 네 있는 모습 그대로 너를 사랑한단다."

이 말씀은 그동안 제 자신이 얼마나 훌륭한 사제상에 구속당하고 스스로 제 자신을 벼랑 끝으로 몰고 갔는지 알게 해 주었습니다. 주님께서 제게 들려주신 말씀을 통해 저는 참진리를 만났으며, 그 진리를 통해 저는 모든 속박에서 자유롭게 되었습니다. 주님은 제게 진리의 깨달음을 주셨습니다. 아멘.

1997년 7월 5일 수품

우리도 주님과 함께 죽으러 갑시다.

요한 11,16

김귀웅 토마스 신부

신학교 합격자 발표가 있던 날 이른 아침, 저는 성당에 앉아 기도를 했습니다. '성서 모임에 가라'를 '성소 모임에 가라'로 잘못 알아듣고 다니기 시작한 예비 신학생 모임을 떠올리며 감사의 기도를 드렸습니다. 신학교 갈 자격도 없고, 그런 은총을 바라지도 않았습니다. 다만 그동안의 삶에 감사할 뿐이었습니다. 기도를 바친 뒤 선배 신학생들과 신학교로 향하였습니다. 신학교 언덕을 올라 정문에 들어서는 순간, 예비 신학생 친구가 언덕을 내려오면서 큰 소리로 외쳤습니다.

"야 인마, 귀웅아, 너도 합격이야!"

그 소리를 들으니 이제부터의 모든 삶은 하느님께서 주신 덤이라는 느낌이 들었습니다. 짐을 싸 들고 신학교 기숙사에 들어서면서부터 저는 꿈만 같았습니다. 제 이름이 붙은 침대와 옷장, 공부방과 책상이 있었고, 성당과 식당에도 제 자리가 마련

되어 있었습니다.

신학교는 전교생이 미사 참례를 하고 특별한 전례를 거행하는 일이 많기 때문에, 성당이 무척 컸습니다. 2월 말의 싸늘함에 비하면 잠깐 트는 히터는 그냥 시늉뿐이었습니다. 그런데 그 큰 성당의 출입문은 조금 과장하자면 입김으로도 밀리는 흔들 문이었습니다. 신학교 성당 제일 앞자리는 부제님들이 차지했고, 뒤를 이어 고학년에서부터 저학년으로 배정되었습니다. 같은 학년은 나이와 생일에 따라 자리가 정해졌습니다. 그런데 그 커다란 성당 제일 뒷자리가 제 자리였습니다. 제가 제일 어리고 생일이 늦었기 때문입니다. 그 원망스러운 흔들 문을 통해 혜화동 언덕 찬바람이 시도 때도 없이 제 등을 때렸습니다. 기도할 때마다 손을 호호 불어야 했습니다. 무릎 사이에 손을 넣고 비비며 묵상을 한 끝에 '하느님께서는 저를 찬바람 방패막이로 부르셨구나.' 하고 깨닫게 되었습니다.

2학년이 되어 등교하는 날, 제 마음은 설레었습니다. 이제 후배들 앞에서 폼 좀 잡으며 지낼 수 있을 것 같아서였습니다. '모든 것이 낯설어 어리둥절할 신입생에게 아는 척 좀 해야 하겠지?' 하는 생각으로 신입생을 기다렸습니다. 설레는 마음으로 눈을 감고 있는데 부스럭거리는 소리가 들렸습니다. 눈을 뜨고 부드러운 얼굴을 만들고서 고개를 돌려 옆의 신입생을 바라보았습니다.

'아, 그런데 어찌 이런 일이!' 신입생은 머리의 반이 대머리였고, 얼굴은 세상 온갖 풍파 다 겪었다고 자랑이라도 하는 듯이 쭈글거리며 시커먼 빛을 발하고 있었습니다. 그 후배는 저보다 자그마치 열두 살이나 많은 진짜 아저씨였습니다. 이후 성당에서는 끽소리도 못하고 모범된 생활만 하여야 했습니다.

새 학년이 될 때마다 몇 발자국 제대 앞으로 배치되었습니다. 그래서 매일 성당 문에 들어서 제 자리를 찾아 걸어가며 그만큼 더 제대를 향하여 나아간 자신을 느끼지 않을 수가 없었습니다. 제일 끝자리에서 찬바람 맞으며 신학교 생활을 시작한 저로서는 조금 더 깊이 느낄 수 있었습니다.

제대를 향하여 조금씩 앞으로 나아가는 것을 느끼는 또 다른 중요한 일이 있었습니다. 신학교에서 함께 지낸 부제님들이 방학 중에 사제품을 받고 학기가 시작되면 함께 미사를 봉헌했습니다. 형으로 부르던 몇 십 명의 선배가 새 신부님이 되어 제대 위에 빙 둘러서 미사를 드리는 모습을 바라보는 것은 가슴 뭉클한 감동이었습니다. 화려하게 수놓은 멋진 새 제의를 입고 팔을 벌려 강복하는 모습을 보면서 '이제 나도 몇 년 뒤면 저렇게 제대 위에서 미사를 드릴 수 있겠구나.'라고 생각했던 것입니다.

그러던 어느 해, 그런 생각을 하며 신학교에서 미사를 드리는 새 신부님을 바라보던 저는 그만 깜짝 놀라고 말았습니다. 지난 몇 년간 신학교 생활이란 바로 제대를 향하여 나아가는 삶이라고 생각했는데, 그 최종 목적이 제대보다 훨씬 더 뒤쪽에 있다는 것을 발견하게 되었습니다. 멋진 제의를 입으신 새 신부님들 뒤쪽으로 벌거벗은 채 십자가에 못 박혀 고개를 떨구고 계신 예수님이 오버랩되었던 것입니다.

정말 충격이었습니다. 제 인생을 완전히 궤도 수정하는 듯한 그런 느낌이었습니다. 제 삶은 제대를 향하여 나아가는 삶이 아니라, 초라한 모습으로 비참한 최후를 맞으신 예수님을 향한 삶이어야 함을 새롭게 느낀 것입니다. 멋진 제의를 입고 팔을 벌려 기도하는 모습이 아니라, 벌거벗고 채찍에 찢겨 피 흘리며 십자가에 팔 벌려 못 박힌 모습! 이것이 제 삶의 목표임을 새롭게 깨달았던 것입니다.

바로 그때 떠오르는 성경 구절이 있었습니다. 라자로를 살리기 위해 당신에게 돌을 던져 죽이려고 했던 유대인 마을로 가시겠다는 예수님의 말씀에 제자들이 말리자, 토마스 사도가 앞으로 나서며 하신 말씀이었습니다.

"우리도 주님과 함께 죽으러 갑시다!"

이후 토마스 사도는 저의 수호성인이 되셨고 사제 수품 때 기념 상본에 새길 성구로 이 말씀을 선택하였습니다. "죽으러 갑시다."라는 구절을 커다랗게 붓글씨로 써 달라고 부탁하여 제 사제관 방 입구에 걸어 놓고 사제관을 드나들 때마다 되뇌곤 하였습니다.

사제로서의 제 삶의 여정은 주님과 함께, 주님과 같은 모습으로 죽는 것입니다. 영광과 행복, 존경과 박수가 아니라, 희생과 멸시, 조롱과 모욕 가운데서도 하느님께 충실하는 것, 그래서 예수님께서 그러셨던 것처럼 또 다른 많은 이들을 위하여 기꺼이 미천한 목숨을 바치는 것, 바로 그것이 저의 길이기를 희망하며, 그 꿈을 이루고자 조금씩 노력합니다.

사제관에 놀러 온 어린아이들이 "왜 이렇게 무서운 말을 써 놓으셨어요?"라고 물어보곤 하지만 뒷날 '우리를 위하여 돌아가신 예수님과 닮았던 신부님'이라고 그들이 기억할 수 있기를 바라며 파이팅을 외치듯 오늘도 되뇌입니다. 토마스 사도의 목소리, 토마스 사도의 결의에 찬 마음으로.

"우리도 주님과 함께 죽으러 갑시다!"

1995년 7월 5일 수품

김귀웅 토마스 신부

서울대교구

> 밀알 하나가 땅에 떨어져 죽지
> 않으면 한 알 그대로 남아 있고
> 죽으면 많은 열매를 맺는다.
>
> 요한 12,24

김석원 파트리치오 신부

예수님의 삶이 바로 '죽음의 삶'이었습니다. 우리는 죽을 때 열매를 맺게 됩니다. 주님을 닮고자 감히 이 큰 성구를 선택했습니다. 그래야 '죽고자' 노래할 수 있습니다.

밀알 하나가 땅에 떨어져 죽는다는 것은 특별한 것이 아닌 평범한 일이지만 주님의 위엄 있는 명령입니다. 밀알 하나가 죽는다는 것은 고귀한 부활로 새 열매를 맺는다는 것입니다.

1995년 7월 5일 수품

하느님께서 보시니 참 좋았다.

창세 1,31

김성은 베드로 신부

부제 서품을 앞두고 한 달 피정을 할 때였습니다. 힘겨운 시간이었고, 생각했던 대로 피정이 잘되지 않을 때였습니다.

대침묵 피정이라 말도 한마디 하지 못하는 상황이었지요. 기도를 마치고 혼자 산책을 하는데 저도 모르게 혼자 흥얼거리고 있던 성가가 있었습니다.

그것은 바로 〈임쓰신 가시관〉이었지요. "이 뒷날 임이 보시고 날 닮았다 하소서. 이 뒷날 나를 보시고 임 닮았다 하소서." 순간 이런 생각을 하게 되었습니다.

'사제가 되느냐 마느냐를 고민하기에 앞서 먼 훗날 주님을 만나게 되었을 때 주님께서 '그래, 베드로. 수고 많았다. 그래도 네가 날 닮으려고 애쓰다 왔구나.' 하는 말씀 한마디 들을 수 있다면 얼마나 행복할까?' 하고 말입니다.

하느님께서 보시기에 좋은 삶. 그것이 바로 사제가 가야 할 가장 중요한 길임을 깨달았습니다. 사람들에게 칭찬받고 박수받는 사제가 아니라 바로 하느님께 칭찬받고 박수받을 수 있는 그런 사제가 되어야 한다는 것을 말입니다. 아니 하느님께 칭찬받고 인정받을 수 있다면 사람들에게도 칭찬받고 박수받을 수 있겠지요.

저를 처음 지으셨을 때 너무도 흐뭇해하고 좋아하셨을 하느님의 마음을 헤아려 봅니다. 제가 그분 마음에 드는 사제가 되었으면 좋겠습니다.

지금도 어떤 일을 결정할 때나 무언가 혼란스러운 일에 부딪칠 때 항상 스스로에게 질문합니다. 하느님 보시기에 좋을지를…….

〈가톨릭신문〉

2002년 7월 5일 수품

주님께 의지하는 사람 시온 산 같으니
흔들림 없이 항상 꿋꿋하여라.

시편 125,1

김재영 야고보 신부

  사제로 한평생 산다는 것은 험난한 세상에 직면하여 흔들리지 않고 사는 것이기에 언제나 흔들림 없이 꿋꿋한 믿음으로 살 것을 결심하면서 이 구절을 서품 성구로 정하였습니다.
  산은 험난한 곳이기도 하지만 주님을 만날 수 있는 곳이기도 합니다. 주님께 의지하는 사람은 산에 오릅니다. 모세가 그러했고 주님이 그러하셨습니다. 산에서 하느님의 음성을 듣고 하느님의 의지를 봅니다. 산 같은 의지, 그 산에 오르는 길과 같은 겸손이 저를 감싸게 하소서.

1994년 7월 13일 수품

나에게 힘을 주시는 분 안에서 나는 모든 것을 할 수 있습니다. 필리 4,13

김정남 바르나바 신부

생명으로 저를 이끌어 주시는 하느님께서 모든 어려움을 이기고 사제가 되게 해 주심에 감사드립니다. 이미 어머니 배 속에서부터 저를 사제로 부르셨는데, 나이 만 20세가 될 때까지 저는 사제될 생각을 하지 않았습니다. 3대 독자의 장손인데다 아버지께서 일찍이 돌아가셨기에 가정을 이끌어 가야 한다는 책임감이 앞섰기 때문입니다.

그러나 저를 사제로 부르신 하느님께서 저의 전 생애를 이끌어 주시고 저에게 힘을 주시리라 확신하고 부르심에 응답하였습니다. 그리고 사제가 되면 자신을 내세우지 않고 겸손하게 모든 일을 긍정적으로 생각하리라 다짐하였습니다. 모든 일은 제가 하는 것이 아니라 하느님께서 저를 도구로 삼아 행하신다는 신념으로 이 말씀을 사제 서품 성구로 삼았습니다.

1974년 10월 31일 수품

> 하느님께서 당신의 힘을 펼치시어
> 나에게 주신 은총에 따라 나는
> 이 복음의 일꾼이 되었습니다. 에페 3,7

김종국 토마스 아퀴나스 신부

　아무것도 아닌 비운 자로 부르심을 받아, 선택받은 은총으로 사제의 삶을 살게 하심에 감사드리며, "비운 자로 채워 주소서." 하며 기도합니다. 늘 보듬어 안아 주시는 주님처럼 살아가도록 도와주소서.

　복음의 일꾼은 부르심을 받은 자입니다. 부르심을 받은 이는 순종하는 사람입니다. "저는 주님의 종입니다."라고 고백하신 성모님의 자취를 따라야 합니다. 당신의 능력 없이는 저는 아무것도 할 수 없습니다. 가난하고 소외된 영혼들을 많이 보듬겠습니다.

1977년 12월 8일 수품

서울대교구

이 생명 다하도록 십자가 길 따라

김충수 보니파시오 신부

　이 말씀은 성경 구절이 아닙니다. 제가 사제로서 살아가야 할 길은 오로지 예수님의 십자가 길이며, 그 길을 따라 살아가야만 한다는 각오로 마음속에 다짐한 말입니다.

　'십자가의 길'은 멍에를 지고 가는 길입니다. 죽는 날까지 그 멍에를 지고 가는 것이 사제로서의 소명입니다. 의무로 지는 십자가는 고통스러우나 소명으로 지는 십자가는 행복합니다. 골고타 언덕까지 십자가를 지고 오르신 주님, 그리고 십자가에 달리신 주님, 생명을 다해 그 길을 갈 수 있도록 도와주소서.

1970년 12월 8일 수품

모든 일에 언제나 우리 주 예수 그리스도의 이름으로 하느님 아버지께 감사드리십시오. 에페 5,20

김호영 프란치스코 하비에르 신부

'감사'는 인간이 하느님께 드릴 수 있는, 그리고 다른 이에게 전해 줄 수 있는 삶의 가장 값진 예물 중 하나입니다. 그뿐만 아니라, 하느님과 이웃에게 감사할 것이 많은 사람일수록 행복한 사람이며, 행복을 느끼고 체험하는 사람만이 행복을 전할 수 있습니다. 만약 스스로를 불행하다 여기거나 삶이 무의미하다고 느끼는 사람이 있다면, 그것은 감사할 것이 없다고 여기기 때문입니다.

우리가 각자 주어진 상황 속에서 그 안에 담겨 있는 하느님의 뜻을 찾기만 한다면, 우리는 어떤 처지에서도 늘 감사할 수 있을 것입니다. 또 늘 행복한 사람으로 살아가게 될 것이라 확신합니다.

1985년 2월 22일 수품

서울대교구

이제는 내가 사는 것이 아니라, 그리스도께서 내 안에 사시는 것입니다.

갈라 2,20

김환수 가비노 신부

　주님의 도구로서 살아가는 사제는, 서품되는 그 순간부터 자신의 힘이나 능력으로 사는 것이 아니라 오직 주님의 이끄심과 은총으로 살아가는 존재입니다.
　사제는 인간으로서의 삶을 내려놓은 사람입니다. 인간의 생명으로 사는 것이 아니라 하느님의 생명으로 살아가는 것입니다.
　주님과 더불어, 주님의 힘으로, 주님과 함께, 모든 이를 위해 봉사하며 사랑과 희생의 삶을 살도록 노력하는 것이야말로 사제의 삶일 것입니다.

1997년 7월 5일 수품

내가 아뢰었다. "아, 주 하느님 저는 아이라서 말할 줄 모릅니다." 주님께서 나에게 말씀하셨다. "'저는 아이입니다.' 하지 마라. 너는 내가 보내면 누구에게나 가야 하고 내가 명령하는 것이면 무엇이나 말해야 한다. 그들 앞에서 두려워하지 마라. 내가 너와 함께 있어 너를 구해 주리라. 주님의 말씀이다."

예레 1,6-8

박노헌 요한 크리소스토모 신부

인간적으로 부족하지만 주님의 종, 도구로서, 주님께서 지켜 주시니 용기와 지혜를 가지고 사제직에 투신하였습니다.

1973년 12월 8일 수품

서울대교구

스승이며 주인 내가 너희의 발을 씻어 주었으니 너희도 서로 발을 씻어 주어야 한다.

요한 13,14

박정우 후고 신부

사제의 길에 대해 고민을 시작했던 중3~고1 시절, 저에게 가장 와 닿는 예수님의 모습은 스승으로서 제자들을 부르시는 모습이었습니다. "나의 제자가 되려면 자기 십자가를 지고 나를 따라야 한다." "자기를 버려야 한다." "이러이러한 사람은 나의 제자가 될 자격이 없다."라는 말씀들이 언제부턴가 예수님이 저에게 직접 하시는 말씀처럼 들렸습니다.

사실 성소에 대해 고민하기 전에는 초등학생 때부터 선생님이 되고 싶었습니다. 아마도 지혜와 열정으로 제자들에게 삶의 올바른 길을 가르쳐 주시는 선생님의 모습이 존경스러웠기 때문일 것입니다. 그런데 예수님이야말로 참으로 위대하신 스승이시라는 것을 안 순간, 그분의 제자가 되고 싶은 열망과 함께 부족하지만 주님께서 제자로 부르신다면 기꺼이 따라가겠노라고, 그리고 잘 따라갈 수 있는 힘도 함께 달라고 기도하며 성소에 응답했습니다.

사제직은 그리스도의 제자로서 그분께서 보여 주신 모범을 실천하며 그분을 보여 주는 삶이라고 믿습니다. 예수 그리스도는 하느님과 같은 모습을 지니셨지만 자신을 비우고 낮추셔서 우리와 같은 사람이 되셨고, 가장 보잘것없는 사람들의 친구가 되어 주셨고, 그들의 눈물을 닦아 주셨습니다.

당신은 섬김을 받으러 온 것이 아니라 섬기러 왔고, 세상의 작은 사람들에게 해 준 것이 당신에게 해 준 것이라 하셨습니다. 하느님께서는 자신을 낮추는 사람을 높이신다며, 겸손과 온유, 진정한 자기 비움과 헌신을 통한 사랑을 보여 주셨습니다. 그리고 바로 십자가의 희생과 성체성사 안에서 가장 극적으로 이러한 당신의 삶을 요약해 주신 것입니다. '이런 스승의 모습의 편린이라도 닮을 수 있다면!'

이 성구는 예수님께서 십자가의 수난을 앞두고 성체성사를 제정하시던 날 유언처럼 제자들에게 남기신 말씀입니다. 스승이며 주님이신 분이 제자들의 발을 씻어 주시는 행위를 통해 제자들이 어떤 삶을 살아야 하는지 몸소 보여 주시며 제자들도 그렇게 살아야 함을 강조하신 것입니다.

겸손, 헌신, 봉사, 사랑을 삶으로써 그들이 당신의 제자임을 보여 주라는 간곡한 당부이십니다.

사제직은 스승의 명령대로 바로 이런 삶을 실천하는 제자가 되는 것이라고 믿습니다. 상처 난 맨발로 고생하던 아프리카 수단의 한센병 환자에게 각각의 발에 맞는 신발을 만들어 주었던 고故 이태석 신부님의 모습이 떠오릅니다. 그분의 이런 사랑의 실천이야말로 스승의 마지막 당부를 가장 잘 따른 모습이 아닐까요.

하지만 사실 많은 사제들이 지나칠 정도의 존경과 대접을 받으며 살아가는 것이 현실입니다. 저 역시도 예외가 아니기에 서품 성구를 떠올릴 때마다 부끄럽습니다. 비록 큰 선행은 아니더라도 일상 안에서 만나는 이들에게 겸손한 태도, 따뜻한 말과 미소, 작은 선행으로 그들의 마음의 발을 씻어 줄 수 있기를 다짐해 봅니다.

1991년 8월 23일 수품

여러분은 이 빵을 먹고 이 잔을 마실 때마다 주님의 죽으심을 선포하고 이것을 주님께서 다시 오실 때까지 하십시오. 1코린 11,26

박준호 바오로 신부

제가 어떤 이유에서 신앙을 갖게 되었는지를 생각해 봅니다. 저는 부모님에게서 신앙을 물려받았습니다. 그래서 어린 시절에는 모든 사람이 가톨릭 신앙인이라고 생각한 적도 있습니다. 하지만 저는 제 신앙에 대해 감사나 기쁨을 자주 느끼지는 못했습니다. 늘 주일을 지켜야 하는 의무감은 반항심을 키웠고 비신자처럼 살고 싶은 유혹도 있었습니다.

이는 마치 이스라엘 백성이 하느님의 각별한 총애를 받아, 신앙을 선물받고 은총을 체험했음에도 불구하고, 하느님을 잊어버리고 참하느님을 저버리고자 했던 마음과 같았습니다. 또한 이것은 예수님께서 이 세상에 오셔서 보여 주신 당신에 관한 증거들에, 아버지의 이름으로 행하신 기적들과 증언들에 응답하지 못했던 유대인의 모습과도 같았습니다.

그런 제가 그분을 따르는 이유는 무엇일까요? 그리고 그런 시절에도 충실하게 믿음을 지키며 살아온 이유는 무엇일까요? 신앙의 선물은 참으로 놀랍기만 합니다. 본래 선물이란 내 공로와는 상관없이 무상으로 남으로부터 받는 어떤 것을 말하는데 하느님께서 저에게 주신 생명, 신앙, 가족, 필요한 재능 등 이 모든 것이 하나같이 하느님의 선물이었습니다.

제가 성당에 다니기 시작한 1970년대 초, 저희 성당에는 메리놀회 신부님이 계셨습니다. 도 신부님(1973~1977년), 현 신부님(1978~1988년)은 제 어린 시절에 뵙던 유일한 신부님이셨고, 이분들은 모두 외국분이셨습니다. 가끔 판공 성사 때 오시는 분들도 외국 신부님이셨기에, 그 시절 저는 신부님들은 모두 외국인이라고 생각했습니다. 그분들은 항상 친절했고, 늘 말씀이 없으셨던 것으로 기억합니다.

그런 외국 신부님들에게 어려움이 있다면 아마도, 미사 때마다 한국말로 미사 경문을 읽고 강론을 하며 성가를 부르는 것이었을 것입니다. 그러나 외국 신부님들은 말씀과 성가에 있어서는 서투르셨지만 그분들의 미사는 오히려 저에게 큰 기쁨과 평화를 느끼게 해 주었습니다. 특별히 그리스도의 몸을 받아 모시는 영성체 시간은 제 마음에 참된 평화를 주었습니다. 그리고 그 시간은 참으로 행복한 시간이었습니다.

제가 사제가 되고자 했던 동기는 한국말 미사 경본을 읽고 강론을 하며 멋진 성가를 부르는 사제가 되고자 하는 마음이 컸기 때문입니다. 그런 마음으로 저는 신학교에 가게 되었고 사제가 되었습니다. 그리고 바로 성체성사에 대한 내용을 담은 성경 구절을 사제 수품 성구로 정하게 되었습니다. 미사 집전은 저에게 삶의 힘입니다. 저는 예수님께서 성체성사 안에 현존하신다고 굳게 믿습니다. 이 미사를 집전할 때마다 사제가 된 것에 대해 하느님께 감사드립니다.

존 맥스웰이라는 분은《인재 경영의 법칙》이란 책에서 이렇게 썼습니다. "태도는 우리의 참모습을 드러낸다. 태도는 말보다 더 진실하고 일관성이 있다. 태도는 사람을 끌어당기고 쫓아낸다. 태도는 밖으로 표현된다."

미사에 참례한 사람들은 사제를 통해서 예수님의 인격을 만납니다. 그리고 주님의 은혜와 사랑과 감동을 체험합니다. 만일 사제가 불성실한 태도나 말투로 미사를 집전한다면 많은 이들은 영적인 상처를 받게 됩니다. 그래서 저는 올바르고 성실한 태도로, 모두가 행복을 느낄 수 있는 정성된 미사를 봉헌하고 싶습니다. 그렇게 바르고 참된 사제로 살아가고 싶습니다.

1994년 7월 13일 수품

박준호 바오로 신부

하느님, 당신 자애에 따라 저를 불쌍히
여기소서. 당신의 크신 자비에 따라
저의 죄악을 지워 주소서.

시편 51,3

서경룡 아우구스티노 신부

  이 구절은 다윗이 참회하며, 하느님께 자비를 구하며 드린 기도문의 일부입니다. 사제도 하느님 대전에 이와 같이 참회와 속죄의 정신으로 살고, 특히 미사성제 때에 고백의 기도를 바치듯 겸손된 통회의 마음을 지니는 것이 중요하다고 여겨서 이 구절을 택했습니다.

  하느님은 연민의 정이 많으신 분입니다. 측은지심이 크신 분이십니다. 그래서 누구든지 불쌍히 여기십니다. 악인도 부르시고 죄인도 부르시는 것입니다. 하느님을 믿는 이들은 주님의 자애로 죄악을 씻습니다. 사제도 그렇습니다.

1986년 2월 21일 수품

너는 나를 사랑하느냐? 요한 21,17

손석식 대건 안드레아 신부

요한 복음에서 예수님은 베드로에게 "나를 사랑하느냐?"라고 세 번 물어보십니다. 예수님은 이 사랑이라는 단어를 처음 두 번은 '아가페'(신의 사랑)로 물으시다가 마지막에는 '필리아'(부모와 자식간의 사랑, 친구나 동료, 인간에 대한 사랑)로 물으십니다. 실은 예수님이 아가페로 물어보아도 베드로는 줄곧 '필리아'로 대답합니다. 그래서 마지막에는 예수님도 베드로의 표현으로 바꾸어서 '필리아'로 물어보신 것입니다.

비록 '나'만의 방식이지만 주님을 사랑하고 그 고유한 방식으로 평생 주님의 물으심에 대답하며 주님을 위한 '결단'의 삶을 살겠습니다. 베드로의 눈높이에 맞추어 주신 주님의 사랑에 탄복하면서, 저의 사랑이 비록 주체적이고 개별적이며, '필리아적'일지라도 주님을 택하는 순간 그 사랑은 결국 '아가페적인 사랑'으로 나아가게 될 것입니다.

2002년 7월 5일 수품

서울대교구

제 뜻대로 마시고
아버지 뜻대로 하소서.

마태 26,39

신문호 가브리엘 신부

저는 복음삼덕(청빈, 정결, 순명)이란 자신의 현실에서 하느님이 주신 삶을 사는 방법이라고 생각합니다. 세상에서는 자신이 살기 위해 타인을 죽여야 하고 밟아야 합니다. 하지만 아버지의 뜻에 순명하는 삶을 사셨던 예수님은, 하느님이 사랑하시는 사람을 살리기 위해 세상의 논리와는 반대로 자신을 죽이는 '사랑'을 택하셨습니다. 아버지의 뜻이 그러했고 예수님이 그것을 원하셨기 때문입니다.

타인을 위한다 자처하면서 예수님의 방법인 '사랑'을 택하지 않는, 묵은 나로부터 벗어나기 위해 이 성구를 택했습니다.

1995년 7월 5일 수품

나는 길입니다.

요한 14,6

신정훈 미카엘 신부

서품을 앞두고 피정을 하면서 산책을 많이 했습니다. 길을 걷다 보니 모르는 길에 들어가게 되었습니다. 그래서 처음에는 두려움이 밀려왔습니다. 그런데 그렇게 한참 길을 걷다가, 갑자기 '내가 걷고 있는 길이 주님의 품이구나.' 하는 깨달음을 얻게 되었습니다.

주님께서는 길이시고 또 각자의 인생길을 걷는 모든 신앙인에게 동행자가 되어 주십니다. 늘 저를 이끌어 주신 주님께 감사드리고 이 길을 통해서 주님께 나아가기를 희망합니다.

2001년 7월 5일 수품

우리는 보이지 않는 것을 희망하기에 인내심을 가지고 기다립니다.

로마 8,25

심흥보 베드로 신부

  현실에서 불가능해 보이고 원하는 바가 이루어질 때까지 살지 못할 것 같지만, 하느님 나라는 마침내 이루어지리라는 희망으로 사목의 길을 갑니다.

  희망은 보이지 않는 것을 바라보는 것입니다. 희망은 삶에 의미가 있다는 것을 잊지 않는다는 것입니다. 이것은 그리스도인들에게 믿음, 사랑과 함께 영성을 키우고 지키기 위해 꼭 필요한 기도의 주제가 되어야 합니다.

1988년 2월 12일 수품

당신은 저의 하느님,
저를 불쌍히 여기소서.

시편 86,3

유종만 바오로 신부

하느님 앞에 늘 나약한 존재로서 저는 매일 짓게 되는 죄에 대해 반성하고 회개하며 하느님께 청해야 할 기도는 "저를 불쌍히 여기소서."밖에 없는 것 같습니다.

하지만 하느님은 자애의 샘이시옵니다. 주님께서는 자비를 베푸는 사람에게 당신의 자애가 돌아온다고 말씀하십니다.

"주님 자비를 베푸소서, 저를 불쌍히 여기소서. 당신은 저의 하느님, 주님의 자애를 입어 저를 자비롭게 하소서."

주님은 우리에게 당신의 비결을 가르쳐 주셨습니다. 사제는 주님의 자비의 은총을 입은 본보기가 되어야 합니다.

1990년 2월 9일 수품

뒤를 돌아다보아서는 안 된다.

창세 19,17

윤종국 마르코 신부

 소돔과 고모라의 멸망 때 한 천사가 롯에게 한 말입니다. 서품 상본의 사진은 십자가였고, 십자가만 바라보고 앞으로 나가자는 결심을 표현하고 싶었습니다. 그와 동시에 "쟁기를 잡고 뒤를 돌아보는 사람은……."이라고 하신 예수님의 말씀을 떠올리면서 정한 성구입니다.

 주님께 나아간다면 끊어야 합니다. 과거를 끊어야 하고, 형제를 끊어야 하고, 세속을 끊어야 합니다. 쟁기를 위로 올려서는 밭을 갈 수가 없습니다. 주님은 우리 뒤에 계시지 않고 우리 앞에 계십니다. 주님을 믿는다는 것은 주님만 바라본다는 것입니다.

1991년 8월 23일 수품

주님께서 나를 보내시어 가난한 이들에게 복음을 전하게 하셨다.

루카 4,18

이기우 사도 요한 신부

1982년에 대학을 졸업하고 직장(국제문제조사연구소)에 다니던 중 사제성소를 받았습니다. 이제까지 살아오면서 받기만 하고 살았으니 사제가 되어 저보다 혜택을 덜 받은 사람들에게 갚으면서 살기로 결심하고 신학교에 들어가 위 성구를 선택하였습니다.

1988년 2월 12일 수품

사람의 아들도 섬김을 받으러 온 것이 아니라 섬기러 왔다.

마르 10,45

이문주 프란치스코 신부

　제가 사제품을 받을 당시에는 제2차 바티칸 공의회가 한참 진행 중이었습니다. 그때 강조된 내용 중 하나가 '섬김'에 대해서였습니다.

　섬김은 제 자신이 낮아지는 것이 아니라 오히려 높아지는 것입니다. 내 전체를 내어 주는 것, 그것이 섬김입니다. 내 몸을 털어 내는 것, 내 등에 다른 사람의 말을 얹게 하는 것입니다. 낙엽이 땅에 떨어지는 것은 나무가 이러한 섬김을 알고 있기 때문입니다.

　사람을 섬기고 예수님을 섬기고 하늘 나라를 섬기는 일에 사심이 없게 하소서. 섬김은 하느님의 뜻을 이루는 가장 선한 믿음입니다.

1962년 12월 21일 수품

그리스도 예수는 점점 커지셔야 하고 나는 점점 작아져야 합니다.

요한 3,30

이성국 바오로 신부

사제 생활을 통해서 예수님을 세상에 드러내고 저를 통해 예수님의 사랑이 크게 부각될 수 있기를 원했습니다. 제가 똑똑해서가 아니라, 제가 잘나서가 아니라 저란 존재가 도구로 쓰여서 그분이 점점 더 커지시고 저는 점점 작아져서 없어져 버리는 그런 삶을 살기를 바랍니다.

주님에 대한 믿음은 좀 더 강해져야 하고, 주님에 대한 사랑은 좀 더 커져야 합니다. 그것은 자신이 작아져야 가능합니다. 자신이 빈 그릇일 때 담길 수 있는 은총입니다.

1990년 2월 9일 수품

두 사람이나 세 사람이라도 내 이름으로 모인 곳에 나도 함께 있겠다.

마태 18,20

이성운 미카엘 신부

예수님께서는 세상에 오시면서 늘 사람들과 함께하셨고, 사람들 속에서 아버지의 사랑을 보여 주셨습니다. 그뿐만 아니라, 승천하신 후에도 '당신 이름으로 모인 곳에 함께하겠다'고 약속하셨습니다. 그것은 바로 교회와 직무 봉사자들을 통하여 이루시겠다고 하신 말씀입니다.

따라서 인간적 부족함이 있지만 주님께서는 저를 선택하여 세상에 세웠으니, 주님께서 저와 함께 계시고, 또 저를 통하여 세상에 함께하시리라 믿습니다. 저도 주님처럼 사람들과 함께 있으며 하느님의 사랑으로 사람들에게 희망과 복음적 평화를 주는 도구로 사용되기를 바라는 마음입니다.

1983년 2월 18일 수품

네가 돌아오거든 네 형제들의 힘을 북돋아 주어라.

루카 22,32

이성원 베드로 신부

베드로가 당신을 배반하기 전 예수님께서는 베드로의 믿음이 깨지지 않도록 기도해 주시면서 다시 돌아오면 형제들의 힘을 북돋아 주라고 하신 말씀입니다. 언제나 주님을 배신할 수 있는 나약한 인간이지만 다시 돌아올 수 있고 그때에는 형제들에게 힘이 되어 줄 수 있다는 의미입니다.

끊어질 때 다시 이어지도록, 이어질 때 다시 끊어지지 않도록 주님의 끈을 꼭 잡아야겠습니다. 그것이 형제들에게 힘이 됩니다.

1993년 7월 16일 수품

자애와 공정을 제가 노래하오리다.
시편 101,1

이재을 사도 요한 신부

　사제 생활을 시작하며, 그리고 앞으로의 사목 생활에서 자애심과 공정(정의)의 정신으로 살고자 선택하였습니다.
　자애로움이 갖는 아름다움은 사람과 사람의 일을 평화롭게 합니다. 자비 앞에는 창과 칼도 무릎을 꿇습니다. 자애로움은 죽은 꽃도 피게 합니다. 주님은 공정하신 분이십니다. 길고 의로운 사랑을 몸소 실천하셨습니다. 주님의 자애와 공정은 어려운 이웃을 도와주고 죽은 자를 살립니다.

　　　　　　　　　　　　　　　　　1987년 2월 6일 수품

> 하느님, 나에게 깨끗한 마음을
> 새로 지어 주시고, 꿋꿋한 뜻을
> 새롭게 하소서.
>
> 시편 51,12

이창준 미카엘 신부

다윗이 자신의 인간적인 나약함을 참회하고 다시 하느님께 나아가고자 다짐하며, 하느님의 자비(용서)를 청하는 시편 기도문입니다. "마음이 깨끗한 사람은 하느님을 뵐 것"이라는 산상 설교의 말씀에 따라, 늘 하느님을 뵈올 수 있는 은총 상태에 머물기를 바라는 뜻에서 이 성구를 택했습니다.

사제직의 어려움에 대한 꿋꿋한 영을 새롭게 지닐 수 있도록 하느님께 간청합니다.

1993년 7월 16일 수품

언제나 기뻐하십시오.
끊임없이 기도하십시오.
모든 일에 감사하십시오.
1테살 5,16-18

이철학 바오로 신부

"세상의 생명을 위하여 Pro mundi vita"(요한 6,51 참고)라는 모토로 사제품을 받았습니다. 그리고 사제 수품 20주년을 맞으면서 이 성경 구절을 새롭게 선택하게 되었습니다. 그동안 세상의 생명을 위한 사제직, 헌신하는 사제직분을 목표로 살아왔습니다. 20주년이 되면서 그러한 사제의 삶은 바로 기쁨의 삶이자 감사의 삶임을 깨닫게 되었습니다. 자신의 기도는 물론 많은 교우분들의 기도 안에서 행복한 사제였음을 고백하며, 앞으로의 삶도 주님 안에서 기뻐하고 기도하며 감사하는 삶을 살고자 다짐합니다.

1991년 2월 7일 수품

당신은 저의 주님, 저의 행복 당신밖에 없습니다.

시편 16,2

이해욱 프란치스코 신부

하느님만이 제 삶의 모든 것, 저의 기쁨, 행복입니다. 이 세상 삶의 목적이 이것이 되기를 바라는 마음으로 이 성구를 택하였습니다. 그런데 30년이 지난 오늘, 그 성구 말씀대로의 삶을 살게 해 주신 하느님께 감사드릴 뿐입니다.

1982년 2월 25일 수품

주님, 당신께서 제게
들을 수 있는 귀를 주셨나이다.
나는 예, 대답하며 당신께 나갑니다.

임병헌 베드로 신부

    하느님의 음성에 귀를 기울이고 그 말씀에 순종하며 삶을 살아가고자 하는 소망을 담았습니다.

    사제는 눈이 보이지 않으면 사람들에게서 멀어지고 귀가 들리지 않으면 신에게서 멀어집니다. 양들은 목자의 음성을 듣고 따르는 것이지 가락으로 듣고 따르지 않습니다. 주님께서 당신의 음성을 들을 수 있는 귀를 주심에 감사드리며, "예." 하고 당신께 나아가려 합니다.

1984년 10월 10일 수품

주님, 제가 어떻게 하면 좋겠습니까?

사도 22,10

임창재 요한 마리아 비안네 신부

바오로 사도의 회심 장면의 한 구절입니다. 그리스도교 신자들을 박해하던 바오로가 다마스쿠스로 가는 길에 주님을 만나뵙습니다. "당신은 누구십니까?", "나는 네가 박해하는 나자렛 사람 예수다." 바오로는 180도로 변합니다. 예수님을 박해하던 사람에서 이제는 그분을 알리는 사람으로 말입니다. 그는 털썩 무릎을 꿇고 이제까지의 자신의 모든 삶을 포기하고 내려놓습니다. 이러한 결정적인 회심 직후에 그가 처음으로 한 말이 바로 "주님, 제가 어떻게 하면 좋겠습니까?"입니다.

저 역시 사제가 되면서 그전까지의 제 모든 삶을 그분 앞에서 포기하고 내려놓고 싶었습니다. 또한 이제까지의 제 삶이 그러했듯이 늘 앞으로도 그분께 여쭈어 보며 살고 싶습니다.

2008년 6월 27일 수품

하느님, 내 마음을 깨끗이 만드시고 내 안에 굳센 정신을 새로 하소서.

시편 51,12

전원 바르톨로메오 신부

 신학생 시절 저의 방에는 낙산의 아름다운 숲의 풍경이 훤히 바라다보이는 창문이 하나 있었습니다. 맑은 날은 맑은 대로, 비가 오면 비가 오는 대로 시시로 변하는 창 밖의 풍경을 저는 무척 좋아했습니다. 특별히 기상 음악이 울리는 아침 시간이면 창문을 활짝 열고 낙산의 아침 공기를 방 안 가득 받아들이며 하루 새 마음을 달라고 첫 기도를 올리곤 했습니다.
 회색의 도시 한복판에서 그나마 작은 동산으로 남아 있는 신학교 낙산의 숲은, 산을 무척 좋아하는 저에게 산과 흙의 냄새를 맡을 수 있었던 작은 해방구였습니다.
 저의 서품 성구는 등산을 하면서 산정에서 문득문득 바치던 짧은 기도였습니다. 그리고 언제부턴가는 이 구절이 낙산이 바라다보이는 저의 아침 창가로 내려와 창 밖을 바라보며 바치는 짧은 기도가 되었습니다.

서품을 앞두고 모두들 서품 상본과 성구를 준비할 때 저는 너무도 당연하게, 신학교 제 방 창문 너머 아침 햇살이 비쳐 오는 낙산의 풍경을 사진에 담아 서품 상본을 만들고, 아침 창가에서 바치던 이 시편 구절을 저의 서품 성구로 삼았습니다.

그러나 사제가 된 후 무릎이 약해져 등산을 하지 못하게 되면서, 아니 어쩌면 회색 도시에서 무엇엔가 쫓기듯 일상을 바쁘게 살아오면서, 이 짧은 시편 기도는 저의 생활 속에서 희미하게 잊혀 갔습니다.

그러던 중 마치 뽀얗게 먼지가 내린 창고 속을 뒤지듯 '깨끗한 마음, 굳센 정신'을 살고자 몸부림치던 가장 순전했던 신학교 시절의 기억들을 찾아내었습니다. 그리고 몇 장 남은 서품 상본을 찾아내어 사진 속에 비친 낙산의 풍경을 들여다보면서 그리운 기억들이 되살아났습니다. 그러나 그리움은 과거의 단순한 추억이 아니라 "하느님 내 마음을 깨끗이 만드시고 내 안에 굳센 정신을 새로 하소서." 하며 하루하루를 새롭게 만들어 나가고 싶은 살아 있는 '나'에 대한 그리움이었습니다.

서품 성구로 삼은 이 짧은 시편 기도가 지금 제 삶에서 절실히 필요한 때임을 알려 준 고지서가 되었습니다.

〈가톨릭신문〉
1995년 7월 5일 수품

저희는 쓸모없는 종입니다.
해야 할 일을 하였을 뿐입니다.

루카 17,10

정순오 미카엘 신부

　부모님이 농아셔서 저는 어릴 때부터 수화를 하게 되었고, 수화를 통해서 농아인들에게 미사 통역, 수화 교육 등 봉사했습니다. 다른 사람들은 저를 특별한 능력을 지닌 봉사자로 여겼지만 저는 해야 할 일을 했을 뿐이라고 생각했습니다. 신학교에서도 학생들에게 수화를 가르치고 수화 동아리도 하면서 농아인들을 위한 사목을 생각했고 이 성경 구절을 서품 성구로 정했습니다.

1989년 2월 4일 수품

기뻐하는 사람이 있으면 함께 기뻐해 주고 우는 사람이 있으면 함께 울어 주십시오.

로마 12,15

조군호 요셉 신부

　사제의 삶은 예수님께서 공생활을 통해 보여 주신 대로 사람들 가운데서, 사람들과 함께 동고동락하는 삶의 길을 걷는 것이라 하겠습니다.

　주님의 사랑에 뿌리내리고 그 사랑으로 충만해지면, 기쁨이 가득 차게 됩니다. 그 기쁨으로 기뻐하는 사람을 더 기쁘게 하고, 우는 사람이 있으면 함께 울어 주는 것, 그것이 사제의 길이라 생각합니다.

1976년 12월 8일 수품

그러나 오늘도 내일도 그다음 날도
내 길을 계속 가야 한다.

루카 13,33

조민환 사도 요한 신부

　예수님께서 오롯이 아버지 하느님의 뜻에 따라 당신 사명을 다하셨듯이, 사제로 살아갈 저 자신도 언제, 어디서나 그리스도 예수님의 삶을 본받아 제 생을 다하는 그날까지 그분의 길을 따라가고자 이 말씀을 서품 성구로 정하게 되었습니다.

2008년 6월 27일 수품

눈물로 씨 뿌리던 이들 환호하며 거두리라.

시편 126,5

조재형 가브리엘 신부

　신앙인은 아무런 고통 없이 이 세상을 살아가는 사람들이 아닙니다. 신앙인은 고통 중에서 하느님의 은총과 사랑을 깨닫는 사람들입니다. 신앙인은 고통 중에서 인내를 배우고, 인내는 겸손을 알게 하고, 겸손함은 영원한 생명에 대한 희망을 간직하게 합니다.

1991년 8월 23일 수품

주님께 감사하라. 그 좋으신 분을.

시편 117

조학문 바오로 신부

　감사는 모든 삶의 시작이 되어야 합니다. 사제 생활을 시작하면서 저에게 주어진 모든 것과 모든 분들께 감사하며 하느님께 그 감사를 드립니다. '하느님 그분은 어떤 분이신가, 저를 이 자리에 오게 만드신 분, 좋으신 분이 아니신가.' 하며 이 문구를 선택하였습니다.

1981년 2월 24일 수품

주님, 제게 당신의 길을 가르치소서.
제가 당신의 진실 안에 걸으오리다.

시편 86,11

주수욱 베드로 신부

스승이신 예수 그리스도의 제자로서 저도 그분을 따라 구유에서 시작하여 나자렛, 갈릴래아 호숫가, 예루살렘에서의 체포와 십자가, 그리고 부활과 승천의 길을 배우고, 그 주님의 길을 따르기를 염원하며 주님의 은총을 간구하는 삶을 살고자 합니다.

1981년 2월 24일 수품

주님 뜻대로 사제 되어
첫 미사를 봉헌하나이다.

최익철 베네딕토 신부

주님 뜻대로 사제가 되어 첫 미사를 봉헌한 지 벌써 64년이 됐습니다. 은퇴한 지도 벌써 14년이 넘었습니다. 하지만 주님 뜻에 따라 사제가 되고, 사제로 살아온 저는 지금 주님께서 주신 은혜를 어떻게 갚아야 할지 모르겠습니다. 그저 구원의 잔 받들고 주님의 이름을 부를 도리밖에요…….

참으로 은총의 시간이었습니다. 그렇게 저는 이제 당신께서 부르시는 순간을 위해 하루하루를 열심히 살아가고 있습니다. 저는 마지막 순간에 그동안 제가 간직하고 살았던 이러한 사목 모토와 좌우명이 저를 기억하는 많은 이들과 함께했으면 합니다.

사람에게는 누구나 다 좋든 나쁘든 과거가 있습니다. 그 과거 중에도 기억에 오래 남거나 오래 간직하고 싶은 것이 있는데, 그것을 사진으로든, 무슨 물건으로든, 글로든, 그림으로든 남기고 싶은 것이 더러 있습니다.

제가 남기고 떠나고 싶은 것은 저의 사목 모토입니다. 신부들이 선종하면 의례히 성당에서 장례 미사를 봉헌합니다. 그때 교구에서는 보통 부고 상본을 제작합니다. 상본 앞면에는 고인의 사진과 그 밑에 신부의 이름이 들어가고, 뒷면에는 약력과 "주님, 영원한 안식을 주소서."라는 글이 전부입니다.

서구에는 부고 상본이 다양합니다. 장례는 고인을 위한 마지막 배웅길입니다. 부고 상본도 되도록 고인을 위해, 모두가 추모할 수 있게 의미 있게 만들어야 합니다.

우리는 왜 고인의 삶의 지표가 되었던 표어나 좌우명, 또는 성구를 부고 상본에 넣지 않는가요. 그 표어, 좌우명, 성구는 그 사람의 인생이나 진배없습니다. 사제들은 모두 자신만의 사목 모토를 가지고 있습니다. 그것이 성경 구절일 수도 있고, 성인의 말씀일 수도 있습니다. 이제라도 그 성구들을 모아 선종 시 그 사제의 인생을 반추할 때 도움이 될 수 있었으면 합니다.

〈가톨릭신문〉

1950년 11월 21일 수품

그분은 커지셔야 하고
나는 작아져야 한다.

요한 3,30

최종건 미카엘 신부

    요한 세례자가 예수님의 존재를 인정하며 하신 말씀입니다. 사제 생활을 하면서 자칫하면 교만해질 수 있습니다. 주님께서 도와주시고 힘이 되어 주시지 않으면 아무것도 할 수 없는데 모든 것이 자신의 업적인 양 기고만장하면 예수님은 가려질 수밖에 없는 것입니다. 모든 말과 행위를 주님의 영광을 위해서 하겠습니다.

1988년 2월 12일 수품

> 너희가 나를 택한 것이 아니라
> 내가 너희를 택하여 내세운 것이다.
> 그러니 너희는 세상에 나가
> 언제까지나 썩지 않을 열매를
> 맺어라.
>
> 요한 15,16

하상진 요한 세례자 신부

사제품을 받을 때 서품 성구와 서품 상본을 정하게 됩니다. 그런데 저희 동기들 중에서 제 서품 성구는 제일 길고 제 서품 상본은 제일 작았습니다. 제 서품 상본은 어린 예수님이 들판에서 어린양과 함께 있는 어린이에게 십계판을 들고 가르치는 장면입니다. 저는 그 장면이 굉장히 사랑스럽고 따뜻해서 그 상본으로 정했습니다.

사실 제가 신부가 되겠다고 마음먹게 된 이유가 깡통에 담긴 천 원짜리 알사탕 때문입니다. 장래의 진로를 결정하기 위해 고민이 많았던 고등학교 시절, 파푸아 뉴기니에서 선교하시는 신부님들에 관한 TV 다큐멘터리 프로그램을 우연히 보게 되었습니다. 거기서 한 신부님이 한국에 휴가를 다녀왔다고 원주민 신자들을 만나는데 그들에게 선물로 깡통에 든 천 원짜리 알사탕을 나누어 주시는 모습에 감동을 받았습니다. 그런 작은 사랑을 실천하는 신부가 되자고 마음을 먹게 되었습니다.

그 후 신학교를 들어가려고 공부를 했는데 문제가 생겼습니다. 이과였던 제가 문과로 전환해서 공부를 해야 했기 때문입니다. 그래서인지 첫 번째 시험에서 떨어졌습니다. 재수를 할까 고민하던 중에 미사를 참례하게 되었습니다. 그런데 그날 복음이 제 서품 성구였습니다. 이 말씀을 들은 뒤, 마음을 다시 굳게 먹고 재수를 해 결국 신학교에 들어가게 되었습니다.

서품 성구처럼 주님이 이끌어 주시지 않으면 걸을 수 없는 사제의 길임을 새삼 깨닫게 됩니다. 주님께서 함께하셨기에 17년 동안 별 탈 없이 사제 생활을 해 왔지만, 앞으로도 세상에서 썩지 않을 열매를 맺는 사제가 되도록 노력해야 함을 서품 성구를 보며 깨닫게 됩니다.

1997년 7월 5일 수품

> 제가 비록 어둠의 골짜기를 간다
> 하여도 재앙을 두려워하지 않으리니
> 당신께서 저와 함께 계시기
> 때문입니다. 당신의 막대와 지팡이가
> 저에게 위안을 줍니다.
>
> 시편 23,4

한영만 스테파노 신부

어떠한 어려움 중에도 주님은 저와 함께하심에 감사하는 마음으로 선택한 말씀입니다.

어둠의 골짜기는 어디에나 있습니다. 태양이 하루 종일 비추는 때에도 어둠의 골짜기는 있고, 평화 속에서도 불안의 그늘은 있습니다. 신앙에는 믿음의 골짜기가 있습니다. 골짜기를 벗어나면 새로운 빛을 내미는 언덕에 이를 수 있습니다. 어두움은 태양이 안 뜨는 것이 아니라 스스로가 만드는 절망입니다. 주님은 어둠의 골짜기에서도 빛을 주시는 분이십니다.

1993년 7월 16일 수품

인간이 무엇이기에 이토록 기억해 주십니까? 사람이 무엇이기에 이토록 돌보아 주십니까? 시편 8,5

허근 바르톨로메오 신부

제 인생에 있어서 평생 마음 안에 있는 하나의 화두가 있다면, 그것은 바로 '하느님의 자비'입니다. '하느님은 과연 인간이 무엇이기에 이토록 기억해 주시는 것일까? 또한 사람이 무엇이기에 이토록 돌보아 주시는 것일까?'

지나온 삶을 회고하면, 하느님은 참으로 부족하고 보잘것없는 저를 기억해 주시고, 언제나 돌보아 주셨습니다.

1980년 2월, 저는 사제 서품을 앞두고 많은 고민을 하였습니다. '과연 내가 평생 충실히 주님의 길을 따라갈 수 있을까. 주님 안에서 내가 진정한 행복을 누리며 다른 사람들에게도 행복을 전하는 사도가 될 수 있을까? 평생 내가 하느님의 종으로서 살 수 있을까.' 확고한 결론을 내릴 수 없었습니다. 그래서 저는 저의 모든 걱정을 하느님께 온전히 의탁하기로 했습니다. 그러면서 젊은 청춘의 호기로 '하느님 믿고 일생 동안 살아 보는 거지 뭐.'라고 생각했습니다. 그리고 하느님의 자비에 제 인생을 미련 없이 걸기로 했습니다.

그래서 저는 평생 사제로서 살아갈 성경 말씀으로 시편 8장을 선택했습니다. "인간이 무엇이기에 이토록 기억해 주십니까? 사람이 무엇이기에 이토록 돌보아 주십니까?" 사제로서의 제 삶을 돌이켜 보면, 방황하고 어려울 때마다 늘 하느님께서 저와 함께 계셨습니다. 제가 하느님과 멀리 떨어져 있던 순간에도 하느님은 늘 저와 함께 하셨습니다.

'현재 나는 의혹 없이 담대하게 하느님의 길을 걸어가고 있는 것일까.' 끊임없는 하느님의 은총 속에서도 어떤 때는 하느님께 온전히 의탁하지 못하고, 바람에 흔들리는 갈대와 같은 삶을 살았습니다. 그래서 오늘도 저는 죄인임을 고백하며 하느님의 무한한 자비를 청합니다.

하느님은 언제나 저를 기억해 주시고, 돌보아 주십니다. 저도 하느님의 마음을 닮아 가며, 고통을 받고 있는 사람들을 기억하면서 사랑을 베푸는 사제로서 삶을 살아가고 싶습니다. 그럴 때만이 저는 참된 행복감을 누릴 것입니다.

〈가톨릭신문〉
1980년 2월 25일 수품

서울대교구

허근 바르톨로메오 신부

암사슴이 시냇물을 그리워하듯
하느님, 제 영혼이 당신을 이토록
그리워합니다. 시편 42,1

허영엽 마티아 신부

시간이 참 빠릅니다. 제가 사제 서품 상본에 이 시편 구절을 택해 썼던 것이 엊그제 같은데 벌써 30년이 지났으니 말입니다.

제가 신학교에 입학한 첫날 기도 시간이었습니다. 성가책의 이 시편 구절이 제 눈을 사로잡았습니다. 긴 목을 늘어뜨린 채 먼 하늘을 바라보는 암사슴의 그림도 마음에 끌렸습니다. 그런데 나중에 알게 되었습니다. 암사슴이 물을 찾는 것은 목숨이 위태로운 절박한 상황일 수도 있다는 것을 말입니다. 그만큼 하느님을 애타게 찾아야 하는 것입니다.

"사제로 사는 것보다 사제로 죽는 것이 더 힘들다는 것을 늘 기억하십시오."

선배 신부님이 저에게 하셨던 말씀입니다. 제가 살면서 두고두고 마음에 새겨야 하는 대목입니다. 어쩌면 인간이 평생 동안 한 길만을 충실하게 갈 수 있는 것은 인간의 힘으로 불가능합니다. 그래서 우리 사제들은 하느님의 은총과 신자들의 기도 없이는 한순간도 살 수 없습니다. 사제는 평생을 가난과 고독을 행복의 철학으로 여기며 살아야 하는 사람입니다. 그러나 그동안 저는 제가 선택한 시편처럼 암사슴이 시냇물을 그리워하듯 살지 못했습니다. 그래서 부끄럽고 마음이 아픕니다.

그래도 하느님께서 저의 모든 것, 제 약점과 허물까지도 아신다는 것이 오히려 위로가 됩니다. 사제는 한마디로 목마른 신자들을 생명의 시냇가로 데려오는 인도자가 아닐까요. 저도 하느님이 그리워 애가 타고 목이 마른 사람이 되고 싶습니다. 그래서 그 그리움을 신자들에게 전해 주는 사람이 될 수 있다면 얼마나 행복할까요.

〈가톨릭신문〉
1984년 5월 5일 수품

내 멍에는 편하고 내 짐은 가볍다.
마태 11,30

홍성학 아우구스티노 신부

사제 서품을 앞두고 제일 두려운 것은 '저 자신'이었습니다. '모자라고 부족한 내가 과연, 사람들에게 주님을 드러내 보여 주어야 할 이 길을 잘 갈 수 있을까?' '욕망과 이기심으로 자주 흔들리는 내가 그것들을 억누르고 추스르며, 사제다운 삶을 살아갈 수 있을까?' 한마디로 자신이 없었습니다. '사제의 길'에 대한 회의가 아니라 '제 자신'에 대한 회의가 끊이질 않았습니다. 저의 부족함에 대한 생각은 잠시도 저를 가만두질 않았습니다.

하도 답답하고 불안해서 성당에 들어갔습니다. 하지만 그 생각에서는 헤어날 수가 없었습니다. 그래서 무심코 성경을 들고 그냥 읽어 나갔습니다. 그러다가 그만 한 구절에 빠지고 말았습니다. "내 멍에는 편하고 내 짐은 가볍다."

나는 이렇게 괴롭고 힘든데, '편하고 가볍다'는 말씀이 작은 충격으로 다가왔습니다. 그동안 저는 주님을 따르겠다고 하면서도 '나, 내 고통, 내 어려움, 내 갈등 속'에만 빠져 있었습니다. 주님의 일을 하겠다는 사람이, 자신의 모자람과 부족함을 그분께서 채워 주시도록 그분께 자리를 내어 드리지 않고, 자신의 능력과 한계 안에서만 발버둥 치고 있었던 것입니다. 이렇듯 제 결단의 중심은 '주님'이 아니라 '나'였고, 제 삶의 주어도 '주님'이 아니라 '나'였던 것입니다.

이처럼 저의 부족함, 저의 모자람 속에서만 방황했으니, 거기서 뭐 좋은 게 나올 수 있었겠습니까? 그런 제 안에서는 더 나은 것들이 자리 잡을 수가 없었던 것입니다.

'그래, 믿고 맡기자. 바로 그분이 내 안에 오셔서 편하고 가볍게 하신다는데……. 그분이 내 삶의 주어가 되셔서 이끌어 주신다는데……. 아무것도 확실히 알 수 없는 나의 미래를, 미지의 세계를, 그분이 함께하시지 않는다면 올바르게 살 수 없는 나의 삶을 그분이 주관하실 수 있도록 그분께 맡겨 드리자.'

오늘도, 아니 평생을, 이 문제로 싸우고 있는 저 자신을 발견합니다. 하지만 죽음 앞에서는 온전히 완성되어 있기를 기대해 봅니다.

1989년 2월 4일 수품

나에게 힘을 주시는 분 안에서 나는 모든 것을 할 수 있습니다.

필리 4,13

황흥복 요셉 신부

나약하고 불완전한 제 힘으로는 아무것도 할 수 없습니다. 그러나 저에게 힘을 주시는 주님의 도움으로 저는 무엇이든지 다 할 수 있습니다. 그런 가능성과 신념을 갖고, 사목에 적극적으로 임하겠습니다.

부드러운 것이 강한 것을 누릅니다. 부족함이 자신의 의지와 꿈을 더 강하게 가꿉니다. 주님은 부드러운 것을 강하게 하시고, 부족함은 채워 주시는 분입니다. 힘은 믿음에서 왔습니다. 부족함을 주님께 아뢰고 구하면 모든 것을 할 수 있으리라고 생각합니다.

1974년 12월 9일 수품

춘천교구

나를 따르려는 사람은 누구든지 자기를 버리고 제 십자가를 지고 따라야 한다.

마태 16,24

강동금 베드로 신부

사제의 길은 본질적으로 예수님께서 가신 수난과 죽음의 십자가의 길입니다. 자신을 버리고 주님을 따르는 십자가의 길을 걸음으로써 사제 자신이 구원받고 다른 이들을 구원으로 인도할 수 있습니다. 십자가가 때로는 너무나 무겁게 다가오는 경우도 있지만, 십자가는 곧 주님의 은총이요 사랑임을 체험하며 살고 있습니다.

1995년 8월 23일 수품

우리 주 예수 그리스도의
아버지 하느님께 찬양을 드립니다.
에페 1,3

김동훈 라파엘 신부

    사제품을 받기 전 사제로서 평생의 지침으로, 더 나아가 신앙인의 한 사람으로서 살아가기 위해 이 성구를 선택하였습니다. 수많은 말씀 속에서 이 말씀이 마음 깊이 다가온 이유는 '이냐시오 30일 피정'을 통해 하느님의 크신 사랑을 그때에야 비로소 깨닫게 되었기 때문입니다.

    저는 모태 신앙으로, 태어난 지 3일 만에 세례 받고 부모님 손에 이끌려 신앙생활을 하고 성소의 부르심을 받아 신학생이 되었지만 그때에는 정말 중요한 것을 깨닫지 못했습니다.

    그 당시에 저는 신앙인이라면 당연히 하느님을 믿고 고백하며 살아야 한다고 확신했습니다. 왜 그래야만 하는지에 대한 이유는 모른 채 무조건 믿음만 고백하는 삶이었습니다. 그러다 보니 신학생이었음에도 불구하고 머리만 커져 감에 따라 하느님에 대한 확신이 점점 줄어드는 제 모습을 발견하게 되었습니다. 지금은 이 모든 것을 극복하고 사제가 되어 17년째 사목 생활을 하고 있지만 신앙에 대한 확신이 없는 모습을 본당 교우분들에게서도 많이 발견하게 됩니다.

세례성사와 견진성사를 받고 열심히 신앙생활을 하다가도 어느 한 순간 그 확신이 사그라져서 갈등하고 고민하는 교우분을 보게 될 때 하느님께서 그 교우분을 얼마나 사랑하시는지 깨닫지 못함이 안타까울 따름입니다.

짧은 인생이지만 어느 한 순간도 하느님께서는 우리와 함께 하시지 않은 때가 없었으며, 그분 없이는 한 발자국도 움직일 수 없는 존재라는 것을 깨닫게 되었을 때 한없는 눈물이 앞을 가리게 됩니다. 왜냐하면 '왜 그리도 그분의 사랑을 몰랐을까!'라는 자책 속에서 죄송스러움이 앞서기 때문입니다.

'우리 주 예수 그리스도의 아버지 하느님께 찬양을 드리는 것'은 그 누구의 강요도 아니요 의무감도 아닙니다. 그저 우리가 자연스럽게 외쳐야 하는, 삶의 전부여야 하는 것입니다. 하느님의 크신 사랑과 자비를 깨닫는 것, 그것이야말로 하느님께 찬양을 드리는 삶의 시작입니다.

〈가톨릭신문〉

1997년 12월 15일 수품

나에게는 그리스도가
생의 전부입니다.

필리 1,21

김현신 요셉 신부

　신약 성경의 반 이상을 쓴 바오로 사도는 매번 그 서두에 자신을 소개하며 한결같이 '예수님의 종'이요, '사도'라고 말합니다. 이렇게 하느님의 뜻을 따라 예수 그리스도의 사도가 된 바오로 사도는 초대 교황이신 베드로 사도와 함께 초세기 때부터 교회를 떠받치는 거대한 두 기둥으로 일컬어졌습니다.
　자신의 서간 곳곳에서 여러 차례 등장하는 바오로 사도의 고백은, 파란만장했던 자신의 과거처럼 그 누구의 경우보다 강렬하고 굳건하다 못해 비장하기까지 합니다.
　사실 바오로 서간 전체가 하느님을 향한 자신의 신앙 고백이라고 생각합니다. 제 성구는 그 고백들 중 하나를 선택한 것입니다. 우리는 저마다 자신에게 주어진 일생을 살아가지만, 그 살아가는 방법은 모두 다릅니다. 하지만 바오로 사도는 우리가 살아가는 방향을 정확하게 알려 주십니다. 바오로 사도는 이렇게 말합니다.

"나의 간절한 기대와 희망은, 내가 어떠한 경우에도 부끄러운 일을 당하지 않고, 언제나 그러하였듯이 지금도, 살든지 죽든지 나의 이 몸으로 아주 담대히 그리스도를 찬양하는 것"(필리 1,20)이라고……. 다시 말해 우리는 살든지 죽든지 주님의 영광을 위하여 살아가는 존재라는 것입니다.

바로 이 말씀에 공감함과 동시에 커다란 감명을 받으며, "나에게는 그리스도가 생의 전부입니다."라는 바오로 사도의 말씀을 저의 모토로 정했습니다. 이 말씀에는 제 삶의 당연한 첫 자리가 바로 그리스도며 그 이외의 것들에 집착하지 말자는 저만의 의지가 담겨 있습니다. 그 의지에 따르는 삶! 거기에서 나오는 진정한 자유로움을 살아가는 것입니다!

1990년 1월 24일 수품

하느님의 나라는 이 어린이와 같은 사람들의 것이다.

루카 18,16

배종호 토마스 신부

    사람은 잔꾀를 부리지 않고 있는 그대로 단순하고 순수하게 살아가는 것이 하느님의 뜻이라고 생각합니다.
    어린이들은 순수합니다. 어린이는 티도 없고 흠도 없는 맑은 영혼을 갖고 있습니다. 영혼이 깨끗하고 맑으면 눈이 밝아집니다. 눈이 밝으면 마음의 밝음이 드러나 보입니다. 어린이의 영혼은 주님께서 주신 성경과도 같은 또 하나의 궁전입니다. 영혼이 깨끗하면 주님을 만나는 은혜를 받습니다. 그래서 하느님 나라는 어린이와 같은 사람들의 것이 됩니다. 동심은 영혼의 맑은 샘터입니다.

1979년 3월 6일 수품

가장 작은 이들 가운데 한 사람에게 해 준 것이 바로 나에게 해 준 것이다.

마태 25,40

서성민 파스칼 신부

　신학교에 들어가자, 한 교수 신부님이 "자네는 왜 신부가 되려고 하나?" 하고 질문을 하셨습니다. 그 질문에 "저는 예수님을 잘 닮기 위해서 신부가 되려고 합니다. 그리고 가난하고 어려운 사람들도 도와주고 싶습니다." 하고 대답한 기억이 납니다.

　저는 신학교에 입학했을 당시의 마음으로 평생을 살기 위해서, 그리고 가난하고 소외된 사람들에게 따뜻한 사랑을 주신 예수님을 닮기 위해서 이 구절을 서품 성구로 선택했습니다.

　신부가 되어서 이 성경 말씀대로 살아갈 때면 늘 하느님께서는 저에게 귀한 선물을 주셨음을 느낍니다. 속초 교동 성당의 보좌 신부로 있을 때 주일 오후에 청년들과 함께 외롭게 사시는 어르신들을 방문했습니다. 처음에는 어르신들을 방문하려고 하면 더 피곤하고, 부담도 많이 되고, 쉬고 싶기도 했습니다.

그렇지만 청년들과 방문해서 함께 기도하고, 흘러간 노래도 부르고, 옛날이야기도 들으면서 어르신들에게 작은 기쁨을 준 후에 다시 성당에 오면 기분이 참 좋았습니다. 한 주간 동안의 피곤과 스트레스가 모두 사라지고 하느님께서 주시는 새로운 힘을 느낄 수 있었습니다.

얼마 전에 저희 본당에서는 지역의 가난한 이웃을 위해 바자회를 했습니다. 지역 신문에 안내장을 넣어서 돌리고, 성당 주위에 있는 모든 아파트 관리 사무소의 협조를 얻어 통로 게시판에 안내장을 붙이고, 현수막도 여러 곳에 붙였습니다.

처음에 준비할 때에는 과연 잘될 수 있을까 하는 걱정도 했습니다. 그런데 행사를 준비하면서 예상하지 못한 많은 곳에서 도움을 주셨습니다. 그리고 본당 신자들도 한마음으로 함께해서 기쁘게 바자회를 마칠 수 있었습니다. 하느님께서 함께하시면서 참 많은 도움을 주셨다고 생각합니다.

가장 작은 이들과 함께하면서 그들에게 하느님의 사랑을 나누어 줄 때 바로 내가 사랑받고 있다는 느낌을 받습니다. 그리고 마음속 깊은 곳으로부터 "사랑하는 아들아, 참으로 고맙다." 하는 예수님의 음성을 듣습니다.

2003년 1월 14일 수품

나를 당신의 도구로 써 주소서.

송병철 야고보 신부

'부족하지만 주님께서 쓰시겠다면 기꺼이 저의 삶을 봉헌하겠습니다.'라는 뜻으로 프란치스코 성인의 〈평화를 구하는 기도〉의 첫 부분을 택했습니다.

'온전하지 못해도 주님께서 꼭 쓰실 곳이 있다면 드리겠습니다.'라는 생각으로 용기를 내며 살고 싶었습니다.

주님, 저를 평화의 도구로 드립니다. 주님께서 만드신 저이오니 녹슬지 않도록 쓰시옵소서. 평화를 이루는 사람들은 주님의 도구입니다.

1982년 8월 10일 수품

나는 착한 목자다.

요한 10,11

신정호 모세 신부

제가 목자가 아닙니다. 주님께서 목자이십니다. 저는 그 목장의 목동입니다. 주님께서 가리키는 방향으로 양들을 이끌며 목자를 돕는 목동입니다. 그래서 목자의 말씀에 귀 기울여야 합니다. 목자는 양만 돌보지 않습니다. 당신의 일을 하는 목동도 돌보십니다. 주님은 저의 착한 목자이십니다. 사제 생활이 어려울 때 목자께로 달려가 힘을 얻습니다. 그렇기에 이 말씀은 언제나 저에게 위로와 힘이 됩니다.

2010년 8월 20일 수품

> 말이든 행동이든 무엇이나
> 주 예수님의 이름으로 하면서,
> 그분을 통하여 하느님 아버지께
> 감사를 드리십시오.
>
> 콜로 3,17

윤장호 시몬 신부

사제가 된다는 것은 자신의 의지보다 우리의 스승이요, 삶의 지도자이자 신앙의 모범이신 그리스도를 따르는 길입니다. 그분의 모습을 따르는 것이 진정한 신앙인의 모습이라 생각됩니다. 그리고 그 모습을 통해 주님께(성부께) 감사드리는 것이 우리 신앙인들의 당연한 자세입니다. 모든 것에는 하느님의 섭리가 있기 때문입니다. 즉, 하느님의 뜻을 먼저 헤아릴 때 순명할 수 있고, 예수님의 삶을 따라 살 수 있으리라 생각됩니다. 다시 말해 이 성구는 신부이기보다 먼저 신앙인이 되어 신자들과 함께 주님의 나라로 가고자 했던 마음을 담은 것입니다.

2009년 8월 20일 수품

받아먹어라. 이것은 내 몸이다.
마르 14,22

원용훈 스테파노 신부

　열한 살. 첫영성체를 준비하던 때 '주님의 몸을 받아 모신다'는 그 떨림과 설렘을 기억합니다. 그리고 첫영성체를 하던 날, 신부님께서 "받아먹어라." 하고 건네주신 "그리스도의 몸과 피!" '드디어 주님께서 제 안에 오신다. 두둥!! 애걔? 맛 없다.' 그것이 주님께서 제 안에 오신 날의 솔직한 기분이었습니다. 그 뒤로 참 많이도 주님을 모셨습니다. 때로는 아무 의미 없이 때로는 '이것이 정말 주님의 몸일까?' 의심하기도 하면서…….
　그러던 어느 날, 신학교 입학에 대해 고심하던 날의 미사였습니다. 그날따라 주님은 더욱 멀게만 느껴졌습니다. 성체에 대해 마구 생겨나는 의심, 영성체 후에도 느껴져 오는 그분의 부재하심, '이런 마음으로 신학교라니…….' 포기하려는 순간 학사님께서 부르셨습니다. 그리고는 "같이 살자." 하셨습니다. 심장이 마구 뛰었습니다. '괜찮다' 회유하고 계셨습니다. 그 순간 제 안에 그분이 느껴졌습니다. '왜 그랬을까.' 아무 말 없이 받아 모신 조그만 하얀 밀떡, 제 안에 그분이 그렇게 함께 사셨던 것입니다.

"나를 먹는 사람은 나로 말미암아 살 것이다."(요한 6,57 참조) 그만 사랑하게 되었습니다, 제 안에 계신 주님을. 그토록 사랑하시던 제자들과의 마지막 밤, 당신의 마지막 몸까지 내어 주신 그 사랑이 절절히 느껴졌습니다. '주님께서는 당신을 더욱 믿고, 당신 안에 희망하고, 사랑하게' 하셨습니다. 참 잘했다는 생각이 듭니다. 하루도 저의 서품 성구를 잊을 수 없기 때문입니다. 행여나 못난 마음과 부족한 정성으로 신자들을 대할 때면 주님은 매일의 식탁에서 '다 주지 못하는 사랑'을 나무라십니다.

'주님은 희생되셨으나, 살을 받아먹는 우리는 튼튼해집니다. 주님은 피를 흘리셨으나, 그 피를 받아 마시는 우리는 깨끗해집니다.' 제가 희생해야 신자분들이 삽니다. 용서하고 사랑하는 것, 미움이 아닌 인정을 주는 것, 힘들어 하는 상대방을 위해 기도하는 것, 그것만이 사람을 살리는 길이기 때문입니다. 그러나 언제쯤 다 드릴 수 있을까요?

'주님, 제 몸입니다. 어여삐 받아 주시렵니까?'

〈가톨릭신문〉

2004년 9월 17일 수품

주님, 저희가 누구에게 가겠습니까? 주님께는 영원한 생명의 말씀이 있습니다.

요한 6,68

이동주 시몬 신부

　예수님께서 영원한 생명에 대한 말씀을 하셨을 때, 많은 사람들은 예수님의 말씀을 받아들이지 못하였고, 예수님을 믿기보다는 예수님으로부터 멀리 떠나 버리고 말았습니다. 예수님은 제자들에게도 물으십니다. "너희도 떠나고 싶으냐?" 제자들을 대표해서 베드로 사도는 신앙을 고백합니다. 영원한 생명의 말씀을 지니신 주님(예수님)을 떠나 누구에게 갈 수 있겠습니까? 주님으로부터 벗어날 수 없음을, 주님을 받아들이고 영원한 생명의 말씀을 살아갈 것을 고백합니다. 주님께는 제 영혼이 거룩하게 될 영원한 생명의 말씀이 있습니다.

1991년 7월 4일 수품

아버지의 뜻이 이루어지게 하소서.

마태 6,10

이흥섭 라우렌시오 신부

26년 전, 교회 현대화 운동Aggioramento의 하나로 교구 사제가 모두 함께 한 달간 왜관 분도 피정의 집에서 교육을 한 적이 있습니다. 그때 돌아가면서 강론을 했는데, 각자 서품 때 상본 뒤에 적은 내용을 상기하면서 자신의 사목 모토에 대하여 이야기 했습니다. 그때 이후로 서품 40년이 지난 지금 다시 한 번 저의 삶을 뒤돌아 볼 수 있었습니다.

"아버지의 뜻이 이루어지게 하소서Fiat Voluntas Tua." 당시 저는 노기남 대주교님의 사목 모토가 너무나 좋아서 저도 그것으로 했습니다. 항상 제 뜻보다는 주님의 뜻을 찾고 그 뜻이 이루어지기를 바라면서 지금까지 살아왔습니다. 신자들과도 편하게 지낼 수 있었고, 항상 감사하면서 생활할 수 있었습니다. 모든 것을 아버지께 맡기고 생활할 때 너무나 좋았습니다.

어떤 사람이 지붕 위에서 뛰어내리면 머리가 깨지거나 다리를 다칠 것입니다. 그러기에 누구도 그것을 알고 뛰어내리지 않습니다. 그러나 어떤 형제가 한번 뛰어 보겠다고 뛰어내리면 그는 크게 다칠 것입니다. 남의 경험을 내 경험으로 할 수 있는 지혜를 주십사고 기도드립니다.

미국 초대 대통령 워싱턴이 어렸을 때 일입니다. 아버지와 과일 가게 앞을 지나고 있을 때 그 가게 주인이 그에게 귀엽다며 진열된 버찌를 한 움큼 집어 가라고 말했습니다. 하지만 워싱턴이 가만히 있자 가게 주인은 직접 자신의 큰 손으로 버찌를 집어 주었습니다. 아버지가 물었습니다. "왜 네가 집지 않았니?" 그러자 워싱턴은 "제 손은 작고 그 아저씨의 손은 크니까요."라고 대답했다고 합니다.

제 삶에서도 제 뜻은 작고 하느님 아버지의 뜻은 언제나 헤아릴 수 없이 크다는 것을 알기에, 항상 제 뜻이 아니라 아버지의 뜻을 찾으며 사목에 임하고 있습니다. 은경축 때 상본 뒤에 다음과 같이 적었습니다. "지난 25년 동안 사제 생활을 건강한 모습으로 기쁘고 재미있고 신나게 살 수 있도록 도와주신 하느님과 은인들에게 깊은 감사를 드립니다. 주님, 이 세상과 모든 형제자매에게 아버지의 뜻이 이루어지게 하소서."

〈가톨릭신문〉

1974년 12월 10일 수품

내가 있다는 놀라움, 하신 일의 놀라움, 이 모든 신비들 그저 당신께 감사합니다.

시편 139,14

조영수 마태오 신부

제가 위 시편의 말씀을 서품 성구로 택한 것은, 세상의 어느 작은 것 하나라도 하느님의 손길이 닿지 않은 것이 없고, 신비로움이 숨겨져 있지 않은 것이 없기 때문입니다. 온 세상 모든 피조물을 통해 하느님의 신비를 느끼는 이는 누구나 그저 '감사'를 드리지 않을 수 없습니다. 저는 기도 중에 이러한 깨달음을 얻었던 것입니다.

우리가 태어난 것도, 하루하루 살아가는 것도 모두 하느님의 신비입니다. 풀꽃 한 송이, 나무 한 그루, 잠자리 한 마리, 물고기 한 마리, 이 세상 모든 피조물이 하느님 창조의 신비입니다. 주님께서 하신 일은 이 세상 그 어떤 일보다 경이롭습니다.

2005년 9월 14일 수품

너희가 거저 받았으니 거저 주어라.
마태 10,8

최원석 아넬로 마리아 신부

　천주교는 머리이신 예수님을 닮은 지체들의 모임입니다. 머리시며 스승이신 예수님께서 거저 주신 구원의 은총을, 지체들인 우리도 기쁜 마음으로 거저 줄 때 예수님의 사랑이 온 세상을 변화시킵니다. 저는 이 성경 구절에 예수님의 모든 가르침이 요약되어 있다고 생각하여, 저의 평생의 모토로 삼기로 하였습니다.

　가진 것을 모두 내주어도 주님께서는 부족함이 없게 하십니다. 주님께서는 달라는 사람에게는 주라고 하십니다. 왜냐하면 주님께서 거저 주셨기 때문입니다.

1985년 8월 16일 수품

> 내가 말하는 사랑은 하느님에 대한
> 우리의 사랑이 아니라 우리에 대한
> 하느님의 사랑입니다.
>
> 1요한 4,10

최창덕 프란치스코 신부

부제품을 받기 전 이냐시오 영신 수련을 앞두고 커다란 고민에 쌓여 있었습니다. 그간의 시간들이 하느님의 부르심에 대한 순수한 응답이 아니라 부모님과 가족들, 그리고 저를 아는 사람들에게 인정받기 위한 인간적 선택이었다는 생각이 자꾸 들었습니다. 이미 다 정화됐다고 믿었던 '성소에 대한 인간적 동기'가 새삼 내면에서 튀어나온 것이었습니다.

시골 출신인 저는 고등학교를 들어갈 즈음 형을 따라 인근 도시로 나갔습니다. 소위 '유학'을 간 것이지만 생활은 순탄치 않았습니다. 잦은 병치레로 건강도 좋지 않았지만 성적 역시 별로였습니다. 내심 형보다 더 좋은 대학에 가야 한다는 부담감과 도시로 보내신 부모님의 기대를 저버리지 말아야 한다는 중압감이 있었는데, 신학교는 그런 욕구를 채울 수 있는 선택이었던 셈입니다. 물론 사제로서 거룩하게 살고 싶은 신앙적인 바람도 있었지만 그런 인간적인 동기로 신학교에 들어갔었기 때문에 신학생으로 사는 내내 마음의 밑바닥에는 일종의 부채 의식이 쌓여 있었습니다. 그리고 그것이 서품을 앞두고 제 발목을 강하게 잡아당겼습니다.

그런데 바로 그 마음의 짐을 해결해 준 것이 "우리에 대한 하느님의 사랑입니다."라는 말씀이었습니다. 영신 수련을 시작하면서 묵상 주제로 받았던 이 말씀을 통해 저는 인간적인 불순한 동기에도 불구하고 저를 사랑해 주시는 하느님 사랑에 크게 감동하여 눈물을 흘릴 수밖에 없었습니다. 그리고 이제 보답하는 길은 사제로서 만나게 될 사람들에게 제가 느낀 하느님의 그 깊고 크신 사랑을 전하는 사제직을 성실히 사는 것임을 다짐하게 되었습니다.

첫 보좌 신부 생활을 마치고 본당을 떠나며 이런 인사를 했었습니다. "그동안 제가 강론 시간에 무엇을 말했든지 모든 것은 결국 '우리에 대한 하느님의 사랑'이었다는 점만은 꼭 기억해 주십시오." 앞으로도 그 인사를 겸손하게 계속할 수 있는 소박한 사제의 길을 걷고 싶습니다.

〈가톨릭신문〉

2001년 1월 12일 수품

마음이 가난한 사람은 행복하다. 하늘 나라가 그들의 것이다. 마태 5,3

허동선 마태오 신부

'재물을 필요로 하고 사용하면서도 재물에 욕심이 없을 수 있을까?' 있습니다. 우리의 선배들이 그렇게 살았습니다. "나물 먹고 물 마시고 팔을 베고 누웠으니, 대장부의 살림살이 이만하면 만족하리." 욕심을 조절하기 위해, 아니 욕심을 버리기 위해서는 싸워야 합니다. 자기 자신과 끝없이 싸워야 합니다.

마음의 가난은 하느님이 계실 자리를 마음에 만드는 것입니다. 마음이 가난해야 하느님을 모실 수 있습니다. 재물의 유무, 재물의 다과의 문제가 아닙니다. 하느님을 모시고 사는 것이 저희 인간의 도리입니다. 하느님의 모습으로 창조된 인간이 마음에 재물이 그득하여 하느님을 마음에서 내쫓는다면 참으로 불행할 것입니다. 영적으로 가난하며 하느님께 의지할 때 하늘 나라는 우리의 것이 됩니다. 가난을 선택하면 행복해집니다.

1969년 12월 16일 수품

사랑하는 이는 모두 하느님에게서 태어났으며 하느님을 압니다. 하느님은 사랑이시기 때문입니다.

1요한 4,7-8

홍기선 히지노 신부

성품성사를 받기 전에 주보에 다음과 같은 소감문을 적었습니다. 서품 성구를 택하는 데 결정적 영향을 준 그 당시의 제 생각입니다.

"먼저 모든 분들께 감사의 인사를 드립니다. 고맙습니다. 오늘이 있기까지는 많은 분들의 노고가 필요했습니다. 저는 한적한 어촌 모퉁이의 키 작은 소나무였습니다. 바닷가 주변에서 흔하게 보이는 보통 나무였습니다.

그러나 주님께서 쓰시겠다는 가당치 않은 말씀에 힘입고 교형 자매들의 손길에 의해 다듬어져 이제 가까스로 작은 배가 되었습니다. 지금까지 그저 사랑과 봉사를 받아야만 존재할 수 있었습니다.

그러나 이제 주님의 도구가 되었습니다. 세상의 고해苦海를 헤쳐 나아갈 작은 배가 되었습니다. 세상 모든 사람들을 낙원으로 인도하는 데에 작은 몫을 하게 된 것입니다. 남김 없고, 후회 없는 항해, 안전한 항해가 되도록 모든 것을 바치겠습니다.

이제 돛을 펼치고 닻을 올렸습니다. 주님의 미풍이 불어옵니다. 아아. 처녀 출항이라 가슴이 뜁니다. 언제까지나 지켜보아 주십시오."

마지막까지 주님의 도구인 사제가 되는 데 필요한 것은 바로 사랑이신 하느님을 느끼고 사는 것이라고 생각했기에 요한 1서 4장의 말씀을 택했습니다.

1989년 1월 20일 수품

대전교구

나는 우리 주 예수 그리스도의 십자가 외에는 어떠한 것도 자랑하고 싶지 않습니다.

갈라 6,14

강승수 요셉 신부

"주님, 저의 삶을 이토록 은혜로운 길로 이끌어 주심에 감사드립니다. 당신께서 십자가 위에서 보여 주신 사랑을 잊지 않고 살아가도록, 당신께서 달리신 희생의 십자가를 기꺼운 마음으로 평생 지고 갈 수 있도록 도와주십시오.

그리고 그 십자가만이 저의 자랑이게 해 주십시오. 당신을 닮아 희생하고 사랑하여 얻은 십자가를 자랑삼아, 그 힘으로 한 걸음 한 걸음 당신께 다가서고 싶습니다.

당신께서 십자가에 못 박히시는 순간 저는 세상에 대해서 죽었습니다. 그리고 당신이 저와 같은 죄인을 위해 기도하시는 순간 저도 제가 범한 죄를 아파하면서 눈물을 흘렸습니다.

이제는 세상의 그 무엇과도 당신의 십자가를 비교할 수 없습니다. 절대로 다른 어떤 것이 저의 자랑이어서는 안 됩니다. 당신께서 허락하신 제 십자가를 감사하면서 달게 지고 갈 수밖에 없습니다. 왜냐하면 당신께서 십자가에 못 박히심으로써 세상은 저에 대해서 죽었고 저는 세상에 대해서 죽었기 때문입니다. 주님, 감사합니다."

약 16년 전에 썼던 서품 소감문입니다. 피정 중에 십자가에서 못 박히신 예수님이 저의 죄를 씻으시기 위해서, 저를 구원하시기 위해서 고난당하신 것을 목격하고는 예수님께 감사의 마음이 복받쳐 올라왔습니다. 또한 그 십자가의 삶을 저도 평생 살도록 초대해 주신 하느님께 깊이 감사드렸습니다.

지금도 예수님의 십자가를 바라보기만 하면, 예수님이 지신 그 십자가와 그를 따르는 사람들의 십자가만이 이 세상을 구원할 수 있다는 확신이 생깁니다.

〈가톨릭신문〉

1998년 2월 3일 수품

> 그분만이 내 바위, 내 구원, 내 성채
> 나는 결코 흔들리지 않으리라.
>
> 시편 62,3

곽승룡 비오 신부

1988년 저는 신학교 생활을 마감하면서, 즉 부제로서 사제직을 준비하면서 매일 시편 기도를 올렸고 주님의 부르심에 응답하였습니다. 그 후 사제를 양성하는 신학교에서 많은 세월을 보내며 후배들을 만났습니다. 매년 사제로 서품되는 후배들을 보면 그들의 서품 성구에서 저의 25년 전 서품 성구가 새롭게 와 닿습니다. 사람들은 자기에게 필요한 성구를 택합니다. 저는 주님께 온전히 자신을 맡기고자 시편 62장 3절을 선택하였습니다. 모든 도움과 영광이 하느님께 있고 견고한 제 바위와 피신처가 하느님 안에 있습니다.

"백성아, 늘 그분을 신뢰하여라. 그분 앞에 너희 마음 쏟아 놓아라."

1989년 2월 13일 수품

그는 네 임자이시니
그 앞에 꿇어 절하라.

시편 45,11

김정환 세례자 요한 신부

　대전교구가 60주년을 맞아 편찬한 《달릴 길을 다 달리고》라는 책이 있습니다. 선종 사제들의 약력과 남긴 글들 중에서 기억할 만한 것을 뽑아 실어 놓은 것입니다. 처음에는 그분들의 서품 성구와 소감문을 실으려고 계획했습니다. 성구가 사제의 첫 마음이라 생각했기 때문입니다. '그렇다면 내 첫 마음은 어떠했고 지금의 나는 어떠한가?' 15년 전에 저는 다음과 같은 요지의 서품 소감문을 썼습니다.

　"내가 택한 성구가 들어 있는 시편 45장은 '아리따운 말이 마음에서 우러나옵나니 / 내 노래는 임금님께 읊어 올리나이다.'로 시작되는 감미로운 시이다. 성무일도 제2주간 월요일 저녁 기도에 나오기 때문에 성무일도를 빠트리지 않고 하면 한 달에 한 번은 꼭 읊조리게 된다. 시편은 한 처녀가 이스라엘의 임금에게 시집가는 장면을 아름답게 묘사하고 있다. 화려해서 모자랄 것이 없어 보이는 공주(새 신부)에게 부족한 것이 하나 있었다. 친정에 대한 미련이 남아 있었던 것이다. 이런 새 신부에게 누군가 충격을 던지는 노래를 들려준다. '딸아 보고 네 귀를 기울여라. 네 겨레와 아비 집을 잊어버려라. 이에 임금이 네 미모에 사로잡히시리라. 그는 네 임자이시니 그 앞에 꿇어 절하라.' 나는 하느님께 시집가는 신부(新婦, 神父)다. 내가 시집가서 해야 할 첫 과제는 하느님을 사로잡는 일이다. 내 온 힘을 다하고 온 정성을 다하여 신랑이신 하느님을 사로잡을 것이다."

이것이 들키고 싶지 않은 저의 첫 마음입니다. 그 마음이 잘 간직되어 있느냐고 묻는다면 '그냥 웃지요'입니다. 제 미모도 예전 같지 않아 하느님을 사로잡겠다는 새 신부 때의 투지를 불사를 용기는 없습니다. 그럼에도 꿋꿋이 살아가는 것은 하느님의 자비하심을 믿기 때문입니다. 그분은 '심지가 깜빡거린다고 꺼 버리지 않으시고, 갈대가 부러졌다 하여 잘라 버리지 않는 분'이시라고 하지 않습니까! '주님, 제 아리따운 첫 마음을 보시고 부족한 저에게 자비를 베풀어 주십시오.'

〈가톨릭신문〉

1999년 1월 26일 수품

주님은 나의 목자, 아쉬울 것 없어라.
시편 23,1

김대건 베드로 신부

사회에서 신앙인으로 살아가기가 무척 힘듭니다. 신앙인은 세상 사람들의 가치 기준인 돈이나 명예, 권력 등을 추구하지 않고, 하느님께 절대적인 가치를 두면서 복음의 논리에 따라서 생명을 존중하고 사랑을 실천하며 살아야 하기 때문입니다. 이처럼, 신앙인은 많은 사람들이 추구하는 쉽고 넓은 문을 따르지 않고, 그와는 정반대의 길인 좁은 문으로 들어가기 위해서 고통과 시련들을 참고 이겨 내야 합니다. 그 안에 참된 행복과 영원한 생명을 얻는 진리가 있기 때문입니다.

한편, 하느님께서는 당신의 말씀과 뜻에 따라 살아가려는 이들을 버려두지 않으시고, 그들에게 힘과 용기를 주십니다. 일상의 삶 안에서 이러한 하느님의 사랑을 체험하는 사람만이 하느님을 신뢰하며, 그분께 모든 것을 맡겨 드릴 수 있을 것입니다. 결국, 신앙생활은 이처럼 무한하신 하느님의 사랑을 자신의 삶 속에서 체험하는 여정입니다. 곧, 신앙은 인간이 하느님께 나아가는 길이고, 인간과 하느님과의 인격적 관계이며, 하느님께 향하는 인간의 기본 자세인 것입니다.

시편 23편은 이스라엘의 한 경건한 신앙인이 자신과 하느님과의 관계를 양과 목자의 관계로 비유하면서, 언제나 자신의 삶 안에 함께하시는 하느님의 무한한 사랑과 자비와 은총에 감사하며, 주님을 깊이 신뢰하는 노래입니다.

이 성구에서 하느님의 이름 '주님'은 창조주이시고, 인격적인 분이시며, 언제나 당신의 계약에 충실하시고, 당신 백성과 함께 살아 계신 분이라는 의미가 담겨 있습니다. 그리고 '목자'라는 호칭에서는 하느님과 그 백성의 인격적 관계가 잘 드러납니다. '아쉬울 것 없어라'는 표현에는 하느님께서 베풀어 주신 과거에 대한 감사와 현재에 대한 만족과 미래에 대한 확신이 담겨 있습니다.

시편의 저자는 하느님을 '목자'로 고백하면서, 주님께서 일생 동안 자신을 바른 길로 인도하시고, 보호해 주시며, 참된 평화와 행복을 주신다는 자신의 신앙을 고백하였습니다. 결국, 하느님은 당신을 신뢰하며 의지하는 모든 신앙인들을 올바른 길로 이끌어 주시는 목자요, 인도자요, 그들에게 참평화를 주시는 분이십니다. 그러기에 이 시편 저자의 신앙 고백처럼, 제 사제 생활의 중심에 하느님을 모시고, 그분만을 의지하며, 그분께 전적인 신뢰를 두고 살아가기 위해서 이 말씀을 성구로 정하였습니다.

매일의 삶 안에서 언제나 저와 함께하시면서 저를 통해 당신의 구원 역사를 펼치시고 섭리하시는 하느님과 인격적인 관계를 맺어야 할 것입니다. 이러한 하느님 체험을 통해서 이 세상에서는 줄 수 없는 참된 행복을 맛보고, 모든 이가 영원한 생명의 길로 걸어갈 수 있도록 도와주고 싶습니다. 그리하여 참된 주님의 일꾼이 되어야겠다고 다시 한 번 다짐해 봅니다.

2005년 1월 25일 수품

진리를 따라 사는 사람은 빛이 있는 데로 나아간다. 요한 3,21

김석태 베드로 신부

사랑만이 삶을 영원으로 이끌어 준다는 믿음이 제 영혼을 사로잡았던 날이 있었습니다. 이 믿음에 대한 열정으로 신학교 문을 두드렸지만 신학교에 간 지 몇 년 안 되어 하늘 아래 새로운 것이 없고 성인이든 죄인이든 결국 죽고 마는 존재라는 사실에 사제의 길을 그만두고 평범한 인간으로 착하게나 살아볼까 하는 마음으로 많은 갈등과 방황의 시간을 보냈습니다.

어둠과 빛의 징검다리를 수없이 오가며 방황하던 시간들이 흐르던 어느 날, 하느님이 인간을 먼저 사랑하셨고 "진리를 따라 사는 사람은 빛이 있는 데로 나아간다."(요한 3,21)라는 말씀이 제 귓가에 천둥소리처럼 울렸고 제 방황은 끝났습니다. 부족한 제가 주님의 제단에 오를 수 있도록 저를 위해 기도해 주시고 관심을 가져 주신 모든 분께 진심으로 감사드립니다.

1993년 8월 11일 수품

이제, 저의 눈이 당신을 뵈었습니다.
욥 42,5

김성태 요셉 신부

당신에 대해 들었습니다. 세상을 섭리하신다고 했습니다. 나를 내셨다고도 했습니다. 구천이라도 찾아 나설 듯, 당신 뵈옵기를 얼마나 바랐는지 모릅니다. 그러다가 당신을 뵈옵던 날, 그게 영원이고 싶었습니다. 그러나 만남의 희열도 시간의 굴레 속에선 잊혀 저는 다시 당신을 찾아 나서야 했습니다. 한 번 그리고 또 몇 번. "이제, 저의 눈이 당신을 뵈었습니다." 영원이고 싶은 이 환희는 또 한 번 기억 속으로 사라질 것입니다. 그러면 어떻습니까. 당신을 뵈올 때까지 저는 세상 끝이라도 당신을 찾아 또다시 나서겠습니다.

2002년 1월 29일 수품

우리는 하느님의 작품입니다.

에페 2,10

김영곤 안드레아 신부

유명한 조각가에게 당신은 어떻게 이런 걸작을 만들 수 있느냐고 기자가 질문을 하자, 작가는 빙그레 웃으며 "그저 불필요한 부분을 떼어낸 것뿐입니다."라고 하더랍니다. 평범한 말이지만 많은 것을 생각하게 하는 말입니다.

우리의 삶도 크게 다를 바가 없습니다. 어려움이 있을 때, 기쁜 일이 있을 때 우리는 모두 하느님의 작품임을 기억하며 산다면, 그 어려움은 쉽게 극복할 수 있을 것이고 기쁜 일은 오래오래 간직하며 살 수 있을 것입니다. 그래서 우리가 하느님의 작품을 뛰어넘어 하느님의 걸작이 되도록 노력하며 살자는 의미에서 이 성구를 선택했습니다.

1983년 2월 8일 수품

너는 나를 사랑하느냐? 요한 21,16

김은석 요셉 신부

　철부지였던 저를 부르시어, 교회의 봉사자로 선발하여 주시고, 당신의 사제로 뽑아 주신 하느님 아버지께 찬미와 감사를 올립니다.

　기쁨으로 즐거울 때, 고통으로 가슴이 찢어질 때, 홀로 외로울 때 모든 순간을 통해 제 이야기를 끝까지 들어 주시고, 응원해 주십니다. 가장 좋은 친구로서, 당신의 성심을 통해 만나 주시는 예수님을 기억할 때마다 감동과 환희로써 눈물짓곤 합니다.

　그렇기에 "너는 나를 사랑하느냐?"라는 주님의 물음에 온몸과 온 마음으로 "네, 저는 당신을 사랑합니다."라고 응답하려 합니다. 그 응답으로서 새로이 출발하는 저에게 하느님께서 마련해 주시는 가장 작은 일부터 주님을 사랑하는 마음으로 임하여 살아가도록 하겠습니다.

2010년 1월 13일 수품

주님께서 허락하신 십자가를 버리지 말게 하소서.

김정수 바르나바 신부

 주님께서는 어떤 사람이 당신을 따른다고 했을 때 "여우들도 굴이 있고 하늘의 새들도 보금자리가 있지만, 사람의 아들은 머리를 기댈 곳조차 없다."(루카 9,58)라고 하셨습니다. 그렇듯이 주님을 따르는 사제의 길을 가는 데에 사제가 감당해야 할 십자가를 제가 버리지 않게 하여 주시며, 성령의 은혜로 주님과 함께 십자가를 지고 가게 해 주시길 간청하는 마음으로 "주님께서 허락하신 십자가를 버리지 말게 하소서."를 사제 수품 전 묵상 중에 결심하게 되었습니다.

1974년 12월 7일 수품

나에게는 그리스도가 생의 전부입니다.

필리 1,21

김한승 라파엘 신부

　오직 한마음으로 주님의 마음에 드는 사제가 되기 위해 오랜 세월을 준비하였음에도 불구하고 아직도 부족하기 이를 데 없는 이 몸을 당신의 종으로 불러 주신 하느님 아버지께 감사와 찬미를 드립니다. 사랑받기보다는 사랑을 베풀 때 행복하듯이 제가 가진 모든 것을 모든 이를 위해서 아낌없이 내어 주는 사제가 되고 싶습니다.

　주님 안에서 주님의 이름으로 살고자 하는 지금의 열정으로 저에게 허락된 생의 전부를 '기도하는 사제', '누구나 쉽게 찾을 수 있는 편안한 사제'로 채울 수 있도록 꾸준히 노력하고자 합니다. 사제는 기도의 힘으로 삽니다. 주님의 사랑받는 종이 될 수 있도록 계속 기도해 주시기 바랍니다.

1990년 2월 20일 수품

제 뜻이 아니라 아버지의 뜻이 이루어지게 하소서.

루카 22,42

나봉균 요셉 신부

신학교 입학 후 40일쯤 지난 어느 날이었습니다. 달콤한 기도 중에 느닷없이 제가 신학생이라는 사실이 낯설게 느껴지면서 공포가 밀려오기 시작했습니다. 정말 두려웠습니다. '도대체 지금 내가 왜 신학교에 있지?' 돌이켜 생각해 보았습니다.

주님께서는 제가 홀딱 반할 만한 예쁜 수녀님을 제 옆에 보내시어 저를 꼬드기셨습니다. 거룩한 미인계(?)를 쓰신 것입니다. '아뿔싸!' 그 뒤로 저는 인간적인 사랑의 마음을, 보이지 않는 분에 대한 인격적인 사랑의 마음으로 방향을 전환하느라 애를 많이 써야 했습니다.

주님은 나쁘셨습니다. 그렇게 저를 부르시고, 당신의 뜻을 이루셨습니다. 그것이 정화의 과정인 줄은 나중에야 알았습니다. 그런데 긴 여정으로 볼 때, 그것은 신호탄에 불과했습니다.

건강만큼은 자신하던 제가 병원에 입원하는 신세가 되었던 것입니다. 신부가 되는 것이 인생 최대의 목표가 된 저에게 그것은 커다란 걸림돌이었습니다. 조바심이 났습니다. 이러다가 신부가 못 되면 어쩌나 하는 불안감에 휩싸였습니다. 그런데 기도의 응답은 의외였습니다.

"네가 신부가 되는 것이 중요한 것이 아니라 나를 믿고 내 뜻대로 사는 것이 더 중요하다!"

온몸에 전율이 흘렀습니다. 그리고 모든 것을 아버지의 뜻에 온전히 맡길 수 있었습니다. 정확하게 그날 이후로 건강이 호전되기 시작했습니다. 부르심은 그렇게 이어졌습니다.

교구장 주교님이 물으셨습니다. "자네는 어떤 신부가 되고 싶은가?" "본당 신부가 되고 싶습니다." 그런데 제 뜻과는 달리, 본당에는 보좌 신부 때 잠깐 있었을 뿐 사회 사목을 하고 있습니다. 늘 이런 식입니다. 저도 제 뜻이 있지만 결국은 주님 뜻대로 이루어지고 맙니다.

물론 그 안에 얼마나 큰 기쁨이 있는지 모릅니다. 그렇지만 저는 여전히 모토를 이런 것으로 했으면 어땠을까 상상합니다. "나는 사제들에게 기름진 것을 실컷 먹이고……."(예레 31,14)

〈가톨릭신문〉

1999년 1월 26일 수품

하느님에게서 좋은 것을 받는다면, 나쁜 것도 받아들여야 하지 않겠소?

욥기 2,10

박찬인 마태오 신부

신학과 5학년이 되던 해 2년간 휴학을 하고, 예수님의 삶이 가장 소외받고 어려운 이들에 대한 동정과 연민의 삶이었기에 저 또한 그런 삶을 살아 보리라 생각했습니다.

'우리 사회에서 가장 소외받고 외면당하는 곳은 어디인가?' 곰곰이 생각하며 자료를 찾다가 한하운의 《보리피리》를 읽고 소록도로 마음이 끌리게 되었습니다.

사실 성경 안에도 사람이 나병에 걸리면 사제는 그를 부정한 자라고 선언하고(레위 13장 참고), 그는 그동안 누렸던 삶의 모든 것을 빼앗기게 됩니다. 한센병은 불치병으로 자신뿐 아니라 가족 모두가 고통과 좌절을 겪게 되는 재앙이었습니다.

소록도에서 9개월간 봉사 활동을 하면서 만난 환우들의 모습은 충격이었습니다. 일제 강점기에 제대로 치료받지 못해 손도 발도 눈도 없는 심한 환우들을 보면서 너무나도 마음이 아팠습니다. 아니, 그들을 이렇게 방치한 하느님을 원망할 때도 종종 있었습니다.

하지만 저에게 더 충격을 준 것은 불행과 재앙의 한가운데에 있는 그들도 하느님께 감사드리며 생활한다는 사실이었습니다. 위로받아야 할 환우가 오히려 봉사자를 격려해 주는 모습을 보며 또 다른 하느님의 섭리를 바라보게 되었습니다.

사실 우리들 삶은 좌충우돌 많은 일들이 내 뜻대로 이뤄지지 않을 뿐만 아니라, 지치고 힘든 삶의 굴레에 짓눌려 있을 때가 더 많습니다. 남들은 잘 살고 있는 것 같은데, 나만 고통 속에 짓눌려 있다고 생각하곤 합니다.

소록도의 체험은 삶의 무게에 짓눌려 나 자신의 힘으로는 도저히 빠져나올 수 없는 절망감에 사로잡혀 있을 때, 우리들이 깨닫지 못한 하느님의 이끄심을 느낄 수 있는 계기가 되었습니다.

서품 성구로 욥의 고백을 선정하면서 인간의 고뇌 속에 담겨진 하느님의 섭리를 고백하고 싶었습니다. 서품 13년째, 힘든 과정일지라도 주님이 함께하신다면 어떤 처지에서든지 감사드리며 살고 싶습니다.

〈가톨릭신문〉

2001년 1월 30일 수품

당신 말씀은 제 발의 등불, 저의 길에 빛입니다.

시편 119,105

백종관 요셉 신부

　한 걸음 한 걸음 내딛는 그 길마다 주님께서 저를 도우심을 믿습니다. 어둡고 험난한 이 길에서 오직 주님 말씀에 희망을 두고, 망망대해를 비추는 등불을 바라보는 어부처럼 당신만을 따르며 평안을 얻게 하소서.

　주님, 저는 당신 말씀을 따라 사람을 낚을 터이니 주님께서는 제 길에 빛이 되어 주소서. 신음하며 걷는 길에 밝은 등불이 필요합니다. 당신 말씀으로 빛나는 저의 길이 되어 주소서.

2010년 1월 13일 수품

나에게는 그리스도가 생의 전부입니다. 필리 1,21

백현 바오로 신부

 어릴 적 꼬마 녀석이 매일같이 미사에 참례하는 것이 좋아 보였나 봅니다. 뭔지도 모르는데 신부가 되라는 소리를 많이도 들었습니다. 우쭐한 마음에 기분이 좋았습니다.
 신부가 되는 것이 무엇인지 알아 갈 나이가 되었을 때도 여전히 그 소리를 들었습니다. 그땐 마음이 무거웠습니다. 어릴 적에는 몰랐는데, 어느 때부터인가 그 소리에 마음이 무거워졌습니다. 하지만 그 소리가 도무지 마음에서 떠나지 않았고 결국 신학교 생활을 하게 되었습니다.
 보통 서품 전에 사제로서 어떻게 살아갈 것인지를 생각하며 성경 속에서 '모토'를 정하라 합니다. 그즈음 성당에서 묵상을 하고 있노라면, 사제로서 살아갈 멋진 모토보다는, "너는 나를 누구라고 생각하느냐?" 물으시던 예수님의 슬픔 서린 눈동자가 쉼 없이 떠올랐습니다. 답은 알고 있지만 대답할 수 없었습니다. '나는 무얼 찾아 여기까지 왔을까?' 답답함만 더해 갔습니다. 그러다 어느 한 순간 제 영혼을 가득 채웠던 말씀이 있었습니다. "나에게는 그리스도가 생의 전부입니다." 바오로 사도의 고백입니다. 이 말씀을 듣는 순간 모든 것이 밝아졌고, 어두움이 사라졌습니다. 세상 어느 누가 선뜻 자신 있게 "나에게는 그리스도가 생의 전부"라고 말할 수 있을까요?

"나에게는 그리스도가 생의 전부"라고 필리피인들에게 고백하던 바오로 사도는 노년의 바오로였습니다. 달릴 길을 다 달린 노년의 모습. "나에게는 그리스도가 생의 전부입니다."라고 말하는 그 모습이 저를 끌어당겼습니다.

저에게 주어진 성소(부르심)는 도대체 저를 떠나지 않습니다. 그리고 저에게 그 성소가 매일같이 삶의 여정으로 주어집니다.

한순간 '예'라는 대답으로 끝나지 않는 일생을 살아내야 하는 여정. 그 여정에서 오늘도 저는 이 길을 걷고 또 걷습니다.

여전히 예수님의 수많은 물음에 고민하고, 도전적인 그 사명에 어려움을 느끼며 삽니다. 다만 저 또한 노년의 바오로가 되었을 때 "나에게도 그리스도가 생의 전부"라고 고백하고 싶습니다. 그래서 저의 서품 상본은 파릇파릇 젊은 바오로 사도의 모습이 아니라 다 늙어 버린 노년의 바오로 사도의 모습입니다.

〈가톨릭신문〉

1999년 1월 26일 수품

나의 주시여, 나의 기쁨은
당신의 뜻을 따름이외다.

시편 40,9

여충구 마르코 신부

    구교우 집안은 아니지만, 모태 신앙을 지니고 살아오면서 자연스레 성당에 다니게 되었습니다. 특히 어려서부터 본당 신부님의 교리반(첫영성체 재신식)에서 아주 인상 깊게 사제를 하느님처럼 동경하게 되었습니다. 그런 마음을 계속 품다 보니 사제의 길로 불러 주심에 자연스럽게 응답하게 되었습니다.

    사제가 되면 순명과 충심으로 주님을 섬기며 살겠다는 각오를 했고, 그 당시 성무일도의 시편 후렴이 너무나 강하게 각인되었습니다. 그리고 이 말씀을 서품 성구로 정하고 그분을 따르며 봉사하는 삶을 살겠다고 결심했습니다. 지금도 이 말씀을 늘 묵상합니다.

1971년 7월 7일 수품

아버지, 제 영을 당신 손에 맡기옵니다.

루카 23,46

연광흠 바오로 신부

제 인생이 주님의 은총으로 시작되고 마치게 되듯, 주님의 일을 하면서 모든 것을 하느님 아버지의 뜻에 맡겨 드려 그분이 원하시는 뜻 안에서 열매 맺기를 원했고, 영원한 생명의 길로 나아가야 한다는 묵상을 했습니다. 그때 "아버지, 제 영을 당신의 손에 맡기옵니다."(루카 23,46)라는 말씀이 마음에 들어왔고 이 말씀을 서품 성구로 정하게 되었습니다.

부족하지만 당신 생명으로 나아갈 수 있도록 이끌어 주시고 보살펴 주신 하느님은 제 영혼의 등불이시기에, 제 걸음걸음을 구원의 복음으로 나아가게 해 주실 것입니다.

결과에 집착하고 연연해하는 세상은 수단과 방법을 가리지 말라고 말하지만, 우리는 세상에서 손해를 보고 바보 취급을 받더라도 진리를 향한 소중한 진실과 정의와 사랑과 자비의 삶을 살아가야 합니다. 그리고 주님께서 맺어 주시는 열매에 감사드려야 합니다.

예수님께서도 당신의 능력과 권위로 마음대로 하실 수 있는 삶을 버리시고, 비움과 겸손과 온유함으로 아버지의 뜻에 합치하여 맡겨 드리며 구원 역사를 이루셨습니다. 그러기에 제 삶도 그리스도의 향기로 넘쳐흐르는 사랑을 살고 복음을 전할 수 있도록 저를 내려놓고 주님께 맡겨 드리고자 하는 것입니다.

"아버지, 제 영을 당신의 손에 맡기옵니다."(루카 23,46)는 저를 당신 생명으로 살려 주시는 구원의 복음이며 제 응답의 기도입니다. 하느님 나라의 완성을 위하여 충실히 살아갈 수 있도록 저를 성삼위의 사랑에 합치시키며 제 영을 아버지 손에 맡기옵니다. 아멘.

2000년 2월 21일 수품

예수님께서 지니셨던 바로 그 마음을 여러분 안에 간직하십시오.

필리 2,5

유창연 사도 요한 신부

사제에게 가장 필요하고 어떻게 살아야 할지를 알려 주는 구절로 매 순간을 예수님과 함께 예수님의 마음으로, 예수 그리스도처럼 사는 것이 사제의 삶이라고 여겼습니다.

예수님이 지니셨던 바로 그 마음은 하느님께 충성하는 마음입니다. 예수님은 충성스러운 마음으로 한결같이 가난하고, 박해받고, 슬퍼서 우는 백성들을 연민하셨습니다. 예수님의 바로 그 마음은 사랑입니다. 측은지심입니다.

2007년 1월 24일 수품

당신들을 세상에 보내어 영원히 썩지
않는 열매를 맺으라고 명했습니다.

요한 15,16

유호식 아우구스티노 신부

　이 말씀은 신부로서의 신원만 아니라 제가 할 일을 함축적으로 알려 주시는 말씀으로 여겨졌습니다. 바로 뒤이어 나오는 "너희가 나를 뽑은 것이 아니라 내가 너희를 뽑아 세웠다."라는 말씀은 사제 생활을 위해서는 잠시 만족을 주는 것에 매달리지 말아야 함을 일깨워 주었습니다.
　열매 속에는 씨앗이 있습니다. 그 씨앗은 새 생명을 품고 있습니다. 씨앗이 크든 작든 상관이 없습니다. 그런데 가끔은 열매가 썩어 씨앗도 썩게 되어 죽은 열매로 남아 있지 못하는 때가 있습니다.

1973년 12월 8일 수품

마음이 가난한 사람은 행복하다.

마태 5,3

윤세병 세례자 요한 신부

예수님께서 자신을 따르는 제자들에게 남겨 주신 많은 정신 중에서 가난한 정신이 제 마음을 사로잡았기에, 사제의 길에 입문하면서 덕목으로 '가난 정신'이 담긴 성경 구절을 수품 성구로 정하였습니다.

세상에는 믿음에서 소외된 가난한 사람들이 많습니다. 그래서 믿음이 약한, 영적으로 가난한 사람들에게 하느님께서 늘 함께하시도록 은총을 구하고자 하는 마음입니다.

1977년 12월 8일 수품

사랑은 오래 참습니다.
1코린 13,4

이강우 알베르토 신부

2004년 여름, 부제품을 앞두고 한 달 피정을 가기 전에 '한 달 동안 내가 앞으로 사제가 되어 하느님 말씀을 평생 되새기면서 살 수 있는 성경 구절을 정해야겠다.'라는 마음을 굳게 다지며 피정에 임했습니다. 그런데 서품 성구를 정하기란 쉽지 않았습니다. 왜냐하면 대침묵 중에 어느 누구와 자유롭게 대화나 상의를 할 수 없었고, 다만 제 내면과 투쟁해야 했고, 철저히 하느님과 관계 안에서 의미를 찾아야 했기 때문입니다.

성경을 묵상하고 반추하는 '거룩한 독서' 피정이었기 때문에 밤에도 성경을 읽었습니다. 구약의 코헬렛과 집회서는 너무나 좋아서 노트에 필사하기도 했습니다. 구약 성경을 읽으면서, 신약의 바오로 서간도 한번 읽어 보자는 생각에 그리스도교의 자랑이요 지침인 '사랑'을 주제로 한 코린토 1서 13장 사랑의 대헌장과 마주했습니다.

신학교 생활 중에 성경 하면, 저는 '신학의 밑바탕으로 신학의 근거를 제시하기 위한 하나의 지침서'라는 생각을 가지고 있었습니다. 그래서 성경은 시험 답안지를 좀 더 풍요롭게 쓸 수 있는 도구라는 착각에 빠졌습니다. 하느님 말씀을 제 마음 안에 삶으로 받아들이기에는 턱없이 부족했던 것입니다. 하지만 하느님께서는 이렇게 부족하고 미성숙한 신앙을 지녔던 저에게 풍성한 은총을 내려 주셨습니다. 아마, 하느님께서 당신의 말씀을 깨닫기 위해 발버둥 치는 신학생을 보면서 불쌍하고 귀엽게 보아 자비를 베풀어 주신 것 같습니다.

그 이후 제 마음에 실타래가 풀리듯이 성경에서 '사람에 대한 하느님의 사랑'을 마음 깊이 느낄 수 있게 되었습니다. 제 마음 안에 하느님의 말씀이 살포시 자리 잡았고, 한 구절 한 구절씩 기억이 났고, 학교에서 수업 시간에 교수 신부님들께서 하느님 사랑과 예수님 사랑에 관해 해 주신 말씀들이 성경 말씀과 자연스럽게 연결이 되었습니다.

그런데 "사회에서 말하는 사람과 사람의 관계에서 맺는 인간적인 '사랑'이 아닌, 우리 교회에서 하느님께서 보여 주신 '사랑'이란 어떤 것인가?"라는 의문이 생겼습니다.

이러한 고민 중에 하느님께서 이스라엘 백성들에게 보여 주셨던 사랑과, 사랑 자체이신 하느님께서 사람이 되시어 인간

이강우 알베르토 신부

들에게 보여 주신 사랑은 이기적이고, 배타적인 사랑이 아니라, 자비롭고 충실한 사랑임을 알게 되었습니다. 그리고 예수님께서 세상에서 사람들과 함께 살면서 보여 주셨던, 십자가의 희생적인 사랑, 예수님의 성심으로 하느님의 뜻에 순종하고 인내하면서 기다려 주는 사랑임을 새롭게 알게 되었습니다.

그동안의 하느님과 저와의 관계를 떠올려 보았습니다. 제가 죄를 짓고 방황하며 하느님과 멀리 떨어져 있을 때도 하느님께서는 꾸짖고 비난하지 않으셨습니다. 오히려 안타까워하시면서 제가 회개하고 다시 당신의 집으로 돌아오도록 자비롭게 기다리시는 따뜻한 아버지셨습니다.

이러한 무한한 사랑과 은총을 베풀어 주신 하느님께 감사드립니다. 앞으로 사목의 일선에서 당신의 소중한 자녀들인 신자들에게 '제가 느낀 인간적인 사랑'이 아니라, '하느님께서 원하시는 당신의 사랑'을 전하고 싶습니다. 신자들을 위해 기도하면서 사목적인 모든 부분에서 화를 내거나 질책하거나 권위적인 모습을 보이기보다는 천천히 기다리면서 겸손하게 침묵과 인내로써, 십자가의 위대한 사랑을 보여 주셨던 예수님처럼 예수 성심을 바탕으로 한 '하느님 사랑'의 도구가 되도록 노력하겠습니다.

2006월 1월 10일 수품

나에게 우리 주 예수 그리스도의 십자가밖에는 아무것도 자랑할 것이 없습니다. 갈라 6,14

이득규 바오로 신부

십자가를 지시고 고통 속에서도 연민과 사랑의 눈길로 언제나 제가 사랑의 숨결을 느끼도록 해 주신 그분의 마음을 간직하고 그분을 따르는 길을 걸어가려고 합니다. '지금은 두렵고 떨리는 마음뿐이고 너무 부족하다는 것을 알고 있지만……' 그저 제가 지금 할 수 있는 일은 그분께 저를 돌보아 주시도록 청하는 것밖에 없습니다. 하지만 그분이 돌보아 주신다면 그분의 도구로서 십자가를 기꺼이 지고 살아갈 수 있을 거라고 믿습니다. 왜냐하면 그분이 바로 저에게 십자가의 사랑을 보여 주셨고 바로 저에게 함께 지고 가기를 청하셨던 그리스도이시기 때문입니다. 언제나 그분과 함께 십자가를 지는 삶으로써 그분의 착한 도구가 되는 사제가 되도록 기도하고 노력하며 살겠습니다.

2004년 2월 3일 수품

대전교구

너는 나를 사랑하느냐?
요한 21,17

이용수 대건 안드레아 신부

예수님은 세 번이나 물으십니다. "너는 나를 사랑하느냐?" 그 이유는 여러 가지로 생각해 볼 수 있겠지만, 그중 하나는 예수님의 간곡한 청원이라고 생각합니다. 즉 "제발 나를 사랑해 다오!"라는 의미로 알아들었습니다. 그리고 이어서 베드로에게 양들을 돌볼 사명을 주십니다.

이 성경 말씀을 저는 양들을 돌보는 사목을, 예수님을 사랑하는 마음으로 해 달라는 간곡한 청원으로 알아들었습니다. 그래서 저는 저에게 주어지는 모든 사목적 요청들을 예수님의 이 말씀, 곧 "너는 나를 사랑하느냐?"라는 말씀으로 생각하고, 늘 이 말씀에 응답하는 삶을 살고 싶었습니다.

"너는 나를 사랑하느냐?" 이 말씀에 저의 삶을 바칩니다. 아멘!

2011년 1월 12일 수품

오늘도 내일도 그다음 날도
내 길을 계속 가야 한다.

루카 13,33

이용호 바오로 신부

사제 서품 때, 제 모든 인생을 걸고 살겠다는 다짐으로 선택한 예수님의 말씀입니다.

서품 성구로 글을 써 달라는 부탁을 받고 제 마음속에 다짐과 두려움의 마음이 교차하는 것은 예나 지금이나 마찬가지인 것 같습니다. 오히려 지금은 두려운 면이 더 강해진 것 같습니다. 미래에 대한 불안감과 두려움, 믿음이 약해져서일까요.

이 말씀을 선택한 이유는, 죽음을 앞두고 예루살렘을 바라보시며 어떠한 고난이 다가오더라도 하느님의 길, 아버지의 뜻을 향해 꿋꿋이 가시겠다는 예수님의 비장한 각오가 마음에 들었기 때문입니다.

많은 분의 기도와 도움 속에 준비해 온 사제품에 대한 설렘과 감사함, 그리고 예측할 수 없는 부임지와 미래의 시간 앞에서 느끼는 두려운 마음이 교차되었습니다. 그 시기에 이 말씀은 사제로서 죽을 때까지 성실히 하느님의 길을 살아가신 예수 그리스도를 본받겠다는 다짐이요 청원 기도였습니다.

물론 아직도 이 말씀을 서재에 크게 써 놓고 되새기고, 서품 상본을 책갈피처럼 성경에 끼워 놓아 늘 기억하며 생활합니다. 그러나 돌아보면 어떤 날은 하느님의 길을, 어떤 날은 저의 길을 걸어 왔고, 또 어떤 날은 다른 사람들의 길에 휩싸여 지냈음을 반성하지 않을 수 없습니다.

이러한 부족함에도 하느님께 더 큰 희망을 가져 봅니다. 제 뜻보다는 하느님의 뜻을 추구했던 사제로서의 모습을, 크게 축복해 주신 날들이 제게 가장 소중한 시간이었기 때문입니다.

특별히 갈매못 성지에서 보여 주신 예수님의 사랑, 그리고 예수님의 사랑을 좇아 하느님의 길을 끝까지 찾아 나섰던 순교자들의 모습, 특별히 다블뤼 안토니오 주교님의 "예수님을 가진 자가 모든 것을 가진 자다."라는 말씀은 제 삶에 또 다른 좌우명을 남기게 되었습니다.

또한 지금은 솔뫼 성지에서 또 다른 하느님의 섭리를 느끼게 됩니다. 제가 사제 서품 성구 상본 사진으로 "성 김대건 안드레아 신부님의 묘소"를 넣었는데, 김대건 안드레아 신부님의 탄생지인 솔뫼 성지로 부임받아 생활한다는 것이 단지 우연의 일

치일까요? 저는 하느님께서 모든 것을 배려하신다는 생각을 하게 됩니다. 시간 속에서 한 개인의 삶 안에 함께하시는 그분의 섭리인 것이지요.

저는 이제 미래에 대해 불안해하거나 십자가를 두려워하지는 않습니다. '오늘 십자가는 오늘만 지면 된다'라는 생각과 '십자가를 함께 지어 주시는 예수님'이 계시기 때문입니다.

내일이 오늘이 되고 그다음 날이 내일이 되는 이유는, 늘 오늘만을 가는 삶에서 이뤄진다고 믿습니다.

어느 날, 오늘과 내일 그다음 날이 모여 전 인생이 봉헌되는 날이 있으리라는 믿음과 희망에 '오늘도 내일도 그다음 날도 계속해서 제 길을 가야' 하는 이유가 바로 여기에 있습니다. 이 길을 갈 수 있도록 늘 함께 동행해 주시는 인생의 동반자인 모든 분들에게 감사드립니다.

〈가톨릭신문〉
1996년 1월 23일 수품

죽음의 그늘진 골짜기를 간다 해도 당신 함께 계시오니 무서울 것 없나이다.

시편 23,4

이한영 마르코 신부

   어렸을 때부터 사제가 되겠다는 열망은 컸으나 저의 인간적인 무능함과 열등감 때문에 늘 힘들어했던 신학교 생활에서 제 삶을 지탱해 주고 위로와 용기를 주시는 분은 오직 하느님이심을 깨닫게 되었습니다.
   이제까지 사제 생활을 하면서 힘들고 어려운 일이 있을 때마다, 크고 작은 위기가 있을 때마다 저를 지켜 주시고, 힘이 되어 주시고, 진실로 위로해 주시는 하느님이 계심을 통감하면서 오늘도 머리와 가슴으로 서품 성구를 되뇝니다. 주님께서 저와 함께 계시는데 무엇이 두렵겠습니까?

1982년 8월 23일 수품

행복하여라, 평화를 이루는 사람들!

마태 5,9

정재돈 바오로 신부

1990년 서울대신학교 마지막 학년, 부제반 시절에, 저의 사제 생활 사목 좌우명을 찾고 정하기 위해 《공동 번역 성서》를 창세기부터 요한 묵시록까지 읽어 나갔습니다. 그것도 그냥 눈으로 성경을 읽어 내려간 것이 아니라, 저에게 감동적이거나 의미심장한 구절들을 연필로 밑줄을 그으면서 통독하였던 추억이 아련합니다.

사제 수품을 앞두고, 저는 한 시대의 젊은이로서, 천주교 사제로서 부름을 받고, 이 세상을 살아간다는 사실이 과연 저에게 무엇을 의미하는지 스스로에게 물어보았습니다. 저는 나름대로 사제로서 살아간다는 명분과 그 의미를 예수님의 산상수훈 안에서 찾았습니다.

"'평화를 위하여 일하는 사람들!' 중에 나도 한 사람이 되자. 그러면 나도 하느님의 자녀가 될 것이다.'라고 생각했고, 이 소박한 열정이 잘 드러난 이 구절을 사목 좌우명으로 택했습니다.

저는 지금도 '평화를 위하여 일하는 사람'이라는 자부심을 갖고 하루하루를 사제 생활에 임하고 있지만, 부끄럽게도 제 자신이 정작 늘 평화로운가 자문하면서 반성해 봅니다.

왜냐하면 지금까지 사제 생활을 해 오면서 어떤 사람에게는 예수님처럼 평화를 주었지만, 또 어떤 사람에게는 평화는커녕 그들의 평화를 깨어 버린 장본인이요, 주범임을 저 자신이 잘 알고 있기 때문입니다. 그래서 이 자리를 빌려 저 때문에 마음 상하신 모든 분에게 먼저 정중하게 사과를 드리고 싶습니다.

요즘 저를 잘 아시는 제 주변 분들은 저의 사목 좌우명인 '평화를 이루는 사람들!'이라는 내용을 참 잘 선택하였다고 저에게 말씀하시는데, 이러한 칭찬의 말씀은 부족한 저로 하여금 더더욱 교회 공동체와 여러 단체 사람들에게 참평화를 심어 주고, 참평화를 이루는 데 최선을 다하라는 예수님의 격려와 질책의 말씀으로 들립니다.

"마음의 평화란 아무것도 바라지 않는 데 있다."라는 옛 격언과 "평화가 깃들인 곳에 하느님이 계신다 Where there is peace, God is."라는 성인들의 말씀을 더욱 깊이 묵상하면서, 벽에 걸린 저의 사목 좌우명을 다시 한 번 쳐다봅니다.

〈가톨릭신문〉

1991년 8월 6일 수품

이들도 우리처럼 하나가 되게 해 주십시오.

요한 17,11

최견우 사도 요한 신부

어느 공동체든 일치와 친교를 우선으로 합니다. 이 사회가 각박한 것은 서로 간의 일치와 나눔이 없기 때문입니다. 교회 공동체만큼은 최우선으로 친교가 필요합니다. 삼위일체이신 하느님께서 일치와 친교를 이루셨듯이, 저 역시 교회 공동체의 친교를 위해 하나 됨을 제 사제직의 모토로 정하게 되었습니다. 일치와 친교의 도구가 되도록 항상 노력하겠습니다.

주님께서 제일 싫어하시는 것은 분열입니다. 그리스도 안에서 격려하고 친교를 나누며 사랑하는 것이 주님을 기쁘게 해 드리는 일입니다. 하느님의 뜻을 이루는 선한 공동체가 되기 위해서는 신앙으로 하나가 되어야 합니다. 거룩하신 아버지께서 저에게 맡겨 주신 일이 올바르게 되도록 이끌어 주소서.

1997년 1월 21일 수품

가거라. 네가 믿은 대로 될 것이다.
마태 8,13

최병규 안드레아 신부

　성경을 봉독하면서 예수님께서 행하시는 많은 기적들을 보았고, 그분의 힘을 느낄 수 있었습니다. 그런데 그분께서 일으키신 많은 기적들 가운데 유독 제 마음을 파고든 구절이 있다면, 백인대장의 간구로 병든 종을 낫게 하신 카파르나움의 기적입니다. 백인대장은 자신이 아닌, 자신의 종을 위해 주님의 기적을 청했고, 지도자의 위치에 있으면서도 참된 겸손이 무엇인지 보여 주었습니다. 그런 그의 믿음을 보시고 주님께서는 기적을 베풀어 주셨습니다. 저 또한 사제로 살아가면서 제가 아닌 남을 위한 기적을 주님께 청하고 싶습니다. 이웃의 고통에 함께 아파하는 마음으로 순수한 간구를 그분께 드리고 싶습니다. 그런 저를 보시고 주님께서는 말씀하실 것입니다. "가거라. 네가 믿은 대로 될 것이다." 주님의 이 말씀을 떠올리노라면 힘이 솟고, 끊임없는 희망을 품게 됩니다.

2009년 1월 14일 수품

와서 아침을 들어라. 요한 21,12

최상순 비오 신부

아무리 생각해 봐도 예수님과 내가 어떠한 관계인지를 잘 몰라 헤매던 시절이 있었습니다. 부제품을 앞두고 있는 상황에서 이런 고민을 한다는 것이 참으로 한심하기도 했지만, 저에게는 꼭 풀어야만 했던 삶의 화두였습니다.

'예수 그리스도는 나에게 어떠한 존재인가?'

한 달 피정을 하면서 매달렸습니다. 아니 협박이라고 해야 솔직한 표현일 것입니다. 이에 대한 답을 주시지 않으면 부제품을 받지 않겠다 했으니까요. 그런데도 그분은 이에 대한 답을 주시지 않았습니다. 대신 '어서 와 아침이나 먹으라'는 말씀만 하셨습니다.

오랜 시간을 동고동락하며 함께 생활했음에도 불구하고 당신의 죽음과 부활을 깨닫지 못한 제자들에게, 더욱이 다시 제자리로 돌아가 고기 잡고 있는 그들에게 어떠한 꾸중이나 질책이 아닌 그 모든 것을 보듬으며 다시금 당신의 사랑을 보여 주십니다. 그들이 곧 한심한(?) 저 자신임을 고백합니다.

새벽 먼동이 틀 무렵, 밤새도록 헛일만 했던 저를 향해 작은 모닥불을 피우시며 빵과 물고기를 손수 구워 건네주시는 그분! 바로 그분과의 관계가 이런 것이라고 말할 수 있는 표현이 무엇이 있겠습니까? 어찌 그분 앞에 저 자신을 내어놓지 않을 수 있겠습니까?

제단에 첫걸음을 디디며 그분과 약속을 하였습니다. 빵과 물고기를 굽고 계시는 당신 곁에서 조금이나마 보탬이 되고 싶다고요…….

이곳 황새바위에서 빵과 물고기를 잘 구워 성지를 찾아오는 배고픈 이들에게 예수님의 마음을 듬뿍 담아 건네주고 싶습니다. 하지만 그 서툰 솜씨는 여전하기에, 설익은 빵과 물고기를 전해 주며 허기진 배를 채우라고 순례자들에게 재촉하는 것은 아닌지 싶습니다. 아직도 그분 곁에서 불을 지피며 빵을 굽는 것이 송구스럽지만, 오늘도 제단에 오르기 전, 무릎을 꿇으며 기도합니다.

그때나 지금이나 여전히 서툰 저에게도 그 음식을 떼어 주시니 행복하다고 말입니다…….

〈가톨릭신문〉

2002년 1월 29일 수품

나는 거닐리라 주님 앞에서, 생명의 지역에서

시편 116,9

한광석 마리요셉 신부

촌놈인 덕분에 초등학교 때부터 걷는 게 일이었습니다. 해당화와 갖가지 새알의 보고였던 해안선, 형들과 누나들이 저를 업어 건너게 해 주던 외나무다리, 같이 뒹굴던 친구들과 나눈 누룽지의 추억이 코를 많이 흘린 제 모습과 함께 소중한 추억으로 남아 있습니다.

이렇게 다소 거친 자연과 손해를 보면서도 약한 사람을 먼저 돌봐 줬던 따뜻한 사람들이 지금의 저를 만들어 주었습니다.

견진성사도 받지 않은 채 멋모르고 신학교를 지원하게 된 것도 '사람다움'에 대한 질문 때문이었고, 사제직을 준비하면서 부딪힌 문제도 세상과 사람에 관한 것이었습니다.

혼자 잘 사는 것보다, 시대마다 다양한 방법으로 공동체에 주시는 하느님의 목소리를 잘 알아듣고 응답한 분들을 만나는 일은 큰 기쁨이었습니다.

저도 그런 좋은 사람이 되고 싶었습니다. 그리고 그분의 뜻을 알아듣기 위해 몇 가지 주제에 관심을 기울였습니다. 그것은 생명(환경), 여성, 통일입니다. 이 주제들은 제가 사목자로서 적어도 2, 30년을 만나고 고민해야 할 시대적인 문제들이라 생각합니다. 그렇기 때문에 '거닐다'와 '생명(산 이들)'이란 단어가 들어 있는 시편 116장 9절을 자연스레 좋아하게 되었습니다.

그동안 하느님과 나 개인의 관계만을 생각해 소홀히 해 온 나와 공동체, 사람과 자연의 관계라는 우주적 생명의 차원을 함께 껴안으며 이들과 건강한 관계를 맺는 것이 이 시대 사목자의 소명이자 영성이 아닐까 합니다.

그러나 이런 비전에도 불구하고 막상 사제가 되어 실천한 일은 거의 없습니다. 스스로에 대한 반성과 더불어 좀 더 공부하고, 기도하고, 실천하는 신앙인이 먼저 되도록, 잊고 지내던 시편을 다시 읊조려 봅니다.

〈가톨릭신문〉
1998년 2월 3일 수품

가서 우리가 먹을 파스카 음식을 차려라. 루카 22,8

황인제 토마스 아퀴나스 신부

저에게 생명을 주시고 거룩한 사제직으로 불러 주신 하느님 아버지의 큰 사랑에 감격합니다. 주님께서 제가 거저 받은 이 은총과 축복을 기쁘게 나누어 주라고 말씀하십니다. "가서 우리가 먹을 파스카 음식을 차려라."(루카 22,8) 십자가 죽음으로 당신 자신을 파스카 희생 제물로 바치시고 우리에게 양식으로 내어 주신 그리스도의 사랑을 기억합니다.

이 귀한 파스카 음식을 차리는 사제로서, 언제나 기쁘게 따뜻한 밥을 지어 주시는 어머니의 마음으로 말씀과 성찬의 밥상을 정성껏 차려 주는 일꾼이 되고자 합니다.

또한 자신을 온전히 내어 주신 그리스도를 따르는 목자로서 그분의 사랑을 실천하여 제 삶도 교회와 세상을 위한 잔치 음식으로 내어 놓기를 희망하며 기도합니다.

2011년 1월 12일 수품

인천교구

나는 길이요 진리요 생명이다.

요한 14,6

최기산 보니파시오 주교, 인천교구장

이 말씀은 제게 늘 힘과 용기를 줍니다. 그래서 저의 문장에 새겨 넣었습니다.

저는 예전에 산에서 길을 잃은 적이 있습니다. 정상적인 길을 가려 하니 너무 먼 것 같아 샛길, 아니 아직 길이라고 하기에는 몇 사람 정도 다녔을 법한 그런 길을 택해서 가고자 했습니다. 제 생각으로는 그 길로 가면 일행보다 목표 지점에 훨씬 일찍 도착할 수 있을 것 같았습니다.

그러나 들어선 길에서 뜻밖의 복병을 만났으니 땅벌이었습니다. 급히 가다가 땅벌 집을 건드렸는가 봅니다. 땅벌들이 '웽웽' 소리를 내며 돌진해 왔습니다. 저는 있는 힘을 다해서 뛰고 또 뛰었습니다. 그러나 몇 마리는 이미 제 머리카락을 헤집고 들어와서 쏘았고, 한 마리는 목덜미를 쏘았습니다. 이마에서 땀이 비처럼 흘러내렸습니다. 머리가 뚱뚱 붓고, 뒷덜미가 찐

빵처럼 부어올랐습니다. 길을 잃고 헤매다 늦게야 목표 지점에 도달해 일행에게 큰 근심을 안겼습니다.

그 일이 있고 난 후부터 저는 '길'은 중요하다고 명심했습니다. 정도를 걸어야 한다는 것, 샛길은 위험하다는 것을 명심했습니다. 신앙의 길도 마찬가지라고 생각했습니다. 이스라엘 민족이 가나안 복지에 안착하기까지 사막의 모래바람을 견디며 고난의 길을 갔습니다. 때로는 길을 잃고 헤매었습니다. 하느님께서 정해 주신 길을 걷지 않았기 때문입니다. 때로는 자신들의 판단을 믿고 샛길을 가기도 했으나 그 결과는 참담했습니다. 좌절을 경험하고 다시 돌아와 정도를 걸으며 평안을 되찾을 수 있었습니다.

예수님은 우리 인생의 길이십니다. 그분은 길 자체이시기도 하고, 길을 안내하는 분이시기도 합니다. 그 길을 가야 안전합니다. '혹시 다른 길이 없나?' '혹시 쉬운 길은 없나?' 하고 기웃거리다가는 혼쭐이 날 수 있습니다. 그래서 저는 예수님은 제 인생의 길이심을 늘 기억하고 살아갑니다. 다른 데에 기웃거려서는 안 된다고 여깁니다.

"예수님께서 예루살렘에 가까이 이르시어 그 도성을 보고 우시며 말씀하셨다. 오늘 너도 평화를 가져다주는 것이 무엇인지 알았더라면……. 그러나 지금 네 눈에는 그것이 감추어져

있다."(루카 19,41-42)

예수님께서 제시하신 길을 예루살렘에 사는 사람들이 가지 않았기에 멸망하게 되었습니다. 그래서 예수님은 길을 잃은 사람들이 가여워 눈물지으셨던 것입니다. 저도, 우리 모두도 길을 잃어서는 안 될 것입니다.

예수님은 진리이십니다. 예수님은 하느님이 인간이 되신 분, 우리의 눈으로 볼 수 있는 하느님이십니다. 그보다 더 큰 진리, 더 위대한 진리가 어디 있겠습니까! 하느님께서 이 우주를 창조하시고, 인간을 당신 모습으로 창조하셨다고 우리는 믿습니다. 그러나 인간의 허황됨은 하느님과 같아지려 했고, 사탄을 따라가면 무슨 수가 나는 것으로 생각했던가 봅니다. 그것이 원죄였습니다. 원죄의 결과는 좌절과 슬픔, 어둠, 영원한 죽음이었습니다. 그러나 하느님은 인간을 구원하고자 하셨습니다. 그래서 누굴 보낼까 궁리하시다가 당신이 직접 나서게 되신 것입니다. 하느님이 인간이 되어 오신 것입니다.

그분은 인간의 죄를 대신 짊어지시고 십자가에서 돌아가심으로써 인간을 구원하셨습니다. 이제 우리는 구원을 받았습니다. 이보다 더 큰 진리는 무엇입니까! 세상에 위대한 인물들이 진리를 말하지만 예수님은 진리 자체이십니다.

그분은 우리에게 영생을 주셨습니다. 죽어도 죽음이 아닌 생명을 주신 분, 그분을 믿는 사람, 그분을 의지하는 사람은 영원한 생명을 얻습니다. 우리가 사는 이 세상은 '생로병사'가 계속됩니다. 참으로 인생은 흥미롭기도 하지만 늙고 병든다는 것, 죽어야 한다는 것은 불안하고 절망적입니다.

예수님은 불안한 인생들에게 "나는 부활이요 생명이다. 나를 믿는 사람은 죽더라도 살고 또 살아서 나를 믿는 모든 사람은 영원히 죽지 않을 것이다."(요한 11,25-26)라고 말씀하셨습니다.

예수님께 참생명이 있습니다. 예수님 말고 딴 데 가서 영생을 기웃거려서는 안 됩니다. 예수님은 저의 길, 진리, 생명이십니다. 순교자들은 이미 그 진리를 깨닫고, 순교하면 더 큰 생명, 영원한 생명인 예수님과 하나 되어 살 수 있다고 믿었기에 작은 생명을 바쳤습니다.

저도 영원한 생명을 위해 살고 있습니다. 예수님께 찬미와 감사의 기도를 드리며, 그분 안에서 희망하며 살아갑니다. 그분이 영생으로 저를 안내하실 것을 믿기 때문입니다.

〈평화신문〉

1975년 12월 6일 수품

그러나 필요한 것은 한 가지뿐이다.

루카 10,42

이학노 요셉 몬시뇰

사제로서 이 세상을 살아가는 데 가장 필요한 것은 예수님의 말씀이요 예수님 자체이기에, 좋은 몫을 차지한 마리아처럼(루카 10,42 참고) 저도 그러한 생활을 해야 한다고 생각하였습니다. 오로지 주님만을 바라보며 살겠다는 다짐으로 이 성구를 제 좌우명으로 삼았습니다.

사제로서 필요한 것은 마음을 다하고 목숨을 다하고 힘을 다해 주 하느님을 사랑하는 것뿐입니다. 필요한 것은 이것 한 가지뿐입니다.

1974년 12월 14일 수품

하느님은 사랑이십니다. 1요한 4,16

홍승모 미카엘 몬시뇰

저의 사제 수품 성구는 "하느님은 사랑이십니다."(1요한 4,16) 라는 말씀입니다. 저는 우리의 내면을 변화시킬 수 있는 것이 사랑이라 생각합니다. 사랑 안에 머무르는 사람은 하느님 안에 머무르고 하느님께서도 그 사람 안에 머무르십니다.

저는 자캐오에게서 이런 변화를 봅니다. 세관장이며 부자였던 자캐오가 무엇이 아쉬워서 주님을 만나려고 그토록 애를 태웠을까요? 자캐오는 풍요로운 삶 속에서도 무엇인가 자신이 잃어버리고 사는 것을 찾으려 한 것입니다.

자캐오는 자신의 삶에서 열등감을 체험한 것 같습니다. 자캐오는 많은 돈을 벌어들임으로써 열등감을 떨쳐내려 했을지 모릅니다. 인정받기 위해 사람들의 눈에 띄려고 하면 할수록 그는 더 소외당하고 따돌림을 받은 것처럼 보입니다. 자캐오는 자신의 이런 처지, 삶 속에서 잃고 있는 그 무엇인가를 주님이 기억하고 채워 주실 수 있다고 생각한 것입니다.

우리는 사람들 속에 묻혀 어떤 때는 자신이 누구인지, 자신에게 무엇이 진정 필요한지를 잊고 삽니다. 가까운 사람들이 오히려 나를 방해하기도 하고 내 삶의 걸림돌이 되기도 합니다. 자캐오는 군중에게 가려 주님이 보이지 않자 군중을 피해 돌무화과나무로 올라가 주님을 보려고 합니다.

주님은 자캐오가 열망하는 삶의 갈증과 그것을 해결하려는 자캐오의 의지를 보신 것입니다. "자캐오야, 얼른 내려오너라. 오늘은 내가 네 집에 머물러야 하겠다."(루카 19,5)

주님과 함께 머문다는 것은 사랑을 상징합니다. 외로움 속에서 지냈던 자캐오는 비로소 그 사랑을 누리게 됩니다. 자캐오는 자신이 처음으로 누군가의 인정을 받고 인간적 대우를 받았다고 느낀 것입니다. 자캐오는 이제 자신이 무엇을 하며 살아야 할지를 비로소 깨닫습니다.

진정한 사랑은 자기가 사랑하는 사람을 전체로 자신 안에 받아들이는 것이고 그 사람과 함께 있는 존재가 되는 것입니다. 그러나 우리는 모두 완벽하지 않습니다. 채우려 해도 채워지지 않는 이런 빈 공간을 채워 줄 사랑이 필요합니다. 바로 주님의 사랑이 필요한 것입니다. 이때 비로소 우리는 새로운 세상을 보게 됩니다.

〈가톨릭신문〉

1994년 6월 29일 수품

선생님은 살아 계신 하느님의 아들 그리스도이십니다.

마태 16,16

강성욱 스테파노 신부

   예수님을 누구라고 하느냐는 질문에 베드로 사도가 거침없이 그분의 존재를 고백하는 구절입니다. 일자무식인 베드로! 하지만 그 누구보다도 예수님을 열정적으로 사랑하고, '예수님 바보'라 불릴 정도로 열심인 모습을 닮고 싶어 이를 성구로 정했습니다. 그 누구 앞에서도 당당히 예수님에 대한 믿음과 사랑을 거침없이 표현하고 싶은 제 마음이 담겨 있습니다.

   버려졌다가 모퉁이의 머릿돌이 되신 베드로 사도의 말씀처럼, 예수님을 부정하는 모든 사람에게 '살아 계신 하느님의 아드님이 예수 그리스도'이심을, 진심을 담아 전하고 싶습니다.

2005년 12월 8일 수품

아버지, 아버지께서 제 안에 계시고 제가 아버지 안에 있습니다.

요한 17,21

김상인 필립보 신부

이 성구를 정하게 된 정확한 시점은 지금으로부터 21년 전으로 거슬러 올라갑니다.

당시 중학교 2학년으로, 예수님과 첫사랑을 진하게 시작한 저는 교리 선생님의 권유로 성체 조배를 자주 하였습니다. 그때 성당에서 만난 소아마비에 걸린 어느 형이 아주 진지하고 정성스럽게 제게 한마디해 주었습니다.

"이것 하나만 기억해! 예수님께서 네 안에 계시고, 네 안에 예수님께서 사신다는 사실을!"

처음엔 고개를 끄덕였지만 어린 나이여서 그 뜻이 뭔지 알 수가 없었습니다. 하지만 집으로 가는 길목에서 자꾸만 그 형이 제게 해 주던 그 말이 살아 숨쉬기 시작했습니다. 너무 가슴이 벅차올라 당시 복사단 묵상 노트 뒷면에 그 말을 적어 놓고 마음에 새기기 시작했습니다. 세월이 지나가고 신학교에 들어가 성경을 공부하던 중 그 형의 말이 바로 예수님께서 필립보 사도에게 말씀해 주신 부분(요한 14,10 참조)이었고, 예수님께서 믿는 이들을 위해 기도하시며 유언과 같은 말씀을 하시는 부분(요한 17,21 참조)이라는 것을 알게 되었습니다.

그 후 신학교 생활 중 몇 가지 큰일들이 제게 일어났습니다. 바로 군대에서 겪은 어머니의 죽음에 이어 신학교 복학 후 아버지의 죽음을 맞이한 것이었습니다. 부모를 여의고, 한없는 혼란과 갈등 속에 있던 제게 위의 성구는 다시금 그리스도의 빛을 가져다주었습니다.

'그래! 예수님께서 내 안에 사시고, 부족한 내가 예수님과 함께 그분 안에서 살고 있지!' 그것을 아는 순간 하염없는 눈물이 쏟아져 나왔고, 주님의 큰 위로 속에서 사제품을 준비하게 되었습니다.

부족하지만 제 안에 주님을 모시고 살겠습니다. 그곳에서 나오는 힘으로 다른 형제들과 그리스도의 현존 체험과 기쁨, 일치를 나누는 사목을 하고 싶습니다.

〈가톨릭신문〉

2008년 7월 11일 수품

다만 정의를 강물처럼 서로 위하는 마음 개울같이 넘쳐흐르게 하여라.

아모 5,24

김일회 빈첸시오 신부

이 성구는 《공동 번역 성서》의 말씀입니다. 이 말씀이 새 《성경》에서는 "다만 공정을 물처럼 흐르게 하고 정의를 강물처럼 흐르게 하여라."로 되어 있습니다.

이 말씀처럼 '정의와 자비'라는 큰 두 축이 있어야 한다고 생각합니다. 정의는 큰 물줄기인 강물처럼 몸의 동맥과 같고, 자비는 개울, 즉 몸의 정맥과 같다고 생각합니다. 정의와 자비가 함께 어우러질 때 진정한 하느님 나라가 완성된다는 생각으로 이 성구를 택했고 지금까지 앞으로도 마음에 품고 살고자 합니다. 하느님 나라의 정의는 이 땅에 억울한 사람을 없게 하는 것입니다. 자비로 평화를 얻게 하는 것입니다. 주님은 의로운 것을 말씀하시고 바른 것을 알리셨습니다.

1994년 2월 2일 수품

그리스도 예수께서 지니셨던 마음을 간직하십시오.

필리 2,5

김현수 토마스 신부

　성경을 조금 변형시켜서 저 나름대로에게 적용해 보았습니다. 그리스도 예수님께서 지니셨던 마음을 사제로 살아가면서 그대로 지닐 수 있다면, 그 마음을 잊지 않고 신자들을 대할 수 있다면, 그 마음을 간직한 채로 세상을 살아간다면 그리스도와 닮은꼴의 사제가 될 수 있지 않을까 해서입니다. 예수님의 마음을 닮고 간직하기 위해서 이 성구를 선택했습니다.

1990년 2월 2일 수품

> 행복하여라. 마음이 가난한 사람들!
> 하늘 나라가 그들의 것이니.
>
> 마태 5,3

남상범 세례자 요한 신부

    이 말씀은 예수님께서 갈릴래아에서 하신 산상 설교의 첫 부분입니다. 갈릴래아에서 복음을 선포하고 병자들을 고치시는 예수님을 보고 모여든 많은 사람들을 향해 예수님은 참행복에 대해서 말씀하셨습니다. 그분께 삶의 희망을 걸고 모여든 사람들에게 예수님은 행복을 선포하십니다. 누구나 꿈꾸는 하늘 나라, 아무 걱정도 근심도 아픔도 괴로움도 없는 영원한 천상 행복이 있는 그곳. 그 행복은 마음이 가난한 사람들에게 있습니다.
    우리의 마음에는 그 무엇으로 채워도 채워지지 않는 욕심이 있습니다. 하나를 얻게 되면 둘을, 둘을 얻게 되면 셋을, 그렇게 우리는 많은 것을 바랍니다. 우리의 마음에 온갖 것들을 쌓아 두면 정작 예수님이 들어가실 자리가 없습니다. 내 마음을 가난하게 하여, 나의 욕망, 욕심을 비우고 오직 주님만을 내 안에 온전히 모시면 그 안에 참된 행복이 있습니다. 우리가 주님이라고 부르는 그분과 하나 되어 살아간다면 세상에 더 바랄 것이 없을 것입니다. 그래서 예수님이 세상에 오실 때, 그리고 당신의 삶을 통해서 우리에게 가난을 보여 주셨습니다. 하느님이신 그분이 한낱 마구간 구유 위에 누우시고 머리 둘 곳도 없이 떠돌아다니시며 힘없고 소외된 이들에게 하느님 나라를 선포하셨습니다. 자신의 것이 아니라 아버지의 뜻대로 그 길을 걸으면서 참된 행복의 길을 보여 주셨습니다.

그래서 저는 앞으로의 사제 생활을 오직 주님만을 모시고 그 뜻대로 살고 싶다는 생각에 이 성구를 택하게 되었습니다. 갈릴래아에서 예수님께 희망을 걸고 모여든 사람들이 예수님 안에서 참행복을 깨달았듯이 저도 이 말씀을 통해 행복한 사제의 길을 걷고 싶습니다. 그리고 주님 안에서 모든 사람이 행복할 수 있도록 예수님을 닮은 참다운 제자로 살아가려 합니다.

2008년 1월 9일 수품

> 내가 바라는 것은 그리스도를 알고
> 그리스도의 부활의 능력을 깨닫고
> 그리스도와 고난을 같이 나누고
> 그리스도와 같이 죽는 것입니다.
>
> 필리 3,10

박창목 바르톨로메오 신부

서품 성구가 될 만한 말씀을 찾다가 바오로 사도의 이 말씀이 마음에 와 닿아 선택했습니다. 사제로서 23년을 살아오면서 시련도 많았지만 또한 위로도 많이 받았습니다.

그리스도를 안다는 것은 지식의 차원도 있지만 사랑의 차원임을 주님께서 늦게야 깨닫게 해 주셨습니다. "하느님이 우리에게 주신 사랑을 우리는 알고 또 믿었습니다."(1요한 4,16) "그 사랑은, 우리가 하느님을 사랑한 것이 아니라 그분이 우리를 사랑하여 당신 아드님을 우리 죄 때문에 속죄 제물로 보내셨다는 것입니다."(1요한 4,10)

이제 사제로서 남은 생애를 주님의 내리사랑에 응답하는 사랑의 사제로 변모되고, 이와 일치하는 삶이 이제와 영원하기를 소망하며 부르심의 길을 걷고자 합니다.

혼자서는 부족하다는 것을 알기에 주님의 내리사랑을 알고 믿는 많은 신자분들이 함께 사제들을 위하여 기도해 주시고, 희생해 주시고, 있는 그대로의 사제들을 사랑해 주시길 바랍니다. 예수 성심을 닮고, 교회의 사제가 되도록 말입니다.

1988년 2월 12일 수품

주님은 저의 목자시니, 제게 아쉬울 것이 없습니다.

시편 23,1

송용민 사도 요한 신부

우리 시대에 사제로 살기에는 아쉬운 것들이 많다는 생각을 했습니다. 더 인정받고, 더 사랑받고, 더 소유하고 싶은 유혹이 많은 시대이기 때문입니다. 하지만 아무것도 아닌 제가 신학교에 입학하는 순간부터 주변으로부터 격에 맞지 않게 많은 대우를 받았고, 사제가 된 이후에도 제 못난 성품과 부족한 능력에도 저를 감싸 주고, 물심양면으로 아껴 주는 신자분들 덕분에 이제까지 별 부족함 없이 살고 있습니다. 그래서 가끔은 곁눈질도 하고, 딴짓(?)을 해도 무던하게 저를 지켜 준 분들이 고맙고, 별 것 아니지만 가진 재주 몇 가지에 감탄해 주는 분들이 있으니 사제 생활이란 솔직히 저 잘난 맛에 사는 것 같습니다.

사제가 되기 전까지 제 인생에는 아쉬운 것이 많았습니다. 하지만 수품식 때 성당 제단에 엎드려서 목자이신 주님께서 저를 이끌어 주신다면 더 이상 세상에 대해 아쉬울 것이 없겠다는 확신이 들었습니다. 그리고 두 가지를 청했습니다. 기도하고 겸손한 사제가 되게 해 달라고. 주님께서는 저를 신학교에 보내시고, 아침잠 많은 저를 매일 새벽에 일으키셔서 신학생들과 함께 기도하며 살게 하셨습니다. 그리고 본당 신부의 힘든 사목 생활보다는 신학생들과 어울리며 늘 순박한 소년 같은 마음으로 살 수 있는 기회도 주셨습니다.

  수년간 신학생을 양성하는 직분으로 살아 본 이후 이제서야 본당 신부들이 겪는 사목 현장의 삶을 직접 몸으로 체험하고 있습니다. 하지만 사제로서 살면서 첫 마음을 잊지 않고 산다는 것이 쉬운 일이 아님을 느낍니다. 그러나 요즘 이렇게 사는 것도 어디에서든 채워 주시는 하느님의 섭리란 생각이 드는 걸 보면 수품식 때 드린 청이 헛된 것은 아님을 느낍니다. 여전히 제 삶에는 아쉬운 것이 많습니다. 하지만 모든 것을 다 잃어도 목자이신 주님 덕분에 죽는 날까지 아쉬운 것이 없이 살 수 있다면 그것이 사제로 사는 가장 큰 기쁨이 아닐까 싶습니다.

1997년 6월 26일 수품

내 영혼아 주님을 찬미하여라.
그분께서 해 주신 일
하나도 잊지 마라.

시편 103,2

신일섭 아우구스티노 신부

새로운 생명을 얻어 새 아침에 눈을 뜨게 해 주시는 것도, 아픈 곳 없이 숨 쉬며 서 있을 수 있는 것도, 주님을 찬미하게 하시는 것도 모두가 주님께 감사드려야 할 것투성이입니다.

부족하기만 한 저를 택하시어 당신의 도구로 써 주신다니 이 얼마나 감사해야 할 일입니까! 평생을 사제로 살아가면서 저의 삶 중심에는 주님께 감사의 마음을 드리고 싶은 마음에 이 말씀을 성구로 정하였습니다.

제 모든 잘못을 용서해 주시고, 제 마음을 위로하시는 분, 제 생명을 주님께 바치게 하시는 분! 그분께 제 모든 것을 바칩니다.

2010년 1월 12일 수품

나는 세상의 빛이다. 요한 8,12
너희는 세상의 빛이다. 마태 5,14

양정환 대건 안드레아 신부

　어둠이 만연한 이 세상에 예수님께서는 '참빛'으로 오셨습니다. 예수님께서 당신과 우리를 같은 단어로 표현하신 것은 '빛'입니다. 따라서 그리스도인이라 불리는 우리는 '빛'이신 예수 그리스도를 따라 살아야 하며, 우리 또한 세상의 어두운 곳 구석구석을 밝히는 작은 빛으로서 살아야 한다고 생각했습니다.

　빛이신 주님께서 우리 안에도 빛을 주셨습니다. 그러므로 우리들은 우리 안에 있는 빛으로 하느님의 영광을 드러내야 합니다. 주님께서 우리 안에 주신 빛이 세상을 밝히는 것을 가로막는 것은 우리 마음속에 있습니다. 교만, 질투, 인색, 분노, 탐욕, 음색, 나태와 같은 것들을 벗겨 내야 주님의 빛을 받고 또 그 빛으로 세상을 밝힐 수 있습니다.

2011년 1월 11일 수품

우리는 하느님께 피어오르는 그리스도의 향기입니다.

2코린 2,15

이용권 베드로 신부

'그리스도의 향기.' 과연 그리스도의 향기는 무슨 냄새일까요? 향기가 난다는 것은 일반적으로 좋은 냄새를 암시합니다. 나쁜 냄새를 풍기는 것은 향기 난다고 하지 않고 그냥 '냄새 난다'고 합니다. 더군다나 '그리스도의 향기'는 더더욱 좋은 냄새임이 틀림없을 것입니다. 바오로 사도는 우리 신앙인은 하느님께 피어오르는 그리스도의 향기라고 말씀하십니다.

사제 서품을 앞두고 고민 끝에 이 성구를 선택하면서 '과연 나에게도 이렇게 좋은 향내가 나는가? 아니 앞으로 그리스도의 향기가 나는 사제가 될 수 있을까?' 하는 두려움도 없지 않았습니다.

흔히들 사제 서품 당시 상본에 새겨 넣는 성구는 사제가 평생을 지향하면서 살겠다는 '출사표'와 같다고 합니다. 지난 사제 생활을 돌이켜 보면 누구나 그렇듯이 반성을 하게 됩니다. '사제 서품 당시의 초심을 간직하고 살아 왔는가? 공동체에 공개적으로 선언한 출사표를 실행하며 살고 있는가? 혹시 내 몸에서 그리스도의 냄새가 아닌 세상의 냄새가 풀풀 풍기고 있지는 않을까?'

그리스도의 향기를 풍기는 길은 사랑 안에서 살아가는 것입니다(에페 5,2 참고). 지극히 작은 행동 하나에서도 그리스도의 사랑과 그리스도의 인격과 성품을 드러내야 하는 것입니다.

'지금 사목 현장에서 만나는 사람들에게 그리스도의 향내를 풍기는가?'

대답은 없습니다. '처음처럼' 최선의 노력을 다할 뿐입니다. 사제가 그리스도를 닮아 살아가는 것이 바로 그분의 향기를 갖는 것일 것이고, 그렇게 살 때 우리 공동체가 변모하여 우리 모두가 '하느님께 피어오르는 그리스도의 향기'가 되는 것입니다. 새삼 서품 당시를 떠올리면서 반성하게 됩니다. 꽃향기가 벌, 나비를 부르듯 사람들을 하느님께로 부르는 그리스도의 향기를 품고 살도록 더더욱 노력할 수밖에 없습니다.

〈가톨릭신문〉
1989년 2월 3일 수품

나는 우리 주 예수 그리스도의 십자가 외에는 어떠한 것도 자랑하고 싶지 않습니다.

갈라 6,14

이윤하 노르베르토 신부

 인간이 세상에서 누리는 부와 명예와 권력, 그리고 재능까지도 주님의 십자가 앞에서는 한낱 물거품에 지나지 않으므로, 우리가 궁극적으로 추구하며 긍지를 가져야 할 것은 오로지 주님의 십자가밖에 없습니다.

 사제는 하느님의 낙인을 지니고 삽니다. 십자가 외에는 어떠한 것도 자랑하고 싶지 않습니다. 어떠한 상황에서도 예수 그리스도께 헌신함으로써 십자가의 길을 자랑스럽게 가는 사람, 그 사람이 진정한 자유와 행복을 누립니다.

1984년 5월 5일 수품

내 아들아, 너의 마음을 나에게 다오. 너의 눈이 내 길을 즐겨 바라보게 하여라. 잠언 23,26

이재민 아피아 신부

저는 부제품을 앞두고 성구를 결정하게 되었습니다. 사제 서품을 준비하면서 몽포르의 루도비코 성인의 33일 봉헌 기도를 하게 되었습니다. 신학교 다락방 기도 모임에 꾸준히 참석해 왔지만 33일 기도는 해 보지 못했기에 시작을 했습니다.

꾸준히 기도하는 가운데 봉헌을 얼마 앞두지 않은 기도의 날에 '참된 신심' 그 66항의 마지막 성경 구절이 눈에 들어왔습니다. 그 성경 구절을 펼친 순간 너무나도 강하게 저에게 말씀하시는 천상 모후이신 성모님과 예수님을 체험할 수 있었습니다.

제 '마음'이 비록 선하고 좋지 않은 것들로 가득 차 있을지라도 제 모든 것을 봉헌하면서 주님이 일러 주시고 어머니가 잡아 주시는 길을 향해 열심히 달려가겠습니다.

2010년 1월 12일 수품

당신의 이름 깊이 그리워하여, 이 몸 당신 잊지 못하나이다.

이사 26,8

임현택 안드레아 신부

　사랑하는 연인이 생기면 온통 그 사람의 이름이 머릿속에서 하루 종일 떠나지 않습니다. 앉으나 서나 어딜 가도 사랑하는 사람의 이름이 머릿속에 맴돕니다. 맛있는 음식을 먹고, 멋진 석양이나 광경을 보아도 그와 함께 먹고 싶고, 나누고 싶고, 보고 싶습니다. 늘 항상 그와 함께하고 싶습니다.

　사랑하는 이가 멀리 떠나건 내가 떠나건 시간과 공간이 허락하지 않아 볼 수 없을 때 미치도록 그리워하며 웅얼거리는 그의 이름은 우리의 가슴을 더 저미게 합니다. 그것이 사랑입니다.

　'난 그런 사랑을 할 수 있을까……. 적어도 하느님과, 당신의 이름이 그리워 미치도록 사랑하며 애틋하게 살 수 있을까?'

　신학생 때 나름대로 고민이었습니다. 그런 사랑만 할 수 있다면 좋겠다고. 적어도 그러한 감정을 그분께 반만이라도 갖고 산다면 평생 행복할 것 같았습니다. (모르긴 몰라도 그렇게만 살면 성인 반열(?)에 오르는 것은 어렵지 않으리라 생각했습니다.)

위 성경 구절은 이사야 예언자가 하느님께 신앙을 고백하는 시의 일부입니다. 이사야 예언자가 주님께서 혼란과 무질서에 허덕이고 있는 이스라엘에 올바른 법을 세워 주시리라는 강렬한 희망을 안고 고백하는 신앙 고백문입니다.

우리도 고백해 보는 건 어떨까요? 우리에게 항상 기회를 주시고 용서해 주시는 그분께 당신의 이름을 깊이 그리워하여 당신을 못 잊겠다고……. 밤새도록 당신을 그리워하여 아침이 되면 당신을 찾는, 이 간절한 심정(이사 26,9 참고)을 그분께 고백하는 삶을 살아 봅시다.

제 성구를 처음 보신 어머니께서 말씀하셨습니다.

"그대로 살거라!"

〈가톨릭신문〉
2001년 1월 9일 수품

비록 우리가 여럿이지만 모두 한 몸인 것입니다.

1코린 10,17

조성교 요한 크리소스토모 신부

이 성구는 성체성사를 강조하신 말씀으로, 우리 모두가 성체를 영하는 한 형제자매로서 공동체의 의미를 강조했기에 이 말씀을 성구로 선택했습니다.

우리는 모두 똑같은 영적 양식을 먹고, 모두 똑같은 영성의 물을 마십니다. 영적 바위이신 예수 그리스도 안에서 생명의 물을 마시고 그리스도의 몸인 빵을 먹고 삽니다. 한 분이신 주님을 먹고 마시는 우리는 모두 한 몸인 것입니다.

1973년 12월 8일 수품

하느님은 사랑이십니다.

1요한 4,16

지성용 가브리엘 신부

　죽음으로 먼저 떠나간 이들이 남긴 메시지는 살아남은 자들에게 큰 영향력을 가집니다. 그래서 예수님의 고별사(유언)의 시작에서 "서로 사랑하여라."(요한 13,34)라는 이 새 계명은 우리 그리스도 신자들의 삶과 존재 중심에서 언제나 살아 숨쉽니다.
　신학교에 입학했던 첫해 여름 방학에 사랑하는 형님(라파엘)이 하늘 아버지의 집으로 돌아갔습니다. 형님의 죽음 이후 유품을 정리하면서 몇 장의 편지를 찾게 되었습니다. 형님은 세상을 떠나기 전에 《준주성범》을 열심히 읽었습니다.
　그래서였는지 편지 마지막에 《준주성범》의 한 단락을 적어 놓았습니다. "사랑이 있는 자는 날아가고 달음질하고 즐거워하며, 자유스럽고 또 거리낌에 붙잡히지 않는다. 모든 것을 위하여 모든 것을 주고, 모든 일에 모든 것을 얻으니, 모든 선이 흘러나오는 지존하신 분에게 모든 것을 초월하여 고요히 잠겨 있는 까닭이다."

그리고 부제품을 넉 달 남겨 두고 제 삶의 가장 든든한 지지자였던 아버지(아브라함)마저 무엇이 그리 급하셨던지 "사랑하는 아들아! 난 네가 사제가 되어도 가장 가난하고 힘없는 사람들을 먼저 배려하는 신부가 되었으면 좋겠구나!"라는 마지막 말씀을 남기시고 영원하신 아버지께로 돌아가셨습니다.

인간의 유한함과 삶의 무상함을 온몸으로 느끼며 시편 말씀을 끊임없이 읊조렸습니다. "야훼는 나의 목자, 아쉬울 것 없어라! 나 비록 음산한 죽음의 골짜기를 지날지라도 내 곁에 주님 계시오니 무서울 것 없어라!"(시편 23,1-4) 그리고 이사야서의 아래 구절을 지치지 않고 되뇌었습니다. "마음을 돌려 진정하는 것이 구원받는 길이다. 고요히 믿고 의지하는 것이 힘을 얻는 길이다."(이사 30,15)

사랑에는 두려움이 없습니다. 완전한 사랑은 두려움을 몰아냅니다.

"하느님은 사랑이십니다."(1요한 4,16)

〈가톨릭신문〉
2004년 7월 5일 수품

내가 세상을 이겼다.

요한 16,33

차동엽 노르베르토 신부

　많은 사람들이 불안 속에서 신앙생활을 하고, 고통이나 시련을 겪으면서 일종의 염세주의적인 색채를 띤 신앙생활을 하는 것을 봅니다. 그리고 세상에 대한 근심과 절망에 시달리는 신앙인들도 보면서 신앙은 그게 아니라고 생각했습니다.

　저의 낙관적인 신앙관은 성경 전체를 관통하는 하느님의 구원 경륜에 대한 확신에서 나온 것이었습니다. 그것을 가장 힘있게 그리고 장엄하게 선언해 주는 말씀이 바로 요한 복음서 16장 33절 말씀, "내가 세상을 이겼다."라는 선언입니다. 이 말씀은 구세사에 대한 마침표입니다. 더 이상의 말씀이 필요하지 않습니다. 이 승리 안에 주님의 영광과 환희와 영원한 평화가 함축돼 있기 때문입니다.

1991년 7월 10일 수품

> 행복하여라. 마음이 깨끗한 사람들!
> 그들은 하느님을 볼 것이다.
>
> 마태 5,8

한태경 바오로 신부

우리는 참 많은 인간관계를 맺으며 살아갑니다. 가족, 친지, 친구, 이웃사촌, 성당 사람 등 많은 사람들과 함께 살아갑니다. 그런데 한 사람 한 사람 모두 하느님이 창조하셨기 때문에 아주 소중한 사람들임에도 불구하고 우리는 때때로, 아니 자주 그 사실을 잊고 지냅니다. 어떤 사람과는 아주 좋은 관계를 맺다가도 사이가 안 좋아지는 경우가 있습니다. 또 어떤 경우에는 처음부터 서로를 싫어하는 경우도 있습니다. 저는 묵상하면서 제 삶에서도 이런 것이 드러난다는 것을 깨달았습니다. 저 역시 어떤 사람을 굉장히 싫어하기도 하고 미워하기도 했으니까요. 그리고 그 답은 오해와 불신, 편견이었습니다.

'마음이 깨끗한 사람들'은 바로 오해 없이, 고정 관념 없이 내 옆의 사람을 있는 그대로 볼 수 있는 이들입니다. 마음이 깨끗한 사람은 한결같이 순수하고 고결합니다. 그들의 말과 행동은 진실됩니다. 복잡하거나 교묘하지 않습니다. 마음이 깨끗한 사람은 영혼이 맑은 사람입니다. 그런 사람들은 눈이 밝아 주님을 볼 수 있습니다. 주님의 상처를 만질 수 있습니다. 참으로 존재하시는 주님을 만나 볼 수 있습니다. 그래서 행복합니다.

예수님께서는 수시로 우리에게 '판단하지 말라'고 말씀하셨습니다. 누군가를 판단한다는 것은 이미 마음속으로 그 사람을 단죄한 것이라고 이야기합니다. 예수님께서는 우리의 판단이 옳지 않음을 아십니다. 그래서 우리는 오로지 하느님의 눈으로 옆의 사람을 바라보아야 합니다. 그저 있는 그대로 바라보는 것입니다. 상대방과 나 사이에 있는 안개와도 같은 오해와 불신들을 걷어 버리고, 서로 간에 쌓아 올렸던 벽들을 허무는 것이 바로 깨끗한 마음인 것입니다.

2011년 1월 11일 수품

주님이며 스승인 내가 너희의 발을 씻었으면, 너희도 서로 발을 씻어 주어야 한다.

요한 13,14

현상옥 스테파노 신부

파스카 축제가 시작되기 전, 최후 만찬에서 예수님은 일어나 겉옷을 벗으시고 수건을 허리에 두르셨습니다. 그리고 대야에 물을 받아 제자들의 발을 씻겨 주시고, 허리에 두르신 수건으로 닦아 주셨습니다. 이것은 당신이 우리에게 하신 것처럼 우리도 그렇게 하라고 본을 보여 주신 것입니다.

그래서 저 역시 하느님과 하느님의 백성을 섬기며 봉사하는 사제가 되고자 주님께서 제자들의 발을 씻어 주시는 구절을 선택하였습니다.

발을 씻겨 주신 것은 섬김이기도 하며 자신을 낮추고 비우는 것이기도 합니다. 발을 씻는 것은 자신을 씻는 일입니다.

1997년 1월 30일 수품

수원교구

수왕로나

주님, 내 눈을 열어 남들에게
요긴한 것이 무엇인지 보게 하시고,
내 귀를 열어 남들이 부르짖는 바를
듣게 하시고, 내 마음을 열어
남들을 돕게 하소서.

아시시의 프란치스코 성인

이용훈 마티아 주교, 수원교구장

저는 1979년 3월 6일 수원교구 조원동에서 사제로 서품되어 현재 36년차 사제 생활을 하고 있습니다. 그리고 2003년 5월 14일 주교로 서품되어 2009년 3월 30일부터 현재에 이르기까지 수원교구장으로 일하고 있습니다.

위 성구는 사제 서품 때 정한 것입니다. "사제는 제2의 예수 그리스도다."라고 말합니다. 바로 사제는 예수님을 닮아 세상에 복음을 전파해야 하기 때문입니다. 예수님께서는 인류에게 평화와 행복을 주시기 위해 세상에 아주 가난하고 보잘것없는 모습으로 가축들의 밥그릇인 구유에서 탄생하셨고, 양부이신 요셉 성인을 도와 노동자로서 굵은 땀방울을 흘리며 세상의 희로애락을 체험하셨습니다. 그렇게 30년을 나자렛 고을에서 기도와 묵상, 노동을 통해 아주 평범하게 공생활을 준비하셨고, 요르단 강에서 요한 세례자에게 세례를 받으신 후에는 3년간 치열하게 하느님 나라를 선포하시며 온갖 병자를 고쳐 주시고, 밤낮으로 몰려드는 군중에게 영적 양식을 나누어 주시며 영원한 삶, 평화와 행복의 삶, 참삶의 가치와 이정표를 제시하셨습니다.

예수님은 매일 강행군을 하시며 고단하고 피곤한 전도 여행을 끊임없이 펼치셨습니다. 그분에게는 몸을 누일 편안하고 안락한 거처도 휴식 공간도 없었습니다. 그런 중에도 깊은 밤중과 이른 새벽을 이용하여 하느님 아버지와 깊이 일치하는 기도의 시간을 가지셨습니다. 그분은 자신을 위해서는 단 한 번도 천주성의 권능을 사용하지 않으셨습니다. 오로지 다른 이의 선익을 위해서, 병들고 고통받는 이들을 위해서 기적을 행하시는 위타적 삶을 온전히 사셨습니다. 이렇게 예수님은 사력을 다해 피땀을 흘리며 선한 일만을 하셨지만, 비리와 타협하지 않는 강직한 모습의 예수님을 세상의 세력은 그대로 두지 않고, 위험 인물로 낙인찍어 제거하기로 작당하였습니다.

하느님을 사칭했다는 이유, 국민을 선동하여 정치 질서를 교란하고 국가 안보를 그르쳤다는 이유, 죄인과 어울리고 가난한 이를 변호했다는 이유, 신앙인의 본분을 저버리고 모세의 율법을 어겼다는 이유 등을 들어 종교의 최고 권위와 국가의 최고 법정은 사형 언도를 내렸고, 결국 십자가를 진 고난의 행렬 끝에 예수님은 십자가에서 처참하게 운명하셨습니다. 그러나 그분은 부활하여 온 인류의 행복과 영원한 생명의 발판을 마련해 주셨습니다. 이렇게 지존하신 하느님의 외아들 예수님의 생애 33년은 인간들을 위해 남김없이 봉헌된 삶이셨습니다.

저는 세상에서 예수님의 모습을 가장 많이 닮은 사람으로 아시시의 프란치스코 성인을 늘 가슴에 품고 있습니다. 가진 재산이 너무 많았던 성경 속의 부자 청년은 예수님을 따르고 싶었지만 소유물을 포기하지 못했습니다. 프란치스코 교황께서는 화려하고 웅장한 교황궁에 사는 것을 포기하고 여행객이 머무는 '성녀 마르타의 집' 한 칸에 살면서도 교황직을 기쁘고 행복하게 수행하고 계십니다. 교황께서는 가난의 삶을 산다고 하면서 실제로 가난한 자가 되지 않고, 곤궁한 처지로 내려오지 않고서는 가난한 사람, 가난한 교회가 될 수 없다고 강조하십니다.

저는 36년간 거룩한 사제 직무에 임하고 있습니다만 서품 성구의 진정한 주인공 프란치스코 성인이 신명 나게 몸과 마음으로 실천했던 가난한 삶에서 너무 멀리 있다고 고백합니다. 그래서 저는 서품 성구를 읽을 때마다 부끄럽고 심한 양심의 가책을 받습니다. 인생의 종착역이 길게 남아 있지 않은 저는 과감하게 군더더기처럼 얽혀 있는 온갖 욕망, 영적 성숙에 해로운 모든 장애물을 털어 버리고, 소박하고 단순하며 꾸밈없는 어린이의 마음으로 돌아가는 은총을 주님께 청하며 기도합니다. 오늘도 저는 태양의 노래를 부르며 벌거벗은 몸으로 질주하는 프란치스코 성인을 닮기 위해 몸부림칩니다.

〈평화신문〉

1979년 3월 6일 수품

복음을 전하라!
Ad Jesum Per Mariam!

변기영 베드로 몬시뇰

이 말씀은 1970년 제가 부제 때, 사제가 되면 교회가 원하는 순수하고 직접적인 복음 전파 사업에만 전념하겠다고 결심하며 정한 성구입니다.

1963년 군에 입대하면서 아침 기도와 저녁 기도를 제대로 바칠 시간이 없어, 항상 성모송 세 번을 바치며 편지를 많이 썼습니다. 편지 끝에 저도 모르게 'Ad Jesum Per Mariam!(마리아를 통해 예수님께로!)'을 붙이는 버릇이 생겼습니다.

주변으로부터 시기와 질투, 중상과 모략을 받거나, 또 헤쳐 나가기 힘든 난관에 부딪혀도, 낙담하지 않고 극복할 수 있었던 것은 성모님에 대한 신뢰심과 더불어 복음을 실천하고 전해야겠다는 결심 때문이었습니다.

1971년 8월 27일 수품

완전한 사람이 되어라. 마태 5,48

김길민 크리스토포로 신부

아버지 신부님이시면서 본당 신부님이셨던 고故 길홍균 신부님께 배웠던 신학생 시절의 일입니다.

성당에 난방기가 필요하니 알아 오라 하시며 시장에 있는 가게들을 다 돌아보라고 하셨습니다. 그래서 저는 난방용품을 파는 가게를 모두 돌아보기 시작했습니다. 이렇게 몇 집을 다녀보니 조금씩 눈에 들어오는 것이 있었습니다. 그리고 난방기를 사려면 난방할 공간과 그 규모를 잘 알아야 한다는 것과 지금 꼭 살 것처럼 해야 한다는 것을 깨달았지요. 그렇지 않으면 파는 사람도 진지하게 대하지 않는다는 것입니다.

그렇게 상가의 반을 지날 때쯤엔 저도 눈이 트여 물건을 파는 사람과 거의 비슷한 수준이 되어 있었습니다. 친절하게 응해 주셨던 분들에게는 참으로 죄송하지만, 결국 난방기는 구입하지 않았습니다. 길 신부님은 처음부터 물건을 살 생각이 없으셨던 것입니다. 아무것도 모르는 저를 교육시키려고 그런 일을 하신 것입니다.

저에게 돈을 주면서 어떤 것을 사 오라면 물건을 금방 사 왔을 것입니다. 세상 물정도 모르고 흥정의 그 진한 맛도 모르는 저였으니, 그냥 눈에 띄는 집에 가서 바로 구입하고서는 어쩌면 바가지 쓴 것도 모르고 최고 좋은 것이라고 여겼을 것입니다. 그러나 이 뻔뻔해지는 교육 여행을 통해서 한 번 더 생각하고 조금 더 움직이면 더 나은 선택을 할 수 있다는 것을 체험하였습니다.

사제품을 받을 때 대부분 스스로 성구를 선택하지만, 저는 길 신부님께서 정해 주셨습니다. 제가 그렇게 되기를 원하셨을 것입니다.

"하늘의 너희 아버지께서 완전하신 것처럼 너희도 완전한 사람이 되어야 한다."(마태 5,48)

그 지향을 따르려 하지만 너무 멀리 있는 제 자신을 바라보며 그래도 한 발자국이라도 앞으로 나아가려고 애를 써 봅니다.

〈가톨릭신문〉

1988년 2월 12일 수품

고생하고 무거운 짐을 진 너희는 모두 나에게 오너라.

마태 11,28

김대한 발레리오 신부

유학을 하던 시절이 사제를 준비하던 제 삶에서 가장 힘든 순간이었습니다. 쉴 새 없이 찾아드는 외로움과 그리움에 아픈 가슴을 부여잡고 매일 밤 잠조차 제대로 자지 못했습니다.

그렇게 힘겨워하던 어느 날, 아시시에 있는 다미아노 성당에 들어가게 되었습니다. 그 작은 성당 문가에서 저는 삶의 무게로 어깨를 죽 늘어뜨린 채, 삶의 길 위에서 얻은 가슴의 생채기들을 내보이며, 깊은 한숨을 담아 주님께 토로했습니다. 그러다 문득 고개를 들었을 때, 눈앞에는 너무나 처참한 몰골의 그분이 계셨습니다.

내 키보다 훨씬 큰 거대한 십자가, 당장이라도 땅으로 흘러내릴 것같이 피를 흘리는 그분의 옆구리, 세상 누구보다 고통스러운 표정의 그분은 제게 말씀하셨습니다.

"이 십자가보다, 이 상처보다, 힘들어하고 아파하는 너를 지켜보는 것이, 나는 더 힘들고, 더 아프다!"

그날 저는 그곳에서 한참을 울었습니다.

"하느님께서는 우리가 환난을 겪을 때마다 위로해 주시어, 우리도 그분에게서 받은 위로로, 온갖 환난을 겪는 사람을 위로할 수 있게 하십니다."(2코린 1,4)

2010년 8월 20일 수품

너 어디 있느냐? 창세 3,9

김동진 다니엘 신부

여자가 뱀의 유혹에 넘어가, 동산 한가운데 있는 열매만은 먹지 말라는 말씀을 거역하고 열매를 따 먹었습니다. 남편에게도 먹였습니다. 그 일로 주 하느님을 피하여 숨자, 주 하느님께서는 사람을 부르시며 "너 어디 있느냐?" 하고 물으셨습니다.

이 세상에는 뱀의 꼬임이 참 많습니다. 꼬임 속에서도 자신을 지키고, 오로지 그분께 의탁하고 그분을 따르는 삶이 참신앙인의 모습입니다. 어쩌면 주님께서는 우리를 지키시려고 "너 어디 있느냐?"라고 물으시는 것 같습니다. 발을 헛디뎌 넘어졌을 때 "너 왜 그러고 있느냐?"라는 주님의 음성이 들려옵니다. 하느님 아버지의 이름을 거룩히 빛내기 위한 일을 하지 않고 "너 지금 무얼 하느냐?"라고도 하시는 것 같습니다. 언제든 하느님께서 부르실 때 "예, 저 지금 여기 있습니다."라고 말씀드릴 수 있는 사제가 되기 위해 이 성구를 선택했습니다.

2000년 1월 14일 수품

나를 당신의 도구로 써 주소서…….

프란치스코 성인의 평화의 기도

김영장 베네딕토 신부

프란치스코 성인이 바치셨던 〈평화의 기도〉를 서품 성구로 선택하였습니다. 기도문의 시작에서처럼 주님께서는 부족한 저를 선택하시고 불러 주셨습니다. 가진 것도 없고 내어 놓을 것도 없는, 가난한 마음뿐입니다. 그래서 더욱 저를 그분의 도구로 써 주시기를 바라게 되었습니다.

'샬롬Shalom' 주님은 곧 평화십니다. 그런데 주님이 주시는 평화는 세상이 주는 평화와 같지 않습니다. 주님이 주시는 평화는 순간의 평화가 아니라 영원한 주님의 평화입니다. 주님께서는 당신의 뜻으로 증오와 시기와 적개심을 허무셨습니다. 이렇게 평화를 이루는 사람들은 하느님의 자녀라 불립니다. 하느님과의 평화가 참된 평화입니다. 평화를 이루는 도구가 되기 위해 온전히 순명하렵니다.

1982년 2월 25일 수품

언제나 기뻐하십시오. 끊임없이 기도하십시오. 모든 일에 감사하십시오.

1테살 5,16-18

김정환 비오 신부

저는 부활하신 주님이 제 곁에 계심을 확신하기에 언제나 기뻐할 수 있습니다. 하지만 세상에는 온갖 유혹이 있습니다. 그 유혹에 빠지지 않도록 주님께 끊임없이 기도해야 합니다. 주님께서 이끌어 주시는 모든 일에 감사하며 살아가야 합니다. 바로 이것이 그리스도 예수님 안에서 살아가는 이들에게 바라시는 하느님의 뜻이기 때문입니다.

주 예수 그리스도를 믿는 사람들은 기뻐해야 합니다. 또한 끊임없이 주님의 이름으로 기도드려야 합니다. 눈으로 볼 수 없고, 들을 수 없으며, 만져 볼 수 없는 것까지 감사해야 합니다. 그것이 더욱 거룩하신 분이 바라시는 것입니다.

2010년 8월 20일 수품

무엇이든지 그가 시키는 대로 하여라.

요한 2,5

김태규 판크라시오 신부

이 말씀은 카나의 혼인 잔치에서 있었던 성모 마리아의 당부 말씀입니다. 아직 때가 이르지 않았다고 말씀하시며 기적의 때를 미루시려던 예수님의 마음을 바꾸어 물을 포도주로 바꾸는 첫 기적을 행하게 하는 원동력이 된 어머니의 말씀입니다.

카나의 혼인 잔치에서 보여 주신 포도주의 기적은 예수님께서 당신의 영광을 드러내신 성령의 참역사였습니다.

사제의 삶을 살고자 하는 저 자신은 카나의 혼인 잔치에 있던 일꾼 중 한 사람입니다. 성모님께서는 저에게 말씀하십니다. "무엇이든지 그가 시키는 대로 하여라." 아멘.

2001년 1월 19일 수품

나에게 배워라. 나는 마음이 온유하고 겸손하다.

마태 11,29

김현 프란치스코 살레시오 신부

저의 유일한 아버지 하느님께서는 온유함으로 저를 지켜 주셨고, 겸손으로 섬겨 주셨습니다. 예수님 역시 같은 방법으로 세상이 하느님을 알도록 해 주셨기에 저도 그렇게 일생을 살고자 합니다. 쉼 없이 예수님께 묻고 배우는 가운데 저의 모든 것이 하느님과 교회를 위해 사용되기를 소원하며 위의 성구를 택하였습니다.

저는 쓸모없는 종입니다. 주님의 멍에를 메고 주님의 가르침을 따르겠습니다. 온유한 것들은 기쁨과 평화를 줍니다. 온유와 겸손은 세상을 바꾸는 주님의 힘입니다.

2005년 9월 9일 수품

> 여인이 제 젖먹이를 잊을 수 있느냐?
> 제 몸에서 난 아기를 가엾이 여기지
> 않을 수 있느냐? 설령 여인들은
> 잊는다 하여도 나는 너를
> 잊지 않는다.
>
> 이사 49,15

문석훈 베드로 신부

모든 세상을 창조하시고, 창조하신 세상을 한시도 잊지 않으시는 하느님의 모습을 닮는 사제로 살아가야겠다는 생각이 들었습니다. 주님께서는 우리를 흙으로 빚어 만드셨을 때부터 우리와 계약하셨습니다. 주님께서는 당신 백성을 위로하시고 가련한 이들을 가엾이 여기겠다고 하셨습니다. 측은지심으로 우리를 당신 손바닥에 새기셨습니다. "나는 너를 잊지 않는다."라는 말씀은 "너희들도 나를 잊지 말라."는 명령이십니다.

2008년 8월 22일 수품

너희는 언제나 내 사랑 안에 머물러 있어라.

요한 15,9

민영기 요셉 신부

"나는 포도나무요 너희는 가지다."라는 요한 복음 15장의 이 말씀은 예수님의 유언입니다. 예수님께 머물러 있을 때에만 열매를 맺을 수 있음을 느끼면서 이 말씀을 서품 성구로 정했습니다.

예수님께서 이렇게 말씀하시는 까닭은 당신 기쁨이 당신이 사랑하시는 백성에게 있기 때문입니다. 그리고 그 기쁨은 우리를 충만하게 합니다. 가지가 포도나무에 붙어 있지 않으면 가지는 열매를 맺을 수 없습니다. 그래서 주님께서는 말씀하십니다. "너희는 언제나 내 사랑 안에 머물러 있어라." 아멘.

1994년 1월 21일 수품

아버지의 뜻이 이루어지게 하십시오.

루카 22,42

박필범 야고보 신부

지나온 시간을 돌이켜 보면 저는 저 자신만을 생각하며 제 뜻대로만 살아왔습니다. 하지만 그런 저를 주님께서는 불러 주셨습니다. 주님께서 불러 주지 않으셨다면 그러한 삶이 전부라고 생각하고 지금도 그렇게 살아가고 있었을 것입니다. 저를 불러 주시고 새로운 길을 알려 주신 주님께 감사드리며 제 뜻이 아니라 주님의 뜻, 아버지의 뜻대로 살아가겠다는 다짐과 기도를 드립니다.

유혹에 빠지지 않도록 주님께서 늘 하시던 대로 기도하겠습니다. 고뇌에 싸여 기도하신 예수님처럼 고통이 핏방울처럼 되어 땅에 떨어지도록 평생 깨어 일어나 기도하겠습니다.

2006년 9월 15일 수품

아버지의 뜻이 하늘에서와 같이 땅에서도 이루어지게 하소서.

마태 6,10

박형주 안드레아 신부

"아버지의 뜻이 하늘에서와 같이 땅에서도 이루어지게 하소서."라고 기도하는 것은 늘 하느님의 뜻과 의지대로 살겠다는 하나의 결심입니다. 하느님 아버지의 뜻대로 살아야 하는 이유는, 예수님께서 그렇게 사셨기 때문입니다.

"아버지, 하실 수만 있으시면 이 잔이 저를 비켜 가게 해 주십시오. 그러나 제가 원하는 대로 하지 마시고 아버지께서 원하시는 대로 하십시오."(마태 26,39)

"나는 내 뜻이 아니라 나를 보내신 분의 뜻을 실천하려고 하늘에서 내려왔다."(요한 6,38 참조)

"내 양식은 나를 보내신 분의 뜻을 실천하고, 그분의 일을 완수하는 것이다."(요한 4,34)

이처럼 예수님께서는 예수님 당신의 뜻이 아니라 아버지 하느님의 뜻이 이루어지기를 바라셨고, 또한 바라기만 하신 것이 아니라 하느님의 뜻을 찾으시고 실천하셨습니다.

우리가 예수님처럼 아버지 하느님의 뜻을 찾고 그 뜻을 실천해야 하는 이유는 아버지의 계획과 의지와 뜻대로 살아갈 때 세상은 아버지 하느님의 사랑 안에 머물게 되고 아버지 섭리 안에서 풍요로운 열매를 맺을 수 있기 때문일 것입니다.

즉, 하느님의 뜻과 계획과 의지 안에서는 거짓 사랑과 거짓 열매, 거짓 평화가 아니라 참사랑과 참열매, 참평화를 맺을 수 있기 때문일 것입니다.

그 어떤 성인 성녀도 하느님의 뜻대로 살지 않은 분은 없으셨습니다. 하느님의 뜻을 얼마나 찾으려 애쓰고 노력하는가 하는 것이 우리 신앙이 어느 정도인지를 식별할 수 있는 기준이 될 것입니다.

〈가톨릭신문〉

2002년 1월 18일 수품

저는 멍텅구리, 알아듣지
못하였습니다. 저는 당신 앞에
한 마리 짐승이었습니다. 그러나
저는 늘 당신과 함께 있어 당신께서
제 오른손을 붙들어 주셨습니다.
당신의 뜻에 따라 저를 이끄시다가
훗날 저를 영광으로
받아들이시리이다. 시편 73,22-24

서상진 바오로 신부

사제가 되기 전까지 형편없었던 제 모습을 생각해 보았습니다. 이 성구는 언제나 함께해 주시는 주님에 대한 신앙 고백과 하느님의 나라에 이르게 해 주시리라는 염원이 담겨 있기 때문입니다. 주님께서는 제가 손을 내밀 때마다 항상 손을 잡아 주셨습니다. 이제 사제가 되었으니 주님과 손잡고 함께 걸어가고 싶은 마음에 이 성구를 선택하였습니다.

1990년 11월 23일 수품

'저는 아이입니다' 하지 마라.
너는 내가 보내면 누구에게나
가야 하고…….

예레 1,7

서용운 미카엘 신부

"'저는 아이입니다' 하지 마라. 너는 내가 보내면 누구에게나 가야 하고 내가 명령하는 것이면 무엇이나 말해야 한다. 그들 앞에서 두려워하지 마라. 내가 너와 함께 있어 너를 구해 주리라."(예레 1,7)

제가 이 구절을 서품 성구로 선택한 이유는 제 자신의 부족함을 많이 느꼈기 때문입니다. 제 자신의 부족함을 많이 느끼기에 저는 이 부족함을 제 힘으로 가득 채우려고 노력하였습니다. 특히 사제 서품 피정 중에 저는 서품을 준비하면서 제 자신이 그동안 저의 힘만으로 살아왔다는 것을 많이 느끼게 되었습니다. 저의 힘만으로는 불가능한 것들을 제 힘으로만 아등바등 해결하려고 노력하였습니다. 그러나 주님께서 함께하시지 않으면 불가능하다는 것을 알게 되었습니다. 주님이 함께하시지 않으면 어린아이에 불과하다는 것을 알게 되었습니다. 그리고 이는 곧 마치 사제의 길을 하느님의 부르심으로 여긴 것이 아니라 제 자신이 선택한 삶의 결과로 받아들인 것임을 알게 되었습니다.

수원교구장이신 이용훈 주교님께서는 서품식에서 수품자들에게 다음과 같이 말씀하셨습니다.

"사제의 삶은 스스로 선택한 삶이 아닌, 하느님과 교회로부터 부르심 받은 삶이기에 그리스도께서 가신 길을 흠 없이 따름으로써 행복을 찾아야 합니다."

제 안에는 아직도 제 앞에 놓여 있는 산을, 제 앞에 놓여 있는 바위를 제 힘으로 넘어서려고 합니다. 그러나 그럴 때마다 제가 정한 서품 구절을 묵상하면서 저와 함께해 주시는 주님의 사랑에 기대려고 합니다. 그분의 말씀과 명령이 저의 부족함을 채워 주시고 저의 진정한 행복을 채워 주시기 때문입니다.

앞으로도 저는 주님의 사랑에 기대며, 그분이 원하시는 장소에, 그분이 원하시는 시간에, 그분이 원하시는 것을 행하는 하느님의 참도구가 되도록 노력하겠습니다.

〈가톨릭신문〉

2009월 8월 21일 수품

주님의 이름을 불렀고 영원히 부르오리다 Et nomen Domini invocalli.

시편 114

송영규 바오로 신부

사제 생활을 하는 동안 잘못이 있다 하더라도 주님의 무한하신 사랑을 깨닫고 언제 어디서나 주님을 부르겠습니다. 주님의 이름을 이제로부터 영원까지, 해 뜨는 데서 해 지는 데까지 찬미하겠습니다. '주님께서는 억눌린 이들에게 올바른 일을 하시며 굶주린 이들에게 빵을 주시는 분이십니다. 붙잡힌 이들을 풀어 주시고, 눈먼 이들의 눈을 열어 주시며, 주님께서는 꺾인 이들을 일으켜 세우십니다. 주님께서는 의인들을 사랑하시고 이방인들을 보호하시며 고아와 과부를 돌보십니다. 그러나 악인들의 길은 꺾어 버리십니다. 주님께서는 영원히 다스리십니다'(시편 146,7-10 참고). 알렐루야. 알렐루야!

1972년 12월 16일 수품

모든 이에게 모든 것이

1코린 15,28

송영오 베네딕토 신부

저는 신학생 시절에 두 분의 교구 신부님과 두 분의 골롬반 소속의 아일랜드인 신부님과 생활할 기회가 있었습니다. 보좌 생활을 마치고 본당 신부로 발령을 받으셔서 사랑과 정열을 쏟으시던 젊고 패기 있는 신부님들과 머나먼 타국에서 주님의 선교사로 이 땅에 오시어 당신들의 청춘을 불사르시는 외국 신부님들에게서 희생과 봉사의 참모습을 보았습니다.

저도 사제가 된다면 어떤 처지에서든, 어느 곳에서든 신자들에게 필요한 사제가 되겠다는 결심으로 "모든 이에게 모든 것이!Omnibus Omnia!"라는 바오로 사도의 말씀을 성구로 선택하게 되었습니다.

이방인들의 사도이신 바오로 성인은 특별한 선교 영성을 지니신 분입니다. 여러 지방을 돌아다니며 선교를 하시면서도 갑작스러운 변화를 요구하지 않고 가시는 곳곳에서 늘 신자들과 동화되는 삶을 사셨습니다. 때로는 가르치는 교사로, 때로는 천막을 만드는 노동자로 지내는 등 당신이 머무는 곳에서 신자들과 함께 호흡하며 녹아내리는 삶을 사셨습니다.

저도 감히 바오로 성인처럼 동화되는 삶을 살기 위해 막걸리를 먹는 자리에서는 막걸리를 맛있게 마실 수 있고, 양주를 먹어야 하는 자리에서는 분위기 있게 양주를 마실 수 있는 사제로, 신분의 고하를 막론하고 어디에서든 힘겨워하고 아파하는 양들과 함께 호흡하는 목자가 되고자 결심했습니다.

그러나 지금 돌이켜 보면, 너무나 편안하고 이기적인 사제 생활을 한 것 같습니다. 주님께서 원하시는 모든 이에게 모든 것이 되고자 하는 삶이 아니라, 제가 원하고 제게 필요한 것만을 찾는 저만의 사제 생활을 한 것 같습니다. 오늘의 반성을 거울 삼아 사제직의 첫 마음으로 돌아가 진정 주님께서 원하시는 사제가 되도록 다시금 결심해 봅니다.

〈가톨릭신문〉

1992년 1월 28일 수품

저의 하느님, 저는 당신의 뜻을 즐겨 이룹니다. 제 가슴속에는 당신의 가르침이 새겨져 있습니다.

시편 40,9

안성노 은수자 바오로 신부

    늘 하느님의 말씀을 가슴에 담고, 그분의 말씀을 이루기 위해 살겠다는 의미에서 이 성구를 선택하였습니다.
    주님께서는 당신의 정의를 제 마음속에 감추어 두지 않고 드러내셨습니다. 주님의 성실과 구원을 전하며 주님의 자애를 실천하고 진실을 밝히는 일꾼이 되겠습니다. 주님께서는 당신의 반석 위에 제 발을 세우시고 제 발걸음을 튼튼하게 하실 것입니다. 주님의 계획에 저에 대한 계획도 있고, 주님의 나라에 제 자리도 있다는 주님의 말씀을 새겨 당신을 따르는 삶을 살도록 하겠습니다.

1992년 1월 28일 수품

내 양식은 나를 보내신 분의 뜻을 실천하고 그분의 일을 완수하는 것이다.

요한 4,34

안형노 야고보 신부

'인격 없는 교육', '인간성 없는 과학', '자기희생이 없는 종교'는 사회적 오염물이 되고 더 나아가 사회악이 됩니다. '양심이 마비된 쾌락'이 판을 치고 있는 작금의 세대에, 주님의 뜻을 실천하고 그분의 일을 함에 있어 제 양심은 오롯이 주님 말씀에 있습니다. 생명을 살리고 풍성하게 하기 위한 영혼의 양식은 주님의 사랑을 그대로 실천하는 데에 있습니다.

주님께서는 우리가 모르는 양식을 준비해 놓으셨습니다. 우리는 그분이 지으신 밭의 알곡들을 바라보며 영원한 생명에 들어갈 양식으로 살아야 합니다.

'주님 말씀이 매일 저의 양식이옵니다.' 아멘.

1994년 1월 21일 수품

친구들을 위하여 목숨을 내놓는 것보다 더 큰 사랑은 없다.

요한 15,13

유재훈 솔로몬 신부

먼저 저를 당신의 '친구'로 불러 주신 주님께 진심으로 감사드립니다.

이 말씀은 부족한 제가 주님의 부르심에 응답할 수 있도록 힘이 되어 주었고, 주님의 사제직을 준비하기에 부족했던 제가 삶의 좌표를 잃고 헤맬 때 든든한 나침반이 되어 주었습니다. 이제는 하느님과 이웃을 위해 저를 살게 할 말씀으로, 이 말씀에 이제 저는 죽고 그분의 크신 사랑만이 남길 바랄 뿐입니다.

우리는 예수님과 우정을 나눌 수 있습니다. 예수님에 대한 우정을 키우면 우리 영성에 따뜻하고 선한 인간적 요소들을 심을 수 있습니다. "성실한 친구는 생명을 살리는 명약이니 주님을 경외하는 이들은 그런 친구를 얻으리라."(집회 6,16)

2010년 8월 20일 수품

너희는 온 세상에 가서 모든 피조물에게 복음을 선포하여라.

마르 16,15

유희석 안드레아 신부

　이 세상에서 사제로 산다는 것은 스승이신 예수님의 길을 걸어간다는 것이라고 생각합니다. 스승은 언제나 회개를 위한 선교의 길을 걸으셨고, 모두의 행복을 위해 복음화를 이루시고자 노심초사하셨던 최초이자 최대의 선교사셨습니다.

　사제품을 받을 당시에는 미처 몰랐지만, 사제가 되어 선교학을 가르치는 임무를 수행하다 보니 이 성구가 더 특별하고 더 깊이 새겨졌습니다. 부족함이 크고 감히 스승을 닮을 수 없으나 미력하나마 스승의 모습을 흉내라도 내 보며 살고 싶은 마음뿐입니다.

1993년 8월 20일 수품

와서 아침을 드시오. 요한 21,12

윤민열 스테파노 신부

　유다와 베드로……. 둘 다 똑같이 예수님을 배신했는데, 그 배신에 경중이 있을까요? 다만 유다는 주님을 포기했고 베드로는 주님을 포기하지 않았습니다. 스스로 포기하고 자결한 유다는 저주받은 이름이, 눈물을 흘리면서 "저는 당신을 사랑합니다."라고 고백한 베드로는 교회의 초석이 되었습니다.

　지금까지의 제 삶은 그리스도를 배신하는 역사로 가득 채워져 있었습니다. 그리고 불완전한 인간인지라 앞으로도 그럴 것이라 생각합니다. 그러나 주님께서는 다시금 저를 초대하실 것입니다. 갈릴래아 호숫가에서 예수님이 제자들에게 "와서 아침을 먹어라." 하시듯이 말입니다. 이는 단지 아침 식사로의 초대가 아니라, 죄의 용서이며 새로 태어날 수 있는 기회를 제공하는 것입니다. 죄를 뉘우치고 용서를 비는 죄인에게 이 기회는 어두운 동굴 저편에 비춰지는 밝은 빛이요 기쁨입니다.

2005년 9월 9일 수품

저희는 보잘것없는 종입니다.
그저 해야 할 일을 했을 따름입니다.

루카 17,10

이건복 바오로 신부

　교구청에서 청년 사목을 담당했을 당시 가끔 교구의 청년 봉사자 혼인을 주례했습니다. 그런데 참 예쁘고 멋진 남녀 한 쌍의 혼인을 주례한 어느 날이었습니다.

　혼인 미사에 참석한 신랑 신부의 친구들에게서 독특한 점을 발견했습니다. 그들이 입고 온 옷 대부분이 어둡고 칙칙한 색이었던 것입니다. 그래서 물어보았습니다. "너희는 장례식에 오는 것도 아닌데, 왜 어두운 색의 예복을 입었니?" 청년들은 이구동성으로 대답합니다. "신랑 신부보다 더 멋지고 화려한 옷을 입으면 안 되잖아요?"

　생각해 보면 맞는 이야기라고 여겨집니다. 어떻게 하면 신혼부부를 더 예쁘고 더 아름답게 만들어 줄 수 있을까 하는 청년들의 생각이 기특합니다.

사제로 서품되던 순간을 떠올려 봅니다. 제 인생의 모든 것을 주님께 의탁하며 그분의 겸손을 담고, 저를 위한 삶이 아닌 하늘의 주인이신 그분께 늘 감사하며, 보은의 삶을 살겠다고 약속했습니다.

그럼에도 하느님의 옷보다도 더 멋진 모습의 옷을 입고자 했던 일은 없는지, 신자들 앞에서 주인이신 하느님보다 더 높은 자리에 있고자 하지는 않았는지 제 자신의 모습을 되돌아봅니다. 그리고 다시금 처음으로 돌아가 부족한 종으로 살아갈 마음을 새로이 가져 봅니다.

자신을 낮추며 주어진 삶에 충실한 자연의 모습을 닮고자 합니다. 들꽃은 때가 되면 꽃을 피우고 시들고 씨앗을 만들어 뿌립니다. 그리고 비바람에도 의연하게 자신을 있는 그대로 내맡깁니다. 이처럼 오로지 주인에게 모든 것을 맡길 줄 아는 삶의 지혜를 본받고자 합니다.

종이 자신의 신분을 제대로 알지 못하면, 주인은 더 이상 종을 당신의 사람으로 인정하지 않을 것이기 때문입니다.

〈가톨릭신문〉

1995년 1월 20일 수품

그분께서는 끝까지 사랑하셨다.

요한 13,1

이건욱 클레멘스 신부

파스카 축제가 열리기 전, 예수님은 이 세상에서 아버지에게로 건너가실 때가 온 것을 아시고는 이 세상에서 당신이 사랑하신 사람들을 끝까지 사랑하셨습니다.

그분께서는 마지막 순간까지 가난하고 소외된 이들을 우선적으로 택하셨고 찾아가셨으며 함께 머무르셨습니다. 주님께서는 특히 고아와 과부, 나병 환자 등 병들고 아픈 사람, 슬프고 외로운 사람들과 삶을 함께하셨습니다.

저 또한 사제가 되어 저에게 주어진 순간까지 최선을 다하여, 진심으로, 끝까지 주님을 사랑하고, 주님이 끝까지 사랑한 사람들을 사랑하고 싶습니다. 끝까지 노력하겠습니다.

2009년 8월 21일 수품

너는 내 앞에서 살아가며
흠 없는 이가 되어라.

창세 17,1

이기수 요아킴 신부

  초등학교 2학년 때 시작한 복사 생활은 무려 10년이나 지속되었습니다. 신학교에 가기 전 초등학교에서 고등학교 때까지 생활기록부를 떼어서 살펴본 적이 있었는데, 장래 희망이 전부 '신부'라고 되어 있었습니다. '내가 그랬구나.' 제 자신이 자랑스러웠습니다. 그렇습니다. 어떤 이유에서건 성소를 포기하지 않는다는 확고한 신념을 가진 것에 감사했습니다. 잠시 딴 이유로 돌고 돌아 왔지만 성소에 대한 확고한 신념은 저의 모든 것을 하느님께 의탁하는 삶을 살도록 해 주었습니다.
  그러나 이러한 신념을 가졌던 제 자신도 어느 순간에 성소에 대해 고민스러워한 적이 있었습니다. 그때마다 저는 제가 세례를 받았던 서울 중림동 성당을 찾아가 조용히 기도하고 오곤했습니다.

"하느님이 저에게 주신 성소를 잘 지켜 낼 수 있도록 도와주십시오. 한 학기만 잘 지내게 해 주십시오."

저는 어린아이처럼 이런 기도를 방학 때만 되면 되풀이하였습니다. 그러던 중 저는 어느새 부제가 되었고 사제가 되었습니다. 저는 워낙에 흠이 많은 존재라고 스스로 생각해 왔습니다. 흠 없이 살 수 없는 존재이기에 하느님의 도우심이 절대적으로 필요하다는 것을 왜 모르겠습니까? 아브라함에게도 그런 변덕스러운 마음이 있음을 알아서 고향을 떠나게 함으로써 복되게 이끌어 주시지 않았습니까.

신부가 되고 시간이 지날수록 이 성구는 더더욱 제 마음에 와 닿았습니다. 제게 하신 말씀인 것 같아 더욱 죄송스러웠습니다. 제 앞에서 기다려 줄 하느님이시지만, 제가 넘어져도 당신 앞에서 넘어지기를 바라십니다. 그분은 흠이 많은 나약한 사제가 엎드려 울면 받아 주시는 분이십니다.

아브라함은 99세가 되어서 이 말씀을 들었는데, 저는 이 말씀이 힘이 되기도 하고, 그렇게 살지 못할 때는 죄송스럽기도 합니다. 매일 영적으로 저를 씻어 주시는 하느님은 제 기도를 통하여 흠 없는 존재로 거듭나게 해 주십니다. 오늘도 내일도 부족한 이 사제를 그분은 지켜보고 계십니다.

1992년 1월 28일 수품

황혼에 머무른 사랑,
그 안에 머물고 싶어라.

이대희 대건 안드레아 신부

　사제로 살면서 마음속에 항상 간직하며 살아가고 있는 글에 대해 어떻게 써야 하나 망설여졌습니다. 사실 지금 이 글을 쓰고 있으면서도 망설여지고 쑥스러운 생각이 듭니다.

　저의 사목 모토는 성경 구절이 아닙니다. 서품을 앞두고 뒤늦게 깨달은 것을 서품 상본에 써 넣은 것입니다. 사실 이 말을 처음부터 제가 항상 마음속으로 간직하고 살아야 할 글귀로 생각하지는 않았습니다. 이 글귀를 선택했던 것은 사제 수품을 앞두었던 신학교의 마지막 학기 10월 피정 중이었습니다. 그때에는 마음이 상당히 복잡했던 시기(몇몇 동기들은 잘 알고 있을 것입니다)였습니다.

　저녁 기도 전 복잡한 마음 때문에 마음이 모아지지 않아 산책을 했습니다. 신학교 운동장 근처를 지나갈 때쯤 앞산에 노을이 내려앉고 있었습니다. 그 광경을 바위 위에 앉아 아무 생각없이 바라보았습니다. 그러다가 문득 머릿속에 '아! 바로 이 것이었구나!' 하는 생각이 떠올랐습니다. 집도, 축사도, 공장도 그대로 노을 속에 속속들이 드러나고 있었습니다.

'그래, 하느님 사랑이 바로 저런 것이었구나! 사제로 살아간다는 것, 그것은 다른 것이 아니라 내 자신이 그저 하느님 사랑 속에 살아가는 것이었구나! 다 허물어지는 집이든 돼지우리든 시끄럽게 뛰어다니는 개든 어떠냐. 그저 하느님 사랑 속에 머무를 수 있다는 그 자체가 행복인걸. 그 자체가 기쁨인걸.'

이것이 바로 제가 살아가야 하는 모습이었습니다.

〈가톨릭신문〉

1998년 1월 16일 수품

산들이 밀려나고 언덕들이
흔들린다 하여도 나의 자애는
너에게서 밀려나지 않고
내 평화의 계약은
흔들리지 아니하리라. 이사 54,10

이상각 프란치스코 하비에르 신부

 강산이 두 번이나 바뀌고, 흰머리가 늘어 가는 모습만큼이나 처음 사제품을 받을 때의 마음도 지금은 많이 퇴색되었습니다. 하지만 주변 환경이나 저 자신의 변화와는 상관없이 제 삶의 어느 한 순간도 주님의 자비와 사랑이 저에게서 멀어진 적이 없었다는 것을 저는 굳게 믿습니다.

 사제품 받은 지 2년만에 물귀신이 될 뻔했다가 살아난 일이 있습니다. 그때 제가 다시 살게 된 것은 어머니께서 바치신 묵주기도의 은총임을 알게 되었고, 그 후 저는 성모님께 제 남은 삶을 봉헌하고 성모님을 위한 일을 하겠다고 결심했습니다.

 남양 본당에 부임하여 남양 순교지의 성역화를 담당하게 된 저는 아무것도 가진 것 없이 오직 묵주 하나를 손에 들고 일하기 시작했습니다.

돈이 없어 땅을 사지 못한 채 개발을 하다 보니 땅 주인들에게 수없이 고발을 당하고 욕을 먹고 경찰서로, 검찰청으로 불려 다녀야 했습니다. 인간적으로 감당이 안 되고 받아들이기 힘든 상황이 닥칠 때마다 성체 앞에서 양팔로 묵주의 기도를 바치고, 맨발로 묵주기도 길을 걸었습니다.

그런데 지난해 우연히 성지의 모습을 항공에서 촬영한 사진을 보고는 깜짝 놀라지 않을 수 없었습니다. 아무런 설계 도면 없이 10여 년에 걸쳐 조금씩 넓히고 다듬어 만든 성지의 광장과 묵주기도 길 윤곽이 자비의 성모 이콘(블라디미르의 성모 이콘)의 모습과 너무나 비슷하게 보였기 때문입니다.

제 손을 잡아 주시고, 제가 하는 모든 일에 함께하시며 이끌어 주시는 주님과 성모님의 모습을 눈으로 확인하면서, 저는 다시금 저 자신을 온전히 주님과 성모님께 의탁하지 않을 수 없었습니다.

"산들이 밀려나고 언덕들이 흔들린다 하여도 나의 자애는 너에게서 밀려나지 않고 내 평화의 계약은 흔들리지 아니하리라." 저를 가엾이 여기시는 주님의 말씀을 굳게 믿으며…….

〈가톨릭신문〉

1986년 1월 27일 수품

이상각 프란치스코 하비에르 신부

당신 말씀은 내 발의 등불이요, 나의 길에 빛이옵니다. 시편 119,105

전합수 가브리엘 신부

1980년 광주 민주 항쟁을 간접적으로 겪었던 저는 1981년 서울에서 대학 생활을 시작하면서 소위 나라와 민족을 독재 군사 정권에서 구한다는 명목으로 '운동권' 공부에 몰입했습니다. 그러나 시간이 지나면서 극심하게 방황했고, 삶에서 중심을 잡지 못했습니다.

그러던 중 가까운 친구의 권유로 '대학생 기도 모임'과 '성서 공부'를 함께했고, 수개월에 걸쳐 기도와 성서 공부를 한 끝에 방황의 종지부를 찍고 '살아 있는 하느님의 빛'을 볼 수 있게 되었습니다. 이러한 체험으로 사람(특히 청년)을 구하는 것은 이념도 지식도 사상도 아니고, 오직 '하느님 말씀'이며 '성령의 힘'임을 깨달았습니다. 이후 신앙생활을 통해 이를 더욱 확신하게 되었고, 마침내 사제성소의 중요한 계기를 마련하게 되었기에 이 성구를 선택하게 되었습니다.

1992년 1월 28일 수품

처음과 같이 이제와 항상 영원히 아멘.

전현수 마티아 신부

　초등학교에 갓 입학했을 무렵, 어느 날 미사 때 신부님께서 거양 성체를 하시는 모습을 보면서 처음으로 사제가 되고 싶다는 열망을 가지게 되었습니다.

　비록 아무것도 모르던 어린아이의 단순한 바람이었지만, 때 묻지 않은 순수한 그 마음을 보시고 하느님께서는 저를 당신의 사제직으로 이끌어 주셨습니다.

　'어린이와 같이 되라'고 하신 예수님의 말씀처럼, 그때의 그 순수했던 첫 마음과 같이 언제나 항상 영원히 주님을 잊지 않고 살기를 매 순간 다짐해 봅니다.

2010년 8월 20일 수품

아멘. 우리 하느님께 찬미와 영광과 지혜와 감사와 영예와 권능과 힘이 영원무궁하기를 빕니다. 아멘.

묵시 7,12

정운택 안드레아 신부

모든 천사가 어좌 앞에 얼굴을 땅에 대고 엎드려 하느님께 경배하며 한 말입니다. 제대로 준비도 되지 않고 자격도 없는 저를 사제로 뽑아 주셨기에 이제부터라도 "하느님을 경외하고 그분께 영광을 드리는"(묵시 14,7) 하느님의 사람으로서 살라는 부르심으로 받아들이고, 비록 부족하지만 항상 그렇게 살겠다는 결심으로 이 성구를 선택하였습니다.

어린양의 피로 흰옷을 입게 된 사람들처럼 하느님의 어좌 앞에서 밤낮으로 주님을 섬기겠습니다. 주님은 생명의 샘으로 저를 이끄시며 사람들의 눈물을 닦아 주실 따뜻한 영성을 주실 것을 빕니다. 구원은 하느님과 어린양의 것입니다.

1977년 12월 8일 수품

> 그가 아직도 멀리 떨어져 있을 때에
> 아버지가 그를 보고
> 가엾은 마음이 들었다. 루카 15,20

조성규 요한 보스코 신부

가출하여 재산을 탕진한 작은아들 이야기입니다. 아버지는 그 작은아들이 돌아올 것을 알았고, 아들이 어서 돌아오기를 간절히 기도했을 것입니다. 아버지가 항상 아들이 돌아올 길을 보고 있지 않았다면, 멀리서 죄스러운 마음으로 오는 아들을 발견할 수 없었을 것입니다. 저 역시 부끄럽고 죄스럽지만 하느님께 나아갔습니다. 사랑으로 기다려 주고 품어 줄 수 있는 아버지의 이 자비로운 마음을 닮고 싶습니다.

'저는 아버지의 아들이라고 불릴 자격이 없습니다.' 저에게 자비를 베푸소서. 주님은 죽은 믿음을 다시 살리시고 잃은 믿음을 다시 찾아 주시는 분이십니다. 진심 어린 회심은 새로운 생명을 받아들이는 일입니다. 상속된 재물은 언젠가 사라지지만 참된 유산은 주님의 아들로서 인정받는 것입니다.

2009년 8월 21일 수품

아빠! 아버지! 제가 원하는 것을 하지 마시고 아버지께서 원하시는 것을 하십시오.

마르 14,36

조욱현 토마스 신부

    소신학교(성신중고등학교)부터 신학생으로 살면서, 열심히 노력하며 기쁘게 생활하였습니다. 그러나 예기치 못했던 폐결핵으로 원치 않게 휴학을 하게 되었습니다. 동창들보다 1년 뒤에 사제가 되었습니다.

    대신학교에 입학하면서부터는 계획을 세워 놓고 실천하는 때였습니다. 각혈을 하고 병원에 가서 경증 폐결핵으로 진단을 받은 저는 하느님께 불평하고 손가락을 하늘로 치켜들었지만, 이것은 어쩔 수 없이 제가 받아들여야 하는 몫이었습니다. 그때에 저는 인간의 계획에 하느님의 자리가 없으면 모두가 허사가 됨을 알게 되었습니다. 그래서 그다음부터는 저의 계획에 하느님의 자리를 넣게 되었고, 하느님께 맡기는 삶을 살려고 노력하였습니다.

신학생 때, 포콜라레 신학생 본부에서 제 체험을 나눌 때 이 성경 구절이 인상 깊게 다가왔습니다.

이 말씀은 루카 복음 1장 38절의 "보십시오, 저는 주님의 종입니다. 말씀하신 대로 저에게 이루어지기를 바랍니다."의 말씀과 같습니다. 십자가 앞에서의 주님의 기도와 천사에게 드린 마리아의 신앙 고백을 저의 사제 생활의 좌우명으로 삼고, 언제나 주님의 뜻을 기쁘게 실천하며 살아가려고 하는 마음에서 선택한 구절입니다. 포콜라레의 삶에서 배운 것은 '항상, 즉시, 기쁘게!'입니다. 이러한 모습으로 살아가려고 노력할 것입니다.

1983년 7월 25일 수품

진리가 너희를 자유롭게 할 것이다.
요한 8,32

조한영 야고보 신부

초등학교 시절에 동네 형이 "자유와 평등 중에서 더 좋은 게 무엇이냐?"라고 질문을 했습니다. 그때 저는 '자유'라고 대답했습니다. 만일 자유가 다른 가치보다 하위에 있게 된다면 모든 것이 갑갑할 거라고 생각한 것 같습니다.

돌이켜 보면 하느님께서는 저의 자유를 결코 침해하거나 강제하지 않으시고 아주 신묘하게 신학교에 들어오도록 섭리하셨습니다. 이사를 통해 환경을 바꿔 주심으로써, 인연을 통해 새로운 만남을 주선하심으로써, 알게 모르게 도와주셔서 마침내 1988년 올림픽이 열리던 그해 신학생이 되었습니다.

막상 신학생이 되고 신학교 생활을 시작하면서 저는 자유보다는 갑갑함을 느꼈습니다. 모든 것이 규칙과 규율로 이미 결정되어 있었습니다. 기상과 기도로 시작해서 끝기도와 공부 시간 그리고 잠자리에 들어야 하는 소등 시간까지······.

대학원 2학년 1학기를 마치고 휴학을 선택했습니다. 그리고 공사장에서 막일도 해 보고, 개인 피정도 해 보고, 배낭 여행도 다녀 보았습니다. 그런데 이러한 일단의 자유로운 생활은 무엇인가로부터 회피하는 것이고 그 회피처는 결국 자아라는 것을 깨달았습니다.

사제 수품을 앞두고 요한 복음의 이 말씀을 통해 참자유는 나 자신을 버리고 하느님과 이웃을 향하는 것임을 가슴 깊이 새겼습니다. 그러나 사제가 되고 사목을 하면서 신자들에게 어떤 선택에 이르도록 강요하고픈 유혹에 시달리기도 합니다.

그리고 자유만이 사람을 진실에 이르도록 한다는 결론에 도달하면 과연 어느 선까지 신자들에게 선택과 결정권을 주어야 하는지 고민하게 됩니다. 과연 제가 신자들이 올바른 선택과 결정을 하도록 성실하게 사목하고 있는지도 반성하게 됩니다.

예수님께서 철부지 어린이와 같은 저의 잘못된 선택과 결정으로 얼마나 무거운 십자가를 지고 계시는지, 그러면서도 얼마나 성실하게 저의 자유를 지켜 주시는지 묵상하면서 과연 하느님의 사랑이 무엇인지 점차 깨달아 갑니다.

저 역시 사목자로서 양들이 자유롭게 초원에서 생명을 얻고 누리도록 시나브로 예수님을 닮아 가야 하겠습니다.

〈가톨릭신문〉

1999년 1월 15일 수품

조한영 야고보 신부

하느님은 사랑이십니다.

1요한 4,16

최재철 대건 안드레아 신부

　수원가톨릭대학교를 졸업하던 1994년 서품 부제반은 통합된 하나의 상본을 만들기로 했습니다. 개인적으로 따로 상본을 만든 사람도 있었지만, 대부분 '하느님은 사랑이십니다.'라는 성구를 상본 뒷면에 새겨 넣었고, 그 밑에 함께 서품되는 17명의 새 신부 이름이 들어갔습니다. 새로 서품되는 신부들의 일치된 모습을 보이자는 의도로 그렇게 했었는데, 감회가 새롭습니다.

　사랑 말고는 하느님이 세상을 창조하신 다른 이유가 없습니다. 하느님 자신이 사랑이시기 때문입니다. 하느님은 모든 창조물들을 사랑으로 이 세상에 들어 올리십니다.

1994년 1월 21일 수품

오늘도 내일도 그다음 날도 내 길을 계속 가야 한다.

루카 13,33

최진혁 세바스티아노 신부

인간은 여정의 동물Homo Viator입니다. 유명한 노랫말대로 '인생은 나그넷길'입니다. '지금 나의 길은 어떤 곳을 향하고 있는가. 그리고 의혹 없이 담대하게 그 길을 걸어가고 있는가. 나는 과연 내 길을 흔들림 없이 걸어가고 있는가.'

신학교에 입학할 때 성직을 희망하는 많은 동료들이 있었습니다. 신학교 생활을 하는 동안 그들과 함께 고민하고, 함께 기도하고, 함께 신학생의 길을 걸었습니다. 오직 하느님께서 우리와 함께하신다는 믿음 안에서 우리는 하나였습니다. 하지만 시간이 흐르면서 친구들이 하나둘씩 신학교를 떠나기 시작했습니다. 그들은 자신의 길이 다른 곳에 있다고 했습니다.

서품을 앞두고 많은 고민을 했습니다. '과연 내가 주님의 길을 따라갈 수 있을까. 주님 안에서 진정한 행복을 만끽할 수 있을까. 평생 동안 하느님의 종으로 살 수 있을까.' 결론을 내릴 수 없었습니다. 그래서 저는 제 짐을 하느님께 그냥 맡겨 드리기로 했습니다. 그리고 루카 복음 13장 33절의 말씀대로 그저 제게 주어진 길을 묵묵히 걸어가기로 했습니다. 그리고 그 길을 걸어갈 수 있는 힘을 달라고 청했습니다.

  제가 가고 싶은 여정이 아니라 그저 하느님의 부르심에 따르는 길이기를 바랐습니다. 앞으로도 그럴 것입니다. 지금도 저는 길 위에 있습니다. 제가 가야 할 길 위에 있습니다. 담대하게 그 길을 가렵니다. 그래서 행복합니다.

1997년 1월 31일 수품

용기를 내어 일어서라.
그분이 너를 부르신다.

마르 10,49

한성기 마티아 신부

 삶의 곳곳에서 저를 응원하고 격려해 주신 많은 분들이 계십니다. 말로 다 할 수 없을 만큼 많은 분들 중에 하늘나라로 떠나신 두 아버지, 부친과 아버지 신부님이신 고건선 바오로 신부님, 다른 이들이 다 될 수 없다고 할 때도 끝까지 믿고 격려해 주셨던 두 아버지의 믿음으로 저도 교회 안에서 주어진 역할을 수행하고 있습니다.

 제 곁을 지키며 수많은 용기와 믿음을 체험하게 해 주신 그분들이 제가 만난 예수님입니다. 캄캄한 어둠 속을 더듬거리며 찾던 저의 길에서 한 자락 빛의 소리를 들려주셨고 예수님께서 저를 부르신다는 확신을 심어 주셨던 그분들의 목소리가 오늘 더욱 그립고 서운합니다.

 그리고 아마 그분들은 지금 저에게 이제 예수님을 만나게 해 주었고 보게 해 주었으니 그분의 뒤만 잘 따르라고 하실 것 같습니다. 또한 관심과 사랑이 필요한 이들을 예수님께로 인도하라고 격려해 주실 것 같습니다.

그러한 이들에게 더 다가가도록 노력해야 함에도 새삼 게을러지는 저의 모습을 보며 두 아버지께 두렵고 떨리는 마음에 가슴을 쥐게 됩니다.

〈가톨릭신문〉
2003년 1월 17일 수품

내가 너를 지명하여 불렀으니 너는 내 사람이다.

이사 43,1

한승주 스테파노 신부

제 삶에 제 것은 하나도 없습니다. 이제 사제로서 살아가는 제 인생 역시 마찬가지입니다. 오직 사제로서 당신께서 쓰시고자 하시는 부르심에 기꺼이 응답하나이다.

제가 물 한가운데를 지난다 해도, 불 한가운데를 지난다 해도 주님은 항상 저와 함께 계심을 믿습니다.

"저를 당신의 도구로 받아 주소서."

주님께서 저를 주님의 사람으로 삼으셨으니 두려움이 없습니다.

1990년 11월 23일 수품

그분은 커지셔야 하고
나는 작아져야 한다. 요한 3,30

허정현 세례자 요한 신부

  이 성구는 요한 세례자 수호성인의 말씀입니다. 저는 소신학교와 신학교를 지나 사제품을 받기까지 제 잘난 모습에 살았던 것 같습니다. 그래서 이 성구를 택했는지 모릅니다. 제가 작아져야 하는데 하느님보다, 주님보다 제가 인정받기를 너무도 좋아했습니다. 그래서 저는 지금도 성령 안에서 작아지고 낮아지고자, 겸손한 삶을 살기 위해 기도하며 노력합니다.

  성령께서 제 안에 계시며 함께하시기에 제가 얼마나 부족하고 흠투성이인지를 깨닫게 되었고 하느님의 자비가 얼마나 크신지를 알게 되었습니다. 이제 바오로 사도의 말씀 따라 "이제는 내가 사는 것이 아니라 그리스도께서 내 안에 사신다."(갈라 2,20)는 고백이 저의 고백이었으면 합니다. 그때에 주님께서 저와 함께하실 테니까 말입니다. 오늘도 사제직에 불러 주심에 감사하며 부활하신 주님의 손발이 되겠습니다.

1992년 1월 28일 수품

나에게는 그리스도가 생의 전부입니다.

필리 1,21

현재봉 베드로 신부

바오로 사도의 신앙 고백이라고 할 수 있는 이 말씀은 동시에 제 생의 좌표와도 같은 말씀이며 또 다른 저의 신앙 고백이라고 할 수 있습니다.

바오로 사도는 선의와 사랑으로 복음을 수호하고 선포했습니다. 바오로 사도의 간절한 기도와 희망은 살든지 죽든지 담대하게 주님을 찬미하는 것이었습니다. 바오로 사도는 당신의 삶이 곧 그리스도라고 하셨습니다. 저에게도 그리스도가 곧 저의 삶입니다.

1997년 1월 31일 수품

당신은 나의 주님, 당신만이 나의 행복이십니다.

시편 16,2

황규현 보니파시오 신부

첫영성체 이후 성당에서 복사단 활동을 하면서 본당 신부님들의 모습을 보고 성소의 꿈을 키웠습니다. 사제로 산다는 것은 주님의 종으로 살아가는 것을 의미합니다. 하느님의 백성인 신자들에게 신앙의 좋은 열매를 키워 갈 수 있도록 돕는 것이 사제의 직무라고 생각합니다.

한편으로 사제는 기도하는 사람으로, 주님 안에 머물며 언제나 주님을 생각하고 그분께 기도하는 삶이어야 합니다. 만물의 주인이신 하느님만을 바라보며 구세주로 오신 주님과 함께 있는 것이 가장 큰 행복이며, 이것이 저의 가장 큰 꿈이자 소망입니다.

2003년 1월 17일 수품

당신께서 사랑하시는 아드님의 나라로.

콜로 1,13

황용구 안드레아 신부

신자들을 하느님 나라로 인도하는 주님의 도구로서 부족함을 느끼고 또 느낍니다. 그래서 오직 주님의 도우심과 은총을 청하여 신자를 이끌 목자의 사명을 이루게 해 달라고 청원하면서 위 서품 성구를 정하게 되었습니다.

그리스도께 제 전부를 의탁합니다. 기쁜 마음으로 하느님의 영광스러운 능력 안에서 오는 모든 힘을 받아 사제로서 모든 것을 참고 견디어 내겠습니다. 주님은 교회의 머리시며 어제이며 오늘이고 내일이십니다. 주님은 처음이며 끝이십니다.

2007년 8월 17일 수품

주님을 찾는 마음에 기쁨 있어라.
시편 105,3

황치헌 요셉 신부

　부제품을 앞두고 피정을 하면서 '나의 하느님'을 주제로 묵상을 하게 되었습니다. 이스라엘의 하느님, 야곱의 하느님, 이사악의 하느님이 아니라 바로 '나의 하느님'은 어떤 분이시고 누구이신지를 생각했습니다. 오랜 묵상 끝에 성령의 도우심으로 '나의 하느님'은 저를 이 세상에서 다른 생명체들과 마찬가지로 창조하신 분이심을 깨닫게 되었고, 그 깨달음 안에서 기쁨을 얻게 되었습니다. 앞으로도 또 다른 '나의 하느님'의 흔적을 찾아가면서 기쁨을 얻게 되리라는 마음이 이 시편 구절에 담겨 있어 선택하게 되었습니다.

1996년 1월 26일 수품

원주교구

항상 기뻐하라 Semper Gaudete.

1테살 5,16

김지석 야고보 주교, 원주교구장

"항상 기뻐하라Semper Gaudete."

주교 수품 때 만든 저의 주교 문장 하단에 쓰여 있는 성경 구절입니다. 사실 저의 사제 수품 기념 상본에는 평생 사제 생활을 하면서 가슴에 담아 두고 실천해야 할 성경 구절은 없습니다.

대부분의 사제가 수품에 앞서 자신이 좋아하는 성경 구절을 서품 날짜, 장소 등과 함께 써 넣어 서품 기념 상본을 만들곤 합니다. 저 역시 수품 전 상본에 써 넣을 성경 문구를 이곳저곳에서 찾아보다가 모든 성경 말씀이 나름대로 소중하고 깊은 뜻이 있는데 굳이 어느 한 구절을 선택해야 할 이유가 없다고 생각하여 그 당시에는 그렇게 넘어갔습니다. 결국 성경 전체를 선택한 것입니다.

그런데 사제 생활을 하면서 "언제나 기뻐하십시오. 끊임없이 기도하십시오. 모든 일에 감사하십시오."(1테살 5,16-18)란 바오로 사도의 말씀이 신앙인으로서 또 사제로서 살아가는 데 이정표와 같은 말씀이라 생각하게 되었습니다. 강론 중에 가장 많이 인용한 성경 말씀 중 하나가 된 것입니다.

그러던 중 주교 임명을 받게 되었습니다. 주교 수품에 앞서 주교 문장을 도안 전문가에게 의뢰하는 대신 제가 직접 도안하면서 "항상 기뻐하라."란 바오로 사도의 말씀을 저의 주교 수품 성구로 선택하여 넣게 되었습니다.

갑자기 주교 임명을 받고 앞으로 어떻게 살아야 할지 그리고 주교 직무를 과연 감당할 수 있을지 걱정스럽기만 했습니다. "항상 기뻐하라"를 주교 수품 성구로 선택한 첫 번째 이유는 사제 생활을 하면서 평소에 좋아하는 성구이기도 했지만, 비록 주교직이 무겁고 여러 가지 어려움이 예상되지만, 이왕 피할 수 없는 것이라면 기쁘게 받아들이고 기쁜 마음으로 살아야겠다는 생각에서였습니다.

두 번째 이유는 주교로서 살아가면서 분노하는 모습을 보임으로써 주위 사람들에게 상처나 부담감을 주지 말아야겠다는 마음 다짐을 하기 위함이었습니다. 사실 어떤 경우라도 마음의 기쁨을 항상 유지한다면 결코 남에게 성난 모습을 보이지는 않으리라 생각했습니다.

20년 넘게 주교로 살아오면서 이 다짐만은 마음에 간직하고 최선을 다해 실천하려고 노력하면서 지내고 있습니다. 그러나 순간을 참지 못했을 때 남에게 마음의 상처를 준 것은 물론이고 먼저 저 자신이 괴롭고 후회스러웠던 것이 한두 번이 아니었습니다.

주교 서품식에서 당시 주교회의 의장이셨던 고故 김남수 주교님께서 축사를 하시면서 "이 가난하고 작은 시골 교구에서 항상 기뻐할 일이 무엇이 있겠느냐"며 웃음을 던져 주신 기억이 납니다. 원주교구는 비록 작은 교구이지만, 자랑스럽고 항상 기쁨을 주는 교구입니다. 항상 기쁜 마음으로 즐겁게 살도록 노력할 것입니다.

〈평화신문〉

1968년 6월 29일 수품

너희가 나를 뽑은 것이 아니라 내가 너희를 뽑아 세웠다.

요한 15,16

김한기 시몬 신부

저는 대학을 졸업하고 2년간 직장 생활을 한 후에 늦게 사제 성소를 받았습니다. 어렸을 때부터 본당에서 복사를 하며 사제의 꿈을 키워 왔지만 우여곡절 끝에 1978년 서울 대신학교에 편입, 호주의 성 골롬반 신학교로 유학을 떠나게 되었습니다.

3년간의 유학 생활을 하는 동안 제 책상에 붙여 놓았던 성경 구절은 "이제는 내가 사는 것이 아니라 그리스도께서 내 안에 사시는 것입니다."(갈라 2,20)라는 바오로 사도의 말씀이었습니다.

이 말씀을 늘 되새기며 신학교 생활을 기쁘게 보냈고, 사제품을 앞두고는 요한 복음 15장 16절의 말씀을 서품 성구로 선택했습니다. 하느님의 거룩한 사제가 되기 위해서는 본인의 열정과 의지가 필요하겠지만, 하느님께서 불러 주시고 뽑아 주시지 않으면 결코 이루어질 수 없는 것이기 때문입니다. 모든 주도권은 하느님께 있기에 주님의 부르심에 기꺼이 응답하여 겸손과 가난의 정신으로 살아간다면 사제직을 완성할 수 있으리라 믿어 의심치 않습니다.

〈가톨릭신문〉

1983년 2월 15일 수품

나는 길이요 진리요 생명이다.
나를 통하지 않고서는 아무도
아버지께 갈 수 없다.

요한 14,6

김현수 바오로 신부

한평생 사제로서의 삶을 어떻게 꾸려 나가며 살아갈까 많이 고민했습니다. 사제 서품 상본을 찍어야 할 시간이 조급하게 다가올 때 문득 책상 서랍에서 발견한 쪽지가 있었습니다. 부제 때 광주 가톨릭대학교로 어머니가 보내신 편지였습니다. 삐뚤빼뚤하게 쓰신 어머니의 편지에서 이 문구를 발견했습니다. 그때는 정말 몰랐는데 하루하루 살아가면서 또 어머니를 하느님 품에 보내 드리고 나서 어느덧 2년쯤 되어 가는 요즘 그 의미를 더 새기게 되었습니다.

우리는 이 세상에 있는 존재지만 언젠가는 이 세상을 떠나 하느님께로 가야 하는 존재입니다. 신앙으로 말미암아 우리는 이 세상에서 이미 장차 누리게 될 하느님 나라에 참여하는 것입니다.

"한 인생이 있습니다. 태어나서 자라고 성장합니다. 유년 시절을 보내고 초등학교와 중고등학교를 지냅니다. 학업 때문에 이성 때문에 때론 부모님과의 갈등 속에서 크고 작은 홍역을 앓습니다. 대학이나 직장을 가게 되는 청년 시절을 거칩니다. 앞날에 대한 모호함 속에서 많은 고민과 갈등에 직면하기도 합니다. 사랑하는 임을 만나 가정도 꾸립니다. 아이도 낳습니다. 그런데 아이가 아픕니다. 직장이, 사업이 어렵고 때론 실패의 쓴 잔도 마십니다. 아픕니다. 몸도 마음도 아픕니다. 이제 자녀가 성장하고 손자도 안겨 줍니다. 어르신 성경 공부에서 또래 할아버지 할머니 친구들과 어울려 성경 공부 재미에 푹 빠져 있습니다. 가야 할 날이 얼마 남지 않았습니다. 어디로 가냐고요? 저를 이 세상 소풍에 보내 주신 제 생명의 창조주이신, 아빠요 엄마이신 하느님께 가서 저의 부모님과 형제들과 어울려 천상 미사를 예수님과 함께 봉헌하렵니다."

어떠세요? 우리 자신의 어제를 되돌아보면 꼭 그 자리에 함께하신 길이요, 진리이며 생명이신 주님이 보이지 않습니까?

1997년 2월 20일 수품

이제는 내가 사는 것이 아니라 그리스도께서 내 안에 사시는 것입니다.

갈라 2,20

박용식 시몬 신부

"이제는 내가 사는 것이 아니라 그리스도께서 내 안에 사시는 것입니다."(갈라 2,20) 바오로 사도의 이 말씀을 사제 생활의 모토로 삼고 사제가 된 지 35년 째입니다.

그리스도께서 제 안에 사신다면 저의 행동은 곧 그리스도의 행동이 되는 것입니다. 저의 행동을 그리스도의 행동으로 만들려면 제가 그리스도처럼 행동하면 됩니다. 즉 그리스도를 흉내 내면 되는 것입니다.

그래서 저는 "예수님 흉내 내기"라는 말을 쓰기 시작한 이래 지금까지 그 말을 수도 없이 사용하여 왔고, 2004년에 사제 수품 25주년 기념 책 이름도 《예수님 흉내 내기》라고 제목을 붙였습니다.

"내가 사는 것이 아니라 그리스도께서 내 안에 사시게" 하는 가장 확실한 방법은 "예수님 흉내 내기"이기 때문입니다. 말더듬이 친구를 흉내 내며 놀리던 친구가 진짜 말더듬이가 되는 모습을 어렸을 때 보았습니다. 미사 드리는 사제를 흉내 내던 친구가 신부가 되었고, 라디오 아나운서를 흉내 내던 친구는 아나운서가 되어 모 방송국에서 일하고 있습니다.

예수님 흉내를 내면 예수님처럼 될 수 있습니다. 사랑하는 예수님을 흉내 내서 예수님처럼 사랑하고, 용서하는 예수님을 흉내 내서 예수님처럼 용서하고, 기도하는 예수님을 흉내 내서 예수님처럼 기도하면 제2의 예수님이 될 수 있는 것입니다.

그래서 오늘도 예수님을 흉내 내는 사제로 살겠다고 하루를 시작하지만 어느새 예수님을 흉내 내기는커녕 악마를 흉내 내는 자신의 모습을 발견하고는 깜짝 놀라곤 합니다.

주님, 새 사제가 되던 날의 초심을 잃지 않게 이끌어 주소서. 주님 당신을 흉내 내는 사제가 되게 해 주소서. 그리하여 바오로 사도처럼 자신 있게 "이제는 내가 사는 것이 아니라 그리스도께서 내 안에 사시는 것입니다."라고 말할 수 있게 해 주소서. 아멘.

〈가톨릭신문〉
1979년 3월 6일 수품

당신은 나의 주님, 내 좋은 것, 당신밖에 또 없나이다.

시편 16,2

박호영 베네딕토 신부

    당신은 저의 행복, 저의 온몸과 온 마음을 당신께 드릴 수 있기를 바랍니다. 주님, 당신은 제 삶의 길이요, 진리이십니다.
    이 세상 어떤 것도 제게서 주님을 빼앗아 갈 수 없습니다. 오직 주님만 사랑하며, 주님만 바라보며 평생 살기를 바랍니다.
    당신은 저를 저승에 내버려두지 않으시며 슬픔의 구덩이에 던지지 않으십니다. 당신이 저를 생명의 길로 이끄시니 저는 행복과 기쁨이 넘쳐 납니다. 당신은 저의 주님, 저의 행복은 당신으로부터 비롯됩니다.

1978년 5월 18일 수품

내게 주신 모든 은혜 무엇으로 주님께 갚사오리.

시편 116,12

박홍표 바오로 신부

끊임없이 베푸시는 하느님께 감사함을 표현하기 위해 이 구절을 택했습니다. 군대 제대, 직장 생활, 수도회 생활을 모두 마치고 신학교에 가서 신부가 되기로 결정했을 때 그것이 인간의 힘이 아니라는 것을 깨달았습니다. 늦은 나이에 신학교에 갔기에 삶의 질곡이 많았음에도 주님께서는 그것을 모두 받아 주시고 "나만 믿고 따라오라."라고 하셨습니다. 저는 그분의 그 음성을 들었기에 그분의 곁을 떠나지 못했습니다.

지금은 베풀어 주신 그 은혜에 보답하기 위해서 본당 사목도 열심히 하지만 특별히 이 사회에 빛과 소금이 되기 위해 '환경과 생명'을 사랑하는 일에 시민 단체와 함께 열심히 봉사하고 있습니다.

1988년 2월 12일 수품

복되어라, 거룩히 기뻐할 줄 아는 백성은. 주여, 당신 얼굴의 빛 속에 걸으리다. 시편 88,16

신동민 베드로 신부

제 세례명은 베드로입니다. 세례명 덕인지는 몰라도 신학생 시절 저는 무척 단순하다는 소리를 자주 들었습니다. 언제나 속내를 드러내 놓고 살다 보니 가끔 상처를 입기도 했지만, 약삭스럽게 자기 이익이나 챙기는 성격이 아니라는 사실 하나만으로 하느님께 감사드리며 살아갔습니다.

생각해 보면 그 시절 저는 마치 아무 생각 없이 살아가는 사람처럼 매사에 신바람이 났고, 매 순간이 기쁨으로 다가왔습니다. 사실 그 당시 제 일상이 기뻤던 이유는 딱히 설명할 길이 따로 없습니다. 신학생으로 살아간다는 것 하나만으로 지극히 단순하리만큼 그냥 좋고 기뻤습니다.

시간 속에서 이 일상의 단순한 기쁨은 자연스럽게 "거룩한 기쁨"으로 옮아 갔습니다. 하느님께 맡겨진 몸, 하느님께서 알아서 하실 것이니 어찌 아니 기쁠 수 있겠습니까!

그러나 사제의 삶을 살아가고 있는 요즘 이 기쁨이 조금씩 저에게서 멀어져 감을 느낍니다. 삶의 경험이 늘어나고, 알량한 지식이 머릿속에 축적되면서 부지불식간에 하느님의 뜻보다는 제 계획을 앞세우는 것입니다.

애석하게도 그 순간 삶은 더 이상 일상의 단순한 기쁨에 만족하지 못하는 것이 아닙니까! 하느님의 능력이 아닌 제 경험과 제 지식에 의존하면서 제가 계획하고, 제가 주도하고, 제가 결정하려고 하다 보니 저의 기쁨은 더 이상 하느님으로부터 오는 기쁨이 아니었습니다. 처음에는 일 잘한다는 칭찬의 소리가 기쁨인 양 느껴졌습니다. 그러나 슬프게도 그 칭찬의 소리는 마치 허공을 맴도는 메아리처럼 제 마음 한 구석을 허전하게 만들고 있었습니다.

요즘 저는 다시 일상의 단순한 기쁨을 되찾으려고 노력하고 있습니다. 사제로서 살아간다는 것 하나만으로도 기쁘고 행복한 삶을 되찾고자 합니다. 사제는 자신의 능력이나 세상 것으로부터 기쁨을 찾는 존재가 아니라 "항상 당신 이름으로 기쁘고, 당신의 정의로 기를 돋우"(시편 88,17)는 존재이기 때문입니다.

〈가톨릭신문〉

1991년 1월 16일 수품

* 신동민 신부님의 시편 구절은 최민순 신부님의 번역입니다. 가톨릭출판사의 《시편과 아가》를 참조하시기 바랍니다.

언제나 기뻐하십시오.
끊임없이 기도하십시오.
모든 일에 감사하십시오.
이것이 그리스도 예수님 안에서
살아가는 여러분에게 바라시는
하느님의 뜻입니다.

1테살 5,16-18

심상은 베네딕토 신부

제가 서품 성구로 정한 내용은 일찍이 바오로 사도가 말씀했던 "언제나 기뻐하십시오."입니다. 사실 제가 정한 성구는 이게 전부가 아닙니다. 앞 문장 하나만을 상본에 담았던 것뿐이지요. 제가 죽을 때까지 마음에 품고 살아갈 성구는 바로 위의 말씀입니다.

하느님은 사랑이시지요. 따라서 아버지이신 하느님을 닮은 우리들도 사랑이 되어야 합니다. 저는 이러한 사랑에 대해 좀 더 구체적인 삶의 모습을 이 말씀 안에서 묵상할 수 있었습니다. 사랑의 구체적인 모습은 기쁘게 사는 삶이요, 또 기도하는 삶이요, 감사하는 삶인 것입니다. 기쁨과 기도와 감사는 곧 사랑의 표현이지요. 이것이 하느님의 뜻이라고 바오로 사도 역시 고백하고 있습니다.

이제 막 걸음마를 시작한 아이 같은 사제로서, 열심히 살아가고자 합니다. 많은 신자분들의 기도가 아니면, 한 걸음조차 내딛을 수 없는 나약한 존재가 또한 사제가 아닐까 합니다. 저와 모든 사제들을 위해 기도 중에 기억해 주시길 희망하면서, 저 또한 한국 교회 신자분들이, 하느님의 한 가족으로서 더욱 사랑 가득한 모습으로 나아가길 기도드리겠습니다.

2009년 8월 21일 수품

그리스도 예수님께서 지니셨던 바로 그 마음을 여러분 안에 간직하십시오. 필리 2,5

이동훈 프란치스코 신부

서품 상본에 쓸 글귀를 정하려고 신학교 성당에 앉아 성경을 펴 들었습니다. 몇 번인가를 손에 잡히는 대로 성경을 펼쳤을까, 문득 마음을 사로잡는 말씀이 눈에 띄었습니다. 바오로 사도의 그리스도 찬가(필리 2,6-11 참고)였습니다.

하느님이신 분이 자신을 낮추셔서 사람이 되시고 죽기까지 순종하셨다는 것, 그리하여 모두가 입을 모아 그분이 주님이심을 찬미하였다는 내용입니다. 그런데 그 모든 내용을 상본에 넣을 수는 없는 일, 마침 찬가가 시작하는 바로 앞 구절(필리 2,5)이 눈에 들어왔습니다. '아 이러한 겸손이 그분의 마음이구나……'

그분은 스스로 "나는 마음이 온유하고 겸손하다."(마태 11,28)라고 하십니다. 온유함도 어쩌면 겸손함에서 나오는 한 성품일 것입니다. 자신을 낮추어 남 위에 군림하려 하지 않는 것이 온유함일 것입니다. 물이 낮은 곳으로 흘러 대지를 적시고 뭇 생명을 살리듯이. 단단한 바위도 그 부드러운 몸결로 수십 수백 년을 보듬어 마침내 부드럽게 만들듯이. 그리스도의 온유함은 그렇게 느리고 실패처럼 보이지만, 모든 것을 포용하고 살리며 종국엔 승리합니다. 그러니 그분은 고생하며 무거운 짐을 지고 허덕이는 사람을 모두 받아들여 그들을 살리십니다.

사제로 산다는 것, 아니 그리스도인으로 산다는 것은 아마도 그리스도의 마음으로 사는 것이라고 할 수 있습니다. 살아가면서 중요한 판단을 해야 할 때가 많습니다. 그때마다 생각합니다. '예수님이라면 이러한 상황에서 어떠한 판단을 하실까? 그분의 마음은 어땠을까?' 사람뿐 아니라, 하느님의 모든 창조물들을 차별 없이 아끼고 사랑하고 받아들이고 살게 해 주기 위해 창조주이신 그분의 겸손하고 온유한 마음을 간직하려고 노력합니다. 죽는 날까지 놓아서는 아니 될 화두입니다.

〈가톨릭신문〉
1998년 2월 17일 수품

내가 사는 것이 아니라 그리스도께서 내 안에 사시는 것입니다. 갈라 2,20

이희선 세례자 요한 신부

  한때 그리스도를 박해하던 바오로 사도가 믿음으로 의롭게 되어 한 말입니다. 또한 바오로 사도는 '내가 사는 것은 나를 사랑하시고 나를 위해 바치신 하느님의 아드님에 대한 믿음'으로 산다고 했습니다.

  서품을 준비하며 하느님의 뜻에 맞는, 어떠한 사제가 되어야 할지 고민하면서 저의 사제 삶에 기본이 되는 단어를 '겸손'으로 잡아 보았습니다. 묵상 중에 '나를 드러내기보단 내 안에 계신 그리스도를 위해 살고자' 소망하며 이 성구를 선택했습니다. 주님께서는 당신의 뒤를 따르려면 자신을 버리라고 하셨습니다. 자신의 바람과 의지와 자아를 내려놓으라는 말씀이십니다. 그렇게 해야 제가 사는 것이 아니라 그리스도께서 제 안에 사시는 길이 됩니다.

2010년 8월 18일 수품

내 뜻대로 마시고
당신 뜻대로 하소서.

마르 14,36

정의준 요셉 신부

하느님이 주신 소명을 성모님과 예수님께서는 그대로 따르겠다고 응답하셨습니다. 사실 성모님도, 예수님도 하느님의 뜻을 묵묵히 순종하는 것은 쉬운 일이 아니었을 것입니다. 하지만 두 분은 그렇게 자신의 소명에 충실히 사셨습니다.

저도 예수님과 성모님처럼 사제 생활의 모든 것을 주님 뜻대로 이루어지길 바라는 도구자의 모습을 지니고자 이 성구를 택했습니다.

1993년 2월 23일 수품

행복하여라. 마음이 가난한 사람들! 하늘나라가 그들의 것이다.

마태 5,3

정인준 파트리치오 신부

원주와 춘천교구에서 45년 동안 사목을 하셨던 성 골롬반 외방 선교회 소속 공 토마스 신부님께서 2009년 2월 19일에 돌아가셨습니다. 신부님께서는 원주의 한 본당 주임 사제로 계실 때 가난했던 신자들에게 하느님 사랑과 이웃 사랑의 삶을 몸소 실천하며 보여 주셨습니다. 신부님이 집전하시는 미사에서 복사를 하던 그 시절, 한 소년은 신부님의 가난하고 인자한 삶을 바라보며 사제성소의 꿈을 가질 수 있었습니다.

지 주교님께서는 유신 독재에 항거하시다가 감옥에 가셨고, 출옥 후에 교구의 가난한 이들, 특히 수재민, 농민, 광부들을 돌아보시며 그들의 권리를 대변해 주셨습니다. 주교님께서는 사제들에게 주님의 가난한 정신으로 살아야 가난한 이들의 진정한 벗이 될 수 있다고 말씀하시곤 하셨습니다.

지난 일들을 뒤돌아보면 공 신부님께서는 한 소년에게 성소의 꿈을 갖게 해 주셨고 지 주교님께서는 한 신학생에게 정의롭고 가난한 사제상을 간직하게 하셨습니다. 그리고 그 신학생은 사제 서품을 앞두고 마태오 5장 3절을 평생 간직할 성구로 정하였던 것입니다.

사제품을 앞둔 피정 때 지도 신부님께서 해 주셨던 말씀이 생각납니다. 신부님께서는 당신 체험을 말씀해 주시면서, 사제 생활에서 중요한 것은 재물에서 자유로울 수 있는 것인데, 그날그날 가난하게 살 수 있는 것만으로도 주님께 감사할 수 있으면 주님의 사제로 잘 사는 것이라고 하셨습니다. 그렇게 살 수만 있다면 재물뿐 아니라 제일 끊기가 어려운 명예욕에서도 자유로울 수 있고 예수님을 닮은 멋진 사제가 될 수 있다고 하셨습니다.

이제와 사제 생활을 뒤돌아보면 자랑할 것도 없는 처지이지만 그래도 사제품을 앞두고 새겼던 "마음이 가난한 사람들"이 담긴 성구는 신자들 사랑과 지칠 줄 모르는 열정을 갖게 해 주었고, 복음과 교회로 향하게 하는 나침반이었습니다.

〈가톨릭신문〉

1976년 12월 7일 수품

사랑하는 이는 모두 하느님에게서 태어났으며 하느님을 압니다.

1요한 4,7

조규정 알렉산델 신부

　우리는 하느님을 믿고 선포합니다. 성경에 있는 하느님에 대한 수많은 표현 가운데 저에게 가장 마음에 와 닿는 말씀은 "하느님은 사랑이시다."(1요한 4,16)입니다. 하느님의 사랑으로 저와 우리가 살고 그 사랑을 실천함으로써 살 만한 세상이 이루어짐을 깨닫습니다. 또한 하느님의 사랑으로 영원하고 행복한 하느님 나라가 우리에게 열려 있습니다. 사랑으로 하느님의 자녀가 될 때 이 모든 것이 가능하게 된다고 믿습니다. 참으로 부족하지만 하느님의 사랑을 배워 흉내 내고, 또한 그 사랑을 사람들과 나누는 삶을 사려는 사제의 길에 최적의 성경 구절로 여겨집니다.

1982년 8월 24일 수품

나에게는 그리스도가 생의 전부입니다.

필리 1,21

최재도 바오로 신부

바오로 사도에게는, 그리스도 때문에 감옥에 갇힌 일이 오히려 주님을 향한 확신으로 다가왔습니다. 감옥에 갇혀서도 복음을 전파할 궁리를 했습니다.

모든 것이 변하고 무너져 가는 이 세상에서 변하지 않는 참 진리이신 예수 그리스도를 생의 전부로 삼고 살아가는 것이 얼마나 중요한지요. 이에 그리스도를 생의 전부로 삼고 투신하고자 이 성구를 정하게 되었습니다.

두려움은 있지만 더욱 담대하게 주님이 제 삶의 전부이심을 확신하고, 신자들과 함께 그리스도께 나아가겠습니다.

2009년 8월 21일 수품

주님 안에서 늘 기뻐하십시오.
거듭 말합니다. 기뻐하십시오.

필리 4,4

홍랑표 펠릭스 신부

    기쁘지 않은 신앙은 거짓 신앙입니다. 하느님을 믿고 기쁨을 누리지 못하는 것은 죄스러운 일입니다. 비록 세상살이가 쉽지 않고, 어려움과 곤란함이 많다 하더라도 로마서 8장 18절의 말씀처럼 "장차 우리에게 계시될 영광에 견주면, 지금 이 시대에 우리가 겪는 고난은 아무것도 아니라고 생각합니다." 그러니 주어질 큰 영광을 희망하면 기쁠 수밖에 없습니다.

    그리스도인이 기쁨 없이 신앙생활을 한다면, 세상살이가 더 피곤할지도 모릅니다. 예수님께서는 우리가 기쁘게 사는 것이 하느님의 뜻이라고 말씀하셨습니다. 기쁨은 신앙의 본질입니다. 그리고 기쁨은 하늘 나라와 구원에 대한 확신입니다.

1982년 3월 10일 수품

의정부교구

주님, 저희가 누구에게 가겠습니까? 주님께는 영원한 생명의 말씀이 있습니다. 요한 6,68

강신모 프란치스코 신부

사제 수품을 앞두고 김수환 추기경님과 면담을 했습니다. 추기경님은 제가 선택한 성구가 무엇인지 물어보시고 그 이유를 말해 보라고 하셨습니다.

"제가 신학교 생활을 하는 동안 몇 번의 위기가 있었습니다. 제 자신에게 실망해서, 또는 다른 이들이 못마땅해서 신학교를 나갈 생각을 몇 차례 했습니다. 이제 저는 감사하게도 사제품을 받습니다. 그렇지만 오랜 세월 사제 생활을 하면서 분명히 위기가 찾아올 것으로 예상됩니다. 그래서 그때마다 이 성구를 보면서 다시 한 번 마음을 다잡고자 선택했습니다."

제가 설명을 하는 동안 추기경님께서는 눈을 지그시 감으시고 계속 고개를 끄덕이셨습니다. 제 이야기가 끝났을 때 추기경님은 갑자기 말씀을 던지셨습니다.

"강신모!"

"예?"

저는 깜짝 놀라서 대답했습니다. 그러자 다시 추기경님께서는 "빼기(-) 그리스도는?"라고 말씀하셨고, 저는 어안이 벙벙해서 "예?" 하고 여쭸습니다. 그러자 추기경님께서는 또다시 "강신모 빼기(-) 그리스도는 무엇이냐?" 하고 물으셨습니다. 제가 아무런 대답도 하지 못하자, 추기경님께서는 큰 소리로 마지막 말씀을 하셨습니다.

"빵이야 빵! 예수 그리스도 없으면 너는 아무것도 아니야! 그러니 절대로 예수님을 떠나지 마라!"

사제 수품 때의 제 예상대로 20년간 사제 생활을 하면서 또다시 몇 번의 방황을 겪었습니다. 하지만 그때마다 제가 선택한 성구와 추기경님의 "빵이야! 빵!"이라고 하신 말씀을 기억하면서 인내로써 그 위기가 지나가기를 기다렸습니다.

앞으로도 더 긴 사제 생활을 걸어가야 합니다. 제 자신의 허물이나 동료들의 허물을 보지 않고 "주님의 영원한 생명의 말씀"에 의지하며 꿋꿋이 살아가고자 합니다.

〈가톨릭신문〉

1994년 수품

주님, 주님께서 영원한 생명을 주는 말씀을 가지셨는데 우리가 주님을 두고 누구를 찾아가겠습니까?

요한 6,68

김경진 베드로 신부

서품 당시 주님 제단 앞에 엎드려 교회와 많은 교우분들 앞에서 무슨 약속을 했었는지 퇴색되어 가던 저의 기억을 떠올려 봅니다. 부끄러이 새싹을 틔울 채비를 하는 봄의 기운처럼 저에게 첫 마음이 새록새록 피어나게 하고, 사제직으로의 길을 생각하게 했던 제 마음을 다시금 보게 됩니다.

가난한 사제, 겸손한 사제……. 그리고 바보 사제를 꿈꾸며 그렇게 살게 해 달라고 간절히 청하던 저의 모습과 지금의 저의 모습을 비교해 보면서 '나는 과연 그렇게 살고 있는가? 그 첫 약속을 잘 지키고 있는가? 아니, 잘 지키기 위해 노력하는 삶을 살고 있는가?' 생각해 봅니다.

무엇인가를 쫓아 앞만 보고 달려갑니다. 옆도 뒤도 돌아볼 여유 없이 제 앞에 있는 무언가를 찾아 열심히 달려가다 보면 주님과 저는 어느새 저만큼 떨어져 있다는 것을 뒤늦게 깨닫게 됩니다. '바쁜 일상을 사느라고 너무나도 소중한 것들을 놓치고 사는 것은 아닌지…….'

이런 느낌, 이런 감정에 사로잡혀 아무것도 하고 싶지 않을 때, 그저 손 놓고 멍하니 파아란 하늘만을 응시하고 있을 때, 제 마음속 깊이 꺼내 보고픈 그런 분을 떠올립니다. 그분은 언제나 제게 어린이의 동심을 자극하는 보물 상자 같은 분이십니다.

가난했지만 당신의 점심값을 아껴 늘 퇴근길에 자식들에게 줄 소박한 먹을거리를 담고 있던 아버지 손에 쥐어진 검은색 비닐봉지 같은 분이십니다.

전 그분을 사랑합니다. 제 마음 안에 고스란히 스크랩되어 있는 저의 서품 성구! 결국 지금 제가 여기 있게 해 주는 힘이고 원동력입니다. 그것은 여린 묘목을 지탱해 주는 버팀목과 같습니다. 그것은 살아 있는 주님의 말씀입니다.

〈가톨릭신문〉

2000년 수품

그러나 필요한 것은 한 가지뿐이다.

루카 10,42

김규봉 가브리엘 신부

마르타와 마리아는 설레는 마음으로 예수님과 그 일행을 자신의 집에 모십니다. 비록 한 끼라도 예수님을 잘 대접하고 싶은 마르타의 손길이 매우 분주합니다. '아, 예수님께 맛있는 음식을 빨리 만들어 대접해야 하는데…….' 마음이 조급합니다. 한 손이 아쉬운 상황입니다.

동생 마리아가 보이지 않습니다. 정신없이 바쁜 이 순간에 동생이 보이지 않습니다. 가만, 저기 예수님의 발치에 앉아 있는 동생이 보입니다. 동생은 일을 거들 생각은 하지 않고 예수님의 말씀만 듣고 있습니다. '이 바쁜 순간에, 쟤는…….' 예수님을 모신 이 좋은 날에, 결국 마르타의 마음이 상하고 맙니다. '예수님도 참, 동생더러 언니 좀 도우라고 하실 일이지…….'

예수님을 만나 그분의 말씀을 들을 것을 생각하니 더 없이 설레던 마리아입니다. 드디어 예수님께서 자신의 집에 오셨습니다. 예수님의 발치에 자리를 잡고 예수님의 말씀 한마디 한 마디에 집중합니다. 행복한 시간입니다. 예수님께 드릴 음식 준비를 하는 일이 마음에 걸리기는 하지만…….

예수님께서 말씀하십니다. "아니다, 마르타야. 마리아를 탓하지 마라. 너는 많은 일을 염려하고 걱정하고 있지만, 동생이 오히려 좋은 몫을 선택했다. 필요한 것은 한 가지뿐이다." 아무것도 하지 않은 동생을 예수님은 오히려 두둔하시는 듯합니다. 예수님께서 이들에게 주시고 싶었던 것, 이들에게 진정으로 바라시는 것이 무엇일까요?

예수님은 대접을 받기보다 오히려 그녀들을 대접하고 싶으셨던 것은 아닐까요? 그녀들이 당신 안에 머물러 당신이 주시는 위로를 맛보며 쉬기를, 그 위로와 휴식을 맛본 뒤에 그들이 자신의 삶을 더 기쁘고 당당하게 살기를, 그리고 그 활력을 다른 이들과 나누며 행복하게 살기를 바라셨던 것이 아닐까 생각합니다.

예수님은 단순하고 소박한 분이십니다. 하느님 안에 머물러 하느님의 위로를 맛보시며, 하느님께서 당신에게 무엇을 바라시는지, 당신이 무슨 일을 해야 하는지를 묻고 또 물으셨습니다. 그것으로 충분했습니다. 그것으로 충분히 행복하셨습니다. 그분께는 돈이니 명예니 화려한 삶이니 하는 것은 필요치 않았습니다. 그저 일용할 양식과 옷 한 벌이면 족했습니다.

더 빠르게 살고 더 많이 소비하는 것이 미덕이라며, 많은 이들이 이미 많은 것을 가지고 있으면서도 더 많이 소유하겠다고 질주하고 있습니다. 그들에게 예수님의 뜻을 헤아릴 시간은 많지 않은 것 같습니다. 예수님께서 그들에게, 우리에게 "너희가 많은 일을 염려하고 걱정하고 있는데, 그래서 과연 행복하냐? 그것이 나의 뜻이냐?"라고 물으시는 듯합니다.

예수님께서 말씀하십니다. "그러나 필요한 것은 한 가지뿐이다."

〈가톨릭신문〉

1998년 7월 3일 수품

나다, 두려워하지 마라.
요한 6,20

김영남 다미아노 신부

　호수 한가운데에서 역풍을 만나 흔들리는 배의 모습은 교회를 상징할 수도 있고, 신앙인 개개인을 상징할 수도 있습니다. 역사의 흐름 속에서 때로는 교회가 거센 풍랑을 만난 돛단배처럼 위기에 처한 적도 있었으며 앞으로도 이런 위기는 있을 것입니다. 그런 위기의 때에 위의 예수님의 말씀은 교회를 근본적으로 지탱해 주고 있는 것이 무엇인지를 분명히 가르쳐 줍니다. 그것은 "나다, 두려워하지 마라!"며 우리에게 다가오시는 주님에 대한 굳센 믿음입니다.

　든든한 닻을 내리고 있는 배는 수면 위에서 아무리 요동을 쳐도 결국은 다시 제자리를 찾습니다. 마찬가지로 '믿음의 닻'은 삶의 거센 풍랑 속에서도 우리가 중심을 잃지 않도록, 우리를 붙잡아 줄 것입니다. 마치 어두운 밤에 꿈에서 깨어 울고 있는 아기에게 엄마가 다가와 안아 주며 자신이 함께 있음을 알게 해 주면, 아기가 다시 조용해지며 잠들 수 있는 것처럼, 우리 신앙인들도 아무리 어려울 때라도 "나다, 두려워하지 마라!"라고 말씀하시는 주님이 계시다는 것을 믿을 수 있다면 평온을 되찾을 수 있을 것입니다.

이 점은 사제 생활에서도 마찬가지라고 생각합니다. 이 세상이라는 호수에서 사제로 살아가면서, 여러 어려움을 겪을 수 있습니다. 어떤 때는 제 인생의 배가 침몰할 것만 같은 위기가 닥칠지도 모릅니다. 위의 서품 성구는 어떤 어려움이 닥치더라도 다음과 같이 말씀하시는 사랑의 주님이 계시다는 것을 결코 잊지 말라는, 제게는 정말 생명의 '닻줄'과 같은 말씀입니다.

"다미아노야, 내가 있다. 나다, 두려워하지 마라."

1983년 4월 15일 수품

주님께서 쓰시겠답니다.
루카 19,31

김유철 요한 보스코 신부

  주님은 저를 포함해 세상 만물을 만들어 내신 창조주이시며, 저의 부모님이시자 생명의 주인이십니다. 친구이자 조력자이며 목숨 바쳐 저를 변호해 주실 분이십니다. 이분은 저에게 이처럼 소중한 분이십니다. 그분께서 제가 필요하다고 말씀하십니다. 전 대답해야 합니다.

  "주님께서 쓰시겠다면 쓰십시오. 제가 여기 있습니다."

  예수님은 그리스도이십니다. 진리의 길, 빛의 길, 생명의 길로 주님께서 저를 쓰시겠답니다.

1995년 7월 5일 수품

그러니 네가 돌아오거든 네 형제들의 힘을 북돋아 주어라.

루카 22,32

도현우 안토니오 신부

예수님께서 제자들과 마지막 만찬을 나누신 후 베드로가 스승을 세 번 부인할 것을 예고하시면서 그에게 하신 말씀입니다. 그런데 바로 앞에 하신 말씀을 다시 읽어 본다면 스승의 심정이 좀 더 잘 느껴집니다.

"시몬아, 시몬아! 보라, 사탄이 너희를 밀처럼 체질하겠다고 나섰다. 그러나 나는 너의 믿음이 꺼지지 않도록 너를 위하여 기도하였다."

사제 서품을 코앞에 두고 피정을 했는데, 그 피정 끝 무렵에 당시 교구장이셨던 김수환 추기경님과의 면담이 있었습니다. 교구장님은 제가 정한 서품 성구를 보시면서 의아한 표정을 지으며 물으셨습니다. 요지는 이랬습니다. 성구 내용은 베드로의 배반을 전제로 한 것이었는데, 이제 곧 사제가 될 사람이 어찌

하여 이런 구절을 택한 것인지였습니다.

그때 제가 어떤 답을 드렸는지 잘 기억은 나지 않지만, 교구장님은 제가 드린 말씀을 듣고는 별다른 말씀 없이 다른 주제로 대화를 이끌어 가셨습니다. 감사한 건 그때 만약 그 이유에 대해 집요하게 물으셨다면 저는 어찌할 바를 몰랐을 것이라는 점입니다.

아주 가끔씩 저에게 다시 물어봅니다. '왜 이 구절을 택한 것일까.' 그런데 연차가 조금씩 더해 가면서 그 구절에 대한 의미가 다른 느낌으로 다가옵니다. 마치 사탄이 저를 체질해 놓은 듯 저의 어두움은 더욱 크게 느껴지고 '나는 정말 회개가 필요한 사람이구나. 나는 정말로 나약한 존재구나.' 이와 같은 자책과 실망이 자주 저를 내리누르고 있기 때문입니다. 그러나 이에 못지않게 또 다른 음성은 존재합니다.

"나는 너의 믿음이 꺼지지 않도록 너를 위하여 기도하였다."

한 줄기 빛으로 오시는 그분 음성에, 어둠에 사로잡혔던 저는 다시 자유를 향해 움직입니다. 역시 그런 것입니다. 저는 이미 축복받은 존재라는 것, 그 사실이 저를 다시 그분께 온전히 귀의케 하여 공동체를 위한 삶으로 이끌 것이라는 점입니다.

〈가톨릭신문〉

1997년 수품

나에게는 그리스도가 생의 전부입니다.

필리 1,21

서춘배 아우구스티노 신부

지금의 《성경》은 "사실 나에게는 삶이 곧 그리스도이며 죽는 것이 이득입니다."라고 번역되어 있습니다. 당시 사용했던 《공동 번역 성서》가 저에게 더 큰 느낌으로 와 닿습니다.

김수환 추기경님께서 서품 면담 때 왜 이 말씀을 기념 성구로 택했느냐고 질문하셨습니다. 제가 설명할 때 눈을 감으시고 경청하시던 모습이 지금도 생생합니다. 그때 뭐라고 말씀드렸는지 기억은 나지 않습니다. 평상시 저의 생각을 말씀드리지 않았을까 싶습니다.

사제직은 물론이고 그리스도인의 삶에 있어서 그리스도를 아는 것이 전부라고 여겼습니다. 그리스도를 알면 그분을 사랑하게 될 것이고 그분의 삶을 따르게 될 것입니다. 그러니까 여기서의 앎은 사랑하고 닮고 따르는 것까지를 포함합니다. 예수 그리스도를 알면 내 삶의 의미가 밝혀진다고 보았습니다.

예수 그리스도! 참으로 아름답고 가슴 설레는 이름입니다. 제 삶을 송두리째 바꾸어 놓은 이름입니다. 20대 초반에 제 삶에 갑자기 개입하셔서 제 인생에 새로운 지평을 열어 주신 분입니다. 그분은 저에게 참된 삶에 대한 갈망을 불어넣어 주셨습니다. 그분은 제가 살아야 할 의미요 가치입니다. 그분과 함께 죽을 때 그분과 함께 살 것이라고 믿었습니다. 이제 새삼스럽게 자문해 봅니다.

'정말 그렇게 그리스도는 내 삶의 전부로 살고 있는가? 나는 얼마나 예수 그리스도를 알기 위해 노력하고 시간을 투자하는가? 그리고 그분의 제자로서 살고 있는가?'

그래서 늘 이런 기도를 달고 다니게 되나 봅니다.

"주님! 말로만 사랑하고 따른다 하고 있습니다. 그러나 새 신부의 심정으로 살고자 하는 마음도 사실입니다. 언제나 첫 마음을 잊지 않도록 당신 빛을 내려 주십시오."

1986년 2월 21일 수품

너희가 나를 택한 것이 아니라 내가 너희를 택하여 내세운 것이다. 그러니 너희는 세상에 나가 언제까지나 썩지 않을 열매를 맺어라. 요한 15,16

이범주 사도 요한 신부

    인간의 힘만으로 쌓은 모든 업적은 세월이 지나고 가치관이 변하면 썩고 사그라집니다. 하지만 하느님의 도움으로 맺어진 모든 열매는 영원할 것입니다. 사제는 바로 그런 열매를 맺고자 공동체에서 선발된 사람들입니다.

    하느님께서 선택하여 세운 사람들은 고난을 받을 것이고, 시련을 겪을 것입니다. 그러면서도 주님 영광의 열매를 하나씩 하나씩 맺어 갈 것입니다. 그 열매는 살아 있는 열매, 썩지 않는 열매가 될 것입니다. 그 열매는 하늘 곳간에 쌓일 열매일 것입니다. 세상에 나온 사제는 광야에서 열매 맺을 나무를 기르는 비와 구름입니다.

1999년 7월 7일 수품

우리가 지금은 거울에 비친 모습처럼 어렴풋이 보지만 그때에는 얼굴과 얼굴을 마주 볼 것입니다.

1코린 13,12

이원희 사도 요한 신부

신앙인의 최고 목적은 하느님의 얼굴을 마주 뵙는 지복직관의 은총을 받는 것입니다. 그것은 선명하고 확실하게 알지 못하게 다가오는 은총을 완전한 믿음을 가지고 한 점의 장애물 없이 받아들일 수 있는 은총인 것입니다.

사제품 받을 때에 뭔가 확고한 믿음을 드리지 못하는 제 모습 속에서 사제 생활이 주님께 순수한 믿음으로 단련되어 가는 과정임을 나타냅니다.

1998년 7월 3일 수품

내가 너희를 사랑한 것처럼, 너희도 서로 사랑하여라.

요한 13,34

이진원 십자가의 바오로 신부

신학생이 되고 얼마 지나지 않았을 무렵, 마음을 울리고 떠나지 않는 성경 구절이 생겼습니다.

그 구절은 갈라티아 신자들에게 보낸 서간 6장 14절에 담겨 있는 "나에게 자랑할 것은 우리 주 예수 그리스도의 십자가 외에는 아무것도 없습니다."였습니다.

이 말씀이 왜 마음에 머물러 떠나지 않았는지, 또 정확한 의미가 무엇인지를 그때는 제대로 알지도 못한 채 그저 마음과 기억에 담아두고 지냈습니다.

그렇게 지내다가 서품을 받을 때쯤, 예수님의 유언이면서 그분이 우리에게 주시는 새 계명인 요한 복음 13장 34절의 말씀이 앞선 구절과 연결되어 새롭게 다가왔습니다.

특히 그중에서도 앞부분에 해당하는 "내가 너희를 사랑한 것처럼"은 어떻게 살아가야 할지, 어떻게 사랑해야 하는지를 알려 주는 해답으로 다가왔습니다.

이 두 성구는 하나같이 자신을 비우고 예수님으로 그 빈 곳을 채워야 한다고 말해 줍니다. 비우는 것이 목적이 아니라, 예수님으로 그 안을 채우기 위해서 비우는 것임을 일깨워 줍니다. 그래서 나의 재능이 아닌 예수님의 십자가를 자랑해야 하고, 내 방식대로가 아니라 예수님께서 나에게 베풀어 주신 사랑의 방식으로 사랑해야 한다는 것이었습니다.

그런데 살아가면서 저도 모르게 예수님의 십자가가 아닌 저를 자랑하고 있고, '예수님처럼'이 아닌 제 맘대로 사랑하고 있는 모습을 문득문득 돌아보게 됩니다. 때로는 왜 비워야 하는지를 잊은 채, 비우는 것에만 열중하기도 합니다. 그리고 그렇게 할 때는 여지없이 문제가 생겨나는 것도 경험하게 됩니다.

그래서 그분으로 제 안을 채우는 것이 절실한 일임을 더욱더 깊이 깨닫게 됩니다. 그리고 비운 그만큼만 채울 수 있다는 것도, 그 힘으로 살아야 하는 것도 함께…….

〈가톨릭신문〉

2002년 7월 5일 수품

애야! 번제물로 드릴 어린양은 하느님께서 손수 마련하신단다.

창세 22,8

정석현 베드로 신부

자신의 아들 이사악을 제물로 바쳐야 했던 아브라함이 하느님께 절대적인 믿음을 보여 주는 말씀입니다. 하루에 되돌아올 길을 삼 일간 걸어가면서 아브라함은 갈등과 고민을 했을 것입니다. 그러나 그 길에서 하느님에게 깊고 깊은 신앙을 보여 줍니다.

아브라함은 가혹한 하느님의 명령에도 순종합니다. 그리하여 믿음의 조상이 된 것입니다. "제가 원하는 대로 하지 마시고 아버지께서 원하시는 대로 하십시오."

아브라함은 앞으로 일어날 일을 예견한 것이 아니라 자신도 모르는 사이에 표현된 바람이었습니다. 이것은, 하느님의 말씀은 언제나 선하시다는 믿음에서 비롯된 것이었습니다.

2001년 7월 5일 수품

오직 하나 주께 빌어 얻고자 하는 것은 한평생 주님의 집에 산다는 그것.

시편 27,4

조성호 라우렌시오 신부

   한생을 살아가면서 주님을 알고 믿으며 구원받게 되었다는 것은 커다란 축복입니다. 구원의 선물을 주신 것만도 감사한데 주님의 사제라니 그러한 은혜가 어디 있겠습니까?

   그럼에도 불구하고 너무나 못난 사람이기에 행여 교회에 누가 되지 않을까라는 생각과 스스로 지쳐서 이 소중한 길이 중단되지 않길 바랄 뿐입니다. 한평생 주님의 집에서 사제로 살아갈 수 있기를 간절히 바랍니다.

2000년 12월 13일 수품

나는 진리를 증언하려고 태어났으며, 진리를 증언하려고 세상에 왔다.

요한 18,37

조해인 바오로 신부

1994년 서품 성구를 준비하면서 두 가지 말씀 중에서 고민을 했습니다. "주님, 저희가 누구에게 가겠습니까? 주님께는 영원한 생명의 말씀이 있습니다."(요한 6,68)와 "나는 오직 진리를 증언하려고 났으며 그 때문에 세상에 왔다."(요한 18,37)라는 성구였습니다.

서품을 준비하면서 저의 상황은 이랬습니다. 모든 과정은 서품을 받기에 합당하다고. 하지만 정말로 하느님께서 원하시는지 확신이 없었기 때문에 그냥 이렇게 되어 가는 것인가라고 생각했습니다. 하느님께로부터 그런 확신을 받은 것이 없는데 어떻게 해야 할지 몰라 자신이 없었습니다. 제 자신이 모든 것에서 한없이 부족했기 때문이었습니다.

한동안 두 성구를 놓고 묵상하게 되었습니다. 첫 번째 성구를 묵상하면서 주님을 두고 누구를 찾아갈 것인가라는 말씀이 그때의 상황에 맞는 것이고 마음을 잘 표현했지만 왠지 체념의 어감이 있다고 생각했습니다.

두 번째 성구에서는 왠지 힘이 느껴졌습니다. 부족하지만 예수님을 닮고 싶은 갈망도 있었고 곱씹을수록 힘을 주는 것 같았습니다. 물론, 많은 사제들이 수품되면서 하느님의 징표를 받는 것은 아니었고, 되어 가는 존재라는 것을 알고 있기에 주님께서 힘을 주실 것이라는 신뢰 속에서 두 번째 말씀을 서품 성구로 정하게 되었습니다.

솔직히 저의 서품 성구를 대할 때 부끄러움이 많습니다. 사제품을 받은 지 20년이 지나면서 성구처럼 사는 것이 쉽지 않음을 깨닫기 때문입니다. 또한 제가 그렇게 살고 있다고 자신 있게 말할 수 없기 때문입니다.

하지만 예수님이 저에게 증언하려는 진리는 심판보다도 한없는 사랑이라는 것을 깨닫기에 다시 힘을 얻습니다. 아울러 서품 성구를 보고 묵상하면서 예수님처럼 살고 싶은 갈망을 다시 다짐해 봅니다. 그 사랑의 진리를 향하여!

〈가톨릭신문〉

1994년 7월 13일 수품

주여, 당신은 어려서부터 나의 희망이외다. 시편 71,5

최성우 세례자 요한 신부

경원선이 전철화되기 전, 의정부역에서 기차를 타고 한 시간 정도 가니 '신탄리'라는 아주 작은 역에 도착했습니다. 더 이상은 북쪽으로 갈 수 없는 종착역입니다.

지금도 마찬가지이지만, 신탄리에는 아무것도 없습니다. 작은 역사를 빠져나오면 길 하나로 쭈욱 연결된 몇 개의 상점과 식당들뿐, 갈 곳도 할 것도 없는 황량한 곳이었습니다.

다시 기차를 타고 집으로 돌아오면서 생각했습니다. '돌아올 곳, 가야 할 곳…… 그곳이 있는 사람은 행복하구나!'

수품 무렵 "주여, 내 믿는 데 당신뿐이고, 당신은 어려서부터 나의 희망이외다."(시편 71,5)라는 말씀이 저를 사로잡았습니다. 구교우 집안 출신이 대부분 그러하듯, 어려서부터 신앙생활이 삶의 전부였습니다.

첫영성체 이후 평일 미사 참례를 빠진 적이 없었고, 그때부터 시작한 복사 생활이 고등학교 때까지 이어져, 신학생이 되고 신부가 되었으니, 어려서부터 주님은 제 삶의 중심이었고, 희망이었다고 할 수 있을 것입니다.

이 희망을 어느 날부터 '다반향초茶半香初'라고 표현하기 시작했습니다. "차를 반쯤 마셨는데 향기는 처음과 같네."라고 풀이되는 이 말은 '신부님 신부님 우리 신부님'을 진행할 때 친해진 불교 방송의 덕신 스님에게서 받은 말이었습니다.

그런데 살다 보니 '처음과 같은 향'을 갖기가 쉽지 않더군요. 한국 교회 정보화를 위해 양업 시스템과 굿뉴스를 구축하던 무렵, 매일 밤을 새워 일한 탓인지, 날카로워진 제 자신을 보고 깜짝 놀라기도 했으니까요.

요즘은 이 희망을 '호리천리毫釐千里'로 표현합니다. "하나의 이음새가 천년을 좌우하는 것"이라는 광고처럼 "털끝만 한 차이가 천 리의 격차를 낸다."는 뜻입니다.

삶의 중심을 주님께 둔 사람과 그렇지 않은 사람은 종국에 천 리의 격차가 나게 될 것입니다. 주님은 삶의 주인이시고, 어려서부터 주님은 우리의 희망이시기 때문입니다.

〈가톨릭신문〉

1994년 수품

대구관구

대구대교구
부산교구
청주교구
마산교구
안동교구

대구대교구

머리말

주님이 얼마나 좋으신지
너희는 보고 맛들여라.

시편 34,9

조환길 타대오 대주교, 대구대교구장

    1981년 겨울, 사제 수품을 준비하면서 앞으로 어떤 사제로 살아갈 것인가를 자주 생각하게 되었습니다. 그것은 제가 사제로 살면서 사람들로 하여금 우리 주님이 얼마나 좋으신지 보고 맛 들일 수 있게 하는 것이었습니다. 사람이 주님의 사랑을 체험하고 주님이 얼마나 좋으신지 깨달을 수만 있다면 그 사람의 삶은 완전히 바뀔 것이기 때문입니다. 그 사람은 말할 수 없는 기쁨으로 가득 찰 것입니다.

    요한 복음 15장을 보면 예수님께서 제자들에게 "너희는 내 사랑 안에 머물러라."(15,9) 하시고, "내가 너희에게 이 말을 한 이유는, 내 기쁨이 너희 안에 있고 또 너희 기쁨이 충만하게 하려는 것이다."(15,11)라고 하셨습니다. 우리가 주님 사랑 안에 머무름으로써 주님 사랑을 느끼고 알게 된다면 우리 마음은 무한한 영적 기쁨으로 가득 차게 될 것입니다. 저는 그 당시 이런 노래를 자주 흥얼거렸습니다. "세상에 외치고 싶어, 당신이 누구신지. 세상에 외치고 싶어, 깊고 크신 사랑. 세상 사람 다 알게 되리. 왜 내가 늘 기쁜가. 진정 그들은 놀라리라. 내겐 두려움 없음을. 세상에 외치고 싶어, 당신이 누구신지. 세상에 외치고 싶어, 주의 크신 사랑. 주의 크신 사랑."

저는 그렇게 외치고 싶었던 것입니다. 그 후, 그러니까 7년 전, 주교로 임명되면서 사목 표어로 영광송의 후반부인 "처음과 같이 이제와 항상 영원히"를 선택하였습니다. 이 기도문은 우리가 너무나 자주 기도하는 것이라서 그런지는 몰라도 늘 제 마음 안에 자리하고 있었습니다.

"처음과 같이 이제와 항상 영원히"라는 말은 참으로 많은 의미를 담고 있습니다. 그것은 사제 수품과 주교 수품 때 서원한 처음의 마음이 영원히 이어지기를, 그리고 하느님의 뜻이 처음과 같이 이제와 항상 영원히 실현되기를, 그리하여 하느님 나라가 이 땅에 임하시고 그 나라가 영원하기를 간절히 기원하는 뜻을 담고 있습니다.

성직자나 수도자라면 누구나 그러하듯이 저도 고등학교 1학년을 마칠 즈음에 사제성소에 대한 하느님의 부르심을 처음 받았을 때의 그 설렘과 뜨거움을 지금도 기억합니다. 드디어 신학교를 졸업하고 사제품을 받을 때 제대 앞에 엎드려 하느님께 온전히 자신을 봉헌하고자 했던 그 첫 마음을 기억합니다. 그리고 갑작스레 주교로 임명받고 곧이어 주교품을 받을 때 그 당황스러움을 떨쳐 버릴 수는 없었지만, 하느님의 뜻이 저를 통하여 조금이나마 실현될 수 있도록 그분의 충실한 도구가 되자고 다짐했던 것을 기억합니다.

저의 이러한 마음이 "처음과 같이 이제와 항상 영원히" 이어지기를 늘 기도합니다. 또한 그분의 뜻과 나라가 '처음과 같이 이제와 항상 영원'하기를 기원합니다.

〈평화신문〉

1981년 3월 19일 수품

우리 주 예수 그리스도의 복음과 연결이 없는 나는 아무것도 아니옵니다.

강택규 예로니모 신부

인간이 세상에 잠시 살다가 세상을 떠나야 하는 운명이기에 예수 그리스도의 가르침에 성실히 살아야 합니다. 그러기 위해서는 보물인 성경을 많이 읽고 생활화해야겠습니다.

저는 아무것도 아닙니다. 오직 주님의 아들입니다. 주님이 가꾸고 키우시는 어린양을 돌보는 목자입니다. 저는 주님이 함께하지 않으시면 아무것도 할 수 없습니다. 주 예수 그리스도의 복음은 믿음의 뿌리로 신앙의 가지와 열매가 연결되어 있어야 합니다.

1973년 6월 29일 수품

그리스도께서 여러분 안에 모습을 갖추실 때까지 나는 다시 산고를 겪고 있습니다.

갈라 4,19

곽재진 베드로 신부

하느님의 모상대로 창조된 우리가 세상에서 예수 그리스도를 닮아 감으로써 하느님 나라가 완성되어 갈 것입니다. 이를 위해 먼저 사제인 제 자신 안에 작은 예수님이 형성되도록 산고의 고통과 같은 수난과 십자가를 기꺼이 겪어야 할 것입니다.

우리 자신보다 우리를 더 사랑하시고, 오히려 사람에게 비는 하느님의 자비와 사랑을 믿기에 이 길을 한결같이 걸어갈 것입니다.

1992년 6월 29일 수품

그분은 더욱 커지셔야 하고 저는 작아져야 합니다.

요한 3,30

김교산 알체리오 신부

사제는 예수님을 앞세우고 본인은 죽이고 낮추어 신자들에게 예수님을 전해 주고 보여 주어야 합니다.

날마다 날마다 제 마음 안에서 주님은 커지셔야 하고, 저는 작아져야 합니다. 주님의 사랑과 용서는 더 커지셔야 하고, 저의 교만과 오만은 주님의 사랑의 빛에 작아져야 합니다. 작아지는 것은 영혼이 커지는 것입니다. 작아지는 것이 주님께 더 가까이 가는 길입니다. 작아져야 주님이 품어 주십니다. 예수님은 이 땅에 오실 때 작게 오셨습니다.

1998년 8월 25일 수품

너는 내 아들, 나 오늘 너를 낳았노라.

시편 2,7

김민수 레오 신부

저는 이 시편의 이 성구를 신학교 1학년 때부터 서품 성구로 정하기로 마음을 먹었습니다. 신학생이 되어서 처음 기도하는 성무일도에서 이 성구를 접했습니다. 그리고 이 성구를 기도할 때면 너무나 마음이 편안해지고 기뻤습니다. 그래서 가만히 혼자 이 성구로 묵상을 하기도 했습니다. 그리고 어느 순간 이 성구에 대한 저의 마음이 왜 그렇게 편안하고 기뻤는지 답을 얻었습니다. 바로 저의 부모님 때문이었습니다.

많은 사람들이 하느님을 체험하고 싶어 합니다. 저는 자주 하느님을 체험합니다. 바로 부모님의 모습에서 하느님을 체험할 수 있습니다. 부모님의 헌신적인 사랑에서 하느님의 사랑과 그분의 현존을 충분히 체험할 수 있습니다. 그래서 저는 '하느님 아버지께서 당신의 자녀인 저에게 부모님의 아들로서 그분들의 사랑을 받으며 아버지이신 당신의 사랑과 현존을 느낄 수 있도록 해 주셨구나.'라는 답을 얻게 되었습니다. 이 성구에 대한 답을 가지고 사제의 꿈을 키웠습니다. 그러다가 부모님만 저를 위해서 헌신하시는 것이 아니라 저를 사랑하는 신자분들이 주위에 많다는 것을 생각하게 되었습니다.

   그래서 그분들의 사랑에 보답하는 길이 늘 새롭게 살아가며 그분들을 부모님처럼 섬기며 그분들의 또 다른 아들이 되어서 살아가는 것이 그 길이라고 생각했습니다. 지금도 이런 생각이 변함이 없으며 매일 하느님과 부모님과 신자분들의 아들로서 새롭게 태어나며 그분들을 섬기는 아들의 삶을 살고자 노력하고 있습니다.

2007년 6월 29일 수품

나는 착한 목자다.
착한 목자는 양들을 위하여
자기 목숨을 내놓는다.

요한 10,11

김민철 다니엘 신부

사제는 착한 목자이신 예수님처럼 사는 사람이라 생각했습니다. 그래서 이 성구를 제 모토로 정했는데 해가 갈수록 예수님처럼 사랑한다는 것이 너무나 어렵게 느껴집니다. 한편으로는 그분의 크신 사랑에 언제나 감사와 감동이 느껴집니다. 이 성구를 가슴에 품고자 노력하겠습니다.

주님은 양 떼를 푸른 목장으로 인도하시는 목자이십니다. 주님은 우리를 자비와 용서로 보살펴 주시는 착한 목자이십니다. 그러나 그것만으로 주님을 착한 목자라고 하는 것은 부족합니다. 주님은 당신 양 떼를 위해 스스로 목숨을 바치시기 때문에 착한 목자이십니다.

2005년 6월 29일 수품

나는 네가 믿음을 잃지 않도록 기도하였다. 그러니 네가 나에게 다시 돌아오거든 형제들에게 힘이 되어다오.

루카 22,32

김준년 베드로 신부

주님께서 당신 일을 미리 아시고 베드로에게 하신 말씀입니다. 하지만 이 말씀이 있어서 주님의 섭리와 이끄심에 대한 신뢰심을 키울 수 있었습니다. 이 말씀이 저뿐만 아니라 언젠가는 동료 사제들에게 도움이 될 것이라고 생각했고, 사제 생활을 더 열심히 하게 하는 격려의 말씀이라 생각했습니다.

주님께서는 우리가 형제들의 믿음을 잃지 않도록 주님이 제자들을 위해 기도하셨던 것처럼 형제들에게 힘이 되어 달라고 부탁하십니다.

1991년 3월 19일 수품

이 잔을

마태 20,22

김지현 요한 신부

행복할 때 하느님께 더 매달릴까요? 어려울 때 하느님께 더 매달릴까요? 당연히 어려울 때입니다. 어려운 일에 직면할 때, 우리는 하느님을 찾고 그분께 매달리게 됩니다.

서품 모토를 정하면서, 이 말씀이 '내가 행복할 때 필요할까? 내가 어려울 때 필요할까?'를 생각해 보았습니다. 어려울 때 더 필요할 것 같았습니다. 수많은 말씀들 가운데, "제 것"으로 세워 둔 말씀 한마디가 저를 더 힘 있게 일으켜 줄 것 같았습니다.

말씀을 고르기가 참 어려웠습니다. 그러다 눈에 들어온 것은 말씀이 아닌 성작이었습니다. 이때부터 "잔"이라는 말이 제 머릿속을 채웠습니다. 성경을 들춰 보니 예수님은 세 번 정도 잔에 관한 말씀을 하십니다. "내가 마시려는 잔을 너희가 마실 수 있느냐?", "모두 이 잔을 마셔라.", "이 잔이 저를 비켜 가게 해 주십시오."

이 세 말씀 모두 쉽지 않은 뒷얘기들이 있습니다. 그중에서도 유독 첫 번째 말씀이 귀에 들어왔습니다. 왜냐하면 제게 직접 물어보시는 것 같았기 때문입니다. 제가 어려울 때, 제가 좌절해 있을 때, 그때 그분이 제게 "이 잔을 마실 수 있겠느냐?"라고 물어봐 주신다면 좋겠습니다.

그래서 제 서품 성구를 "이 잔을"이라는 세 글자로 정했습니다. 힘겨워하는 저에게 이 말씀은 제가 눈물 머금고 다시 일어나도록 해 줄 것 같았습니다. 조금은 투정도 부리겠지만 말입니다.

서품식 전날, 당신의 피를 담아 저에게 내미시는 그 잔에 저도 뭔가 보태야 한다는 생각이 들었습니다. 서품식 때 청하는 것은 꼭 들어주신다고 하지 않았던가요. 그래서 고르고 골라서 딱 세 가지만 청했습니다. "농부의 땀, 어미의 젖, 탕자의 눈물"

열심히 일하는 '성실함의 은총', 자녀들을 배부르게 해 주는 '능력의 은총', 그리고 엇나간 순간 다시 깨우쳐 용기 있게 돌아올 수 있는 '눈물의 은총'. 아직은 한참을 더 받아야 할 은총이고, 한참을 더 채워야 할 숙제입니다. 그러다 또 제가 힘들어하는 순간이 오면, 어김없이 잔을 내밀며 물으실 것입니다.

"이 잔을 마실 수 있겠느냐?"

〈가톨릭신문〉

2002년 수품

> 주님이며 스승인 내가
> 너희의 발을 씻었으면,
> 너희도 서로 발을 씻어 주어야 한다.
>
> 요한 13,14

김태완 안드레아 신부

사제직으로 불러 주신 하느님께 감사드립니다. 저의 부족함과 사제직의 어려움을 알기에 두려움이 앞서지만, 스승이며 주인이신 예수님께서 저에게 몸소 보여 주신 삶을 기억하겠습니다. 그리고 저의 힘으로, 저의 생각으로 사는 것이 아니라 예수님께서 보여 주신 본을 따라 살겠습니다.

주님께서 제자들의 발을 씻어 주신 것은 섬김의 본입니다. 주님의 본에 따라 저도 신자들을 섬기는 사제로 엎드려 발을 씻어 주는 일에 평생을 바치겠습니다. 한눈팔지 않고 허리를 구부리고 무릎 꿇어 섬기겠습니다.

2010년 6월 24일 수품

제가 당신을 잘 앎으로써 항상 당신 눈에 들게 해 주십시오.

탈출 33,13

박덕수 스테파노 신부

1990년 6월 부제품을 앞두고 부제 대피정 때 강사로 오신 정진석 추기경님께서 창세기부터 봉독하시면서 여러 가지 좋은 말씀을 해 주셨습니다. 일주일간 성경 봉독을 하면서 모세가 하느님께 바쳤던 기도 중에 유독 이 구절이 마음에 와 닿았고 이 구절을 서품 성구로 정하게 되었습니다.

인간과 인간의 관계는 앎으로 맺어집니다. 이해와 배려, 존경과 신뢰에서 더 깊이 맺어집니다. 눈에 드는 것은 마음에 흡족하다는 것인데, 아름답고 예쁘고 선하고 의리가 있고 믿음이 갈 때 눈에 드는 것입니다.

1991년 6월 28일 수품

보라, 나는 너를 내 손바닥에 새겼다.

이사 49,16

박비오 비오 신부

저는 신학교 저학년 때부터 사제 서품 성구를 위해 주의 깊게 성경 구절을 살피곤 했었는데, 제 인식의 지평이 넓어질 때마다 그 구절이 바뀌었습니다. 사제 서품을 앞두고 최종적으로 선택된 구절이 바로 이 말씀이었습니다.

바빌론으로 끌려 간 이스라엘 사람들은 바빌론 사람들의 노예로 살아야 했고, 노예들의 손바닥에는 주인의 이름이 불로 지져 새겨져 있었습니다. 도망을 가더라도 손바닥을 보면 금방 도망친 노예라는 것을 알 수 있었지요. 한 번 노예는 영원한 노예입니다. 노예는 주인이 가는 곳마다 따라다니면서 시중을 들어야 했고, 그런 삶은 죽을 때까지 계속되어야 했습니다. 이런 삶이 30년쯤 지속되었을 때 그들은 울분을 터트리며 야훼 하느님께 부르짖었습니다.

"출애굽을 이끌었다는 그 하느님은 도대체 어디에 있는가?

하느님께서 계신다면 우리가 이렇게 지내는 것을 어찌 이리 수수방관할 수 있단 말인가? 하느님은 우리를 잊었다. 아니, 우리는 허상을 믿었다."

바로 그때 제2의 이사야 예언자가 등장해서 이렇게 말했습니다.

"여인이 자기의 젖먹이를 어찌 잊으랴! 어미는 잊을지 몰라도 나는 결코 너를 잊지 아니하리라. 너는 나의 두 손바닥에 새겨져 있고 너 시온의 성벽은 항상 나의 눈앞에 있다."

하느님께서는 이스라엘의 종이 되시어 그들이 어디를 가든지 따라다니면서 그들을 섬기는 분이십니다. 이런 하느님의 낮춤과 성실성을 어떻게 이해해야 할는지요? '사랑하기 때문에'라고 말할 수밖에요……. 나자렛 예수님께서는 인류를 향한 하느님의 이런 사랑을 여과 없이 드러내셨습니다. 저는, 하느님의 손바닥에 우리들의 이름이 한 자 한 자 새겨져 있음을 깊이 간직하고 싶어 이 구절을 제 서품 성구로 선택했습니다.

사제로 살면서 때때로 고통의 질곡 속에서 허덕일 때도 있겠지만 그럼에도 불구하고 제가 선포해야 할 것은, 붙잡고 살아야 할 것은 바로 우리를 향한 하느님의 사랑이 아닐까 합니다.

1998년 8월 25일 수품

제 한평생 당신을 찬미하고 당신 이름 부르며 저의 두 손 들어 올리오리다.

시편 63,5

박성대 세례자 요한 신부

사제품을 받을 당시에 두려움이 너무 컸고 자신이 없었습니다. 사제로 끝까지 살아갈 수 있을지 걱정이 너무 많았습니다. 그래서 오로지 한 가지 소원은 부족하지만 사제로 열심히 살아 중간에 절대로 포기하지 않고 사제로 죽는 것이었습니다. 그래서 사제로 죽을 결심을 하고 이 말씀을 선택하였습니다.

이제 은퇴가 코앞으로 다가왔습니다. 사제로 죽을 수 있을 것 같습니다. 그러나 남은 기간 더 열심히 기도하며 살다 가겠습니다.

1974년 7월 5일 수품

저희는 쓸모없는 종입니다.
해야 할 일을 하였을 뿐입니다.

루카 17,10

박영일 바오로 신부

  이 말씀을 성구로 정한 것은 제 자신이 겸손해서도 아니고, 잘할 수 있다는 자신감의 표현도 아닙니다. 그저 제 소망을 표현한 것입니다. 즉 사제로서 한평생을 살다가 언젠가 하느님 앞에 섰을 때, 하느님께서 저에게 "그동안 수고하였다. 이제 편히 쉬어라." 하시고, 저는 "저희는 쓸모없는 종입니다. 해야 할 일을 하였을 뿐입니다."(루카 17,10) 하고 말씀드릴 수 있었으면 하는 바람입니다. 오늘도 사제로 한평생을 한결같은 마음으로 살 수 있도록 주님의 은총이 함께하기를 기도합니다.

1990년 6월 29일 수품

당신도 가서 그렇게 하시오.

루카 10,37

박준용 유스티노 신부

　착한 사마리아인의 비유 말씀에서 자신이 정당함을 드러내려는 한 율법 교사에게 마지막으로 던진 예수님의 말씀입니다. 가장 중요한 것은 믿는 바를 실천하는 것입니다.

　내가 믿고 있는 것, 사제로서 살아가는 데 예수님을 굳게 믿고 산다는 것이 삶 안에서 드러나기 위해서는 '실천'이 가장 중요할 것입니다. 사랑의 실천은 착한 사마리아 사람처럼 때와 장소를 가려서는 안 되고, 어떤 목적도, 어떤 결과도 바라는 것 없이 무조건적이어야 합니다.

　저도 가서 그렇게 하고 싶습니다.

2006년 6월 29일 수품

회개하시오. 하늘나라가 다가왔습니다.

마태 4,17

배상희 마르첼리노 신부

초등학교 시절 첫영성체를 한 후 지도 수녀님으로부터 "마르첼리노. 네가 사제가 되면 정말 멋있겠구나!"라는 말씀을 들었습니다. 너무나 충격적이고 황홀한 말씀이었습니다. '이렇게 부족한 내가 사제가 될 수 있을까!' 두렵고도 감사하다는 생각이 맴돌았던 기억이 납니다.

그때부터 저의 꿈은 사제가 되는 것이었습니다. 신학교 입학 당시 면접시험 볼 때가 생각납니다. 교수 신부님들이 제게 제일 좋아하는 성경 구절과 그 이유를 설명하라고 하셨습니다.

"'선한 사람 아흔아홉보다 회개하는 죄인 하나를 하늘나라에서는 더 기뻐할 것이다.' 제가 아무리 생각해도 부족하기 짝이 없는 사람인데 회개하는 죄인 하나를 하늘나라에서는 더 기뻐한다고 생각하니 용기가 생기기 때문입니다. 저 자신의 회개와 나아가 세상의 회개를 위해 주님의 도구가 되고 싶습니다."

드디어 고대하던 신학생이 되었고, 첫 마음을 기억하면서 사제 서품을 받게 되었습니다. 뒤돌아보니 모두가 하느님의 은총이었습니다. 그래서 한평생 살아가야 할 성구로 신학교 입학 시절 제일 좋아했던 성경 구절과 졸업 논문의 결론인 성경 구절과 일치하는 성구를 찾게 되었습니다.

입학 때의 첫 마음을 고이 가슴에 간직하며 예수님께서 공생활 시작 때 첫 일성을 외쳤던 "회개하시오. 하늘나라가 다가왔습니다."로 정했습니다. 예수님의 첫 마음을 닮고 싶었기 때문입니다. 사실 선한 사람 아흔아홉은 모두가 하늘나라에 계시는 분들이고, 세상의 모든 이들은 누구 하나 예외 없이 회개하는 죄인 하나에 속합니다. 죄인 하나가 회개하는 것을 하늘나라에서 더 기뻐한다고 하니, 이 사실이 얼마나 우리에게 용기와 희망을 안겨 주는지 모릅니다. 그래서 이 성구를 저의 모토로 정하게 된 것입니다.

오늘도 예외 없이 잃은 양 한 마리를 찾아나서는 착한 목자의 삶을 본받아 함께 외쳐 봅니다. "회개하시오. 하늘나라가 다가왔습니다."(마태 4,17 참고)

〈가톨릭신문〉

1999년 수품

사람의 아들은 섬김을 받으러 온 것이 아니라 섬기러 왔다.

마태 20,28

백명흠 바오로 신부

    예수님께서는 하느님의 아드님이셨지만 마구간에서 가장 낮은 이의 모습으로 이 세상에 태어나셨습니다. 소외받고 버림받은 이들의 친구가 되셨고 그들에게 봉사하고 섬기는 모습을 보여 주셨습니다.

    사제직은 예수님의 뒤를 따르는 삶입니다. 예수님의 모습을 본받아 신자들에게 군림하고 다스리는 사제가 아닌, 그들의 친구가 되어 주고 그들의 아픈 곳을 함께 위로하며 그들을 섬기고 봉사하는 삶을 살아가고자 합니다. 대접받고 명령하는 사제가 아닌 예수님처럼 섬기고 봉사하는 사제가 되도록 노력하겠습니다.

1991년 6월 28일 수품

끝까지 사랑하셨다.

요한 13,2

손현기 모세 신부

우리가 늘 바라보는 예수님의 모습은 십자가에 달리신 모습입니다. 십자가의 예수님은 우리의 믿음, 희망 그리고 사랑을 드러내십니다. 그래서 우리 신앙적 삶의 결정체입니다. 십자가의 예수님을 볼 때마다 사랑을 먹고 희망을 품고 믿음을 쌓게 됩니다. 우리를 마지막까지 사랑하신 그 사랑의 결정체를 예수님은 십자가라는 표징으로 잘 보여 주셨습니다. 십자가에 매달려 계시는, 그렇게 우리를 끝까지 사랑하신 그분의 모습을 늘 비추어 보며 살고 싶습니다.

2002년 6월 24일 수품

나는 길이요 진리요 생명이다.

요한 14,6

연상모 루카 신부

  사제 서품을 앞두고 어떤 말씀을 사제 생활의 목표로 삼고 살 것인가를 고민하던 중, 힘들고 어려운 삶의 순간마다 힘이 되어 주신 예수님을 길이요, 진리요, 생명으로 모시고 살아야겠다는 결심을 하게 되었습니다. 그리고 이 말씀으로 쓰인 가톨릭 성가 34번의 가사가 저와 모든 신앙인의 마음이 아닐까 생각했습니다. 저의 사제 생활에서 주님이 저의 길이요, 진리요, 생명이 되시길 간절히 바라고 또 기도합니다.

2007년 6월 29일 수품

나는 마음이 온유하고 겸손하니

마태 11,29

오영재 요셉 신부

교만한 저를 마주 보기가 두려워 겸손을 가장한 채 제 자신을 숨겨 왔습니다. 사제 서품식 때 바닥에 엎드려 참된 겸손을 살 수 있게 해 달라고 기도했습니다. 예수님을 닮은 온유하고 겸손한 사제가 되고자 노력하겠습니다.

온유와 겸손은 나 자신과 타인, 더 나아가 하느님을 사랑함으로써 다듬어집니다. 그래서 온유와 겸손은 한 인간의 결정체입니다. 온유하고 겸손한 사람은 하늘 나라를 차지할 것입니다.

2010년 6월 24일 수품

주님을 위한 노력은 결코 헛되지 않다는 것을 명심하십시오. 1코린 15,58

이강재 요셉 신부

    하느님의 기준은 인간의 기준과 다릅니다. 적어도 저는 그렇게 생각합니다. 인간 세상에서는 능력과 결과 위주인 것 같습니다. 수단이나 과정보다는 결과를 더 중요시합니다. 좋은 제품, 좋은 평가를 받아야 성공한 것으로 인정받습니다. 과연 하느님도 그러실까요? 주님을 위해서 한 노력이라면 그 결과가 비록 보잘것없다 할지라도 주님이 보시기에 그것은 성공한 것입니다. 사제로서 위대한 업적이나 결과에 연연하지 않고 오직 주님을 위한 노력이었나 아니면 나 자신이나 다른 인간을 위한 노력이었나 생각하는 것이 제 삶의 기준이면 좋겠습니다.

    비록 이 세상 모든 사람이 몰라주고 인정해 주지 않더라도 주님이 좋아하고 기뻐하시고, 또 저의 지향도 주님께 향해 있다면 그 자체가, 그 과정 모두가 저의 결과물일 것입니다.

2002년 1월 21일 수품

제 영광과 기쁨은 바로 여러분!

1테살 2,20

이상재 가스토르 신부

박해를 피해 로마를 벗어나던 베드로에게 주님께서 나타나시자 베드로는 "주여, 어디로 가시나이까?(쿼바디스 도미네Quo vadis, Domine?)"라고 묻습니다. 그러자 주님께서 "네가 버린 내 양들을 위해 다시 십자가를 지러 로마로 올라가노라." 하셨고, 이에 베드로는 발길을 되돌리게 됩니다.

1801년 신유박해 당시 박해를 피해 중국으로 건너가려던 주문모 신부. 압록강의 마지막 밤, '양 떼는 목자를 위해 목숨을 바치는데, 목자가 생명을 구하기 위해 강을 건널 수 있겠느냐.'라고 생각하고 이튿날 의금부로 발길을 돌립니다.

17여 년 전 한 달간의 이냐시오 피정을 마치고 이 구절을 서품 성구로 정했습니다. '농부가 열매를 위해, 부모가 자식을 위해 수고를 아끼지 않듯이 나 또한 신자들의 기쁨을 위해 그러하리라. 신자들의 행복을 나의 영광이며 기쁨으로 여겨야지.'

서품 후 해를 거듭할수록 사목 생활에 익숙해 갔습니다. 사목의 방법과 요령도 생기고 어지간한 행사는 자신 있었습니다. 그런데 갈수록 성탄의 설렘과 부활의 감격이 사라지고, 그냥 해마다 돌아오는 '하나의 행사' 치르기가 되어 버리는 것이었습니다.

그 무미건조함의 이유를 찾다가 어느 사순 시기 묵상 때 저 역시 "쿠바디스 도미네!"를 외치게 되었습니다. 부끄러웠습니다. 아니 놀랐습니다. 신부인 제가 하느님을 믿지 않고 있다는 사실에 슬프기까지 했습니다. 하느님이 아닌 자신을 믿고 의지하다가 자신에게 실망하기를 반복하며 하느님에 대한 기대, 설렘, 신뢰에 온기를 잃게 된 것이었습니다.

열심히 농사를 짓되, 마더 데레사 수녀처럼 '주님 손안의 몽당연필'임을 잊지 말아야겠다고 다짐해 봅니다. 자신이 아닌 주님을 믿고 살아갈 때 '이제와 그리고 영원히' 꿈꾸고 희망하고 사랑할 수 있을 것 같습니다.

"제 기쁨은 바로 당신"이라고 외칠 수 있을 것 같습니다.

〈가톨릭신문〉

1996년 수품

저분은 주님이십니다.

요한 21,7

이성구 요한 신부

요한 복음 21장, 기대가 크면 실망도 크다고 했던가요? 예수님께서 돌아가시자 제자들은 주님을 잃어버린 깊은 상실감 때문에 제자로 부르심 받기 이전의 어부 생활로 다시 돌아가고 싶었을 것입니다. 부활 소식을 듣기도 했지만 도무지 있을 수 없는 일이라 생각했고, 밤을 새워 가며 그물을 드리워도 고기 한 마리 잡을 수 없었습니다.

그 지루하기 짝이 없는 어두움이 가시고 새벽 여명에 어떤 사람이 말을 건넵니다. "그물을 배 오른편에 던져라. 그러면 고기가 잡힐 것이다."(요한 21,6) 제자들이 그물을 던졌더니 그물을 끌어올릴 수 없을 만큼 고기가 그물에 많이 걸려들었습니다. 그제야 제자들 중 요한이 베드로에게 말합니다. "주님이십니다."(요한 21,7)

가까이 계시는 예수님을 발견하고 사랑하기란 쉽지 않습니다. 고정관념 때문입니다. 허식이나 이론, 문법에 사로잡혀 있는 사람이라면 평범한 모습으로, 가난한 이웃의 모습으로(마태 25,40 참고) 계시는 주님을 알아보지 못할 것입니다.

요한 사도가 주님을 알아볼 수 있었던 것은 깨어 있었기 때문일 것입니다. 말씀과 사랑 안에 깨어 있음으로써 실망과 상실감, 절망 속에서도 주님을 알아뵙고 "저분은 주님이십니다."라고 고백할 줄 아는 사제가 되고 싶은 마음에 얼른 이 말씀을 적어 책상머리에 붙여 두었습니다.

여전히 이웃의 모습에서 주님을 알아차리고 사랑하기란 쉽지 않습니다. 선입견이나 편견에 빠지기 쉬운 나약함에서 자유롭기가 어렵기 때문일 것입니다. 배반했던 베드로를 질책하지 않으시고 "나를 사랑하느냐?"라며 '사랑의 다짐'만을 원하셨던 주님처럼 언제나, 먼저, 끝까지 사랑하기를 다짐하며 서품 상본에 새겨 두었던 말씀을 다시 되새겨 봅니다.

〈가톨릭신문〉

1989년 6월 29일 수품

임을 따라 달음질치고 싶어라.

아가 1,4

이성진 요아킴 신부

　사제는 죽는 그 순간까지 하느님을 찾고, 하느님을 쫓고, 하느님을 바라며, 하느님을 사는 사람입니다. 아무런 능력도 재주도 없는 이 몸이지만, 하느님, 당신 한 분만 믿고 따르고자 합니다.

　당신께서 저의 모든 것이 되어 주십시오. 사랑하는 주님과 어디든지 가고 싶습니다. 주님을 따라 달음박질로 들길을 달려가고 싶은 충만한 즐거움이 그득합니다. 주님과 함께 달려가서 말씀의 문을 힘껏 열고 싶습니다.

　"임을 따라 달음질치고 싶어라."

1991년 6월 28일 수품

물 위로 걸어오라고 하십시오.

마태 14,28

이압돈 압돈 신부

   한 인간이 사제가 된다는 것은 기적이라 생각합니다. 예수님의 강생과 부활 사건이 하나의 기적인 것처럼, 그 사건을 기념하는 미사 또한 기적입니다. 성찬례를 비롯한 성사가 기적이라면 성사를 거행하는 사제의 탄생도 물 위를 걷는 것과 같이 기적이라 생각합니다. 그러나 그 기적은 주님께 나아가기 위한 기적이며, 주님의 부르심으로 가능한 기적입니다.

   제가 베드로처럼 두려워하여 물에 빠질지라도 주님은 베드로에게 그러하셨던 것처럼 제게 손을 내미실 것입니다. 이 성구는 믿음이 약해지지 않게 저를 일깨워 줍니다. 또한 제가 하는 일이 주님의 부르심에 응답하여 그분께 나아가는 일이기에 두려워하지 않고 그분께 의탁하며 살아가도록 이끌어 줍니다.

2002년 6월 24일 수품

모든 이에게 모든 것이 되었습니다.

1코린 9,22

이지운 시몬 신부

진실로 모든 이에게 모든 것이 되어 주시는 주님을 따라 저 또한 모든 이에 모든 것이 되어 주고 싶었습니다. 그러나 사제로 살면서 더 많은 것을 느끼고 깨닫게 됩니다.

모든 것이 되어 주실 수 있는 분은 오직 한 분 하느님뿐이시라는 것을, 제가 작아지고 저로 인해 하느님이 커지실 때 저를 통해 모든 이에게 하느님이 당신의 일을 하시게 된다는 것을 믿으며 지금도 기도드립니다.

제가 하느님 당신의 뜻만을 행하며 살아갈 수 있도록, 그래서 저를 통해 하느님이 모든 이에게 모든 것이 되어 주시며, 제가 그 도구가 되어 살아갈 수 있도록 도와주십시오.

2007년 6월 29일 수품

나는 너희를 친구라 불렀다.

요한 15,15

이지훈 안드레아 신부

　한 달간의 피정 기간 동안 말씀과 함께 사제직에 대해서 깊이 생각해 보고 있던 때였습니다. 요한 복음을 읽다가 15장 14-15절까지의 말씀이 저에게 큰 감동을 주었습니다.

　"내가 너희에게 명령하는 것을 실천하면 너희는 나의 친구가 된다. 나는 너희를 더 이상 종이라고 부르지 않는다. 종은 주인이 하는 일을 모르기 때문이다. 나는 너희를 친구라고 불렀다. 내가 내 아버지에게서 들은 것을 너희에게 모두 알려 주었기 때문이다." 그러면서 친구라는 단어가 제 마음에 깊이 와 닿았습니다. '예수님은 과연 나의 친구인가?'

　'예수님은 나를 친구로 생각하고 모든 것을 알려 주시는데 나는 그렇게 생각하지 않는 것은 아닌가.' 하는 생각에 사로잡혔습니다. 그리고 저도 예수님의 친한 친구가 되고 싶다는 강렬한 열망에 사로잡혔습니다.

그리고 이 성구를 평생 지니며 살겠다고 결심하였고 사제품을 받았습니다. 사제로서의 삶은 이제 5년밖에 되지 않았습니다. 하지만 언제나 든든한 '빽'이자 친구로서 예수님과 함께 살아가고자 노력합니다. 그리고 제가 만나는 모든 사람에게 편한 친구 같은 사람이 되고자 노력합니다.

예수님께서 저의 친구인 것처럼 그리고 모든 사람의 친구인 것처럼 저도 다른 사람들에게 친구처럼 편한 사제로서 살아가고자 다짐하면서, 다시 한 번 "나는 너희를 친구라 불렀다."라는 예수님의 말씀에 또다시 힘을 얻습니다.

〈가톨릭신문〉

2009년 6월 24일 수품

진리가 너희를 자유롭게 할 것이다.

요한 8,32

이태우 프란치스코 신부

"신학교에 들어가서 살면 자유롭지 못해서 힘들 것 같아요."
"신부님으로 살면 마음대로 못하는 것이 많을 것 같아요."

어린 친구들이 주로 저에게 하는 때묻지 않은 말들입니다. 이런 이야기를 듣고 "진짜 자유롭게 살기 위해서 신학교에 들어가고 신부님이 되는 건데……."라고 답하면 "에이, 아닌데! 뭐가 그래요?" 하는 표정이 얄밉지만은 않습니다.

그러면서 세상을 살다 보면 하고 싶은 일보다 하기 싫어도 해야 하는 일들이 더 많은데, 신학생으로, 또 신부님이 되어서 살면 무엇이든지 다 할 수 있다고, 세상 어디에도 갈 수 있고, 많은 사람들을 만날 수 있다고 이야기해 줍니다. 그런데 한 가지 조건이 있다고 하면서 '하느님께서 원하신다면!'이란 단서를 덧붙입니다. 이어서 친구들에게 들려줍니다.

"'마음대로' '하고 싶은 대로' '한껏' '무제한'이란 말이 자유를 뜻하는 것만은 아니라는 것을 우리는 잘 알고 있어요. 방종과 자유는 다른 것이니까요. 쉬는 날, 온종일 TV 앞에서만 시간을 보내거나 맛있는 것만 잔뜩 먹었을 때, 또는 다른 이를 욕하거나 괴롭히는 일 등을 마음대로 했을 때 가슴 뿌듯한 기분 좋은 느낌이나 보람은 꽁꽁 숨어 버리고 말 거예요.

반면에 하느님께서 주신 귀한 자유의지로 하느님께서 원하시는 좋은 생각을 하고 남을 이롭게 하는 일들을 많이 할 때, 마음 안에는 한없는 자유의 강물이 흐르고, 풍요로움의 향기가 가득한 시간을 보낼 수 있을 겁니다."

저를 포함해서, 성소의 길을 꿈꾸는 분들과, 성소의 길을 가고 있는 모든 분들이 진리이신 예수님의 가르침 안에서 참된 자유를 향한 여정을 멋지게 이루어 나가시길 기도합니다. 저의 삶을 지탱하는 이 말씀은 제 인생의 소중한 동행자입니다.

〈가톨릭신문〉

1998년 8월 25일 수품

하느님의 은총으로
지금의 내가 되었습니다.

1코린 15,10

장병배 베드로 신부

저는 주님을 모시고 소원 세 가지를 빌면 주님께서 꼭 들어 주신다는 이야기를 듣고, 첫영성체한 후 꿇어 앉아 소원을 빌었습니다. 그리고 우리 주님께서는 참으로 감사하게도 그 소원을 다 들어주셨습니다.

그 소원 중 하나가 사제가 되게 해 달라는 것이었습니다. 고등학교를 마치고 대학 생활을 하던 저를 그분은 제 소원대로 불러 주셨습니다. 그래서 저는 그분의 부르심에 기꺼이 응답하였습니다. 그분께서는 저를 간택하시어 당신의 제자로 삼아 주셨습니다.

사제 서품을 앞두고 대피정을 하면서 이제는 사제가 되는 것이 아니라 사제로 살아갈 저의 모습을 묵상하고 있을 때 주님께서 저를 불러 주시고 함께해 주시지 않으셨더라면 지금의 저는 있을 수가 없음을 알게 되었습니다.

그리고 그날 저녁 일과를 마치고 성경을 펴 들었을 때 바로 코린토 1서 15장 10절로 시작되는 바오로 사도의 고백이 들려왔습니다. 그 고백은 언제라도 그분께서 부르셨을 때 마지막으로 그분께 드리고 싶었던 고백이었습니다. 그래서 저는 조금도 망설임 없이 바오로 사도의 고백을 저의 서품 성구로 선택하게 되었습니다.

저는 비록 부족하고 나약하더라도 그분의 은총을 믿고 있기에, 그분과 함께 충실하게 살아갈 수 있음에 감사드립니다.

1988년 6월 30일 수품

그런데도 예수님께서는 고물에서 베개를 베고 주무시고 계셨다.

마르 4,38

정성우 바오로 신부

 예수님께서 군중의 무리 중에 한 분이셨을 때 사람들은 한눈에 그분이 하느님의 아드님이심을 알아볼 수 있었을까요?

 예수님은 가끔 놀라운 기적을 보이셨습니다. 이 성구에 나오는 예수님의 모습은 마치 히말라야에서 내려온 요기 같은 모습으로 느껴집니다. 이런 광경을 보여 주신 것은 예수님께서 하느님 아버지에 대한 온전한 의탁과 그분의 사랑을 보여 주시고자 하심이 아니었을까 생각됩니다.

 바람과 호수까지 주님께 복종합니다. 두려워하지 않고 사제의 길을 가겠습니다.

1978년 7월 5일 수품

나에게는 그리스도가 생의 전부입니다.

필리 1,21

정재성 사도 요한 신부

저는 가족의 반대를 무릅쓰고 일반 대학 졸업 후 26세의 나이로 신학교에 입학했습니다. 신학교 입학 후에도 아버지는 계속 반대하셨는데, 제가 신학교 3학년이었던 1994년 부활절에 세례를 받으셨습니다. 그때 저는 얼마나 기뻤던지 주님께 감사드릴 뿐이었습니다. 그럭저럭 신학교 5년이 흘렀고, 몇 개월 후 부제품을 준비하던 시기에 갑자기 '프랑스로 유학가라'는 청천벽력 같은 명령을 받았습니다.

언어, 생활 방식, 사고방식 등 모든 게 낯선 프랑스 생활에 적응하고, 석사 학위를 취득하는 것은 참으로 힘들고 벅찬 일이었습니다. 그때 제게 큰 힘을 주었던 성경 구절이 바로 제 사제 서품 성구인 이 구절(필리 1,21)이었습니다.

이 구절은 제가 유학 생활을 하는 데 큰 위로가 되어 주었을 뿐만 아니라 거룩한 힘까지 주었습니다. 이 말씀이 없었다면 저는 2년 4개월간의 유학 생활을 잘 버텨 낼 수 없었으리라 생각합니다. (물론 그로부터 5년 후에 다시 이태리와 프랑스로 유학을 떠났을 때도 마찬가지였습니다.)

또한 저는 유학 생활을 하는 동안, 소화 데레사(아기 예수의 데레사) 성녀에 관해 연구했습니다. "내가 하느님을 사랑하는 것처럼 다른 사람들도 그 사랑을 알게 하는 것"이 당신의 소명이라고 말했던 성녀처럼, 우리도 하느님 앞에서 작은 채로 남아 있고, 점점 더 그렇게 되길 원하며, 주님의 사랑을 온 세상 모든 이에게 전할 수 있도록 항상 노력해야겠습니다.

요즘도 제 사제 서품 성구에 맞갖게 살아가려고 노력하고 있지만, 유학 생활의 치열했던 삶에 비해서는 부족한 저 자신을 발견하곤 합니다. 다시 한 번 이 성구를 되뇌면서 매일매일 주님을 더욱더 닮아 가는 사제로 살겠다고 결심해 봅니다.

2000년 6월 29일 수품

사람이 무엇이기에 이토록 생각해 주시며 사람이 무엇이기에 이토록 보살펴 주시나이까? 시편 8,5

채홍락 시몬 신부

사람은 다른 사람이라는 거울을 통해서 자신을 봅니다. 마찬가지로 인간은 자연이라는 거울을 통해서 자신을 돌아봅니다. 자신을 돌아봄은 동시에 자신에게 근본적인 질문을 던지게 합니다. '나는 무엇인가?'

정체성에 혼란을 겪던 고등학교 1학년 때, 형님 신부님의 권유로 성소 피정을 다녀왔습니다. 그러고는 '부르심'에 대한 고민으로 9년이란 시간을 방황하며 보냈습니다. 신학교에 입학하면서 모든 갈등은 끝이 난 듯 보였습니다. 6년의 신학 공부를 마치고 부제품을 받을 때 저의 자신감은 두려움으로 바뀌었고, 나약하고 덧없는 죄 많은 초라한 죄인만 있을 뿐이었습니다. 도망치고 싶었습니다. 자격 없는 존재임에 숨고 싶었습니다. 하지만 그럴 수도 없었습니다. 그러고는 모든 것을 내려놓

앉습니다. 당신의 뜻이 어디에 있는지 모르겠지만 다 맡기겠다고…….

시편 8편은 하느님의 창조 섭리, 그분께서 본디 원하신 바를 노래합니다. 그래서 시편 8편이 노래하는 인간은 '원초적 인간'이라고 할 수 있습니다. 우리에게 있어서 하느님이 원하시는 원초적 인간, 완전한 인간은 예수 그리스도십니다.

하느님께서는 본디 당신이 원하신 완전한 인간상을 인간에게 주시기 위하여 당신의 아들을 인간의 세계로 보내신 것입니다. 인간 세계 밖에서 인간을 그쪽으로 끌어올리는 게 아니라, 신이 인간이 되어 다른 인간들을 자기와 함께 끌어올리신 것입니다. 시편 8편이 노래하는 인간은 예수 그리스도 안에서 완전히 성취됩니다.

사제가 된 지금, 그 인간상을 자신에게서 아직 완전히 실현시키지 못하고 있기에 여전히 죄 속에서 갈등하고 방황하지만 그때마다 더 강하게 느껴지는 것은 인간에 대한 하느님의 사랑이었습니다. 그래서일까요? 제가 사제로 첫미사를 집전하던 그날은 그해의 '예수 성심 대축일'이었습니다. 얼마나 오묘한 일입니까! "주 저희의 주님, 온 땅에 당신 이름, 이 얼마나 존엄하옵나이까!"

2000년 6월 29일 수품

나에게는 그리스도가 생의 전부입니다.

필리 1,21

최재영 시몬 신부

사람이 살아가는 데는 필요한 것이 많습니다. 사제 역시 마찬가지입니다. 그러나 필요한 모든 것, 가지고 싶은 모든 것을 다 가지며 살 수 없는 것이 사람입니다. 사제 역시 마찬가지입니다. 어쩌면 다른 사람들보다 더 많이 버리고 포기하며 살아야 하는 것이 사제의 삶일 것입니다. 그래서 사제로서의 제 삶에서 모든 것 다 버리고 단 한 가지만 가져야 한다면 그것이 무엇일까 생각해 보았습니다. 그리스도밖에 없었습니다.

사제로 살다가 어느 날, "지금 무엇이 내 생의 전부가 되어 있는가?" 하고 되돌아봤을 때, 그리스도 아닌 다른 것이 제 생의 전부가 되어 있지 않기 위해 부단히 노력하는 사제가 되고자 합니다.

1988년 6월 30일 수품

사랑이 없으면 나는 아무것도 아닙니다.

1코린 13,2

하상범 바르나바 신부

사랑은 모든 피조물이 주님의 무한한 자비로움에 머물도록 해 주고 둘러싸여 있게 합니다. 하느님은 그 자체가 사랑이십니다. 그 사랑을 전해야 할 소명으로 초대된 제가 사랑의 숨결을 머금지도, 알지도 못한다면 할 수 있는 것은 아무것도 없다는 것을 매 순간 느끼며 살아갑니다.

사제가 천사의 언어로 말한다 하여도 사랑이 없으면 아무것도 아닙니다. 요란한 징이나 꽹과리 소리에 지나지 않습니다. 산을 옮길 수 있는 믿음이 있어도 사랑이 없으면 그 또한 아무것도 아닙니다. 이 사랑의 찬가를 늘 마음에 새겨 행복한 사제가 되겠습니다.

1995년 6월 23일 수품

일하지 않는 사람은 먹지도 마십시오.

2테살 3,10

한창현 요셉 신부

신학생이 되기 전 직장 생활을 했었는데, 그 시기인 1987년에 노동자 대투쟁이 있었습니다. 그 당시에는 노동에 대한 올바른 기준이 없어서 그 어떤 참된 가르침을 목말라했습니다.

그러다가 신학교에서 사회 윤리 과목을 통해서 노동에 대한 가톨릭교회의 가르침을 접하게 되었고, 이것으로 논문을 준비하면서 노동이라는 것이 하느님의 창조 사업과 구원 사업을 완성하기 위한 인간의 노력임을 알게 되었습니다.

그리고 진정 공동체를 이끌고 나가는 사람은 어떤 삶을 살아야 하는가에 대해서도 고민하면서, 바오로 사도의 이 말씀이 마음에 와 닿았고 그 말씀대로 충실하고 겸손하게 살기를 다짐하면서 이 말씀을 모토로 정하게 되었습니다.

2001년 6월 29일 수품

두려워마라. 내가 네 곁에 있다.
내가 네 힘이 되어 준다.
이사 41,10

허광철 요셉 신부

　신학생 시절 도반 수녀님이 보내 주신 카드에 쓰여 있던 성구입니다. 신앙과 성소의 길, 한 고비고비를 넘을 때마다, 저도 모르게 이 말씀을 되뇌이게 되었고, 결국 자연스레 저의 평생 모토가 되었습니다. 모세에게도 마리아에게도 그리고 수많은 당신의 사람들에게 주셨던 위로와 구원의 말씀입니다. 특별히 임마누엘 하느님과 힘이 되어 주시는 하느님이 함께 언급되는 말씀 중의 백미라 할 수 있을 것입니다. 임마누엘 하느님을 끝까지 믿으며, 제가 아니라 하느님의 손가락(루카 11,20 참고)의 움직임에 따라 사는 사제가 되고 싶습니다.

1999년 11월 30일 수품

부산교구

부록

이 몸을 주님의 것이라 불러 주셨음에 감사드립니다. 그리스도 하느님의 힘

1코린 1,24

황철수 바오로 주교, 부산교구장

사제품을 준비하면서 설레던 기억이 납니다. 사제품을 받는 일은 단순히 하나의 행사를 치르는 일이 아니라, 사제로 살아가겠다는 자기 결단의 총합이요 정점이라는 의미를 지닙니다. 이런 뜻에서 사제 수품 때 성구를 정하고 그것을 상본에 인쇄해 기념 상본으로 만든다고 생각합니다.

저는 그런 의미에서 특정한 한 성경 구절이 아니라, 예언자의 말을 나름대로 인용하고 편집한 사제 수품 성구를 하나 만들었습니다. 그것은 "이 몸을 주님의 것이라 불러 주셨음에 감사드립니다."는 문구였습니다.

'주님의 것이라 불러 주셨음에 감사드린다'는 자세는 나의 것, 나의 뜻보다는 '주님의 것, 주님의 뜻'을 더욱 소중하게 헤아리며 살아가겠다는 자세를 표현하고자 한 것이었습니다.

　이러한 저의 첫 결심은 그동안 사제로 살아오면서 점점 강해진 것이 아니라 점점 희미해졌음을 고백하지 않을 수 없습니다. 한마디로 상본에만 머물러 있는 문구가 됐다는 것이지요.

　이러한 저에게 주님께서 다시 한 번 기회를 주시며 새로이 사제적 삶을 다지도록 인도하셨습니다. 그래서 정한 것이 "그리스도, 하느님의 힘"입니다. 나의 뜻보다는 주님의 뜻을 따른다는 것이 다름 아닌 그리스도의 뜻을 따르는 것임을 새롭게 인식했습니다.

　'하느님의 뜻'은 다른 데 있는 것이 아니라 그리스도의 정신 안에서 모두 구현되고 있다고 생각합니다. '하느님의 힘'은 다른 데서 드러나는 것이 아니라 그리스도의 삶의 방식에서 가장 잘 드러난다고 생각합니다. 하느님의 힘을 보여 주기 위해서 흔히 말하는 세상의 힘이나 가치를 추구할 것이 아니라, 그리스도께서 보여 주신 삶의 방식과 가치에서 나오는 힘을 추구해야 한다는 것이지요.

　바오로 사도는 이러한 그리스도인의 삶의 정체성을 분명하게 깨달으시고 말씀하셨습니다. "유다인이든 그리스인이든 부르심을 받은 이들에게 그리스도는 하느님의 힘이시며 하느님의 지혜이십니다."(1코린 1,24)

주교직을 수행하며 바오로 사도의 이 말씀을 늘 되새겨야 할 것 같습니다. 이제는 이 문구가 상본에만 머물러 있는 장식 문구가 아니라, 제 안에 살아서 늘 활력을 주는 말씀이 되도록 해야 하리라 결심합니다.

〈평화신문〉

1983년 2월 5일 수품

마리아를 통해 예수님께로

하 안토니오 몬시뇰

제 고향 성당의 제대 위에는 '묵주기도의 모후이신 성모님' 성화가 있습니다. 제가 제2차 세계 대전으로 군대에 소집되었을 때 저의 어머니께서는 저를 데리고 성당에 가서 그 성모님 성화 앞에 무릎을 꿇게 하시고는, 제가 전쟁에서 무사히 돌아올 수 있기를 빌며 저를 성모님께 봉헌하셨습니다.

그 당시 저는 성모님을 잘 알지 못했고 별다른 관심도 없었습니다. 그런데 전쟁 중 소련에서 몇 번 죽음의 위기에 처하게 되었고, 바로 그때에 저는 성당에서 보았던 성모님의 성화를 눈앞에 떠올렸습니다.

그 후 저는 전쟁에서 무사히 돌아왔고, 사제가 되고 싶은 열망으로 신학교에 입학하게 되었습니다. 그리고 신학교에서 성모 마리아를 많이 사랑하는 한 친구를 만나게 되었습니다. 그는 저에게 사제로서 큰일을 하고 싶다면 성모님께 자신을 완전히 봉헌하라고 권고하며 몽포르의 루도비코 성인의《성모님에 대한 참된 신심》이라는 책을 주었습니다. 저는 그때부터 루도비코 성인이 그 책에서 제시한 길을 따라 충실히 살고자 노력했는데, 그 책은 제가 사제가 되기까지 저를 이끌어 주었습니다. 사제가 된 후에도 저는 계속해서 그 길을 따라 살고 있으며, 많은 사람들에게도 그 길을 전하고 있습니다.

1958년 4월 27일 수품

주님께 받은 은혜
나 무엇으로 갚사오리.

시편 116,12

강영돈 라우렌시오 신부

   신학교에 입학한 후 세월이 흘러 어느덧 사제가 될 무렵 서품식 때 초대장과도 같은 모토를 새겨 넣은 상본을 준비해야 했습니다. 밤을 새우며 제게 맞는 성구를 찾았지만 딱히 무엇을 선택해야 할지 몰라 결정할 수가 없었습니다.

   마음속으로 몇 가지를 담고 인쇄소를 가던 중 서품의 감격에 숨이 멎는 듯했는데 그때 섬광처럼 제 마음에 떠오른 시편의 말씀이 바로 "주님께 받은 은혜 나 무엇으로 갚사오리."였습니다.

   10년 전 43명으로 시작한 동료들이 이리저리 흩어지고 마지막까지 남은 4명 중 하나가 저였기 때문입니다. 비안네 성인은 "사제가 무엇인지를 안다면 당신은 놀라서 죽을 것입니다."라고 말씀하셨습니다.

1975년 7월 5일 수품

여러분은 모두 겸손의 옷을 입고 서로 섬기십시오.

1베드 5,5

강지원 토마스 아퀴나스 신부

제대로 주님을 만나기 위해서 갖추어야 할 첫 번째 덕목은 겸손이라 생각합니다. 주님은 하느님과 본질이 같은 분이셨지만 오히려 종의 신분을 취하셔서 인간의 모습으로 나타나 자신을 낮추셨기에 하느님께서 그분을 높이 올리셨습니다(필리 2,6-8 참고). 이렇듯 주님은 당신을 드러내기 위해서가 아니라 종의 신분으로 인간을 섬기기 위해서 낮은 자의 모습으로 이 땅에 내려오셨습니다.

"갈릴래아 사람들아, 왜 하늘을 쳐다보며 서 있느냐?"(사도 1,11) 천사의 이 말씀처럼 주님을 만나기 위해서는 이제 하늘만 쳐다보고 있어서는 안 됩니다. 사람을 사랑하셔서 사람과 함께 하시고자 낮은 곳으로 임하신 주님을 만나기 위해서 우리도 낮은 곳으로 내려가야 합니다.

진심으로 주님을 사랑하고 섬기고 싶은 사람은 주님이 입으셨던 겸손의 옷을 입고 다른 이의 아래로 내려가 그를 섬기고 사랑해야 할 것입니다. 주님을 섬기고 사랑한다는 말과 인간을 섬기고 사랑한다는 말은 같은 의미의 다른 표현일 뿐이라 생각합니다. 스스로 겸손한 자 되어 낮은 곳으로 내려가면 이미 낮은 곳에 와 계신 주님을 만날 수 있을 것입니다.

2000년 1월 28일 수품

우리는 하느님께 바치는 그리스도의 향기입니다.

2코린 2,15

고원일 안드레아 신부

　당신의 향기이고 싶습니다. 당신께 봉헌할 것이 아무것도 없어, 제 자신을 봉헌합니다. 강하고 싶지 않습니다. 세상이 말하는 잘난 사람이 되고 싶지도 않습니다. 아름다운 꽃이고 싶지도 않습니다. 계절 따라 아무 곳에서나 피어나고 볼 수 있는 들꽃과 같은 당신의 향기이고 싶습니다.

　당신의 향기가 되게 하소서. 멋진 성과물로 당신을 찬양하기보다 당신만을 생각하며 살아가는 부족한 사람들 속에서 당신을 느낄 수 있는 당신의 향기이고 싶습니다. 당신의 향기가 장식장의 장식으로 이용되지 않고 삶 속에서 현장의 향기가 되게 하여 주소서. 저를 오롯이 받아 주시어 세상 구석구석에 당신의 향기를 전하는 도구 되게 하소서. 아멘.

1999년 1월 30일 수품

> 서로 사랑합시다. 사랑은 하느님에게서 오는 것이기 때문입니다. 사랑하는 이는 모두 하느님에게서 태어났으며 하느님을 압니다. 1요한 4,7

곽용승 요셉 신부

저에게 하느님은 늘 사랑이셨고 사랑이십니다. 부족한 저를 당신의 도구로 써 주신 하느님의 크신 사랑에 항상 감사하면서, 이에 대한 응답은 하느님에 대한 사랑과 이웃에 대한 사랑임을 고백합니다. 이 사랑을 세상 사람들과 나누며, 이 사랑을 통해 하느님을 증거하고 증언하고자 합니다. 사랑이신 하느님 아버지를 체험한 이들은 하느님을 알며, 하느님을 아는 사람은 하느님을 사랑하기에, 이 사랑이 우리를 서로 사랑하게 합니다. 하느님 사랑에 대한 체험은 우리 안에 항상 하느님의 현존을 깨닫게 하며, 우리의 삶 안에 주님과 이웃에 대한 사랑의 실천으로 나아가게 합니다. '서로 사랑합시다. 하느님은 사랑이십니다.'

1998년 2월 7일 수품

사람의 아들은 섬김을 받으러 온 것이 아니라 섬기러 왔고, 또 많은 이들의 몸값으로 자기 목숨을 바치러 왔다.

마르 10,45

권지호 프란치스코 신부

주님의 사제직의 본질은 십자가의 주님과 함께 십자가의 희생 제사에 동참하는 것입니다. 따라서 사제직의 이상은 그분처럼 많은 이의 구원을 위한 희생 제물이 되는 것입니다. 이것이 저 스스로 혼자서 할 수 있는 것이 아니라 주님과의 일치로 이루어지는 커다란 은총임을 마음 깊이 깨닫게 되었습니다. 그러한 은총이 제가 사제직을 수행하는 내내 함께하도록 은혜를 구하기 위하여, 이 말씀을 성구로 선택했습니다.

1977년 12월 22일 수품

너는 눈에 넣어도 아프지 않을 나의 귀염둥이, 나의 사랑이다.

이사 43,4

김경욱 사도 요한 신부

사제 서품 때 모토로 글을 쓰려고 하니 갑자기 두려운 생각이 들었습니다. 너무 오랫동안 잊고 살았다는 생각과 '내가 첫 마음을 잊지는 않았는가.' 하는 부끄러움 때문이었습니다. 예전에 기록해 둔 결심을 다시 읽게 되었습니다.

"나에게 사제직은 주님의 은총에 힘입어 행하는 봉사직이고, 주님 없이는 한 발자국도 나아갈 수 없는 길이다. 나를 사랑하는 아들로 여겨 주시는 주님의 말씀에 힘입어 주님의 뜻이 이루어지도록 노력하자."

21년 전 결심을 보면서 과연 그렇게 살려고 했었는지 떠올리며, 스스로 잘났다고 내 판단이 무조건 옳다는 마음으로 살았던 과거의 시간들을 반성해 봅니다.

저는 너무나 많은 분들에게서 사랑을 받았습니다. 그 받은 사랑을 돌려 드려야 한다고 생각했기에 사랑이란 주제로 성구를 선택했습니다.

왜냐하면 제가 사제가 된 것은 저의 장점이나 능력이 뛰어나서 된 것이 아니기 때문입니다. 저는 도리어 결점이 많아 부족하다고 느꼈습니다. 주님의 백성을 하느님의 목장으로 이끈다는 막중한 직분을 감히 제가 감당할 수 있을지 두려웠습니다.

그럼에도 사제가 되기 위해 청원서를 제출하면서 이사야서의 이 대목이 용기를 가져다주었습니다. 여전히 어떤 처지에 놓이더라도 하느님께는 제가 귀염둥이이고, 사랑받아 마땅한 아이라는 것입니다. 제가 실수할 때도 잘못 판단해서 신자들을 엉뚱한 곳으로 이끌 때에도 말입니다. 이제 다시 용기 내어 봅니다.

"너는 내 사랑이다." 아멘.

〈가톨릭신문〉

1993년 2월 6일 수품

사랑하는 사람은 누구나 하느님께로부터 났으며 하느님을 압니다.

1요한 4,7

김계춘 도미니코 신부

　하느님의 본질은 '사랑'이시기 때문에 사람이 '사랑'할 때 비로소 하느님의 마음을 느낄 수 있고 사람과 대자연의 조화 속에 박혀 있는 하느님의 마음을 읽을 수 있다고 생각하였습니다. 그리고 사제는 하느님의 사랑을 전달하는 신분임을 깨닫고 그 사명감으로 살아야 한다고 생각했고, 저 역시 그 사명감으로 살아가기로 결심하였습니다.

　"내 아버지와 어머니가 나를 버릴지라도 주님께서는 나를 받아 주시리라."(시편 27,10)

　금경축을 맞이하면서 50년 사제 생활에 하느님만이 세상 모든 것을 초월하여 무조건 우리를 사랑하시고 감싸 주시며 용서하시고 우리의 최후의 보루가 되어 주신다는 확신을 얻었습니다. "삶이 끝나는 날까지 하느님을 놓지 말고 버팀목이 되어 주시는 하느님에게 희망을 걸고 사십시오."라고 전하는 것이 저의 여생의 사명이라 여깁니다.

1960년 3월 21일 수품

가서 당신도 그렇게 행하시오.

루카 10,37

김두유 세례자 요한 신부

 예수님께서 우리에게 베푸신 당신의 사랑과 자비를 체험하고 그 체험을 이웃과 함께 나누고 싶습니다. 우리에게 사랑과 자비가 없다면 우리의 삶은 너무도 험난한 세상이 될 것입니다.
 제가 사제로서 살아가야 하는 이유는 명백합니다. 이웃과 함께 서로 사랑하며 살 때 거기에는 주님이 계시기 때문입니다. 예수님이 우리에게 주신 사랑과 자비를 저도 행할 수 있는 사제이고 싶습니다. 말보다 행동하는 삶을 통해 예수님을 닮아가는 사제가 되고 싶습니다.

2000년 1월 28일 수품

그분은 갈수록 커지셔야 하고 나는 갈수록 작아져야 한다.

요한 3,30

김상호 세례자 요한 신부

    그분은 주님이시고 교회이시고 또 신자들이십니다. 온 세상의 주인이신 그분이 죽음과 부활로써 우리의 주님이 되셨습니다. 그리고 자신의 머리이신 교회를 세우셨습니다.

    우리 교회는 그분이 머리이시고, 우리 모두는 그분의 지체인 교회입니다. 그러니 신자들 한 분 한 분이 바로 그분의 지체이자, 바로 그분 자신입니다. 그분은 가장 작은 이들에게 해 준 것이 바로 당신에게 해 준 것(마태 25,45 참고)이라고 하시며, 당신 자신과 가장 작은 이를 동일시하셨습니다. 그러니 제가 사제라고 하여 저를 내세울 수 없습니다.

    저는 제 자신 그대로 겸손되이 모든 이가 주님의 영광에 이르도록 이끌겠습니다. 그래서 이 성구대로 살고자 합니다.

1980년 2월 9일 수품

아버지, 제 뜻대로 마시고
아버지의 뜻대로 하소서.

마르 14,36

김승주 요한 크리소스토모 신부

    어릴 적 사제에 대한 막연한 동경과 어머니의 권유로 소신학교(서울 성신중학교)에 진학함으로써 사제의 길로 들어섰습니다. 차츰 세상에 눈뜨면서 이 길이 아닌 다른 길로 눈길을 돌려 다양한 장래 희망에 대한 환상을 가지기도 했고, 성소의 길에서 벗어나고 싶은 충동에 휘말리기도 하였습니다.

    군에서 제대할 무렵, 단 5분 후의 일도 자신 있게 예측할 수 없을 만큼 나약한데, 평생의 길을 스스로 판단하려 했던 저의 교만함을 깨닫게 되었습니다. 그래서 비록 의지는 약하지만 주님께서 쓰시고자 하시면 겸손되이 응답해야겠다는 결심을 세우면서 제 삶을 아버지 하느님께 맡기고 살기로 하였습니다.

1979년 6월 9일 수품

> 나는 아무에게도 매이지 않은 자유인이지만, 되도록 많은 사람을 얻으려고 스스로 모든 사람의 종이 되었습니다.
>
> 1코린 9,19

김윤근 베드로 신부

바오로 사도는 학식이 높고 장래가 촉망되는 유대교 율법학자였습니다. 그러나 부활하신 주님을 뵙고는 유대인들이 메시아로 인정하지 않았던 예수 그리스도를 위해 일생을 바칩니다. 바오로 사도는 자신이 가진 그 모든 것을 쓰레기처럼 여기며, 모든 사람의 구원을 위해 스스로 모든 사람의 종이 되었다고 합니다. 스스로 모든 사람의 종이 되는 사람은 주님께서 주신 참자유를 누리는 사람입니다. 진정한 자유인은 주님에게 매인 사람입니다.

1977년 12월 22일 수품

주님 빛으로 빛을 보옵니다.
시편 36,10

김윤태 루카 신부

어느 날 스승이 제자들에게 물었습니다. "새벽이 언제 오느냐?" 한 제자가 "먼동이 틀 때입니다."라고 하자 다른 제자가 "새가 울 때입니다."라고 말했습니다. 그러나 스승은 아니라고 말합니다. 진정한 새벽은 "저기 길거리를 지나가는 낯모르는 이들이 너의 친구와 이웃으로 보일 때, 그때 새벽은 오는 것이니라."라고 말합니다.

저는 사제로서 사람들에게 참된 이웃이 되려고 합니다. 그런데 주님께서 들려주시는 '착한 사마리아인의 이야기'가 저에게 복음 말씀으로 들리지 않을 때가 많음을 고백하게 됩니다.

이야기 속의 사제와 레위인의 모습에서 저의 모습이 보입니다. 주님의 마음으로 주님의 눈으로 생활하려고 하지만 아직도 저에게는 새벽이 오지 않을 때가 많았습니다. 다만 그것을 다른 사람들이 잘 모를 뿐입니다.

주님의 빛이 내 안에 들어와야 내 생활에서 새벽이 시작됩니다. 빛이 사라지면 어둠이 시작됩니다. 그것은 내가 빛이 될 수는 없기 때문입니다. 그래서 저는 제 안에서 빛이 사라지지 않고 계속 밝혀지는 방법으로, 제가 사제로서 행하는 강론과 말들을 먼저 살아야 함을 알게 되었습니다.

이때 참으로 '내가 겁없이 사제가 되었구나.' 하고 느낍니다. 만일 제가 신자분들에게 사랑하라, 용서하라고 해 놓고 제가 사목 활동에서 그것을 실천하지 않는다면 누가 저의 말을 듣겠습니까. 가장 가까이 있는 사람에게 먼저 복음을 전해야 한다는 것을 압니다.

그러나 부족함을 알고 또 걸어갑니다. 제가 할 수 있는 것은 제가 하고 주님께서 하실 것은 주님께 맡겨 드리며 오늘도 살아갑니다. 문제는 제가 할 몫인데 주님께, 이웃에게 미루는 일이 없는지 살펴봅니다. 가장 쉬운 일이지만 아주 어려운 일이기도 합니다. 그러나 이 길밖에 없음을 또한 압니다.

〈가톨릭신문〉

1995년 2월 4일 수품

너도 가서 그렇게 하여라.

루카 10,37

김정렬 모세 신부

"'누가 저의 이웃입니까?'라고 묻는 율법 교사의 질문에 예수님께서는 당시 견원지간처럼 지내던 사마리아인의 사랑 실천을 통해 이웃의 한계는 내가 속한 공동체에 국한될 수 없음을 말씀하셨다.

하느님과 이웃을 사랑하라는 첫째 계명은 아무리 강조해도 덜하지 않는 덕목임을 우리는 잘 알고 있다. 그러나 실제 삶에서는 이웃을 향한 마음보다 바쁘다는 이유로 사랑 실천을 회피한다.

성경 이곳에 나오는 사제나 레위인도 분명히 사랑을 베풀 마음은 있었다. 그러나 그들은 하느님 사랑이 우선이라는 '명분'을 내걸어 동족과 이웃을 외면해 버렸다.

사제직을 준비하면서 나에게 가장 근본적으로 와 닿은 질문은 '나는 누구를 내 이웃으로 생각하는가?'라는 물음이었다. 가정, 본당, 아니면 교구 울타리? 그러나 예수님께서는 이웃은 어떠한 경계에 머물러 한정될 수 없음을 바로 이 성경에서 말씀해 주셨다.

이제 시작하는 사제의 삶에서는 이론과 지식이 아닌 구체적인 실천으로 모든 이에게 하느님의 사랑을 이웃 안에 구현해야 한다는 바람에서 이 성경 말씀을 선택했고, 이 말씀을 바탕 삼아 일생을 주님의 종으로 살아가고자 한다."

1995년 2월 서품을 앞두고 교구 주보에 서품 성구와 사제로서의 앞날에 대한 각오를 썼던 글입니다. 지금도 저는 서품 성구가 새겨진 색 바랜 상본을 전례용 책자에 끼워 놓고 매 미사 때마다 봅니다.

군종 신부 시절이나 해외 교포 사목 때 타종교나 타민족 사람들을 만나서 구별이나 차별을 하지는 않았는지 돌이켜 봅니다. 제가 만나는 모든 사람을 이웃으로 사랑하려 했지만 때로는 그렇지 못했음을 고백합니다.

오늘 다시금 "가서, 너도 그렇게 하라."는 주님의 말씀에 최선을 다하겠다는 결심을 가져 봅니다.

〈가톨릭신문〉

1995년 2월 4일 수품

> 나더러 '주님, 주님!' 하고 부른다고 다
> 하늘 나라에 들어가는 것이 아니다.
> 하늘에 계신 내 아버지의 뜻을
> 실천하는 사람이라야 들어간다.

마태 7,21

김종엽 바르나바 신부

사제품을 받고 사제가 된다는 것은 사실 시작일 뿐입니다. 사제직도 쉬운 일이 아님은 분명합니다. 하지만 사제직과는 비교할 수 없을 정도로 세속을 사는 신자분들은 더욱 힘겨운 삶을 살고 계십니다. 저는 사제가 되면, 주님의 뜻을 온전히 실천하며 살기에는 여러 어려움이 있는 신자분들보다 사제가 더 실천적인 삶으로 모범을 보여야 한다고 생각했습니다. 이 성구는 이러한 다짐으로 선택한 성구입니다.

1996년 2월 3일 수품

> 당신께 제 영혼을 들어 올리니,
> 주님, 당신 종의 영혼을
> 기쁘게 하소서.
>
> 시편 86,4

김창석 요셉 신부

사제의 가장 큰 직무는 세상을 위하여 기도하는 것입니다. 늘 깨어 기도하는 사제가 되어 그 기도의 은총으로 하느님 사랑의 기쁨이 제 영혼을 채워 하느님이 주시는 기쁨과 사랑을 온 세상에 전하는 사제가 되기를 원했습니다. 아울러 늘 기쁘게 살아서 신자들에게 기쁨을 주는 사제가 되고 싶어서 이 성구를 선택했습니다.

2010년 12월 29일 수품

사람이 무엇이기에 이토록 생각해 주시며 사람이 무엇이기에 이토록 보살펴 주십니까. 시편 8,5

김현일 예로니모 신부

　하느님과 인간의 관계는 창조주와 피조물의 관계라 할 수 있습니다. 하느님께서 쓰시다가 버려도 아무렇지 않은 관계입니다. 하지만 하느님께서는 당신의 아들을 버리시면서까지 인간을 사랑하십니다. 그 사랑의 깊이는 인간으로서는 감히 짐작할 수가 없습니다. 어떻게 피조물이 창조주의 깊은 뜻을 알겠습니까? 다만 감사와 찬미를 드릴 따름입니다.
　그럼에도 우리 인간은 하느님 자리에 올라가려 합니다. 피조물이 창조주가 되려 하니 가당치도 않은 일입니다. 다시 나 자신은 피조물이라는 사실을 깨닫고, 창조주 본연의 뜻에 따라 쓰인다면 이 세상은 창조주 뜻대로 아름다운 세상이 되지 않겠습니까? "보시니 좋았다."

1996년 2월 3일 수품

아버지, 진리를 위하여 몸을 바치는 사람이 되게 하여 주십시오. 요한 17,17

노우재 미카엘 신부

이 성구는 《공동 번역 성서》에서 약간 변형한 것입니다. 현재의 성경은 "이들을 진리로 거룩하게 해 주십시오."라고 번역합니다. 언뜻 두 번역은 내용상 차이가 커 보이지만 서로 다르지 않습니다. 하느님 말씀이신 진리 안에 머물 때 그 진리가 우리를 거룩하게 해 주고 우리는 그 진리를 살고 전하는 데 헌신할 수 있기 때문입니다.

하느님 말씀에만 머물고 그 말씀으로 변모되어 하루하루를 살 때 저는 하느님 말씀의 충실한 선포자가 될 수 있습니다. 하루하루가 햇살처럼 빛나는 사목자가 됩니다. 사제로서 생활이 진리 안에 머물고 진리를 증언하는 삶이 되기를 간절히 바랍니다. 저를 만나는 사람들이 진리를 전해 듣고 진리 안에 머물며 진리를 살아가는 사람들이 되기를 간절히 기도합니다.

1998년 2월 7일 수품

고생하며 무거운 짐을 진 너희는 모두 나에게 오너라. 내가 너희에게 안식을 주겠다.

마태 11,28

박상대 마르코 신부

예수님 시대의 사람들은 수많은 계명과 율법, 고정된 관습에 짓눌려 살았습니다. 예수님께서는 이런 갖가지 법 때문에 고생하고 허덕이는 사람들을 당신께로 초대하셨습니다. 예수님께서 그들을 편안하게 해 주시겠다는 것입니다.

예수님께 의탁하는 사람은 법의 멍에를 벗고, 예수님의 멍에를 받습니다. 그 멍에는 올바르고 보편적인 양심과 도덕이며, 훈훈하고 정이 넘치는 인간적인 자비와 사랑의 법입니다.

이는 자신이 남에게서 바라는 대로 그에게 해 주는 황금률(마태 7,12 참고)이며, 하느님과 인간을 동시에 사랑하는 사랑의 이중 계명(마태 22,34-40 참고)입니다. 인간이 만든 법의 멍에는 사람을 노예로 만들지만 예수님의 멍에는 사람을 겸손하고 온유하게 만듭니다.

제가 먼저 예수님께서 주시는 멍에를 매고, 세상 사람들을 주님의 멍에로 이끌고자, 사제로서 전 생애를 바치고자 이 성구를 택했습니다.

1988년 2월 6일 수품

그를 통하여 주님의 뜻이 이루어지리라.

이사 53,10

박용조 프란치스코 신부

피조물인 인간 삶의 참뜻은 하느님의 뜻에 따를 때 비로소 그 의미가 충만해짐을 깨달았기에, 저는 그러한 삶을 살고 싶었습니다.

예수님께서 십자가에 달려 돌아가실 때 마지막으로 "다 이루었다."라고 말씀하셨습니다. 하느님은 예수님을 통하여 당신의 뜻을 이루신 것입니다. 세상을 구원하시려고 고통에서 벗어나게 하시고 평화를 주러 오신 것입니다.

예수님의 고통도 고난도 그분의 뜻을 이루기 위해 그분께서 준비하신 것입니다. 주님께서는 이스라엘의 영광을 새 이스라엘인 하느님 백성에게 대대로 이어 가실 것입니다.

1984년 5월 5일 수품

하느님의 보다 큰 영광을 위하여
Ad Majorem Dei Gloriam

박재구 시몬 신부

  부족하고 나약한 한 인간이 하느님의 자비와 사랑에 힘입어 사제로 불러 주심에 감사드리며, 미약하나마 하느님께 영광을 드리는 마음으로 충실하고 겸손하게 사제 생활을 해나갈 것을 감히 다짐해 봅니다.

  주님은 지극히 높으신 분의 아드님이십니다. 그런데 주님께서 미천한 마구간에서 태어나셨습니다. 이 가난에서 하늘의 영광이 드러난 것입니다. 드러난 하늘의 영광을 더 크게 드러내기 위해서 주님께서는 십자가에서 죽음을 맞으셨습니다.

1989년 1월 28일 수품

> 내가 있다는 놀라움,
> 하신 일의 놀라움, 이 모든 신비들,
> 그저 당신께 감사합니다.
>
> 시편 139,14

방삼민 가스발 신부

   인간에 대한 본질과 저 자신에 대한 삶을 숙고하여 되돌아볼 때 하느님께서 지금까지 얼마나 큰 사랑을 베풀어 오셨는지를 깨닫게 됩니다. 인간은 모름지기 선악의 경중이나 선업의 유무를 넘어 하느님을 만나는 존재로 있다는 것 자체가 무한한 주님의 자비에 의한 것임을 고백해야 합니다.

   주님 앞에 제가 할 수 있는 것은 그저 어떤 처지에서든 감사를 드리고 경이로움의 탄성을 자아내는 것뿐입니다. 내가 있다는 놀라움은 하느님의 신비입니다. 하느님께서는 모세에게 "나는 있는 자, 그로다."라고 주님 존재의 신비를 드러내셨습니다. 주님의 이 모든 신비에 그저 감사할 뿐입니다.

1992년 2월 1일 수품

너는 나를 사랑하느냐?

요한 21,16

서강진 스테파노 신부

부활하신 주님께서 베드로에게 하신 세 번의 물음 중 두 번째에 해당되는 물음입니다. 주님께서는 "나를 사랑하느냐, 어린양들을 사랑하느냐, 진정 나를 사랑하느냐."라고 묻고 계신지도 모릅니다.

이 성구를 서품 성구로 정한 이유는 사제품을 받을 때는 첫 물음에, 그리고 사제 생활을 하면서는 그분의 두 번째 물음에 해당된다고 여기기 때문입니다. 어린양들을 보살피는 사랑, 그것이 예수님께서 물으신 사랑에 대한 답일 것입니다. 저에게 주어진 사제의 삶 속에서 끊임없이 이 물음에 대답하며 살아야 할 것입니다. 주님께서는 어린양들을 주님처럼 사랑하겠느냐는 다짐으로 "너는 나를 사랑하느냐?"라고 물으십니다.

1997년 2월 1일 수품

진리가 너희를 자유롭게 하리라.

요한 8,32

석찬귀 스테파노 신부

상식보다는 과학을, 과학보다는 과학 철학을, 과학 철학보다는 형이상학을, 형이상학보다는 주님의 진리가 인간과 지구촌의 중심이 될 때만 비로소 자유가 실현되리라 생각했습니다.

현대인은 특히 종교보다는 철학(형이상학)을, 철학보다는 과학 철학을, 과학 철학보다는 과학을 더 믿는 것 같습니다. 그러나 진정한 자유는 주님의 진리에 있습니다. 저는 이 진리에 온전히 자신을 헌신하고 싶었습니다.

1979년 1월 21일 수품

저는 쓸모없는 종입니다.

루카 17,10

손영배 미카엘 신부

　제가 신학교에서 생활하는 동안 스스로에게 가장 부족한 것이 무엇인지, 그리고 사제 생활을 하는 동안 저에게 가장 필요한 것이 무엇인지 예수님께 청하였고 또 고민해 왔습니다. 그리고 그 기도의 응답으로 제가 가장 두려워해야 할 바가 '교만'이라는 사실을 알게 되었습니다. 예수님께서 당신의 양 떼로 저를 파견하셨고, 저는 종으로서 파견 받았음을 항상 명심해야 한다는 사실을 잊지 않기를 그분께 청합니다. 또한 끊임없이 낮은 자의 모습으로 우리에게 오셨던 예수님의 모습을 본받아 당연히 해야 할 바를 실천하는 사제로서 살기를 바라는 마음으로 본 성구를 선택하게 되었습니다. 그저 바람이 있다면 사제직의 마지막 날 "해야 할 바를 했을 따름입니다."(루카 17,10)라고 주님 앞에 고백하고 싶습니다.

2006년 12월 29일 수품

인간이 무엇이옵니까? 당신께서
기억해 주시다니! 사람의 아들이
무엇이옵니까? 당신께서
돌보아 주시다니!

시편 8,5

안형준 마르첼리노 신부

    먼지와도 같은 존재인 인간을 하느님께서 기억해 주시고 돌보아 주신다는 것을 온 마음으로 노래하고 있는 시편 저자처럼, 보잘것없고 나약한 저를 당신의 거룩한 사제직으로 불러 주신 하느님께 찬미와 감사의 노래를 부릅니다.
    하느님의 그 마음을 잊지 않고 저 또한 하느님께서 저에게 맡겨 주신 한 사람 한 사람을 기억하고 돌보겠습니다. 아멘.

2003년 12월 27일 수품

너희는 좁은 문으로 들어가도록 힘써라.

루카 13,24

엄열 베드로 신부

　지금까지 여러 관문을 지나왔습니다. 개인적인 것에서 공적인 것에 이르기까지 이 자리에 도달하기 위해 많은 분들의 도움을 받았습니다.

　이제 마지막으로 지나가야 할 좁은 문이 제 앞에 놓여 있습니다. 인간적인 도움보다 예수님의 손만을 잡고 나아가야 할 때가 다가왔습니다. 무척 힘든 여행이 되겠지만 예수님만은 마지막까지 저와 함께해 주실 것임을 알기에 온 힘을 다할 수 있습니다. 새롭게 시작될 저의 여행을 지켜봐 주시기 바랍니다.

2010년 12월 29일 수품

항상 기뻐하십시오.
늘 기도하십시오.
어떤 처지에서든지 감사하십시오.
1테살 5,16-18

염봉덕 프란치스코 하비에르 신부

저는 1977년에 사제품을 받았습니다. 군 복무를 마치고 신학교에 입학했기 때문에 다른 사람들보다 3~4년 늦게 받은 셈입니다.

모든 면에서 부족한 저를 성직에 불러 주신 하느님의 은총에 항상 감사합니다. 아침에 일어날 때나 저녁에 자기 전에 그리고 미사 후 감사 기도를 드릴 때, 제 서품 성구를 기억하면서 사제 생활을 열심히 하려고 노력했습니다. 그리고 많은 젊은 사제들을 위해서 명예 퇴직한 후에도 무언가 삶의 좌우명(모토)이 필요할 것으로 생각했습니다. 그래서 좌우명으로 삼으면서 묵상할 수 있는 글귀가 적힌 성물을 찾아보았습니다. 여러 가지 좋은 말이 많았지만 결국은 사제 수품 때 정한 성구가 적힌 성물을 사서 집에서 가장 잘 보이는 곳에 걸어 놓았습니다.

요즘 수시로 이 글을 읽고 묵상하면서 힘과 용기를 얻고 있습니다.

긍정적으로 살게 도와주고 마음의 느긋함과 평화를 주는 말씀, 성경의 핵심을 함축한 이 성경 구절을 묵상하면 할수록 원로 사제들이 빠지기 쉬운 외로움과 고독을 극복하게 합니다. 결국 사제 서품 때 택한 서품 성구가 제 신앙생활에 가장 큰 힘이 되고 있고, 죽을 때까지도 그러하리라 믿습니다.

하느님, 감사합니다.

1977년 12월 22일 수품

이 사람들이 진리를 위하여 몸을 바치는 사람들이 되게 하여 주십시오.

요한 17,17

윤명기 요한 깐시오 신부

　인생은 한 번뿐. 진리를 위해 오롯이 이 한 몸을 바치고 싶습니다. 진리이신 예수님을 위해 제 모든 삶을 불사르고 싶습니다. 진리 없이 어떻게 살아갈 수 있겠습니까? 진리이신 주님을 껴안고 진리를 증언하는 데 모든 것을 걸겠습니다.

　우리의 자유는 진리 안에서 방향을 잡고 진리를 위해 행사되어야 합니다. 얼마나 많은 사람들이 헛된 것들, 사라져 버릴 것들을 추구하며 살아가고 있습니까? 저는 사라져 버릴 가치가 아닌, 영원한 가치, 참된 보화요 진리이신 예수 그리스도를 찾고 사랑하며 하느님의 뜻 안에서 자유롭게 날아오르고 싶습니다. 그리고 다른 이들도 그렇게 되도록 기꺼이 자신을 봉헌하는 삶을 살고 싶습니다.

1991년 2월 2일 수품

사랑이 없으면
나는 아무것도 아닙니다. 1코린 13,2

윤용선 바오로 신부

요한의 첫째 서간 4장 7-21절의 말씀을 묵상하며 서품 성구를 정하였습니다. 제가 더 깊이 묵상한 요한 서간의 구절들은 다음과 같습니다.

"하느님은 사랑이시기 때문입니다."(8절)

"하느님께서 우리를 이렇게 사랑하셨으니 우리도 서로 사랑해야 합니다."(11절)

"우리가 서로 사랑하면, 하느님께서 우리 안에 머무르시고 그분 사랑이 우리에게서 완성됩니다."(12절)

"사랑 안에 머무르는 사람은 하느님 안에 머무르고 하느님께서도 그 사람 안에 머무르십니다."(16절)

"우리가 사랑하는 것은 그분께서 먼저 우리를 사랑하셨기 때문입니다."(19절)

1988년 2월 6일 수품

예수 그리스도여, 나는 당신의 살과 피를 만들어야 할 사람이며 바로 당신 그리스도가 되어야 할 사람이니, 예수여 나를 위하여 예수가 되어 주소서.

이병주 시몬 신부

    저의 사제 서품 성구는 성경 구절에서가 아니라 하나의 기도문으로 만들어 정하였습니다. 신학생 시절, 신학교 피정을 지도하러 오신 고故 오기순 신부님의 강의를 들으면서 힌트를 얻은 것입니다.

    신부님은 강의 중에 사제의 신분과 직분을 설명하셨습니다. 사제는 성체성사를 이루는 거룩한 직분임을 항상 명심하라고 강조하시면서, 미사 때마다 "예수 그리스도여, 나는 당신의 살과 피를 만들어야 할 사람이며, 바로 당신 그리스도가 되어야 할 사람입니다."라고 기도하라고 하셨습니다.

    그리고 뒷부분의 "예수여, 나를 위하여 예수가 되어 주소서."라는 기도는 프란치스코 성인께서 즐겨 바친 기도라고 어느 영적 독서 시간에 읽은 기억이 나서 추가로 덧붙여 저의 신앙 모토로 완성시켰습니다.

사제가 되어 미사를 봉헌할 때 특히 거양 성체 때마다 빵을 들어 올리면서 마음속으로 항상 위의 기도를 바치며 저의 사제직을 위해 기도하였습니다.

그리고 성녀 파우스티나 수녀님을 통해 하느님 자비의 기도문을 알게 되어 성작을 들어 올릴 때는 "영원하신 아버지, 저희가 지은 죄와 온 세상의 죄를 보속하는 마음으로 지극히 사랑하시는 당신 아들 우리 주 예수 그리스도의 몸과 피, 영혼과 신성을 바치나이다."라고 기도하며 온 세상의 죄에 자비를 청하며 미사를 봉헌합니다.

1987년 1월 24일 수품

나는 내 양들을 위하여
목숨을 바칩니다.

요한 10,15

이시찬 다니엘 신부

　대사제이신 예수님께서는 착한 목자라고 말씀하셨습니다. 그리고 그분께서는 양들인 인류를 위해 목숨을 내어 주셨습니다. 사제는 제2의 그리스도며 목자이기에 예수님을 닮아 맡겨진 양들뿐 아니라 인류의 복음화를 위하여 이 한 목숨을 아낌없이 바쳐야 하므로, 목자의 일생을 산다는 것은 바로 목숨을 내어 주는 것이며 그런 삶을 살고자 요한 복음 10장 15절의 성구를 좌우명으로 선택하였습니다.

1974년 7월 5일 수품

얘야, 너는 늘 나와 함께 있고 내 것이 모두 네 것이 아니냐?

루카 15,31

이영창 스테파노 신부

항상 아버지께서는 저와 함께 계시고 아버지의 것이 저의 것입니다. 이젠 아버지의 아들로 아버지께서 원하신 삶을 살아가겠습니다. 아버지께서 저의 곁에 항상 계셨듯이, 저를 필요로 하는 이들 곁에 저도 늘 함께하겠습니다. 아버지의 것이 저의 것이듯이, 저도 제가 가진 것을 그들과 함께 나누며 살아가겠습니다.

아버지의 마음으로 저의 곁에서 항상 지켜봐 주시고 격려해 주신 저의 주님, 저의 하느님, 찬미와 감사와 영광을 가득히 받으소서. 아멘.

2001년 12월 28일 수품

이 몸은 주님의 종입니다.
루카 1,38

임석수 바오로 신부

　이 한마디가 보잘것없는 시골 처녀 마리아를 하느님의 어머니가 되게 하였습니다. 두렵고 떨리던 마음은 가브리엘 천사가 전해 주는 소식으로 인해 감사와 찬미의 말로 바뀌게 되었습니다.
　제가 하는 것이 아니니 당신께서 몸소 하시라는 의탁, 그것은 내 삶의 주도권이 내게 있지 않다는 고백입니다.
　"저는 당신의 것이오니 당신 뜻대로 하소서." 하고 자기 자신을 하느님께 내어 맡기는 것입니다. 내 뜻대로 하지 않고 아버지의 뜻을 따르겠다는 겸손한 응답입니다.
　실제로 우리는 살아가면서 내 뜻대로 되지 않는다는 것을 자주 경험합니다. 어떤 일을 하고 싶어도 그러지 못하거나, 하기 싫어도 억지로 해야 되는 것들이 어디 한두가지뿐이겠습니까?
　내 인생이면서도 내 마음대로 하지 못한다는 것을 절감하게 됩니다. 결국에는 "이 몸은 주님의 종입니다. 당신이 하라시는 대로 하겠습니다." 하고 맡겨 드릴 수밖에 없습니다.

그런데 가만히 생각해 보면, 이 말처럼 편하고 좋은 말이 없습니다. "이 몸은 주님의 종이니, 주님께서 원하시는 대로 하십시오. 저는 그저 하라시는 일을 열심히 하겠습니다." 하고 말씀 드리고 나면 얼마나 기분이 좋은지 모릅니다.

주님께서 원하시는 일을 직접 해 주실 텐데 뭐가 문제겠습니까? 하느님께서는 놀라운 방법으로 그 일을 이루어 가실 것이기 때문입니다. 그래서 사제 서품 때, 그리고 지금까지, 또 앞으로도 성모님의 말씀처럼 "이 몸은 주님의 종입니다."(루카 1,38) 하고 자주 고백하면서 살아가고자 합니다.

〈가톨릭신문〉

1990년 2월 3일 수품

오늘도 내일도 그다음 날도
내 길을 계속 가야 한다.

루카 13,33

임성근 판탈레온 신부

    그리스도께서는 "죽기까지 아니 십자가에 죽기까지" 하느님의 뜻에 순종하셨습니다. 그리스도인은 십자가를 향해 묵묵히 걸어가신 예수님의 여정에 동참하는 이들입니다. 서품식에서 저는 죽기까지 그리스도를 따르리라고 서약하였습니다. 이제 저도 이 길에 첫걸음을 내딛고자 합니다. "오늘도 내일도 그다음 날도 내 길을 계속 가야 한다." 하신 주님을 따라 하느님께 이르기까지 발걸음을 멈출 수 없습니다.

2010년 12월 29일 수품

하느님은 사랑이십니다.

1요한 4,16

전동기 유스티노 신부

    사람마다 개인적인 취향이나 성품이 각기 다르듯이, 각기 선호하는 하느님의 모습도 다 다르리라 여겨집니다. 저는 하느님이라 했을 때, 전지전능하시고 엄위하신 하느님보다는 소박하시고 사랑이신 하느님을 좋아합니다.

    그 당시 성가시고 귀찮은 존재로 여겨졌던 어린이를 품에 안으시고 축복해 주신 예수님을 좋아하고, 오랜 기다림 끝에 돌아온 탕자를 먼저 발견하고 흔쾌히 품에 안은 자비로운 아버지이신 하느님상을 좋아합니다.

    또한 하찮은 참새와 나리꽃도 보살피시는 생명의 하느님상을 좋아합니다. 고생하며 무거운 짐을 진 저희를 편안하게 해 주시는 온유하고 겸손하신 예수님을 좋아합니다.

    사랑하기를 명하시고 사랑을 실천하시다가 돌아가시고 부활하신 사랑의 예수님을 좋아합니다. 하느님이신 예수님은 참으로 사랑이십니다. 하느님은 사랑이십니다.

그래서 저는 개인적으로 강복을 드릴 때도 "전능하신 천주, 성부와 성자와……."라고 하지 않고 "전능하시고 자비로우신 (인자하신) 천주, 성부와 성자와……."라고 합니다. 저 나름대로는 '전능하신'의 아버지성과, '자비로우신'의 어머니성을 함께 생각해 본 것입니다.

"하느님은 사랑이십니다." 하느님이 사랑이시기 때문에, 하느님을 사랑한다는 것이 참으로 자연스럽습니다. 착한 사마리아인의 비유에서 보면 어려움에 처한 이웃을 사랑하는 것도 하느님을 사랑하는 것입니다.

예수님은 "가서 너도 그렇게 하여라."라고 덧붙이십니다. 말이나 얄팍한 지식이 아니라, 사랑을 실천하라는 것이지요. 그것이 영원한 생명을 준다는 것입니다. 왜냐하면 하느님은 사랑이시기 때문입니다. 그래서 저는 저의 사제 생활의 모토를 "하느님은 사랑이십니다."로 삼고 부족하지만 이를 실천하려고 노력합니다.

〈가톨릭신문〉
1991년 2월 2일 수품

> 무슨 일을 하든지 하느님께 여쭈어라.
> 그가 네 앞길을 곧바로
> 열어 주시리라.
>
> 잠언 3,6

전재현 테오도로 신부

하느님이 함께하시면 못할 것이 없습니다. 그분께 여쭈어 아뢰면 그분께서 다 이루어 주십니다. 하느님께 불가능이란 없습니다.

사제는 생활의 첫머리가 하느님이셔야 합니다. 처음도 나중도 다 하느님이시기 때문입니다. 물을 마셔도, 숨을 쉬어도, 발걸음을 옮길 때도, 하느님 앞에 합당한지 여쭙는 것입니다. 주님께서 합당하다 하시면 문을 열어 길을 내어 주실 것입니다.

2008년 12월 19일 수품

손을 뻗어라.
마르 3,5

정철용 안드레아 신부

  거룩한 사제직으로 불러 주신 주님의 목소리에 귀 기울입니다. 주님의 제단에서 봉사하는 저의 모습을 떠올립니다. 언제나 그래 왔듯이 앞으로도 부족할 것이 많은 제 자신을 바라봅니다. 그래서 저는 "손을 뻗어라."라고 말씀하시는 주님께 손을 뻗어 저를 봉헌합니다. 동시에 "손을 뻗어라."라고 말씀하시는 주님은 제게 주님의 백성과 이 세상을 향해 거룩한 사제직을 어떻게 수행해야 하는지 알려 주십니다.

  주님! 제가 주님과 주님께서 제게 맡겨 주신 이들을 위해 끊임없이 손을 뻗게 하여 주십시오. 아멘.

2010년 12월 29일 수품

나에게는 그리스도가 생의 전부입니다.

필리 1,21

정호 빈첸시오 신부

2000년, 부제품을 앞두고 피정에서 나름 진지한 고민 속에 이 구절을 만났습니다.

'나의 삶을 %로 나눌 수 있다면 과연 내가 주님께 드리는 몫은 얼마나 될까?'로 시작한 묵상이 보잘것없는 제 인생을 바꾸는 말씀의 씨앗으로 품어 살게 되었습니다. 그 말씀이 "나에게는 그리스도가 생의 전부입니다."였고, 이 말씀 아래 저는 신부가 되었습니다.

그리고 13년이 지났습니다. 서품 모토를 정할 때는 그리스도 안에 항상 머무는 것이 이 말씀의 뜻인 줄 알았습니다. 그래서 서품 후 주님조차 잊게 만드는 것 같은 바쁜 시간들이 싫어서 끊임없이 멈추는 시간이 필요하다고 생각했습니다. 그런데 시간이 흐르고 간간히 찾아보던 이 성구가 새로운 번역을 통해 이렇게 바뀌어 있었습니다. "사실 나에게는 삶이 곧 그리스도이며 죽는 것이 이득입니다."

저는 사제가 되었음에도 제 신앙을 확인하고 싶었습니다. 늘 '말씀이 사람이 되셨다'는 것을 말하면서도 '사람'이 되심을 잊은 채 '말씀'에만 머물면 신앙이 지켜진다고 생각했습니다.

어쩌다 보니 제가 신부로 사는 동안 만난 사람 대부분은 '농아인, 시각 장애인, 지체 장애인, 소년 소녀 가장'이란 이름을 가지고 있었습니다. 지금도 제 앞엔 '장애인'이라는 세상이 붙여 준 한계의 이름표를 가진 가족들이 있습니다.

지금의 저는 그들의 장애가 극복되기를 바라는 기도를 드리진 않습니다. 오히려 그들에게 붙여진 장애가 아닌 그들이 그나마 온전히 가진 모든 것을 통해 그들을 이해하고 그들에게 필요한 것이 무엇인지 귀 기울이고 최선을 다하는 것에 집중합니다. 이 가족들을 통해 '말씀이 사람이 되었다'고 말하면서도 여전히 '말씀'에 머물러 '사람'을 생각하지 않았던 고집을 꺾을 수 있게 되었습니다.

장애란 같은 사람으로 인정받지 못하게 만드는 세상의 핑계일 뿐 그래도 남겨진 모든 것으로 세상을 살려 애를 쓰는 한결같은 존귀한 사람이요, 형제요, 자매며, 부모님이요, 자식임을 이제는 압니다. '성소'를 꿈꾸기 그 이전부터 여러모로 부족함이 많았던 사람입니다. 그 부족함은 신부가 된 이후에도 점점 커져 가기만 합니다. 그럼에도 '신부'로 살아야 함을 압니다. 저도 알고 세상도 아는 부족함은 극복할 방법조차 잃었지만 그나마 할 수 있는 것에 최선을 다해 사는 것이 지금 제가 해야 할 일임을 압니다.

그리스도는 제 생의 몇 %가 아니라 처음부터 제가 그리스도의 사랑 안에 있음을 이제 압니다. 그래서 제 숨소리조차 그리스도의 사랑이어야 한다는 것을 잊지 않고 살겠습니다.

〈가톨릭신문〉

2001년 2월 1일 수품

밀알 하나가 땅에 떨어져
죽지 않으면 한 알 그대로 남고
죽으면 많은 열매를 맺는다.

요한 12,24

조옥진 베드로 신부

  사목자로서의 고진감래의 삶은 바로 예수 그리스도의 삶이며, 착한 목자는 자기 양들을 위하여 한 알의 밀알이 땅에 떨어져 썩는 마음으로 헌신하는 데 있습니다.
  교회와 신자들을 위한 사목적 헌신은 고진감래의 진리처럼 교회와 신자들에게 풍성한 영적인 열매를 맺게 해 줄 것입니다.

1977년 12월 22일 수품

> 그분께서 우리에게
> 마음의 기쁨을 주시고,
> 우리 시대에 평화가
> 깃들게 해 주시길!
>
> 집회 50,23

주영돈 토마스 신부

21년 전 우리나라에는 참으로 많은 변화가 있었습니다. 오랜 군사 정권이 막을 내리고, 문민 정부가 들어선 때였지만, 지역 간 갈등이 극에 달한 시기이기도 했습니다. 모두가 애타게 바라던 문민 정부가 시작되면서 기쁨과 환호가 넘쳐 났지만, 지역 간 감정과 갈등의 골은 더 깊어만 가던 때였습니다. 이때 저는 사제 서품을 준비하면서 제 삶의 모토를 찾다가 이 성경 구절을 발견했습니다.

고통보다는 기쁨이, 다툼보다는 평화가 넘치는 세상을 살아가고 싶은 욕망을 누구나 간직하고 있습니다. 그러나 이 기쁨과 평화가 자기 자신만을 위한 것이라면 어떻게 될까요? 자기만 잘 먹고 잘 살면 되고, 내 이웃은 어떻게 되어도 괜찮다는 생각이 만연하다면 우리 시대는 얼마나 불행해질까요?

'나'만이 아니라, '우리' 모두에게 이 기쁨과 평화가 넘쳐 날 때, 우리 시대에 하느님의 나라가 도래하는 것이 아닐까요? 저는 사제로서 제가 우리 모두에게, 우리 시대에 기쁨과 평화가 넘쳐 날 수 있도록 하느님의 작은 도구로 쓰이길 바랍니다. 그런데 우리가 그토록 원하는 기쁨과 평화가 주님이 주시지 않으면, 주님 안에 머물지 않으면 온전히 얻을 수 없습니다.

기쁨과 평화는 성령의 열매며, 이 열매는 하느님께서 우리에게, 성령께서 우리에게 허락하실 때, 우리가 맺게 되는 선물이요, 은총입니다. 이 은총을 얻고자 오늘도 저는 간절히 기도합니다. 그리고 이 성령의 열매를 맺고자 오늘도 주님 곁에서, 그 주위를 맴돌며 살아가고자 합니다. 저는 믿습니다, 주님께서 이 모든 것을 우리에게 주신다는 것을.

사제 생활 20년째를 맞으며 지난 삶을 되돌아 보건대, 지금까지 뭘 하며 살아왔는지 모르겠습니다. 오늘 처음으로 돌아가 다시금 제 삶의 자리를 되돌아봅니다.

〈가톨릭신문〉

1994년 2월 5일 수품

청주교구

환경노동

사랑은 모든 것을 덮어 주고
모든 것을 믿으며 모든 것을 바라고
모든 것을 견디어 냅니다.

1코린 13,7

장봉훈 가브리엘 주교, 청주교구장

군 복무를 마치고 대신학교에 복학한 후 맞이한 첫 여름 방학을 결코 잊을 수 없습니다. 그해 여름, 방학도 신학교 생활의 연장이라는 교구 사제 양성 방침에 따라 소속 본당에서 지내게 되었습니다.

당시 본당 신부님은 미국 명문 하버드대 출신으로 본당에 사무실을 둔 신용 협동 조합의 비리를 감지하고 그 수습 책임을 제게 맡기셨습니다. 그러나 신협 비리를 수습하는 과정에서 뜻하지 않게 본당 신부님의 큰 오해를 받아 눈 밖에 나게 되었습니다. 그 후 맞이한 방학은 신부님의 냉대로 본당에서 설 자리가 없었을 뿐만 아니라, 성소의 위기와 갈등으로 제 인생 여정에서 가장 험난한 산등 하나를 넘어야 하는 고통의 나날이었습니다.

그러나 이 큰 역경은 하느님께서 손수 마련해 놓으신 은총의 선물이었습니다. 인근 진천 본당 신부님이셨던 사랑이 가득한 성스러운 분과의 만남 때문이었습니다. 메리놀 외방 전교회 신부님이셨던 그분은 제 성소 위기와 고통을 아시고 소속 본당 신부님이 이동될 때까지 매 방학을 진천 본당에서 생활할 수 있도록 숙식을 제공해 주셨습니다.

이것은 성소에 대한 지대한 관심과 인간에 대한 극진한 사랑이 없이는 내리기 어려운 용단이었습니다. 신부님은 들꽃 한 송이, 살아 있는 미물 하나, 그리고 사람을 진정으로 아끼고 사랑하는 거룩한 분이셨습니다. 신부님은 한겨울 눈이 많이 내린 날이면 사제관 뒤편으로 가셔서 잔디밭에 쌓인 눈을 쓸고 참새들을 위한 먹이를 잔뜩 뿌려 주곤 하셨습니다.

신부님과의 만남으로 참된 사제상을 찾았고, 신부님 닮은 사제가 되기 위해 제 수품 성구로 "사랑은 모든 것을 덮어 주고 모든 것을 믿으며 모든 것을 바라고 모든 것을 견디어 냅니다." (1코린 13,7)를 선택했습니다. 사제 수품을 앞둔 어느 날, 그 신부님이 고맙게도 일생 동안 미사를 거행할 작은 성작과 성반을 손수 마련해 선물로 주셨습니다.

사랑은 내어 주는 것입니다. 교구장으로 임명되기 전까지 개

인용 저금통장이 없었고 주머니 속 지갑에 들어 있는 것이 제 전 재산이었습니다. 이상하게도 지갑은 한 번도 비어 본 적이 없었습니다. 끊임없이 솟아오르는 샘물처럼 꼭 필요한 사람이 있어 모든 것을 주고 나면, 어김없이 그만큼의 돈을 누군가가 와서 채워 주곤 했습니다.

그동안 이 지갑을 통해 얼마나 많은 돈이 들어왔다 나갔는지 하느님만이 아십니다. 이 지갑을 통해 얼마나 많은 사람이 희망과 용기를 얻었는지도 하느님만이 아십니다. 비록 낡고 헐어 버린 볼품없는 지갑이지만 이 지갑은 '기적의 지갑'입니다.

제게는 두 개의 거울이 있습니다. 하나는 성소를 지켜 준 신부님이 선물한 성작이고 또 하나는 손때 묻은 낡은 지갑입니다. 매일 아침 성찬례를 거행하면서 예수님을 너무나 닮은 신부님을 기억하고 신부님을 본받으려고 새로운 다짐을 합니다. 가끔 책상에 모셔 둔 낡은 지갑을 보며, 사제 수품 성구를 선택했던 사제 생활의 초심으로 돌아가려고 옷깃을 여밉니다.

〈평화신문〉

1976년 5월 3일 수품

하느님은 사랑이시다.

1요한 4,16

김남오 알로이시오 신부

  사제직으로 이끌어 주신 하느님의 사랑에 감사하면서, 하느님의 영광과 하느님이 얼마나 자애로운 분이신지 증거하는 데 사제직을 바칠 결심으로 이 말씀을 사제 성구로 정하였습니다.

  믿음, 소망, 사랑 중에 제일은 사랑입니다. 사랑은 하느님의 근본입니다. 죄인을 부르시는 것도 사랑이시고 악인을 부르시는 것도 사랑이십니다. 하느님에게 죄인은 없습니다. 하느님은 사랑이시기 때문입니다.

  하느님의 사랑은 고난에서 나옵니다.

1989년 6월 29일 수품

하느님의 사랑을 받는 사람아, 안심하여라. 두려워 말고 힘을 내어라. 힘을 내어라. 다니 10,19

김웅열 토마스 아퀴나스 신부

원래 서품 예정일은 1983년 1월 28일 토마스 축일이었습니다. 그러나 당일 새벽에 서품 누락 통보를 받았습니다. 지병으로 앓았던 허리디스크 때문이었습니다. 동창들이 사제품을 받는 시각에 저는 병원에 있었고, 이 암담한 현실을 어찌 받아들여야 할지 고통스러웠습니다. 그때 침대 옆에 있는 성경을 발견했고 성경을 펼쳐들었는데, 그 순간 눈에 띄는 성경 구절이 바로 다니엘서 10장 19절이었습니다. 이 성경 구절로 성직을 포기하고 고향으로 가려던 결심을 버리고, 새로운 성소를 받은 기쁨에 많은 눈물을 흘렸습니다. 치유를 받고 사제가 된 지 30년이 다 되어 가지만 이 성구는 어려운 고비마다 저에게 큰 힘이 되었습니다. "주님! 이 말씀으로 성소를 지켜 주시고, 사제 되게 하시고, 사제로 죽게 이끌어 주시니 감사하나이다."

1983년 5월 14일 수품

일어나, 가시오!

요한 8,11

김태원 요셉 신부

　인간은 나약합니다. 유한합니다. 나약하고 유한하기에 쉽게 넘어집니다. 하느님은 성실하십니다. 무한하십니다. 그러기에 인간은 그분께 의지합니다. 그분께서는 성실하게 우리를 사랑하시고 우리에게 자비를 베푸십니다.

　사제직에 부르심 받은 저도 인간이기에 유약합니다. 그분의 사랑과 자비 없이는 홀로 일어설 수 없습니다. 그러기에 간음하다 붙잡혀 온 한 여인에게 하신 "일어나, 가시오."라는 예수님의 말씀은 한없는 사랑과 자비를 느낄 수 있는 말씀입니다. 이 말씀을 기억하며 승리의 월계관을 쓸 때까지 넘어지면 일어서는 오뚝이처럼 주님 안에서 성실하게 살고 싶습니다.

2001년 1월 29일 수품

오늘도 내일도 그다음 날도
내 길을 계속 가야 한다.

루카 13,33

박용근 베드로 신부

아버지의 뜻을 이루기 위해 죽음에 이르는 길임에도 불구하고 가야만 하는 예수님의 마음……. 어쩌면 사제로 살아가면서 다가올 많은 어려움과 시련, 유혹 속에도 서품 때의 서약을 잊지 않고 살아가고자 하는 염원을 담아 이 성구를 선택하였습니다. 죽음에 이를 때까지 온전히 사제로 살다가 온전히 사제로 생을 마치고 싶습니다.

낙타의 걸음이 빠르지 않는 것은 뜨거운 모래사막을 뚜벅뚜벅 잘 걸어가기 위해서입니다. 낙타가 죽음에 이를 때까지 걷는 것은 사막과 광야입니다. 죽음에 이를 때 다 이루었다고 말할 수 있도록 저의 삶을 봉헌합니다.

1992년 6월 29일 수품

평화가 너희와 함께

요한 20,21

송열섭 가시미로 신부

은경축이 되기까지 성모님의 노래 첫 부분인 "내 영혼이 주님을 찬송하오며"(루카 1,46 참고)가 제 서품 모토인 줄 알았습니다. 그러다가 몇 해 전에야 "평화가 너희와 함께!"(요한 20,21)가 제 모토였다는 것을 알게 되었습니다.

한심한 노릇이지만 생각해 보면 전혀 연관이 없는 것도 아닙니다. 성모님의 찬송은 결국 "우리의 평화"(에페 2,14)이신 구세주 예수님을 믿음으로 잉태하신 뒤에 부른 노래이기 때문입니다.

러시아의 이야기 한 토막을 되새겨 봅니다. 어느 날 한 노인이 놀이를 하는 아이들에게 "얘들아, 너희들 무슨 놀이를 하는 거니?" 하고 묻자 아이들은 "전쟁놀이를 하고 있어요." 하고 대답했습니다.

"얘들아, 그런 놀이는 좋지 않아요. 전쟁이란 나쁜 것이란다. 전쟁놀이를 하지 말고 평화놀이를 하려무나." 하고 노인이 말하자, "아, 그것 참 좋은 생각이네요."라고 아이들이 소리쳤습니다. 그런데 아이들이 갑자기 조용해졌습니다. 잠시 후에야 아이들은 노인에게 "할아버지, 평화놀이는 어떻게 해야 하나요?" 하고 묻는 것이었습니다.

전쟁놀이는 총을 쏘고, 칼을 휘두르고 죽이는 시늉을 하면 되는데, 평화놀이는 어떤 시늉을 하면 되는 것일까요?

성모님은 제1차 세계 대전이 끝날 무렵 파티마에서 어린이들에게 묵주기도가 곧 평화의 길임을 분명하게 가르쳐 주셨습니다. 묵주기도는 피를 흘리심으로써 평화를 이룩하신 그리스도의 십자가를 들고 시작하는 기도입니다. 그리고 성 요한 바오로 2세 교황님은 구원의 신비를 묵상하는 묵주기도는 '복음의 요약'이라 하셨습니다.

저의 사목 경험을 통하여 볼 때에도 묵주기도야말로 삶에 힘을 주고 구원으로 이끄는 평화의 길임을 확신합니다. 그래서 기회가 있을 때마다 평화를 갈망하는 신자라면 누구든지 적어도 매일 묵주기도 1단을 꼭 바치라고 권고합니다.

〈가톨릭신문〉

1977년 12월 22일 수품

그는 부러진 갈대를 꺾지 않고 꺼져 가는 심지를 끄지 않으리니, 성실하게 공정을 펴리라.

이사 42,3

안철민 아브라함 신부

사제품을 받기 전, '내가 사제가 될 자격이 있는가?'라는 '자격론'과 미래 직무 수행에 따른 '능력론', '도피론' 등 여러 물음 중 한두 가지를 두고 고민하지 않았던 부제는 없을 것입니다. 이런 고민에서 저도 예외는 아니었습니다.

아마도 사제성소를 제 능력과 소질 안에서만 찾으려 했기 때문인 것 같습니다. 하기야 지금도 사제 생활을 하며 하느님 능력에 시선을 두기보다 제 능력과 소질 안에서 사제직을 바라보고 해석하려 하는데, 그때는 더하면 더했지 덜하진 않았을 것입니다.

아무튼 여러 물음 속에서 확실한 것, 저를 붙들어 줄 만한 것이 필요했습니다. 그래서 성경 말씀을 찾아보았습니다. 탈출기에서 하느님이 모세에게 하신 "내가 네 힘이 되어 주겠다."라는 말씀으로 시작해서 비슷한 종류의 말씀들을 뽑았습니다. 그중 하나가 제 서품 성구인 이사야서 42장 3절의 말씀이었습니다.

'갈대가 부러지면 이미 갈대가 아닌데, 초가 불꽃을 내지 못하면 이미 초가 아닌데, 그런 갈대와 초를 꺾거나 끄지 않고 변함없이 기다려 주시면서 끝까지 성실하게 사랑해 주시는 분이 내가 따르고자 하는 하느님이시구나!'

이사야서 42장 3절은 제가 미처 보지 못한 신관神觀을 열어 주었습니다. 이사야서에서 드러난 하느님은 있는 그대로의 나, 때로는 그보다 못한 나를 지켜보시면서 성실하게 사랑해 주시는 하느님이셨습니다.

이 말씀을 주저 없이 선택했습니다. 그리고 이 말씀은 사제품을 받고 난 뒤로도 지금까지 끊임없이 제가 만들어 세우는 신관 안에서 허우적거릴 때마다 '하느님은 바로 이런 분이야.'라며 저를 이끌어 주는 등대가 되고 있습니다.

그리고 이 말씀은 실은 제 내면을 너무나 잘 아시는 성령께서 평생의 과제로 남겨 주신 말씀이 아닌가 싶습니다.

〈가톨릭신문〉

2000년 1월 28일 수품

주는 나의 힘 나의 노래

이사 12,2

양윤성 다윗 신부

사제품을 받기 얼마 남지 않은 부제들의 고민 중에 큰 고민은 바로 서품 성구를 정하는 일일 것입니다. 저 역시 그 고민에서 피해 갈 수 없었습니다.

사목 모토를 정해야지 하면서 정하지 못하고 있던 제가 성무일도를 하는 중 눈에 번쩍 뜨여서 찾은 구절이 이사야서 12장 2절 "주는 나의 힘 나의 노래"(성무일도 2주간 목요일 아침 기도 중)입니다.

이 구절을 보면서 두 가지를 생각합니다. 첫 번째는 '주님은 나의 힘'입니다. 사제가 되고 나서 가장 많이 생각하는 부분입니다. 어떤 사제나 마찬가지겠지만 사제가 살아가는 힘은 주님으로부터 온다는 것을 잊지 않으려는 마음입니다.

또 한 가지는 '주님은 나의 노래'입니다. 저는 이 구절을 보면서 라이브 무대에서 자신의 노래를 열창하는 가수를 생각합니다. 정말 훌륭한 가수들을 볼 때면 그 사람이 부르는 노래에 자신의 삶과 열정이 고스란히 묻어나는 것을 느낍니다. 비록 제가 노래를 잘 부르는 것은 아니지만 그런 가수들처럼 하느님에 대한 저의 고백과 사랑이 흘러나오기를 바라는 마음입니다.

삶이 힘들고 지칠 때 자신의 힘으로만 버티고 있는 모습을 보게 됩니다. 그럴 때는 노래도 나오지 않지요. 불평과 불만만 입에서 튀어나옵니다. 하지만 이럴 때 다시 서품 때의 모토를 생각해 봅니다.

'주님의 힘을 받아서 주님이 삶의 노래로 흘러나오는 사제.' 생각만 해도 입꼬리가 살짝 올라갑니다. 평생 이렇게 살 수 있도록 기도로 청해 봅니다.

〈가톨릭신문〉

1994년 6월 27일 수품

나는 그리스도 예수님 안에서 하느님을 위하여 일하는 것을 자랑으로 여깁니다. 로마 15,17

윤병훈 베드로 신부

본래 저의 학번은 '68'인데 신학교는 '78'입니다. 그러니까 10년 지나 사제가 되겠다고 신학교에 입문한 것입니다.

지금은 아니지만 그때는 편입 제도가 있었습니다. 그래서 늦깎이 신학생인 저는 행운아처럼 5년만에 사제가 됐습니다. 전국에 저 같은 단기 '생짜 사제'는 손으로 꼽을 정도입니다. 물론 지금 같아서는 어림도 없는 일입니다.

그 짧은 신학교 시간으로는 잘 우려낸 신학적 지식이나 영성의 깊이를 갖기에는 부족한 불운아였음을 솔직히 고백합니다. 이런 부족함 속에서 사제가 된다는 것은 큰 부담이었고 '과연 이런 내가 사제직을 수행한다면 어떻게 될까.' 하는 고민을 했습니다.

그럴 때 저는 '바오로 성인의 사도직'에 대한 말씀에 멈춰 섰습니다. 사제가 되는 길목에서 부러운 것은 정통파 소신학교 출신 신학생들이었으니 그런 면에서 저는 이방인 출신이었던 것입니다. 물론 저 역시 어린 시절부터 신앙이 있었지만, 제가 그들을 부러워했던 것은, 교회의 전통을 익혀 온 성덕과 자연스러움이었습니다.

그럼에도 지극한 사랑이신 하느님과 거룩한 교회는 부족한 저를 뽑아 사제로 세워 주셨습니다. 모두가 은총이지만 이는 저에게 더 큰 은총이었습니다. 이런 제가 훌륭한 사제로 살아가기 위해서는 미래를 향한 비전이 있어야 했고, 그 비전을 뒷받침할 믿음이 필요했습니다.

예수님 안에서 그분을 향한 믿음만이 사제의 삶을 훌륭하게 만드는 동력임을 알았습니다. 비록 '사제의 길'은 늦깎이지만 열정의 바오로 사도를 본받기로 다짐하며 제 마음에 새겼습니다.

바오로 성인의 이 말씀이 저의 전 생애를 걸 만큼 큰 말씀으로 다가왔고, 그래서 이 말씀을 '저의 사목 모토'로 삼았습니다. 사제 생활 31년째인 지금, 여전히 생짜 사제로 느껴지는 것은 왜일까요? 하느님을 향해 살아가는 것, 이것이 하느님을 위해 일하는 것임을 떠올리며 묵상합니다.

〈가톨릭신문〉

1983년 1월 26일 수품

밀알 하나가 땅에 떨어져
죽지 않으면 한 알 그대로 남고,
죽으면 많은 열매를 맺는다.

요한 12,24

이경호 베드로 신부

    많은 신자가 외우는 성경 구절일 것입니다. 그래서 '밀알 하나'만 써 놓더라도 자연스레 전체 구절을 떠올리게 됩니다.

    저의 서품 성구는 요한 복음 12장 24절 전체이지만, 특히 '밀알 하나'의 상징성을 마음에 두었습니다. 저는 '밀알 하나'의 상징성을 '겸손'으로 생각했습니다. 즉, 겸손한 사제가 되겠다는 생각을 했습니다.

    하지만 이 구절을 특별한 마음으로 정한 것은 아니었습니다. 어떤 사제는 강렬하게 다가온 말씀이 있어서 서품 성구로 정했다고 하던데, 저는 그렇지 않았습니다. 수많은 좋은 말씀 가운데 그냥 어느 하나를 선택한 것이었습니다.

    그러나 지금까지 사제 생활을 하면서 이 말씀이 저의 사제 생활을 지배해 간다는 생각을 합니다. 저의 서품 성구는 사제 생활을 통해서 제가 이루어야 할 과업이라는 생각이 드는 것입니다. 하느님께서 제가 평생 해야 할 숙제를 주신 셈입니다. 처음에는 간절하지 않던 말씀이 점점 더 간절하게 다가옵니다.

2003년 1월 24일 수품

**하느님께서는 지혜로운 자들을
부끄럽게 하시려고 이 세상의
어리석은 것을 선택하셨습니다.
그리고 하느님께서는 강한 것을
부끄럽게 하시려고 이 세상의
약한 것을 선택하셨습니다.** 1코린 1,27

장병철 바오로 신부

    신학교 입학을 결정할 때나 사제품을 앞두었을 때나 언제나 제 자신이 부족하다고 느꼈고 그때마다 제가 사제로 뽑힌 이유가 오히려 부족하고 어리석기 때문이리라 여기며 이 구절을 선택하였습니다. 세상의 지혜를 뽐내는 것이 세상에서 가장 부끄럽고 어리석은 짓이 아닐까요? 하느님께서는 스스로를 어리석다고 여기는 사람을 사랑하십니다. 사람의 교만이야말로 진정 어리석음이지요. 하느님의 지혜의 샘은 어리석고 약한 것에 있습니다.

1995년 6월 23일 수품

주님, 아침에는 당신의 사랑을, 밤에는 당신의 진실을 알림이 얼마나 좋으니이까!

시편 92,3

장인산 베르나르도 신부

주님의 은혜로 고귀한 사제직에 오른 저에게 주님의 은혜를 사람들에게 알리고 전해 주는 일이야말로 참으로 기쁘고 좋은 일이라고 생각합니다.

저는 6·25 전쟁 중에 아버지를 잃고(전사) 홀어머니 밑에서 동생과 함께 자랐습니다. 대구로 피난 갔을 때 저는 소아마비에 걸렸습니다. 숟가락도 제대로 들지 못하는 저를 위해 어머니께서 주님께 자비를 청하며 성모님의 전구를 간청하셨고, 주님의 축복으로 저는 후유증 없이 완쾌되었습니다.

주님 은혜에 보답하고자 사제의 길을 가게 된 저는 매일 미사를 집전할 때마다 감사를 드리며, 아침저녁 주님의 사랑과 진실하심을 널리 알리고픈 마음을 간직하며 살아가려 합니다.

주님의 크신 사랑과 축복 속에 동생도 사제가 되는 은혜를 받았고, 어머니와 함께 기도드릴 때마다 주님의 사랑을 노래하고 주님의 성실하심을 찬미하며 감사드립니다!

"저는 주님의 자애를 영원히 노래하오리다. 제 입으로 당신의 성실을 대대로 전하오리다."(시편 89,2)

1979년 6월 15일 수품

> 성령께서 맺어 주시는 열매는 사랑, 기쁨, 평화, 인내, 친절, 선행, 진실, 온유, 그리고 절제입니다.
>
> 갈라 5,22-23

장홍훈 세르지오 신부

신학교에 입학하려면 본당 신부님의 추천서를 받아야 했습니다. 그때 추천서를 써 주신 신부님이 "어떤 신부가 되고 싶은가?"라고 물으셨습니다. 저는 마음이 넓고 생각이 깊은 신부가 되고 싶다고 말씀드리면서 "마르지 않는 샘물처럼 영적인 물을 끊임없이 길어 올리는 신부가 되고 싶습니다."라고 대답했습니다. 그러나 신학생으로 생활하다 보니 그것은 쉬운 일이 아니었습니다. 사제의 길을 가는 데에는 하느님의 무한한 은총과 도우심이 있어야 함을 깊이 깨달았습니다. 참으로 생명의 주님이신 성령의 도우심이 있어야 함을 깨우쳤습니다.

그리고 어느 순간부터 이런 기도를 바치게 되었습니다. "불이 되어라. 불이 되어라. 새벽 어둠에 동이 터 올 때까지. 그대를 던지고 그대를 바치라. 어두운 밤 지나 임 얼굴 환희 비출 때까지." 그리고 사제가 될 때 하느님이 저에게 주신 은총을 헛되이 하지 않는 사제, 하느님의 사랑을 가득 담은 사제로서 항상 정신을 똑바로 차리고 깨어 있겠다고 다짐했습니다.

이런 저의 삶의 지향을 담아 사제 서품 성구를 "성령께서 맺어 주시는 열매는 사랑, 기쁨, 평화, 인내, 친절, 선행, 진실, 온유, 그리고 절제입니다."(갈라 5,22-23)라고 정했습니다.

1993년 6월 29일 수품

지금은 내가 하자는 대로 하여라.

마태 3,15

최광조 프란치스코 신부

　신학교 생활을 마무리하는 마지막 학기 때였습니다. 신학교는 매 학기를 피정으로 시작하는데 저는 신학교에서의 마지막 피정을 잘해 보겠다는 생각에 '사제란 누구인가?'를 피정 주제로 선정했습니다. 3개월 후면 사제품을 받기에 '사제란 누구인가?'에 대해 다시 한 번 깊이 성찰하는 것도 좋을 것 같았습니다.

　피정이 시작되었는데 피정 시간이 흐를수록 혼란스러워졌습니다. '내가 과연 사제가 될 수 있을까? 사제가 될 만한 자격이 나에게 있을까?' 하는 생각 때문이었습니다.

　무엇보다도 하느님 대전에서 사제로 심판받아야 한다는 사실이 너무나 두려웠습니다. 극심한 혼란과 두려움 속에서 방황하는 가운데 피정은 끝나고 말았습니다. 저는 아무것도 할 수가 없었습니다. 수업도, 성무일도도, 미사도……. 그래서 노트에 적기 시작했습니다. 제 자신을 들여다보면서 제가 사제가 될 수 있는 이유와 없는 이유를 구분해 보았습니다. 결과는 참

혹했습니다. 사제가 되어서는 안 될 이유는 많은데 사제가 될 수 있는 이유는 찾아볼 수 없었습니다. 한 달간 고민 끝에 영성 지도 신부님을 찾아간 저는 사제직을 포기하겠다고 말씀드렸고 신부님은 나갈 때 나가더라도 일주일만 더 생각해 보라고 하셨습니다. 그렇게 말씀드리고 나니 홀가분했습니다.

저는 홀가분한 마음으로 책상에 앉아 성경을 펼쳤습니다. 그때 제 눈에 들어온 한 구절이 있었습니다. "지금은 내가 하자는 대로 하여라."라는 말씀이었습니다. 다른 글귀는 보이지 않았습니다. 그 순간 심장이 멈추는 것 같았습니다. 그리고 깨달았습니다. '아! 내가 참으로 교만했구나. 자격의 문제가 아니라 사랑으로의 부르심인데.' 그래서 저는 사랑의 부르심에 응답할 수 있었고 사제로 살아가는 은총을 그분께 받았습니다. 그럼에도 지금도 주님과 매사에 씨름하고 있는 저 자신을 봅니다.

매 순간 저는 이렇게 하고 싶은데 주님은 저렇게 하라고 하십니다. 그때마다 "지금은 내가 하자는 대로 하여라."라는 주님의 말씀을 상기하면서 그분의 뜻에 순명하는 사제가 되려고 노력합니다.

〈가톨릭신문〉

1991년 6월 29일 수품

너는 멜기세덱의 품위를 따라 영원한 사제이니라. 시편 110,4

최법관 베드로 신부

성소聖召의 뜻이 무엇인지도 모르던 어린 저에게, 어머니는 가끔 이런 말씀을 들려주셨습니다. "너는 멜기세덱의 품위를 따라 영원한 사제이니라." 이것이 구약 성경 시편의 말씀이라는 것을 좀 더 커서야 알게 되었습니다. 그리고 아들을 사제로 봉헌하고 싶은 어머니의 마음이 담겨 있었다는 것은 좀 더 철이 들어서야 알게 되었습니다.

사실 중학생 시절, 예비 신학생 모임에 나가기는 했지만 이 말씀을 진지하게 생각해 본 적은 없었습니다. 좋은 대학에도 가고 싶었고, 성공해서 돈도 많이 벌고 싶었습니다. 하지만 한 번 두 번 듣던 것이 어느새 제 마음에 박혀 버렸는지 언제부터인가 그 말씀이 입안에서 맴돌기 시작했습니다. "너는 멜기세덱의 품위를 따라 영원한 사제이니라. 너는 멜기세덱의 품위를 따라 영원한 사제이니라……."

대학생 시절 고향 본당에서 주일학교 일을 도우면서 늘 그 말씀을 떠올렸습니다. 금요일 밤 내려가 월요일 새벽 기차를 타고 서울로 올라오는 고된 일과였지만 하나도 힘든 줄 몰랐습니다. 어머니가 뿌려 주신 성소의 씨앗이 이미 마음속에서 커다란 나무로 훌쩍 자라 버렸던 것입니다. 그래서 한 해만 더 다니면 졸업할 수 있는 대학을 그만두고 신학교를 갔을 때, 저는 가장 좋아하는 성경 구절로 기꺼이 시편 110편 4절을 적었습니다. 그리고 서품을 받을 때도 그 어떤 망설임 없이 이 구절을 선택했습니다.

"너는 멜기세덱의 품위를 따라 영원한 사제이니라."

서품 성구처럼 멜기세덱의 품위를 따르는 사제가 되었으면 좋겠습니다. 지극히 높으신 하느님을 섬기는 사제였던(창세 14,18 참고) 멜기세덱은 정의의 왕이며 평화의 왕이었습니다(히브 7,2 참고). 그러니 저 또한 욕심과 욕망을 섬기지 않고 오직 지극히 높으신 '하느님만을 섬기는 사제'가 되기를 희망합니다. 불의와 위선 대신 '정의와 평화를 사랑하는 사제'가 되기를 바랍니다. 무엇보다도 성소를 위협하는 모든 유혹을 이겨 내고, 죽는 그 순간까지 '영원한 사제'로 살기를 기도합니다.

2003년 1월 24일 수품

마산교구

저는 주님의 자애를 영원히 노래하오리다.

시편 89(88),2

박정일 미카엘 주교

주님의 자애는 주님의 자비와 사랑입니다. 주님의 긍휼입니다. 부당한 사람이 하느님의 자비하심으로 사제가 된 것을 감사하는 마음으로 찬미와 감사의 사제 생활을 다짐합니다.

주님의 자애는 끝까지 결코 변하지 않습니다. 고통을 버텨내는 힘을 주시는 것도 주님의 자애입니다. 슬픔을 함께 나누는 배려도 주님의 자애입니다. 주님은 버림받은 이들의 고통과 슬픔까지도 끝까지 함께하시는 자애로운 분이십니다.

1958년 11월 23일 수품

마산교구

내가 세상 끝 날까지 언제나 너희와 함께 있겠다.

마태 28,20

강윤철 요한 보스코 신부

　힘들 때 기댈 수 있고 늘 묵상하며 살 수 있는, 삶의 기둥으로 삼을 이 말씀을 마음에 품었습니다. 사제직의 고귀함에 비해 저는 나약하기에, 그분을 의지하지 않고서는, 그분의 보살핌 없이는 사제 생활을 제대로 할 수 없겠다고 생각했습니다.

　그러던 중 요한 세례자의 고향인 이스라엘의 '엔 케림'에서 8일간 침묵 피정을 하게 되었습니다. 그리고 면담 때 '사제로서 살아가기가 힘들고 두렵다'고 지도 신부님에게 말씀드렸고, 그분은 탈출기 3장 12절의 말씀을 들려주셨습니다. 그것은 바로 "내가 너와 함께 있겠다."라는 구절이었습니다. 이스라엘 백성을 해방시키라는 사명을 하느님에게서 받은 모세가 "제가 무엇이라고 감히 그 일을 할 수 있겠습니까?" 하자 하느님께서 바로 이 말씀을 하십니다.

그곳에 있는 두 성당, '요한 탄생 성당'과 성모님의 '방문 성당'을 오가며 하루 종일 이 말씀을 곱씹었습니다. 처음에는 아무 느낌이 없었습니다. 그러나 하루가 끝날 무렵에 이 말씀으로 온몸이 가득 차고, 마음이 편안함으로 퍼져 갔습니다.

'주님께서 함께 계시겠다는데 그 이상의 힘이 어디 있겠는가!' 하느님께서 끊임없이 이 말씀을 선포하셨다는 사실을 성경에서 뒤늦게 알고 경탄했습니다.

실제로 성자 예수님께서 우리에게 오시어 함께 사셨고, 승천 때 약속하셨고, 사도들에게도 주신 말씀임을 뒤에 다시 깨달았습니다. "저를 지켜 주소서."라는 저의 청원에 "내가 너와 함께 있겠다."라고 하신 하느님의 응답이셨던 것입니다.

1979년 12월 29일 수품

말씀이 사람이 되시어 우리 가운데 계시도다.

요한 1,14

김정훈 라파엘 신부

신영복 선생님이 이렇게 말씀하셨습니다.
"관계의 시작은 입장의 동일함이다."

저 자신이 앞으로 사제의 삶을 살아가면서 '위up'에 있는 자가 아니라 '안in'에, 그리고 '함께with' 있는 자로 살아가고 싶은 마음을 가지기 위해 이 말씀을 성구로 새겼습니다.

하느님은 구약에서부터 우리와 함께 계시는 하느님, 즉 임마누엘이라고 예언되셨습니다(이사 7,14 참고). 이 임마누엘 하느님 예언이 마태오 복음 1장 23절에서 실현되었음을 알려 주었고, 요한 복음에서는 아름다운 찬미가로 표현되었습니다. 그분처럼 저도 사람들 가운데 사람들과 함께 사는 사제가 되고 싶습니다.

1998년 1월 20일 수품

아버지, 아버지의 영광을 드러내소서.

요한 12,28

박창균 시메온 신부

신학교에 입학시험을 치러 갔습니다. 면접시험을 보는데 교수 신부님 한 분이 "자네는 예수님을 누구라고 생각하는가?" 하고 물으셨습니다. 무엇이라 대답했는지 기억이 없습니다만 그것은 하나의 화두가 되어 신학생 시절 내내 따라다녔습니다. 그러고는 예수님은 아버지이신 하느님의 말씀과 뜻을 하나도 어김없이 사시다가 죽음까지도 받아들이셨고, 하느님께서 부활시켜 주시고, 영광스럽게 해 주신 분임을 깨달았습니다.

그분이 하신 일은 오로지 아버지의 영광을 드러내는 일이었습니다. 요즘 교회는 청소년 문제에 골치를 썩고 있습니다. 그것을 위하여 수많은 투자도 하고, 엄청난 노력을 하지만 주일학교는 황폐화되고 있습니다. 눈물겨운 노력에 찬사를 보내면서 한편으로는 제대로 된 노력을 했으면 하는 바람입니다.

그것은 청소년 자신들의 문제이기보다는 교육 제도의 문제, 나아가 사회 전반의 문제이기 때문입니다. 모두가 실용을 표방하면서 돈벌이에만 관심을 가집니다.

거기에다가 양극화의 문제는 더욱 심각한 수준에 이릅니다. 소득의 공평한 분배가 이루어지지 않고, 가진 자들은 더 많이 가지기 위하여 없는 이들의 피까지 빨아먹을 태세입니다. 소득의 격차가 해소되지 않는 이상 주일학교를 위한 어떠한 노력도 허무한 일이 됩니다.

교회가 하는 모습도 이와 비슷합니다. 좋은 목적을 위한 일이라면서 제대로 된 수단을 사용하지 않는 경우를 너무도 자주 봅니다. 나아가 예수님께서 찾아가시던 소외된 이들에게서 너무나 멀리 있는 교회의 모습도 봅니다. 그러면서 그것을 세상 물정이라 합니다.

저는 세상 물정을 모르는 신부입니다. 교회는 세상 물정이 아니라 하느님의 말씀을 살아가야 하고, 그것을 가르쳐야만 합니다. 참으로 하느님의 영광이 교회를 통하여 드러나길 기도드립니다.

〈가톨릭신문〉

1985년 1월 28일 수품

나는 착한 목자이다. 나는 내 양들을 알고 내 양들도 나를 안다.

요한 10,14

이은진 도미니코 신부

어려서부터의 꿈인 사제가 되기 위해 신학교를 가게 되었습니다. 대구에 있는 소신학교였는데 입학을 하고 보니 이름이 선목중고등학교였습니다. 선목(善牧, Bonus Pastor) 이름 그대로 착한 목자 신학교였고, 선생 신부님들께서 기회가 있을 때마다 똑똑하고 유익한 사제가 아니라 착한 성인 사제가 되라고 늘 강조해서 말씀하셨습니다. 저의 지향과 어찌 그대로 일치하는지 신기하고 감사했습니다.

사제품을 받을 때가 되자 저는 당연히 이 구절을 제 성구로 선택하였습니다. 사제로서 산다는 것은 착한 목자이신 주님을 본받아 당연히 착한 사제로 살고 양 떼를 위해서는 목숨도 아낌없이 바쳐야 하고 그렇게 살 수 있어야 한다고 생각했습니다. 그러나 사제로서 살면서 착한 목자로 사는 게 쉽지 않았습니다. 즉 양들을 위해 목숨까지 바칠 정도로 헌신하고 있다고 과연 자신할 수 있는지, 생각해 보면 부끄럽기 그지없습니다.

그러던 지난 성소 주일, 교계 신문에 이런 기사가 실린 것을 보았습니다. 대전 교구 합덕 본당에서 30년간 사목하시다가 한국 전쟁 중 피난을 가지 않고 성당에 남아 성당과 양 떼를 지키다 순교하신 파리 외방 전교회의 고故 백필립 신부님을 기리며 그 본당 출신 후배 사제들이 흉상을 세웠다는 내용이었습니다. 그 흉상은 본당 발전을 위해 힘쓰다 순교한 신부님의 희생정신과 영성을 본받고, 시복 시성을 기원하는 의미로 봉헌된다는 것이었습니다.

저는 제 자신이 부끄럽기도 하고 그러한 삶을 사신 신부님이 부럽기도 하였습니다. 눈이 번쩍 뜨였습니다. 부족하지만 저도 조금이라도 그러한 분들을 본받아 참사제가 되어야겠다고 생각했습니다. 사제로 산 30년을 반성하면서 앞으로 착한 목자로서 양 떼를 위해서 모든 것을 바칠 수 있는 사제로 살기를 다짐해 봅니다.

1981년 2월 2일 수품

너희가 나를 뽑은 것이 아니라 내가 너희를 뽑아 세웠다.

요한 15,16

이정근 요한 신부

저는 군 제대 후 신학교 복학하기 전에 교구에서 마련한 복학생들을 위한 개인 피정을 통해 사제성소를 확인하고 이에 따라 마지막 결단을 내리려고 했습니다.

그동안 성소를 생각하며 고민했던 문제는 '하느님께서 정말 나를 필요로 하시는 것일까? 말더듬이인 내가 어떻게 사제 생활을 할 수 있을까?'라는 것이었습니다. 사실 제가 말더듬이라는 사실을 인정하기가 싫었고, 숨기고 싶었습니다. 그렇다고 이대로 서품을 받을 수는 없는 일이었습니다.

그래서 복학생 피정을 통해 이러한 문제에 대한 명확한 해답을 찾기를 원했고, 그 해답을 찾지 못하면 신학교를 그만둘 생각이었습니다.

개인 피정은 하루 종일 성체 앞에서 그날 주어진 성경 구절만을 묵상하는 것이었는데 삼 일째 되는 날 드디어 제가 원하던 답을 얻게 되었습니다. "너희가 나를 뽑은 것이 아니라 내가 너희를 뽑아 세웠다."

바로 이 구절을 읽으면서 강한 충격을 받았고, 이 구절을 통해 하느님께서 저를 불러 주셨다는 사실을 확인할 수 있었기에 기쁨의 눈물을 흘렸습니다. 또한 "너희가 내 이름으로 아버지께 청하는 것을 그분께서 너희에게 주시게 하려는 것이다."(요한 15,16)는 구절을 저는 저에게 부족한 것을 하느님께 청한다면 그분께서는 다 들어주실 것이라는 약속으로 받아들였습니다.

이렇게 하여 복학생 피정을 통해 성소에 대한 확신을 얻게 되었고, 신학교에 복학을 하여 마침내 사제품을 받았습니다. 따라서 이 구절을 통해 사제성소에 대한 확신을 가질 수 있었기에 이 구절을 사제 생활의 모토로 삼았고, 힘들고 어려울 때마다 이 구절을 한 번씩 되새겨 보면서 하느님의 도움을 청하며 살아가고 있습니다.

말더듬이는 쉽게 고쳐지는 것은 아니지만 세월이 지난 지금, 하느님의 도우심으로 사제 생활하는데 별 어려움이 없을 정도로 고쳐졌습니다.

〈가톨릭신문〉

1999년 1월 28일 수품

하느님은 사랑이십니다. 1요한 4,16

이흥우 베네딕토 신부

  부제품을 받고 부끄러움을 느껴 많은 생각을 하게 되었습니다. 그리고 제게 허락된 이 모든 일은 '하느님께서 사랑'이시기 때문이라는 것을 깨닫게 되었습니다. 그렇지 않고는 부족하고 부족한 제게 허락될 수 없는 일이기 때문입니다.

  서품을 앞두고 사목 모토를 정할 즈음 아우구스티노 성인의 《요한 서간 강해》의 한 부분을 듣게 되었습니다.

  "그대는 단 한 가지 짤막한 계명을 받았습니다. 사랑하십시오. 그리고 그대 마음대로 하십시오. 침묵하려거든 사랑으로 침묵하십시오. 말을 하려거든 사랑으로 말하십시오. 바로잡아 주려거든 사랑으로 바로잡아 주십시오. 용서하려거든 사랑으로 용서하십시오. 마음 깊은 곳에 사랑의 뿌리를 내리십시오. 이 뿌리에서는 선한 것 말고는 그 무엇도 나올 수 없습니다."

  성인의 이 말씀은 다시금 제가 살면서 결코 잊지 말아야 하는 것이 바로 하느님은 사랑이시라는 것입니다. 그래서 "하느님은 사랑이십니다."(1요한 4,16)를 사목 모토로 정했습니다. 그리고는 외젠 뷔르낭의 〈부활 아침 무덤으로 달려가는 제자 베드로와 요한〉을 서품 상본 그림으로 사용하였습니다. 이른 새벽 주님이 사라졌다는 소식을 듣고 무덤을 향해 달려가는 두 제자, 간절히 두 손을 모은 요한과 눈물이 그렁그렁하게 맺힌 베드로, 그들은 무슨 생각을 하며 달렸을까요? 세 번이나 주님을 모른다고 부인한 베드로는 더욱 부끄러움과 죄책감이 컸을 것입니다.

그래서 주님이 사라졌다는 말이 사실이 아니길 빌었을 것입니다. 부끄러움과 죄책감 속에서도 간직했을 베드로의 그 어리석은 간절함을 저도 갖고 싶었습니다.

"죽은 이들 가운데에서 다시 살아나셔야 한다는 성경 말씀을 아직 깨닫지 못하고 있었던"(요한 20,9) 어리석지만 순수한 간절함을 가지고 싶어서 이 그림을 서품 상본으로 정했습니다. 어리석지만 순수한 간절함을 지켜 나간다면 베드로를 도구로 삼으셨듯이 저 또한 주님의 작은 도구가 될 수 있을 것 같았기 때문입니다.

일상에 묻혀 너무도 쉽게 잊고 쉽게 포기하는 저를 되돌아봅니다. 다시금 하느님은 사랑이심을, 어리석지만 순수한 간절함을 기억하고 되살려야 함을 절감합니다.

〈가톨릭신문〉

2004년 1월 13일 수품

당신 자신을 낮추셔서 죽기까지, 아니, 십자가에 달려 죽기까지 순종하셨습니다.

필리 2,8

정중규 클라로 신부

예수님의 삶을 조금이나마 닮고자 사제가 되었기에, 예수님의 강생의 신비와 인간을 위한 십자가의 대속물이 되신 겸손의 삶을 따르고자 이 성구를 선택하였습니다.

겸손은 기도의 힘입니다. 하느님을 향해 마음을 들어 높이고, 하느님의 은혜를 청하는 것은 하느님을 받아들이는 사람, 겸손한 사제가 해야 할 의무며 소명입니다. 겸손한 사제는 십자가에 달려 죽는 순교적 삶을 사는 사람입니다.

1976년 5월 3일 수품

지금까지 하느님을 본 사람은 없습니다. 그러나 우리가 서로 사랑하면 하느님께서 우리 안에 머무르시고, 그분 사랑이 우리에게서 완성됩니다.

1요한 4,12

조영희 아나니아 신부

하느님은 '있는 자'로서 그분입니다. 하느님은 '나로서 나'이신 분입니다. 하느님은 보이지 않는 분이지만, 우리가 서로 사랑하면 하느님은 있는 자로서 우리에게 보여지십니다. 하느님께서 스스로 자유로이 당신이 누구신지를 드러내 보이실 때를 우리는 기다려야 합니다.

이 성구는 실생활에서 사랑을 실천해야만 하느님을 대하고 하느님 안에 살게 됨을 깨닫게 해 줍니다. 하느님은 그냥 볼 수 있는 분이 아니고, 또 아무도 그렇게 한 사람이 없다는 사실이 더욱 실천을 강조합니다.

1975년 12월 8일 수품

그리스도와 함께 죽었으니, 이제 그리스도와 함께 삽니다.

로마 6,1-14

차광호 파스칼 신부

지금까지 살아오면서 가장 행복했던 때를 떠올린다면 사제 서품을 앞둔 시간들에서 찾을 수 있습니다. 온전히 주님 안에 머물고자 했으며, 온통 주님을 향하려 했기 때문입니다. 돌이켜 보면 그것은 하느님께서 베푸시는 은총과 사랑에 대한, 그 무엇과도 바꿀 수 없는 체험이었습니다.

하느님께서는 제가 찾아 나서기 전에 먼저 저를 알아 주시는 분, 제가 진정으로 원하는 것이 무엇인지 알기 전에 먼저 저를 채워 주시는 분, 제가 청하기 전에 먼저 함께해 주시는 분이십니다. 그분을 통해 모든 것을 바라보려 했고, 그분을 위해서라면 무엇이든 받아들이려는 마음으로 가득 차 있었습니다.

그러한 기쁨과 결심으로 서품을 기다리면서 사목 모토를 묵상하고 정하게 됩니다. 저의 사목 모토는 그리스도와 운명을 같이 한다는 그리스도인의 실존을 근본적으로 표현한 바오로 사도의 로마 신자들에게 보낸 서간 6장 1-14절 전체를 묵상하면서 정리한 것입니다.

우리 교회의 뿌리가 성삼위이신 하느님의 친교와 사랑에 닿아 있으며, 우리 그리스도인들의 삶 또한 그리스도의 삶과 죽음과 부활에서 비롯합니다. "그리스도와 함께 죽었으니, 이제 그리스도와 함께 삽니다 Cum Christo mortui sumus, cum Christo vivemus." 사제 생활을 시작하면서 그리고 신앙인으로서 이러한 '근본'에서 비켜 나지 않고자 하였으며, 그러한 '초심'을 잃지 않으려 했습니다. 그러한 의미에서 서품 상본을 "주님의 승천"으로 택하였습니다.

지금까지 사제로서 모토에 따라 잘 살아왔는지 살펴보고 싶지는 않습니다. 다만 주어진 일에 충실할 따름입니다. 덧붙인다면 서품을 앞두고 있는 부제님들에게 행복하고 기쁘게 지내라고 당부하고 싶습니다. 그 행복과 기쁨이 바로 주님께서 주시는 은총의 선물이며, 사제 생활의 긴 여정을 지탱할 힘을 주는 하느님 체험이기 때문입니다.

〈가톨릭신문〉

1987년 6월 28일 수품

내가 너희를 사랑한 것처럼 너희도 서로 사랑하여라.

요한 15,12

최봉원 야고보 신부

어느 날 신학교 신약학 강의 시간에 교수 신부님께서 "예수란 누구인가?"라고 칠판에 쓰고서 간단히 말해 보라고 하셨습니다. 갑작스러운 질문에 아무도 대답하지 못했습니다.

그러자 신부님은 "예수님은 깡그리 당신 자신을 남을 위해 바친 분이다. 여러분이 신부가 되려고 하는 것은 자신을 위함이 아니고 예수님처럼 남을 위해 봉사하기 위함이다."라고 하면서 강의를 이어 가셨습니다.

그때 많은 것을 깨달았습니다. 바로 '그렇게 사는 것이 사랑의 삶이며, 사제는 그러한 사랑을 실천하는 자이구나.'라고 생각했습니다. 그리하여 이 말씀을 저의 좌우명으로 삼았고, 서품 성구로까지 정하게 되었습니다.

사제가 된 후부터 그 말씀에 따라 열심히 살려고 했지만 아직도 부족함이 많습니다. 믿음과 희망과 사랑 가운데서 으뜸이 사랑이라고 했는데, 그 사랑의 실천을 위해 오늘도 서품식 때의 서약을 되새기면서 제 길을 가고자 합니다.

1977년 12월 28일 수품

누가 감히 우리를 그리스도의 사랑에서 떼어 놓을 수 있겠습니까?

로마 8,35

황병석 파스칼 신부

주님 당신은 사랑이십니다. 주님 당신은, 모든 것에 있어서 부족한 저를 불러 주시어 지금까지 한결같은 사랑으로 이끌어 주셨습니다. 가야 할 길은 가지 않고 가지 말아야 할 길을 수도 없이 가는 못난 저를 하느님께서는 언제나 제자리에 불러 앉혀 주셨기 때문입니다.

"누가 감히 우리를 그리스도의 사랑에서 떼어 놓을 수 있겠습니까?"(로마 8,35)

이 말씀은 제가 살아온 세월의 삶을 압축해 주는 말씀이었습니다. 아무도 가톨릭 신자가 없는 집안에서 저는 세례를 받았고, 고3 때 아버지께서 남기신 신학교를 포기하라는 마지막 유언을 뒤로하고, 신학교에 입학하고는 부제가 될 때까지 공납금

한 번 내지도 않고 서품을 받았습니다.

　보좌 신부 생활 3년을 마치고 주임 사제로 발령받은 첫 본당에서 신자 100명 정도와 함께 성전을 신축하고, 준본당 두 곳을 동시에 맡아서 사목을 하고, 출신 본당이 있는 고향과 종합 복지관에 가서 사목도 해 보았습니다. 지금은 교구의 일을 하고 있습니다. 저는 이 모든 것이 주님의 특별한 은총이라고 말할 수 있습니다.

　사제로 산다는 것이 쉽지만은 않다는 것을 늘 느끼지만 주님께서 언제나 제자리로 불러 앉혀 주실 것이기에 용기를 가지고 살고 있습니다.

　서품을 받고 23년이 지난 지금 다시 생각해 보아도 잘 선택한 말씀인 것 같아 마음이 든든합니다.

　"누가 감히 우리를 그리스도의 사랑에서 떼어 놓을 수 있겠습니까? 환난입니까? 역경입니까? 박해입니까? 굶주림입니까? 헐벗음입니까? 혹 위험이나 칼입니까? …… 우리는 우리를 사랑하시는 그분의 도움으로 이 모든 시련을 이겨 내고도 남습니다."(로마 8,35-37)

〈가톨릭신문〉

1991년 7월 1일 수품

> 예수님께서 베드로에게 말씀하셨다.
> "나는 너의 믿음이 꺼지지 않도록
> 너를 위하여 기도하였다."
>
> 루카 22,32

황봉철 베드로 신부

다들 그랬겠지만, 부제품을 받겠다는 청원서를 내고, 불안한 마음은 이만저만이 아니었습니다. 확신이나 표징이 있었으면 했습니다. 그래서 어릴 때 아버지가 하셨던 방법을 택했습니다. 성호를 긋고 눈을 감고 성경을 펼쳤습니다. 가장 먼저 눈에 들어오는 대목이 주님께서 저에게 주시는 표징으로 삼기로 한 것입니다.

그런데 눈에 들어온 것은 베드로가 주님을 배반하는 대목이었습니다. 가슴이 철렁 내려앉았습니다. '1964년부터 1980년까지 일구월심으로 신부가 되겠다는 마음으로 묵주기도를 해 왔는데, 주님을 배반하다니? 이는 분명 신부가 되지 말라는 말씀이 아닌가?' 답답하고 무거운 마음으로 일주일간의 피정에 들어갔습니다.

피정의 집은 인스부르크에서 15킬로미터쯤 떨어진 어느 수녀원이었고 1월이라 사방은 온통 흰눈으로 덮여 적막강산처럼 고요했습니다. 혼자 산보를 하며 마을 쪽으로 오는데 아이들이 눈 장난을 하고 있었습니다. 잠시 동심으로 돌아가 그 애들과 함께 뒹굴며 한참을 놀았습니다.

돌아오는 길에 묵주를 꺼내 기도를 바치려고 했습니다. 그런데 있어야 할 묵주가 없는 것입니다. 눈앞이 캄캄해 오고 머리가 아찔했습니다. 왜냐하면 그 묵주는 소신학교 1학년 때부터 간직해 온 소중한 묵주이기 때문입니다.

'이 묵주를 잃어버리지 않고 기도를 하면 신부가 될 것으로 믿어 왔는데, 이 순간 묵주가 없어지다니. 이는 또 다른 확실한 징표이구나, 신부가 되지 말라는.'

하지만 넓은 눈밭에서 하얀 묵주를 어찌 찾겠습니까? 포기하는 순간 온갖 생각이 다 났습니다. 피정의 집으로 돌아와 혹시나 하고 모든 곳을 다 뒤졌습니다. 뜻밖에도 어제 입었던 외투 오른쪽 주머니에서 그 묵주가 나왔습니다.

뜨거운 눈물이 확 쏟아졌습니다. 그리고 성경 대목을 다시 펼치니, 이번에는 베드로의 배반 대목 중에서 바로 이 말씀이 눈에 들어왔습니다.

"나는 너의 믿음이 꺼지지 않도록 너를 위하여 기도하였다."
그렇습니다. 제가 흔들릴 때 주님께서 기도해 주신다고 하시니 저는 용기를 낼 수 있었습니다. 든든해지는 마음이었습니다. 잃어버린 묵주도 찾지 않았습니까?

34년 사제 생활을 돌아보면, 주님께서 저를 위해 언제나 기도를 해 주고 계심을 확신합니다. 앞으로도 그럴 것이라고 믿습니다.

〈가톨릭신문〉

1980년 6월 27일 수품

안동교구

언제나 기뻐하십시오.
끊임없이 기도하십시오.
모든 일에 감사하십시오.

1테살 5,16-18

권혁주 요한 크리소스토모 주교, 안동교구장

기쁨과 기도와 감사는 저를 사제로 부르신 주님께 드리는 저의 최소한의 응답이라고 생각합니다. 이러한 신앙이 한평생 저의 사제 생활을 더 풍요롭게 할 것이라 믿어 의심치 않습니다.

어떤 길을 가든지 그것이 하느님의 말씀이며 하느님께서 지시하신 길이라면 그 길은 가장 고귀한 길입니다. 하느님의 말씀에 순종하고 기뻐하며 기도하는 일, 그것은 감사의 은총에서 나오는 천상의 복입니다. '모든 일에 감사하십시오.'

1983년 1월 26일 수품

눈물로 씨 뿌리는 이들 환호하며 거두리라. 시편 126,5

김상진 아우구스티노 신부

　예수님의 가르침과 삶, 그리고 죽음과 부활을 쉽게 설명해 주는 말씀으로 이해했습니다. 농부의 마음으로 소박하고 꾸밈없이 사는 것이 예수님을 닮은 좋은 모습의 삶이라 생각됩니다.
　그런데 농부도 씨를 뿌릴 때는 눈물로 뿌립니다. 간절한 소망의 눈물로 뿌립니다. 상실과 고통에 절망하는 사람들도 하느님께 위로를 달라고 눈물로 씨를 뿌립니다. 죄와 허물을 통회하며 애통해하는 사람들도 하느님께 나아가 눈물을 흘립니다. 그 눈물이 믿음의 씨앗이 되어 신앙의 열매를 맺고 그리고 그것을 환호하며 거둘 수 있습니다.

　　　　　　　　　　　　　　　　　　1982년 1월 23일 수품

네가 나를 정말 사랑하느냐?

요한 21,16

김원현 베드로 신부

주님께서 베드로에게 물으신 세 번의 물음 중 두 번째 물음에 대한 고백입니다.

주님에 대한 첫 번째 사랑 고백은 세례성사를 받을 때이고, 두 번째 사랑 고백은 사제품을 받을 때입니다. 마지막 세 번째 사랑 고백은 하늘 나라에 가서 주님께 할 고백입니다.

주님께서는 저에게 당신을 사랑하느냐고 물으십니다. 주님은 마땅히 사랑을 받으셔야 할 분이십니다.

2000년 6월 29일 수품

하나가 되게 해 주십시오.

요한 17,11

김진조 베드로 신부

서품을 앞두고 사제 삶의 방향을 알려 주는 성경 구절 하나를 선택해야 했습니다. 무슨 성경 구절을 선택해야 좋을지 고민했습니다. 그러던 순간 신학교 시절부터 지금까지 성당에서 하느님과의 만남을 시작할 때 항상 입에 맴돌던 기도가 생각났습니다. 첫 마디가 "하나가 되게 하소서."라는 짧은 문장의 기도였습니다. 그래서 '아! 이 말씀이 나오는 성경 구절을 나의 사목 모토로 정하면 되겠구나!' 하고 결심했습니다.

그런데 이 성경 구절이 요한 복음 17장 11절과 21절, 두 군데에 나오기에 둘 중 하나를 선택하기로 했습니다. 11절은 제자들이 "하나가 되게 해 주십시오."라는 기도이고, 21절은 믿는 모든 사람들이 "하나가 되게 해 주십시오."라는 기도였습니다. 생각 끝에 21절의 기도 대상의 범위가 더 크기에 그 구절을 선택했는데 작은 실수로 인해서 상본에는 11절로 인쇄되었습니다. 속이 조금 상했지만 교정할 시간이 없었기에 그냥 하느님의 뜻이라고 받아들였습니다.

지금은 예수님께서 제자들을 위해서 하느님 아버지께 간절히 청한 "우리처럼 하나가 되게 해 주십시오."(요한 17,11)라는 사목 모토가 마음에 듭니다. 왜냐하면 동료, 선·후배 신부님들과 하나 되는 친교의 삶이 힘들고 어려울 때, 저를 지켜 주는 버팀목이 되어 준다는 것을 조금씩 깨달아 가기 때문입니다.

삼위일체이신 하느님이 보여 주신 친교를 묵상하며 먼저 사제들과 하나 되는 삶을 통해 그리스도인과 하나 되는 삶으로, 모든 세상 사람들과 하나 되는 삶으로 한 걸음씩 나아가기를 희망해 봅니다.

〈가톨릭신문〉

2002년 7월 5일 수품

힘을 내시오, 내가 세상을 이겼습니다. 요한 16,33

손성문 사도 요한 신부

저는 어려서부터 겁이 많았습니다. 남의 시선이 두려워 남들 앞에 서는 게 참 힘들었습니다. 신학교에서 그런 제 모습이 더 심해진 것 같았습니다.

다른 형제들에게 왠지 주눅들 때가 많았습니다. 자신감, 자기애가 참 부족했습니다. 게다가 늘 걱정이 앞섰습니다. 준비하면 될, 아직 닥치지 않은 일들을 미리부터 걱정하기에 바빴습니다.

신학교 때 군 휴학을 마치고 복학을 해야 할 시기가 왔습니다. 그때 '내가 이 길을 갈 수 있을까, 할 줄 아는 게 아무것도 없는데······.' 하는 두려움이 찾아왔습니다. 복학을 좀 늦췄으면 하는 마음과 두려움이 함께했습니다. 선배들을 만나 조언도 들었습니다. 그래도 자신이 없었습니다.

사제의 삶은 제가 하는 게 아니란 걸 알지 못했습니다. 그렇게 떠밀리듯 학교에 돌아왔을 때 이상하게 자신감이 넘쳤습니다. 형제들에 대한 열등감도 많이 사라졌습니다. 하느님이 괜한 걱정과 두려움을 없애 주신 것 같습니다. 그 당시 다가온 말씀이 첫 번째 성구 "나요, 두려워하지 마시오"(요한 6,20)입니다.

두 번째 성구는 갈릴래아 호수를 걸어오신 주님이 두려움에 떨고 있는 제자들에게 하신 말씀입니다. 지금껏 이유 없는 걱정과 두려움에 시달렸는데 주님이 함께 계심을 조금이나마 깨닫게 되었습니다.

그리고 서품 때엔 두 번째 성구(요한 16,33)를 정했습니다. 주님이 세상의 주인이시니 무얼 하든 맡기기만 하면 된다는 말씀으로 다가왔습니다.

사제 생활을 하면서 주님이 모든 것을 마련해 주심을 느낍니다. 두려움 대신 말씀에 대한 믿음으로 하루하루 살아가고자 합니다.

〈가톨릭신문〉

2005년 7월 3일 수품

누가 감히 우리를
그리스도의 사랑에서
떼어 놓을 수 있겠습니까?

로마 8,35

신대원 요셉 신부

《성경》에는 "무엇이 우리를 그리스도의 사랑에서 갈라놓을 수 있겠습니까?"(로마 8,35)라고 번역되어 있지만, 저는 《공동 번역 성서》의 구절을 더 좋아합니다. 새 번역보다 《공동 번역 성서》의 번역이 훨씬 역동적이기 때문입니다.

1990년 사제 서품을 앞두고 선배들이 물려준 전통에 따라 저도 '장차 어떤 사제로 살아 갈 것인가?'에 관한 '모토'를 정하기로 하였습니다. 그러나 막상 정하려고 하니 생각보다 쉽지는 않았습니다. 이것이 마음에 들면 저것이 눈에 들어오고, 저것이 마음에 들면 이것을 놓치기 아까웠습니다. 또 부끄럽게도 본질은 외면한 채 멋진 글귀에만 한없이 매달려 있기도 하였습니다.

고민 끝에 저는 저의 '모토'에 대해 생각나는 대로 우선 "그리스도 안에서 살자. 그리스도인답게 살자. 맡겨진 직무에 충실하자. 직무를 통해 목숨을 내놓는 사제가 되자." 등등을 공책에 적어 내려갔습니다. 그러던 어느 날 친구로부터 한 통의 편지를 받았습니다. 그 속에 저를 사로잡은 성경 구절이 들어 있었습니다. 로마서 8장 35절의 말씀이었습니다.

고맙게도 이 말씀은, 사제 생활을 하는 동안 기쁠 때나 슬플 때나 거의 본능에 가깝도록 기억 속에서 사라지지 않았습니다. 사제 생활의 햇수가 늘어 갈수록 이 말씀은 더욱더 새로운 의미로 다가와 채찍질을 하였습니다. "아직도 그리스도 안에 머물러 있는가? 사람들에게는 잘해 주고, 사랑으로 대하고 있는가? 맡겨진 직무에 충실하고 있는가? '예' 할 것은 '예' 하고 '아니오' 할 것은 '아니오'라고 하는가? 가난하게 살고 있는가?"

솔직히 말해서, 지금의 저는 그 '첫 마음'에서 많이 멀어져 있다고 해도 과언이 아닐 것입니다. 이렇게 무뎌진 삶에 대해 이젠 걱정이 앞섭니다. 남은 날들이 얼마나 될지 알 수 없지만, 지금부터라도 '첫 마음'에서 멀어지려는 나를 붙잡아 다시 되돌려 살아 볼 것입니다. 왜냐하면 그 어떤 누구라도 저를 감히 주님이신 그리스도의 사랑에서 떼어 놓을 수 없다는 걸 알고 있기 때문입니다.

〈가톨릭신문〉

1990년 7월 1일 수품

나에게는 그리스도가 생의 전부입니다.

필리 1,21

안상기 미카엘 신부

사제 서품을 앞두고 서품 기념 상본에 넣을 성구를 묵상하는 가운데 두 성경의 말씀이 제 마음속에 계속 머물고 있었습니다. 하나는 "나에게는 그리스도가 생의 전부입니다."(필리 1,21)였고, 다른 하나는 "이제는 내가 사는 것이 아니라 그리스도가 내 안에서 사시는 것입니다."(갈라 2,20)라는 바오로 사도의 말씀이었습니다.

두 말씀을 더 묵상하고 묵상하다가 "나에게는 그리스도가 생의 전부입니다."가 제 마음을 더 끌었습니다. 그때의 마음에 사제성소의 길에는 모든 삶의 중심이 그리스도이시고 또한 그리스도를 위해 자신의 삶을 온전히 바쳐야 한다는 의미가 '생의 전부'라는 그 구절 안에서 깊이 다가왔기 때문입니다.

하지만 사제품을 받고 살아오면서 "내가 내 안에 사는 것이 아니라 그리스도께서 내 안에 사십니다."라는 말씀이 두 번째로 밀려난 것이 아니라 탑과 탑의 받침대처럼 하나 되어 함께 걸어왔다는 것입니다.

생활 속에서는 "그리스도께서 내 안에 사십니다."라는 말씀이 더 많이 묵상되어 왔을 것입니다. 그리스도께서 내 생의 전부가 되시게 하려면 그리스도께서 내 안에 사시는 삶 없이는 결코 이루어질 수가 없다는 생각 때문이었습니다.

사제 수품 26년이 지나는 지금까지 그 말씀을 "당신 말씀은 제 발에 등불, 저의 길에 빛"(시편 119,105)이라 고백하며, 그동안 저의 사제 생활과 사목 방향의 등불과 빛으로 삼았습니다. 또한 저 자신과 공동체의 성숙을 가늠해 보는 거울로 여기며 살려고 했지만, 아직도 걸음마의 첫걸음인 듯한 저의 마음과 모습에 주님 앞에 죄송할 따름입니다.

책상 위에 놓여 있는 성령의 빛 아래에서 깊은 상념에 잠겨 서간을 쓰고 있는 바오로 사도의 성화를 가만히 바라보고 있노라니 그분이 주님 앞에 새 출발의 용기를 갖도록 어깨를 두드리며 다시금 말씀을 천천히 그리고 힘 있게 들려줍니다.

"이제는 내가 사는 것이 아니라 그리스도가 내 안에서 사시는 것입니다."(갈라 2,20)

〈가톨릭신문〉

1988년 6월 29일 수품

행복하여라, 마음이 가난한 사람들! 하늘 나라가 그들의 것이다. 마태 5,3

윤성규 바오로 신부

하느님께서 하시는 일은 참으로 놀랍습니다. 저는 병원에서 세례를 받았습니다. 혈액암 4기 판정을 받고 항암 치료 후 골수(자가) 이식을 받았습니다. 의사는 제게 6개월 정도 살 수 있다고 하였습니다. 그래서 저는 대세(죽을 위험에 처하는 등 위급한 상황에서 세례성사 집행자인 사제가 없을 경우에 베푸는 세례)를 미리 받게 되었고 골수 이식 후 보례(대세를 받은 사람이 건강을 회복한 뒤 교리 교육과 세례성사의 다른 부분을 보충하여 받는 예식)를 받았습니다. 그날이 2001년 6월 29일입니다. 대세를 받았을 때 바오로라는 세례명을 받았습니다. 신비롭게도 6월 29일 성 베드로와 성 바오로 사도 대축일에 보례를 받았습니다. 그리고 병원 생활을 하면서 예수님을 따라 살아가는 많은 사람들을 만났습니다. 그분들과의 만남을 통해 예수님을 알게 되었고 제 안에 성소가 자라기 시작하였습니다.

세례를 받고 5년 후 안동교구 신학생으로 대구가톨릭대학교에 입학하였습니다. 신학교의 삶은 저에게 큰 행복을 주었는데 마태오 복음 5장 3절의 말씀이 제 마음에 와 닿기 시작하였습니다. "행복하여라, 마음이 가난한 사람들! 하늘 나라가 그들의 것이다." 투병 생활과 신학교의 삶을 통해 모든 것이 그분의 은총이라는 것을 알게 되었습니다. 그분의 은총을 받아들이려면 무엇보다 제 마음이 가난해야겠지요. 마음이 가난한 사람은 우리 안에서 활동하시는 성령에 이끄심에 충실할 수 있습니다. 그분께서 늘 우리 안에서 활동하시지만 우리가 그분을 받아들이지 않고 느끼지 못하고 있다고 생각합니다. 마음이 가난한 사람은 그분의 이끄심에 자신을 맡기는 사람입니다.

　무엇보다 그분의 도구로, 그분 안에서, 저를 의탁하며 살고 싶습니다. 하느님께서 주시는 행복 속에서 그분과의 만남인 기도를 놓치지 않고 살고 싶습니다. 마음이 가난한 사람은 주님 발치에 앉아 겸손하게 기도하는 사람입니다. 그러한 사람은 힘이 있고 행복은 그러한 사람에게 자연스럽게 주어지는 은총입니다. 그럼 지금 이곳이 하느님 나라의 시작이 되겠지요. 주어진 환경에 불평과 불만이 아닌 현재 주님의 뜻을 찾기 위해 노력하고 싶은 제 마음을 담아 봅니다.

2013년 12월 29일 수품

윤성규 바오로 신부

진리가 너희를 자유롭게 할 것이다.

요한 8,32

이준건 막시밀리아노 마리아 콜베 신부

감언이설, 거짓, 권모술수, 편법, 왜곡이 판치고, '참', '진짜'를 상표로 붙여야 고객을 끌 수 있다고 생각하는 세상입니다. 속 내용물보다 포장에 많은 공을 들입니다. 이렇듯 세상에는 있는 그대로, 사실보다 더 낫게 보이려고 온갖 방법을 동원하고, 사람들은 겉과 속을 가늠하기가 힘듭니다.

진실은 아무리 감추려 해도 감출 수 없습니다. 언젠가 때가 되면 반드시 자기 모습을 드러내기 때문입니다. 그러므로 진실을 감추려는 사람들은 그것이 밝혀질까 걱정으로 편할 날이 없습니다. 즉 평화가 없습니다.

감출 수 없는 빛, 곧 진리이신 그리스도께서는 어쩌면 우리네 삶에 불편한 진리, 피하고픈 십자가일 수는 있지만 언제 어디서나 항상 진리이십니다. 그분을 통해서만 진리와 생명으로 나아갈 수 있습니다. 그분이 "길이요 진리요 생명"(요한 14,6)이시기 때문입니다.

  속고 속이는 세상의 잇속에 따르기보다 자신을 송두리째 내어 주신, 그래서 죽음도 물리치신 그리스도를 따라 그분께 온전히 속함으로써 세상의 유익에 연연하지 않는 삶을 살기를 바랍니다. 또 그분께서 하신 "고생하며 무거운 짐을 지고 허덕이는 사람은 다 나에게로 오너라. 내가 편히 쉬게 하리라. 나는 마음이 온유하고 겸손하니 내 멍에를 메고 나에게 배워라. 그러면 너희의 영혼이 안식을 얻을 것이다. 내 멍에는 편하고 내 짐은 가볍다."(마태 11,28-30)라는 말씀대로 될 수 있도록 교회와 신자들과 더불어 노력하겠습니다.

1988년 7월 5일 수품

살아 있는 돌로서
영적 집을 짓는 데에 쓰이도록
하십시오. 1베드 2,5

정도영 베드로 신부

  제 사제 서품 성구를 생각하게 한 것은 군대에서의 작은 일화에서 비롯되었습니다.

  훈련소에 입대했을 때였습니다. 신상 명세서를 작성하였는데 특기가 문제였습니다. 잘하지도 못하면서 대충 적었다가 특기 분야로 빠져 속였다고 처벌받는 것은 아닐까 싶고, 그렇다고 안 적을 수도 없어서 솔직하게 저만의 특기를 찾아 적어야만 했습니다.

  그때 문득 신학교 2년 동안의 생활에서 찾으면 될 것 같았습니다. '신학교에서 제일 자신 있게 한 것이 무엇이 있을까?' 다른 형제들은 옷을 빨래방에 맡기거나 세탁기에 돌리는 것이 다반사인데 저는 꾸역꾸역 제 손으로 다 빨았습니다. 그래서 자신 있게 "빨래"라고 적었습니다.

  그런데 명세서를 거두어서 읽던 조교가 화가 난 투로 "야! 특기에 뭐 이런 걸 적는 놈이 있냐!" 하면서 "야 '빨래'라고 적은 놈 누구야!" 아뿔사 전 일이 잘못되었구나 싶었습니다. 순간 하늘이 노랗게 변하고, 심장이 멈추는 것 같았습니다.

조교가 일어선 저를 쳐다보고 피식 웃고, 다른 동료들은 박장대소를 하고 창피를 톡톡히 당했습니다. 그런데 그때 조교가 "근데 '고스톱'이라고 적은 놈은 뭐야."라고 하자, 일순간 저에게 쏠렸던 시선들이 고스톱 친구에게 향했습니다. 다행히 조교와 훈련병 모두가 한바탕 웃고 넘어 가는 작은 사건이 됐습니다.

이 사건 이후로 신학교에 복학하면서 사제로서의 저의 특기를 찾으려고 노력하였지만 특별히 잘하는 것이 없었습니다. 공부도, 언변도, 특별히 관심이 있는 사목 분야도……. 사목자가 되기에는 부족한 점이 너무 많았습니다.

그때 베드로 사도가 생각났습니다. 베드로 역시 학식이 뛰어난 분도 아니었고 인품이 뛰어나지도 않은 그분이 사도들의 으뜸이 되신 것을 보니 저 역시 무엇을 특별히 잘하는 것은 없지만 교회를 위해 무엇이든 할 수 있을 것 같았습니다. 그분의 돌같이 단단한 열정을 본받아 교회에 봉사하겠다는 것이 목표가 됐던 것입니다.

〈가톨릭신문〉

2000년 6월 29일 수품

당신은(스승님은) 그리스도이십니다.

마르 8,29

정일 가브리엘 신부

　신학교 졸업 논문이 그리스도론이었습니다. 그리스도에 대한 확고한 믿음, 곧 신앙 고백이 없으면 우리의 신앙은 흔들리기 쉽습니다.
　오늘날 종교다원주의가 활개를 치고 있습니다. 방심하는 사이에 우리의 기본적인 신앙이 흔들릴 수도 있습니다.
　우리는 예수 그리스도께서 알려 주신 하느님을 믿습니다. 하느님 아버지의 아들딸로서 예수 그리스도의 형제자매로서 성령과 더불어 사는 것이 신앙생활입니다.

1982년 1월 23일 수품

> 너희는 마음을 다하고 목숨을 다하고 힘을 다하여 주 너희 하느님을 사랑해야 한다.
>
> 신명 6,5

차호철 세례자 요한 신부

중학교 때 교구 성소자 모임에서 마음에 드는 성경 구절을 하나씩 골라 보라는 시간이 있었습니다. 그때 찾아냈던 말씀인데 새기면 새길수록 제 자신을 되돌아보게 되고 반성하게 되며, 더 열심히 살아야겠다는 다짐을 하게 되는 말씀입니다.

그래서 서품 성구도 이 말씀으로 골랐고, 이 말씀대로 살려고 애를 쓰지만 언제나 이 말씀 앞에서는 부족하고 모자란 모습이 되고 맙니다.

엄청나게 나약하고 부족하지만 하느님의 도우심을 믿고 말씀대로 살아가고자 노력하겠습니다.

1994년 8월 14일 수품

광주관구 및 군종교구

광주대교구
전주교구
제주교구
군종교구

광주대교구

땅주는 나무

그리스도의 평화

윤공희 빅토리노 대주교

예수님께서는 사도들을 파견하시면서, "어떤 집에 들어가면 그 집에 평화를 빈다고 인사하여라."(마태 10,12)라고 분부하셨습니다. 예수님이 베들레헴에서 탄생하셨을 때 하늘의 천사들은 "땅에서는 그분 마음에 드는 사람들에게 평화!"(루카 2,14)라고 하며 하느님을 찬미하였습니다.

그리스도의 강생은 모든 이에게 참된 평화를 주기 위함이었습니다. 주님을 믿고 주님을 모심으로써 누리게 되는 참평화를 각 사람에게, 이 세상에 내려 주기 위함이었습니다. 그리스도의 사명을 이어받는 사제는 자기가 만나는 모든 사람, 사회 공동체, 온 세상에 참평화를 전해 주는 '평화의 사도'가 되어야 합니다.

1950년 3월 20일 수품

겸허한 기도와 성실한 노력으로 주께 의탁하오니, 나의 힘, 나의 방패 야훼시여 시편 28,7 한평생 당신 은총 속에 머물게 하소서. 시편 27,4

김희중 히지노 대주교, 광주대교구장

우리 앞에 펼쳐진 인생의 수많은 길에서 저는 아주 특별한 삶을 선물로 받았습니다. 하느님으로부터 부르심을 받은 사제의 길, 바로 그것입니다.

대부분 사람들은 인생 여정을 시작하면서 고유한 삶의 나침반을 지니고 살아갑니다. 저 역시 사제품을 받으면서 선택한 성구는 하느님을 향한 저의 첫 마음이었고 저를 영원으로 이끌어 주는 영적 나침반이 되었습니다.

저는 1975년 사제품을 받으면서 주님을 향한 겸손한 기도와 그분의 크신 힘에 늘 의탁하는 마음을 삶의 중심에 두고 사제의 길에 첫발을 내디뎠습니다. 모든 것을 주관하시는 하느님

손안에 제 일생의 모든 것을 맡기는 것에 최우선적인 가치를 두었습니다. "나에게는 그리스도가 생의 전부입니다."(필리 1,21)라고 말씀하신 바오로 사도의 마음처럼 그렇게 온전히 겸허한 기도로 주님께만 의탁하고 싶었습니다.

그러나 실천이 없는 기도는 향기가 없는 꽃과 같지 않겠습니까. 기도만 하고 제가 해야 할 몫을 하지 않는 것도, 그리고 모든 것을 하느님께만 맡기는 행위는 바리사이의 기도와 다를 것이 없습니다. 그래서 기도의 지향에 합당하고도 성실한 모습을 통해서 주님의 뜻이 제 안에 이뤄지도록 끊임없는 노력이 필요함을 절감했습니다.

이는 이냐시오 로욜라 성인께서 "모든 것이 오직 하느님에게 매인 것처럼, 그렇게 기도하여라. 그러나 네 구원이 완전히 네게 매인 것처럼, 그렇게 협력하여라."라는 말씀대로 은총과 인간의 협력 문제를 명쾌하게 표현하신 내용과 일맥상통하는 것 같습니다. 깨어 있는 마음으로 겸손의 고삐를 조절하지 않으면 그 순간 교만의 잡초가 무성하게 자라나곤 합니다. 그래서 부끄러운 고백이지만 제자들의 발을 씻겨 주신 예수님 사랑의 마음을 기억하며, 저도 사제들과 신자들의 발을 씻겨 주는 마음으로 매일 저의 양말을 손으로 세탁합니다.

그리고 주교로 임명되면서 저의 모든 기도의 소망이 오로지

김희중 히지노 대주교, 광주대교구장

주님 뜻 안에서 이루어지기를 간청하는 뜻으로 "주님 뜻대로!" (루카 1,38)를 주교 수품 성구로 선택했습니다. 가브리엘 천사가 성모님에게 예수님 잉태 사실을 알렸을 때 "주님의 종이오니 그대로 이루어지소서!Fiat"라고 성모님은 주님 뜻에 순명하셨습니다. 주님 뜻에 따라 모든 것이 이뤄지도록 응답하신 성모님의 그 뜻을 저도 따르겠다는 의미에서였습니다. 주교 문장도 성령을 상징하는 비둘기의 날개를 손과 발로 형상화해 성령의 손발이 되어 성령의 역사하심에 모든 것을 맡기고자 했습니다.

 주 하느님만이 제 생애의 힘과 방패가 되어 주시고, 저의 겸허한 기도와 성실한 목자의 삶을 통해서 저에게 허락하신 생명을 다시 돌려 드리는 그 순간까지, 하느님 사랑과 자비의 은총 속에서 수품 때 드렸던 첫 마음을 잊지 않도록 하느님께서 지켜 주실 것을 믿습니다.

〈평화신문〉

1975년 7월 5일 수품

> **하느님을 사랑하는 이들, 그분의 계획에 따라 부르심을 받은 이들에게는 모든 것이 함께 작용하여 선을 이룬다는 것을 우리는 압니다.**
>
> 로마 8,28

김계홍 크리소스토모 신부

1988년 서울 올림픽이 있었던 해에 네 명의 동료들과 함께 사제품을 받았습니다. 일명 '88 올림픽 공식 지정(?)' 신부가 된 것이지요.

전남 여수에서 초등학교와 중학교를 마치고 물려받은 신앙에 따라 자연스럽게 (어쩌면 세뇌되었다고 해야겠지요) 아니 너무나 당연한 듯이 서울에 있던 소신학교(옛 성신고등학교)에 입학하였습니다. 한국 외방 선교회 소속 신학생으로 대신학교까지 7년, 그리고 군 생활을 마친 다음 교구로의 이적과 함께 광주에서 남은 과정 2년을 마치고 비로소 사제의 삶을 시작한 것입니다.

'당신은 사랑받기 위해 태어난 사람'이라는 노랫말처럼 많은 이들의 사랑 속에서 순탄한 여정을 걸어왔습니다. 사실 분에 넘치는 사랑을 받아 얻게 된 결과였음에도 불구하고, 당시에는 제가 뜻을 세우고 인내와 노력으로 일궈 온 결실이라는 자부심이 넘쳐 났습니다.

그러면서도 신학교에서 반복된 영성 교육의 여파인지, 사제의 삶에 대한 막연한 두려움으로 어설프게나마 하느님의 사랑에 매달리고 싶었고, 그분의 자비와 이끄심이 없다면 걸어갈 수 없을 것이라는 염려로 긴장할 수밖에 없었습니다. 그때 다가온 말씀이 로마서였습니다.

어느덧 사제 생활 26년째를 맞는 지금 로마서의 말씀은, 당시와는 확연히 다른 느낌으로 다가옵니다. 사제다운 삶을 위해서 저의 의지보다는 그분의 계획 안에서 작용하는 섭리를 받아들이는 것이 지혜요 용기라는 사실을 깨달아 가고 있습니다.

내 뜻을 이루었다는 당시의 자부심이 이제는 자만이었다는 사실을 깨달아 가면서 부끄러움을 느낍니다. '그분의 계획에 따라' 이루어진 발자취를 되돌아보며, 주변 모든 이들의 배려와 인내로 사제로서의 삶을 일구고 있다고 고백할 수밖에 없습니다.

〈가톨릭신문〉

1988년 1월 19일 수품

> 예수께서 대답하셨다.
> "그렇다. '너희는 사람의 아들이
> 전능하신 분의 오른쪽에
> 앉아 있는 것과 하늘의 구름을
> 타고 오는 것을 볼 것이다.'" 마르 14,62

김형수 비오 신부

그 당시 저의 석사 논문이 인자(사람의 아들)였기에 논문에 인용한 성경 구절을 서품 성구로 정했습니다. 이는 늘 공부하는 마음으로 살겠다는 뜻이었습니다. 인간은 하느님을 인식할 수 있는 이성적 능력이 있으므로 하느님에 대해서도 이야기할 수 있습니다. 그러나 모든 피조물을 초월하시는 형언할 수 없는 하느님을 인간적 언어로 표현하는 데는 한계가 있을 수밖에 없습니다. 인간의 언어가 지니는 한계와 불완전성을 끊임없이 정화해야 합니다. 인간의 말은 언제나 하느님의 신비에 미치지 못합니다. 이 성구 때문에 평일 미사도 강론을 꼭 써서 들고 미사에 들어가는 습관이 생겼습니다.

1976년 12월 16일 수품

사람의 아들은 섬김을 받으러 온 것이 아니라 섬기러 왔다.

마태 20,28

노성기 루보 신부

신학생 시절 내내 '어떻게 하면 하느님의 마음에 드는 사제가 될 수 있을까?' 하고 깊이 묵상했습니다. 우리나라 신자들은 사제를 사랑하고 존경합니다. 참으로 좋은 일이지만, 이것이 오히려 사제직에 걸림돌이 될 수 있다는 생각이 들었습니다.

사제란 참으로 오묘하고 신비로운 직무를 지닌 사람입니다. 사제는 하느님의 대리자로서 세상에 그리스도를 증거하고 보여 주어야 하며, 동시에 교회에 봉사하고 신자들을 사랑으로 섬기며 돌보아야 합니다. 그래서 교회는 사제를 '하느님의 사람Homo Dei'이며 '교회의 종Servus Ecclesiae'이라고 정의했습니다.

여기에 사제직의 이중적인 어려움과 위험성이 담겨 있습니다. 왜냐하면 '하느님의 사람' 또는 '하느님의 대리자'라는 말과 '교회의 종'이라는 말은 서로 상반되기 때문입니다. '주인'이면서 어떻게 동시에 '종'이 될 수 있는가? 이 같은 이중적인 어려움 때문에, 자칫 잘못하면 사제는 교만의 위험에 빠질 수 있습니다. 하느님의 대리자로서 하느님의 일을 하기 때문에 신자들이 사제를 존경하고 사랑하는데, 마치 자기가 잘나서 그런 줄로 착각에 빠지기 쉽기 때문입니다.

주님께서는 하느님이시면서도 당신의 모든 것을 버리시고 인간이 되어 오셨습니다. 인간을 극진히 사랑하신 나머지 당신의 목숨까지 내어놓으신 주님께서 보여 주신 삶은 한마디로 사랑의 삶, 겸손의 삶, 섬김의 삶이었습니다. 그래서 이 같은 마음을 간직하기 위해서 그리고 첫 마음이 변치 않기 위해서, 서품 성구를 "사람의 아들은 섬김을 받으러 온 것이 아니라 섬기러 왔다."(마태 20,28)로 정했습니다.

성직자 clerus란 '주님께 상속된 재산'으로서의 사제, '주님을 상속 재산'으로 삼은 사제를 의미합니다. 따라서 사제는 모름지기 주님을 소유한 사람으로서 처신해야 하며, 주님의 소유물로서 행동해야 합니다. 사제는 사랑으로 하느님과 하느님의 백성에게 봉사하고 그 사랑 안에서 사제직에 대한 힘을 얻습니다. 사제가 하느님과 교회의 이름으로 하는 사랑의 봉사가 사목입니다. 한마디로 '사랑의 섬김'이 사목입니다.

1993년 2월 4일 수품

그곳을 떠나 한적한 곳으로 가셨다.

루카 4,42

박공식 보나벤투라 신부

부제 서품을 한 달 앞두고 1년 1개월 동안 투병 생활을 하던 친구가 있었습니다. 그 친구는 동창들이 사제품 받던 2000년 새해 첫날 끝내 하느님 품으로 돌아가고 말았습니다.

그 친구의 사진을 곁에 두고 사제로 살아온 지 14년째, 저는 사회 사목과 본당 사목을 하면서 분주하게 살아갑니다.

사제 생활 모토는 두말할 것도 없이 신학교에 들어가기 전부터 좋아했던 필리피서 2장 5절 "그리스도 예수님께서 지니셨던 바로 그 마음을 여러분 안에 간직하십시오."를 선택할 생각이었습니다. 예수님은 아버지 하느님의 마음을 간직하기 위해 무엇을 하셨는지 성경을 더 찾아보았습니다.

얼마간의 노력 후, 루카 복음 4장 42절 예수님께서는 "그곳을 떠나 한적한 곳으로 가셨다."라는 구절을 사제 생활 모토로 정하게 되었습니다. 이 서품 모토는 사목 생활 중 예수님의 마음을 잃고 방황할 때마다 매서운 회초리가 되어 타성에 젖어 가는 저의 정신을 차리게 해 주고 있습니다.

업무를 보는 책상 옆에 작은 책상 하나를 더 들여 '한적한 책상'이라 이름을 지었습니다. 그 '한적한 책상' 위에는 그 어떤 것도 올려 두지 않고 화분 하나, 성경책, 성무일도 그리고 묵주가 놓여 있습니다. 업무를 보는 책상에서 잠시라도 묵상과 기도를 할라치면 온갖 잡념이 저를 가만두지 않지만 '한적한 책상'에 앉아 있으면 잠시라 할지라도 그리스도 예수님의 마음을 곧추 세울 수가 있습니다.

예수님께서 자주로 한적한 곳으로 가셨듯이 제 방 한 켠에 마련해 둔 한적한 책상에 자주 앉아 열정으로 가득 찬 그리스도 예수님의 마음을 퍼 올려 그 마음의 열정으로 제 몫과 그 친구의 몫의 사제 생활을 해 나가겠다고 다짐합니다.

〈가톨릭신문〉

2000년 1월 25일 수품

나에게는 우리 주 예수 그리스도의 십자가밖에는 아무것도 자랑할 것이 없습니다.

갈라 6,14

박병철 세바스티아노 신부

저는 예수님의 십자가를 바라볼 때면 행복하고 감사합니다. 그 십자가에는 참사랑이 있다고 믿기 때문입니다. 십자가 사건은 모든 것을 우리에게 내어 주시는 예수님 사랑의 신비가 가득합니다. 십자가 상 예수 그리스도께서는 언제나 우리의 부족함과 약함과 아픔들을 어루만져 주시고 함께해 주시고 다시 새롭게 살아갈 수 있는 힘과 용기를 주십니다. 예수님은 십자가 위에서 배신과 모욕, 고통과 버려짐 속에서도 우리가 당신의 떳떳한 자녀로서 매일 새롭게 살 수 있게 된 것을 기뻐하십니다. 그 하느님 사랑은 우리의 인간적이며 논리적인 이해를 넘어섭니다.

예전에 제가 능력이 있고 무엇이든지 마음만 먹으면 해낼 수 있다고 생각하던 때가 있었습니다. 제 노력이나 의지, 능력만으로 하느님의 일을 하려고 했던 것 같습니다. 하느님 그분의 살아 계신 현존과 은총의 힘으로 그분의 뜻이 이루어지기를 진심으로 원했던 것이 아니라 솔직히 저의 뜻이 이루어지기를, 저의 인간적인 성공을 기대하였습니다. 지나간 세월 속에서 하느님은 그런 저를 너무나 사랑하셨기에, 당신의 현존, 사랑, 능력을 체험케 하시려고 저를 약하고 초라하게 하시고, 스스로의 힘만으로 안간힘을 쓰던 저를 쓰러지도록 허락하시고, 인간적이고 현실적인 것으로만 꽉 차 있던 그 교만과 허영의 잔을 엎으셨습니다.

비로소 저에게 십자가가 제대로 보이기 시작했습니다. 저는 앞으로 사제로 살아가면서, 그 십자가 사랑을 하루하루 더 깊이 이해하려고 노력하며 살고 싶습니다. 그래서 힘들게 살고 있거나 외적으로 내적으로 고통 속에 있는 이들과 주님의 사랑을 함께 나누면서 살고 싶습니다. 우리는 매일의 미사성제 안에서 살아 계신 주님의 십자가 사랑과 구원의 기쁨을 체험합니다. 사제로 살아가면서, 우리에 대한 예수님의 십자가 사랑이 얼마나 놀라운지를 저의 일상에서 매일 체험하고 나눌 수 있기를 기도하고 희망합니다.

2001년 2월 7일 수품

나는 착한 목자다. 나는 내 양들을 알고 내 양들은 나를 안다.

요한 10,14

송종의 야고보 신부

 이 성구는 요한 복음에서 15장의 '포도나무의 비유'와 함께 교회론적으로 중요한 10장의 '목자의 비유'에서 따온 말씀입니다. 요한 복음 10장은 예수님께서 눈먼 인도자들인 바리사이들과의 논쟁 중에 하신 말씀으로, 바리사이와 같은 삯꾼 목자와 예수님과 같은 착한 목자를 대비하고 있습니다.

 성경에서 '안다'는 말은 추상적 인식을 넘어선 구체적 인식을 의미합니다. 이론적 지식이 아닌 경험적(참여적) 지식을 뜻합니다. 또한 친밀한 관계를 가리키기도 합니다.

 신부는 사제 서품으로 주님의 사제직에 참여하게 됩니다. 따라서 신부는 착한 목자이신 주님의 모범을 따라 살아 마땅합니다. 착한 목자는 양들을 알기에 양들의 필요성에 민감합니다. 배고픈 양들의 울음소리를 듣고 푸른 들과 물가로 인도하고 길

잃은 양의 울음소리를 듣고 구원해 어깨에 메고 옵니다. 착한 목자는 양 하나하나의 이름을 부르면서 양 우리에서 끌어내 앞장서 나아갑니다. 양을 뒤에서 모는 것이 아니라 모범을 보이며 앞서 갑니다. 그러면 양들은 목자의 음성을 듣고 안심하며 그 뒤를 따릅니다. 위험이 닥치면 삯꾼 목자는 도망가지만, 착한 목자는 결정적으로 양들을 위해 자기 목숨을 바칩니다.

착한 목자이신 예수님의 모범을 따라, 예수님이 맡겨 주신 당신의 양 떼를 잘 사목하겠다는 다짐으로 위 성구를 사목 모토로 선택했습니다.

1977년 7월 5일 수품

이 몸은 주님의 종입니다.
지금 말씀대로 저에게
이루어지길 바랍니다. 루카 1,38

신영철 베드로 신부

　천상의 어머니시며 우리의 어머니이신 성모님은 모든 것이 말씀대로 이루어지기를 바라신 분이십니다.

　짧은 인생이지만 슬픔이 있으면 기쁨이 있고, 기쁨이 있으면 슬픔이 있습니다. 그러므로 기쁨과 슬픔을 가다듬어서 선도 없고 악도 없어야 합니다. 지나간 과거만 추억하고 그리워하면 꺾어진 갈대와 같이 초췌해집니다. 그렇다고 아직 오지 않은 미래만을 기다려서도 안 됩니다. 현재를 충실히 살아야 합니다. 여기서 지금 뜨겁게 살아야 합니다. 그래야 슬기로운 자유인이 될 수 있습니다. 성모 마리아처럼 은은한 빛을 끊임없이 내뿜는 삶이 되었으면 좋겠습니다.

　우리 삶에는 고통과 기쁨의 순간이 수없이 교차되고 있습니다. 우리가 걸어야 할 길에는 늘 고통과 십자가의 어려움이 따르지만 우리는 이러한 삶 속에서도 우리의 목표인 하느님과 그리스도를 아는 기쁨을 가지면서 용기와 의욕을 잃지 말아야 합니다. 왜냐하면 우리 주님께서는 당신의 십자가와 죽음을 통해서 부활의 참기쁨을 마련해 주셨기 때문입니다. 또한 우리의 어머니이신 성모님의 삶은 고통 중에서도 주님과 함께하셨고 어떠한 시련에서도 그리스도의 곁을 떠나지 않으셨습니다.

모든 신앙인의 모범이신 성모님의 순종과 모범을 본받아 이웃의 구원을 위해 그리스도 중심 안에 세상의 어둠을 환히 밝히는 등불이 되도록 노력하고자 이 성구를 택하게 되었습니다.

요즘 세상에서 이상과 목표를 성취하기 위해서는 고생을 참고 견디어야 하며 몇 번이고 도전하는 적극적인 끈기를 발휘해야 합니다. 흙과 먼지를 일으키는 형세로 몇 번이고 도전하는 정신이야말로 성모 마리아를 사랑하는 신앙인의 것이 아니겠습니까.

성모님의 든든한 후원을 믿고 예수님과의 보다 깊은 일치로 나아가기를 기도하며, 성모 마리아의 순명과 겸손을 본받아 마음 안에 하느님을 모시고 사는 삶이 되리라 다짐해 봅니다.

〈가톨릭신문〉

2000년 1월 25일 수품

여러분은 그리스도 예수께서 지니셨던 마음을 여러분의 마음으로 간직하십시오. 필리 2,5

유기종 요셉 신부

예수님의 제자요 일꾼인 목자, 즉 사제로서의 삶이란 단순히 직업인이나 기능인으로서의 삶이 아니라, 존재 그 자체로 그리고 실제 삶으로 그리스도이신 예수님의 모습과 향기가 배어 나오는 사람이어야 합니다. 그러기에 사제는 하느님의 도우심에 힘입어 주님 앞에 서는 그날까지 평생을 통해 노력해 나가고 다듬어 나감으로써 그분을 닮은 '제2의 그리스도'가 되어야 하지요. 먼저 자신이 그렇게 되어 나가지 못하고 또 노력하지 않는다면, 함께하는 신자들에게 결코 표양이 될 수도 없고, 또 자기 자신을 내어 줄 수도 없습니다.

먼저 스승이신 예수님의 그 마음과 향기를 지닌 사제이길 다짐하며, 매 순간순간마다 자신을 비추어 볼 성찰의 거울로서 이 성구를 택하였습니다.

1995년 1월 25일 수품

시몬아, 너는 나를 사랑하느냐?

요한 21,16

윤영남 시몬 신부

사제로 살아가면서, 무엇보다도 주님의 사랑 안에 머물고, 그분의 사랑과 자비에 의탁하고자 하였습니다. 그리하여 매 순간, 그분의 사랑에 응답하고자 이 성구를 선택했습니다.

특별히, 십자가와 성체를 통하여 온전히 내어 주시는 예수 성심께 의탁하고자 합니다. "요한의 아들 시몬아, 너는 나를 사랑하느냐?"라고 지금도 묻고 계십니다.

주님, 사랑합니다!

1992년 1월 28일 수품

보십시오, 이 아기는 이스라엘에서
많은 사람을 쓰러지게도 하고
일어나게도 하며, 또 반대를 받는
표징이 되도록 정해졌습니다.
그리하여 당신의 영혼이 칼에
꿰찔리는 가운데, 많은 사람의
마음속 생각이 드러날 것입니다.

루카 2,34-35

이영선 골룸바노 신부

"진리가 삶을 자유롭게 한다는 말씀을 마음에 새기며 첫 번째 절을 올립니다."

 평화를 그리워하며 걷기 시작한 생명 평화 탁발 순례단이 들으면서 절할 수 있도록 '생명 평화 백배 서원문'을 시작하는 마음입니다. 오랫동안 생각하던 절하는 일을 시작했습니다. 처음으로 절을 한 날, 두 손을 모으고 임 앞에 온몸을 가장 낮은 자세로 엎드리기를 백 번. 그리고 나니 온종일 온몸에 힘이 없었던 기억이 새롭습니다.

부제로 서품 되는 날 제단 앞에 엎드리고 있을 때 불쑥 '혁명을 시작한다'는 생각을 했습니다. 왜 그런 생각을 했는지 모르겠습니다. 아마 제가 예수님을 모든 존재의 의미를 새롭게 바라보는 분으로 만나지 않았나 싶습니다.

찬찬히 생각을 정리했습니다. '온몸과 온 마음을 다해 나를 너 앞에 엎드리는 것 이건 혁명입니다. 존재의 혁명이고 삶의 혁명입니다. 새로운 삶의 방식입니다. 하느님 나라의 시작입니다. 이것이 혁명입니다.'라고 생각했습니다. 그리고 예수님의 삶을 드러내 준 성경 구절을 찾다 발견한 성구입니다. 예수님을 봉헌하는 성전에서 어머니 마리아에게 시메온 예언자가 예수님의 삶을 들려주는 이 말씀을 평생의 길잡이로 삼았습니다.

오늘 다시 시메온의 예언을 거울 삼아 예수님의 삶을 깊은 감동으로 바라봅니다. 그리고 하느님 나라 건설의 혁명가로 살아보겠다는 첫 마음을 새롭게 하며 온 생명 앞에 평화의 절을 올립니다.

"내가 밝힌 생명 평화의 등불로 인해 온 누리의 뭇 생명들이 진정으로 평화롭고 행복하기를 발원하며 백 번째 절을 올립니다."

〈가톨릭신문〉

1993년 2월 4일 수품

예, 주님! 저는 온갖 신뢰 속에 주님과 함께 성실하게 걸어가겠습니다. 주님께서는 길이요 진리요 생명이시기 때문입니다.

요한 14,6 참고

이영헌 마리오 신부

사제 수품 성구는 일반적으로 성경 말씀들 가운데 가장 마음에 와 닿는 말씀을 선택하여 정합니다. 그러나 제 경우는 좀 다릅니다. 마음속에 새겨 간직하고픈 말씀들을 인용하여 임의로 만든 성구이기 때문입니다.

"예, 주님!"은 주님의 부르심에 대한 응답과 고백으로서 예언자들과 제자들의 소명 사화가 뜻하는 그 의미를 되새기는 말인데, 사제로서의 삶을 다하는 그 순간까지 끊임없이 이런 응답과 고백이 구현되는 가운데 살겠다는 확고한 결의와 굳은 의지가 담겨 있습니다.

이런 소명과 사명의 삶은 겸허한 마음으로 주님께 온전히 의탁하며 주님과 함께함으로써만 가능합니다. 그 신념을 "저는 온갖 신뢰 속에 주님과 함께 성실하게 걸어가겠습니다."라는 두렵고 떨리는 말로써 재확인하며 다짐하고자 합니다. 이런 신념과 다짐의 근거는 "나는 길이요 진리요 생명이다."(요한 14,6)라고 하신 예수님의 자기 계시를 믿고 예수님의 초대를 받아들인 데에 있습니다. 이런 믿음과 신뢰를 더욱 확고히 하기 위해서 "주님께서는 길이요 진리요 생명이시기 때문입니다."라는 말을 매 순간 새롭게 고백하고자 합니다.

 이 성구는 "그리스도를 대신하여"(2코린 5,20) 주님의 일을 성령 안에서 하느님과 함께 수행하는 사제로서의 초심과 자긍심(소명과 사명 의식)을 잃지 않고, 주님의 이름으로 모인 공동체 안에서 예수 그리스도를 따르며 배우고 익힘으로써 그분을 닮아 가는 삶의 지침이 되리라 여겨집니다.

1979년 4월 28일 수품

목자는 자기 양들의 이름을 하나하나 불러 밖으로 데리고 나간다. 요한 10,3

이재술 마르코 신부

　신학교 입학 면접 때 "왜 사제가 되려고 합니까?"라는 질문에 저는 '어려운 이웃을 위해 저를 투신하고 싶어서'라고 대답했습니다. 참 용감했다는 생각이 들고, 무식하면 용감하다는 말이 떠오릅니다. 입학과 동시에 철학을 배우면서 '나는 도대체 누구인가?'라는 질문과 함께 '나 아닌 남을 위해 나를 내던지겠다'는 제 결심의 근거를 찾느라 한동안 혼란스러웠고, 성소의 위기를 경험했습니다. 이때 저를 붙들어 주고 성소를 지탱해 준 말씀이 "내가 사는 것이 아니라 그리스도께서 내 안에 사시는 것입니다."(갈라 2,20)라는 바오로 사도의 말씀이었습니다.

　이 말씀을 묵상하면서, 저는 스스로 그리고 홀로 존재하는 것이 아니고 단지 모자이크라는 것을, 저를 사랑하는 사람들과 제가 사랑하는 사람들 그리고 저를 필요로 하는 사람들로 모자이크된 존재임을 깨달았고, 믿게 되었고 그리고 지금 느끼고 있습니다.

이 깨달음과 믿음으로 사제 생활을 하고 있지만 살아온 시간을 뒤돌아보면 아쉬움도 많습니다. 무엇보다도 일 속에 파묻혀 효율만을 고집하고, 이웃에게 보내는 눈길과 관심을 한눈파는 것으로 치부하며 살아온 시간들이 안타깝습니다.

사제 생활 25년을 보내고서야 비로소 착한 목자는 양들을 하나하나 부르고 그 양 하나하나에 관심과 사랑을 주는 목자라는 사실을 절감하게 되었습니다. 동시에 이 긴 시간을 속절없이 살아온 것은 그동안의 저의 직무에 집착하고 매달린 탓도 있다고 자위하면서 지금이야말로 새로운 도전과 시작이 필요한 시기임을 깨닫습니다. 그래서 지금 맡고 있는 직무, 학교에서 학생들을 가르치는 이 일에 다시 새롭게 도전하고자 합니다. 목자가 자기 양들의 이름을 하나하나 부르듯 학생 한 명 한 명을 제 존재의 근거로 삼고자 다짐하면서 참기쁨을 기대합니다.

주님의 일을 하고, 주님의 방식으로 살아갈 때만 비로소 제 삶에 의미가 있고, 그것이 기쁨이고 평화를 가져올 수 있는 길이라는 것을 잘 알기 때문입니다.

〈가톨릭신문〉
1989년 1월 20일 수품

너희는 언제나 내 사랑 안에 머물러 있어라.

요한 15,9

조영대 프란치스코 신부

이 성구가 제 삶의 화두로 자리한 것은 고등학생 시절 사제 성소에 대한 꿈을 품을 때부터입니다. 살레시오 고등학교에 입학과 동시에 기숙사에서의 삶은 분명 주님의 은총이었으며, 제 삶의 중요한 분기점이 됐습니다.

사실 저는 저희 집안의 장손이었고, 아버지 또한 제가 열두 살 때 작고하신 처지라 제가 사제가 된다는 것은 엄두를 낼 상황이 아니었습니다. 돌이켜 보면 신학교 입학을 앞두고 얼마나 많은 진통을 겪었던지……. 그래도 주님께서는 저를 선택해 주셨고 결국 사제의 길을 걷고 있습니다.

도미니코 사비오 성인의 전기를 읽고 그와 관련해 김보록 신부님의 감동 어린 가르침을 받으면서, 저도 도미니코 사비오와 같은 성인이 되고 싶다는 열망으로 날마다 아침저녁으로 성체 조배를 했습니다. 신학교 전례부장으로서 매일 저녁 공동 마침 기도를 드리고 성당으로 내려가 다음 날 새벽 미사를 준비하면서, 감실 앞에서 잠시 가졌던 성체 조배의 시간은 지금도 가슴에 특별한 시간으로 남아 있습니다.

신학생 시절에 성체 조배는 제 생활의 힘이었으며, 힘들고 어려울 때면 무엇보다도 성체 앞에서 위로를 얻곤 했습니다. 서품을 앞두고 성구를 정함에 있어 저는 주저 없이 이 성구를 택했습니다.

사제성소를 받게 된 것도 성체 조배의 은총 덕분이었으며, 신학생 때도 성체와 함께 살았고, 현재 사제로 살아가면서도 그 힘과 은총을 성체로부터 얻고 있습니다. 성체의 사랑 안에 머무는 것이 가장 행복한 시간이며, 그 사랑 안에서 힘을 얻어야 사제로서 올바른 길을 걸어갈 수 있다는 신념이 제 안에 깊이 자리 잡고 있습니다.

최근에는 바쁘다는 이유로 성체께 제 마음과 시간을 다 내어드리지 못하는 게으르고 배은망덕한 종이지만, 새롭게 마음을 다지며 사랑이신 제 주님 성체 앞에 나아갑니다.

〈가톨릭신문〉

1991년 1월 22일 수품

사랑으로 서로 종이 되십시오.

갈라 5,13

조일도 스테파노 신부

주님께서 사도들에게 원했던 것처럼 사제들은 "너희 가운데에서 첫째가 되려는 이는 모든 이의 종이 되어야 한다."(마르 10,44)라고 말씀하셨습니다.

"사제들은 언제나 더 높은 저 성덕을 향하여 매진하고, 하느님 백성 전체에 봉사하는, 날로 더욱 적절한 도구가 되어야 한다."(제2차 바티칸 공의회 문헌, 〈사제의 생활과 교역에 관한 교령〉 12항)고 생각합니다.

"다른 이들에 대해 이러한 종의 정신을 가지고 있는 사람은 보상의 기대함이 없이 다른 이들을 섬겨야 하고, 자기 형제들을 섬겨야 합니다. 권위의 위치에 있는 사람은 누구보다 더 헌신적으로 일을 해야 하며, 수하 사람들보다 더 겸허해야 하고, 종처럼 자기 목숨을 타인의 의향에 내맡긴다는 표양을 주어야 하며, 또한 자신들의 보호에 위탁된 이들을 하느님의 것으로 여겨야 합니다. 서로 공경심을 보이는 데에서 앞지른다면 여러분은 지상에서 천사의 생활을 해 나가는 것입니다."(니사의 성 그레고리오 주교, 《그리스도인 생활》)

사제직은 겸손과 봉사의 삶 안에서 완수될 수 있는 것이기 때문에 "사랑으로 서로 종이 되십시오."(갈라 5,13)라는 말씀을 항상 마음에 새기며 살아가고자 합니다.

1997년 1월 21일 수품

보십시오, 저는 주님의 종입니다. 말씀하신 대로 저에게 이루어지기를 바랍니다. 루카 1,38

최길주 요셉 신부

성모님께서는 하느님의 은총을 가득히 받으신 가장 모범적인 분이며, 또한 주님의 종으로서 하느님의 부르심을 기꺼이 받아들이시고, 겸손한 자세로 그 응답에 대한 합당한 삶을 사셨습니다. 그분은 모든 일에 있어서 주님의 뜻에 당신을 온전히 맡겨 드리며 겸허하게 살아가신 분입니다.

저도 주님과 함께 주님 가까이에서 그분의 종으로서 온전히 제 자신을 주님께 맡겨 드리는 삶을 살아가기 위해, 이 복음 구절을 마음속 깊이 간직하고자 합니다. 성모님이 주님의 말씀을 충실히 따르는 응답의 삶을 살아가셨던 것처럼, 저도 주님께서 이끄시는 대로 모든 것을 겸허하게 받아들이는 순종의 삶을 살아가렵니다. 그리하여 마침내, 저의 모든 말과 행위가 주님께 드리는 봉헌의 삶이 되었으면 좋겠습니다. 아멘.

2001년 2월 7일 수품

내게 주신 모든 은혜
무엇으로 주님께 갚사오리. 시편 116,12

황양주 안토니오 신부

  신학생 시절에는 사제가 되면 온전히 봉헌된 삶을 제 노력과 의지로 충분히 잘 살아낼 수 있으리라고 생각했습니다. 그러나 서품을 준비하면서 그간의 생활과 주변을 돌아보니 그것이 아니었습니다.

  사제가 되겠다는 초등학교 5학년 어린아이의 깊이 없는 소리를 허투로 듣지 않고 성소의 길로 이끌어 주신 당시의 주임 신부님과 역대 주임 신부님들 그리고 본당 공동체 등 많은 분들의 도움과 기도, 사랑이 태산처럼 고마움으로 밀려왔습니다.

  그 무렵 성무일도를 드리던 중 "내게 주신 모든 은혜 무엇으로 주님께 갚사오리"(시편 116,12)란 말씀이 제 마음을 울렸고, 사제 서품 성구로 삼게 되었습니다. 사제가 된 이후로도 많은 분들의 도움을 받지 않는 것이 없습니다. 사제단과 본당 공동체 그리고 신자들과 함께하도록 부르심을 받았습니다. 결국 함께해 준 모든 분들에게 빚을 지고 있는 셈입니다. 하느님께서는 저에게 생명을 주신 것으로도 부족하여 사제로 불러 주셨으니 하느님께도 한없는 빚을 졌습니다. 삶의 모든 것이 주님께 받은 은혜요 사랑이니 그것을 어찌 다 갚을 수 있겠습니까?

자식이 효성을 다해도 부모님이 자식에게 베풀어 준 것에 비하면 아무것도 아니라고 했습니다. 그래서 "그저 해야 할 일을 했을 따름입니다."라는 말씀과 더불어 "내게 주신 모든 은혜 무엇으로 주님께 갚사오리."라는 말씀이 자동적으로 울려 나옵니다. 그럼에도 하느님께서는 빚을 독촉하지 않으시니, 이렇게 행복한 빚쟁이가 또 어디 있겠습니까! 살아가면서 빚을 갚기는커녕 더 늘어납니다. 그래서 이 성구는 항상 빚쟁이의 심정으로, 하느님의 너그러운 사랑에 기대어 기쁘고 겸손하게 살라는 다짐을 하게 합니다.

시간이 흐를수록 신학생 시절의 순수함이 퇴색되어 갑니다. 그럼에도 하느님께서는 저를 당신의 도구로 써 주시기에 그 인자하심과 자비로우심에 감사드리지 않을 수 없습니다.

그래서 "내게 주신 모든 은혜 무엇으로 주님께 갚사오리. 구원의 잔 받들고서 주님의 이름을 부르리라." 하고 되뇌입니다. 여전히 행복한 빚쟁이로서.

〈가톨릭신문〉

1987년 1월 22일 수품

전주교구

고주파

그는 상한 갈대도 꺾지 않고 꺼져 가는 심지도 끄지 않으리라.

마태 12,20

이병호 빈첸시오 주교, 전주교구장

사제품을 앞두었을 때 제 마음에 꽂힌 성경 대목은 마태오 복음 12장 15-21절의 말씀이었습니다. 오랫동안 준비한 사제직이 막상 코앞으로 다가오자 기쁨보다는 겁이 더 났고, 남에게 복음을 전한다는 생각보다는 자신이 이 길을 끝까지 잘 갈 수 있을까 하는 걱정이 더 무겁게 엄습했던 것 같습니다.

그런 저에게 이 말씀은 무엇보다 빛과 힘을 주었습니다. 그래서 이 대목에서도 꼭지 구실을 한다고 생각되던 한마디를 사제 수품 성구로 선택했습니다. "그는 상한 갈대도 꺾지 않고 꺼져 가는 심지도 끄지 않으리라."(마태 12,20) 이런 분이 아니고서는 남을 돕기는커녕 제 한 몸을 이끌고 가기가 거의 불가능하다고 생각되었던 것입니다.

"아버지, 나의 아버지! 아버지께서는 무엇이든 다 하실 수 있으시니 이 잔을 나에게서 거두어 주소서. 그러나 제 뜻대로 마시고 아버지의 뜻대로 하소서."(마르 14,36)

이 말씀에서도 그 꼭지 구실을 하는 말씀을 주교 수품 성구로 택했습니다. 즉 "제 뜻대로 마시고 아버지의 뜻대로 하소서."(마르 14,36)입니다. 주교품을 받게 되었을 때 머리에 떠오른 이 성경 말씀도 이제 돌아보니 사제품을 앞두었을 때와 같은 맥락에서 나온 것이었다는 생각이 듭니다.

사제 생활 21년이 되던 해(1990년)에 주교가 된다고 생각하니 제일 겁나는 것은 나 자신과의 싸움이었습니다. '그동안 얼마나 자주 사제직에 충실하지 못하고 자신의 욕망 쪽으로 기울었던가! 앞으로도 그럴 것이라면 그것은 자신과 교회, 그리고 세상에 큰 불행이 될 것이다.' 여기까지 생각이 미치자 떠오른 것이 이 말씀이었습니다.

지금도 그 전쟁 중에 있지만, 성경에 나타난 수많은 신앙 영웅들의 증언과 하느님 말씀은 언제나 빛과 힘이 됩니다. 그래서 파라오의 막강한 군대를 수장시키고 바다 한가운데를 마른 발로 건너고, 사막을 가로질러 이스라엘 백성을 인도한 모세와 백전노장 골리앗을 이긴 소년 다윗의 그림이 늘 마음속에 살아 있게 되었습니다.

그리고 무엇보다도 죽음을 이기고 승리하시어 하늘에 오르신

다음 약속하신 성령을 보내 주심으로써 갈대 같은 인간에게 하늘의 능력을 부어 주신 예수 그리스도의 은총과 진리가 세월과 함께 점점 더 제 안에 생생히 살아 있게 되었습니다. 그리하여 그분께서 약속하신 말씀이 무슨 뜻인지 더욱 분명해졌습니다.

"믿는 사람에게는 기적이 따르게 될 것인데 내 이름으로 마귀도 쫓아내고 여러 가지 기이한 언어로 말도 하고 뱀을 쥐거나 독을 마셔도 아무런 해도 입지 않을 것이며 또 병자에게 손을 얹으면 병이 나을 것이다."(마르 16,17-18)

현세에서 그리스도 신앙인은 땅을 딛고 하늘을 보며 사는 존재로서의 자의식이 특별히 예민한 인간입니다. 아래로 땅을 보면 그것을 딛고 있는 자신의 나약성 앞에 현기증을 느낄 수밖에 없고, 첫 순교자 스테파노처럼 시선을 위로 "하늘에 고정시켜 놓고 보면"(사도 7,55 참조) 어떤 두려움도 사라집니다. 주님의 승리가 내 것이 되기 때문입니다. "너희는 세상에서 고난을 당하겠지만 용기를 내어라. 내가 세상을 이겼다."(요한 16,33)

〈평화신문〉

1969년 12월 15일 수품

내가 너와 함께 있겠다.

탈출 3,12

경규봉 가브리엘 신부

   이 말씀은, 모세가 이스라엘 백성을 이집트에서 구해 내라는 하느님의 말씀에 겁내며 용기를 내지 못하자 하느님께서 모세에게 힘이 되어 주시겠다고 하신 약속의 말씀입니다.

   우리는 악한 땅에서는 탈출할 수 있어도 하느님에게서는 탈출할 수 없습니다. 주님 곁을 떠난다 해도 주님은 항상 곁에 계십니다.

   저도 신학교 생활을 마치고 사제품 받기 전에 두려워하며 용기를 잃었는데 이 말씀을 듣고 주님의 힘으로 주님과 함께 살아가자는 믿음으로 용기를 얻어 사제품을 받았습니다.

1983년 1월 26일 수품

당신 눈동자처럼 저를 보호하소서. 당신 날개 그늘에 저를 숨겨 주소서.

시편 17,8

김기곤 프란치스꼬(아시시) 신부

주님께서 지켜 주시지 않고 그분의 보호가 없었다면 저의 사제직을 보존하지도, 수행할 수도 없었을 것입니다. 매 순간 주님의 손길을 그리는 마음으로 이 말씀을 성구로 택하여 늘 새겨 살고 있습니다.

열은 열로써 다스린다는 뜻의 '이열치열'이라는 말이 있듯이, 고통을 견디려면 더 큰 고통 속으로 들어가야 합니다. 편안하게 쉬고 싶으면 큰 그늘로 들어가야 합니다. 주님의 눈동자처럼 보호받고 싶으면 스스로 주님의 눈동자가 되어야 합니다.

1985년 1월 28일 수품

언제나 기뻐하십시오.
끊임없이 기도하십시오.
모든 일에 감사하십시오.

1테살 5,16-18

김봉술 아우구스티노 신부

바오로 사도를 기억하며 그분의 마음으로 천국에 계시는 부모님과 이 시대를 사는 사랑하는 교우들에게 인사하고 싶습니다.

저의 사목 모토이며 인생의 거울인 성구는 부모님이 제게 주신 최고의 선물이자 유산입니다. 평생 땅을 일구며 사신 부모님은 이 말씀을 그대로 사신 분들입니다.

물질적으로는 가난했지만 언제나 신앙 때문에 기뻐하셨고, 늘 땀 흘리고 일하시면서도 끊임없이 주님께 기도하셨습니다. 또한 어려움과 환난 때문에 눈물과 아픔을 겪는 시간 속에서도 모든 일을 하느님의 뜻으로 받아들이고 감사드리며 사셨습니다.

아버지와 어머니는 논과 밭에서 이 말씀을 자주 낭송하고 묵상하신다고 제게 말씀하셨습니다. 서품 때 선택한 성구는 부모님이 저에게 쓰신 사랑의 편지라고 할 수 있습니다.

바오로 사도는 누구를 위하여 테살로니카 신자들에게 보내는 첫째 편지를 썼을까요? 이 편지는 디아스포라 공동체, 나그네 공동체, 순례 중에 있는 공동체, 가난한 공동체, 작은 그리스도인 공동체에 보낸 편지입니다. 아울러 지금 이 시대를 살고 있는 교회와 우리에게 보내는 편지입니다.

이 편지는 건전한 공동체, 건강한 교회가 되려면 무엇이 필요한지를 전합니다. '사랑으로 이루어지는 화합, 약한 형제들에 대한 인내로운 태도, 형제애로 성취하는 악의 극복, 끊임없는 하느님 예배, 성령과 더불어 사는 삶'(1테살 5,12-22 참고)이 열쇠라고 당부합니다.

일상과 사목 현장에서 제가 만나는 모든 현실과 사건 속에서, 바오로 사도처럼 말씀과 열정으로 사람들에게 복음을 전하는 영성을 따르고자 약속하며 서품 때 첫 마음을 기억합니다.

하늘 나라로 떠나신 부모님 묘소 비석에 답장을 새겼습니다. "한평생 이 몸이 주님을 따르오니 오래오래 주님 집에 살으리라." 바오로 사도가 그랬듯이, 사제, 수도자, 신자 모두가 서로에게 아름다운 편지를 쓰며 살았으면 합니다.

〈가톨릭신문〉

1993년 2월 2일 수품

아버지, 이 사람들이 모두 하나가 되게 하여 주십시오.

요한 17,21

김영신 바오로 신부

예수님께서는 아버지 뜻을 이루시고자 겸손되이 사람이 되시어 이 세상에 오셨습니다. 그래서 아버지와 하느님 나라의 신비를 모두 알려 주셨습니다. 그리고 때가 되자, 당신 자신을 위하여 기도를 바치신(요한 17,1-5 참고) 다음, 제자들을 위하여 기도를 바치시고(요한 17,6-19 참고) 마지막으로 믿는 이들을 위하여 기도(요한 17,20-26 참고)를 바치셨습니다. 이 성경 구절이 바로 이 기도의 서두입니다.

여러모로 미약하고 부족한 철부지인 제가 주님의 부르심을 받고 주님의 종으로 응답하게 되었습니다. 그래서 예수님께서 바치신 이 기도가 제가 성사를 집전할 때마다 꼭 이루어지기를 바라는 마음으로 이 성구를 선택했습니다.

예수님께서 바치신 기도 내용은 다음과 같습니다.

"아버지, 아버지께서 제 안에 계시고 제가 아버지 안에 있듯이 그들도 우리 안에 있게 해 주십시오."(요한 17,21)

"저는 그들에게 아버지의 이름을 알려 주었고 앞으로도 알려 주겠습니다. 아버지께서 저를 사랑하신 그 사랑이 그들 안에 있고 저도 그들 안에 있게 하려는 것입니다."(요한 17,26)

1969년 12월 15일 수품

나는 착한 목자이다.

요한 10,11

김용태 베네딕토 신부

대사제이신 예수님은 착한 목자로서 양들을 위해 목숨을 바치셨습니다. 그분의 숭고한 삶을 저는 자주 묵상했습니다. 목자의 삶은 힘겹고 무겁습니다. 착한 목자는 더욱 그러합니다. 멍에를 질 수도 있고, 멍에로 목숨을 잃을 수도 있습니다. 한없이 부족한 저 자신이지만 주님의 도우심을 믿고 그분이 주신 사제 직분을 성실히 수행하며 살고자 합니다.

1971년 7월 5일 수품

너희는 남에게서 바라는 대로 남에게 해 주어라.

마태 7,12

김정현 암브로시오 신부

우리는 매일같이 누군가를 만나면서 살아갑니다. 하루라도 누군가를 만나지 않고 살아가는 날이 없습니다. 자의든 타의든 격리된 삶을 살아가지 않는 이상 누군가는 만나면서 살아갑니다. 그렇기 때문에 사람과 사람 사이에는 많은 문제가 발생하기 마련이고, 그러한 문제는 사람을 기쁘게도 하고 때로는 슬프게도 합니다.

이러한 점에서 성경에 나타난 스승이신 예수님의 모습은 우리들에게 많은 것을 생각하게 합니다. 단 한 번도 자신을 위한 삶을 사신 적이 없으셨던 분, 십자가에 못 박혀 돌아가시는 그 순간까지도 항상 '누군가를 위한 삶'을 사셨던 분이 바로 스승 예수님이십니다.

저는 이러한 예수님을 닮고자 따라나섰고, 사제로 서품되면서 항상 누군가를 위한 삶을 살겠다는 다짐으로 "너희는 남에게서 바라는 대로 남에게 해 주어라."라는 구절을 저의 사목 모토로 선택했습니다. 그리고 지금 스승이신 예수님을 닮아 항상 누군가를 위한 삶을 살아가려고 열심히 노력하고 있습니다.

저는 청소년 교육국에서 청소년들과 함께 지냈고, 지금도 청소년 수련관 관장으로 일하면서 청소년들을 만나고 있습니다. 저는 제가 만나는 청소년들에게 늘 희망을 간직하며 생활하기를 당부하고, 아울러 그 희망을 이웃에게 전하기 위해 노력하라고 당부합니다. 희망을 간직하고 살아가는 이와, 희망을 간직하지 못한 채 살아가는 이의 삶은 확연하게 다르기 때문입니다.

삶을 살아가며 희망을 간직하고 살아갈 수 있다면, 그리고 그 희망을 이웃에게 전하면서 살아갈 수 있다면 얼마나 행복한 삶일까요. 여러분 모두 이웃에게 바라는 대로 이웃에게 해 줄 수 있는 삶을 살아가는 신앙인이 되셨으면 합니다. 그리고 여러분이 간직하고 있는 신앙과 희망을 이웃과 함께 나누며 살아가는 신앙인이 되셨으면 합니다.

〈가톨릭신문〉

1999년 2월 2일 수품

맑고 고운 당신의 길, 노래하며 걸으오리라.

시편 100

김준호 십자가의 바오로 신부

갈 곳이 많은 세상에는 이르는 길도 많이 있습니다. 인간이 걷는 길도 참으로 다양합니다. 인류 역사상 많은 성현들은 인간이 인간으로서 걸어야 할 참다운 길을 제시해 왔습니다. 그러나 주님은 "내가 바로 그 '길'이니 나를 밟고 가라." 하고 말씀하십니다. 주님의 길을 따라 걷는다는 것이 어찌 쉬운 일이겠습니까마는, 시편은 주님의 길은 맑고 고운 길이라고 노래합니다. "나를 따르라." 하신 주님 말씀에 순명하면서 어떠한 처지에서든지 노래하는 마음으로 그분을 따르고자, 그분의 길을 걷고자 합니다.

1977년 7월 5일 수품

서로 사랑하여라. 요한 13,34

김지광 요한 보스코 신부

'서로 사랑하라'는 예수님의 말씀은 제 삶에서 가장 중요한 화두였습니다. 예수님이 우리를 사랑하신 것처럼 서로 사랑하는 것, 바로 그것을 통해 우리가 예수님의 제자임을 아주 분명하게 깨달을 수 있었습니다. 신학교에 입학하기 직전에 있었던 신학생 연수에서 저는 이 말씀에 대한 강한 체험을 했습니다. 그 체험을 통해서 이 말씀이 얼마나 크고 놀라운 것인지 새삼 깨달았고, 그 말씀을 간직하며 살아야겠다고 생각했습니다.

모든 것은 변하더라도 사랑만은 영원합니다. 왜냐하면 사랑은 하느님께로부터 오는 것이기 때문입니다. 지금 살아가고 있는 우리의 삶 역시 바로 이 사랑을 배우기 위한 과정이라고 할 수 있습니다. 사제로서의 삶, 예수님을 따르는 삶을 살아가면서, 서로 사랑하라는 예수님의 말씀을 놓지 않고 끝까지 따라갈 수 있도록 사랑하면서 살겠습니다.

2011년 1월 13일 수품

주님은 나의 목자 아쉬울 것 없노라.

시편 23,1

김진철 빈첸시오 신부

    신학교에서 피정할 때 지도해 주신 어느 수도회 신부님께서 '사제는 하느님만으로 행복할 수 있어야 한다'는 요지의 강의를 하셨습니다. 이런 주제와 같은 맥락에서 이 시편이 떠올랐습니다. 사제가 되면 여러 가지로 부족한 점이 있겠지만 그때마다 하느님만으로 만족하고 살아야겠다는 마음으로 이 성구를 선택했습니다.

    '주님은 나의 목자, 나는 아쉬울 것이 없습니다.'

1991년 1월 22일 수품

당신 말씀은 제 발에 등불, 저의 길에 빛입니다.

시편 119,105

김진화 마태오 신부

솔로몬이 지혜를 청했듯이 영성이 우선인 사제에게도 지혜와 현명함이 필요합니다. 주님의 말씀을 묵상하면 거기서 지혜도, 현명함도 나올 것입니다. 그러니 주님의 말씀이 제 등불이고 빛이라 생각하여 당시에는 잘 선택하지 않던 시편에서 성구를 택하였습니다.

사제는 하느님의 빛을 밝게 비추는 등불입니다.

1988년 1월 20일 수품

그저 신자들을 사랑하면 돼.

김창신 아우구스티노 신부

사제가 되신 신부님이라면 누구나 사제 서품 전에 사제 생활을 위한 모토로 성경 구절을 선택합니다. 그리고 그 구절을 잊지 않으려고 상본에 새기고, 그에 걸맞게 살려고 노력합니다. 그러나 사제 생활을 하다 보면 그 다짐대로 살지 못할 때가 많습니다. 그래서 소임이 바뀔 때마다 그에 어울리는 모토를 다시 정하고 되새기며 살아가는 경우들도 있습니다. 저 역시 그런 것 같습니다. 제 사제 생활의 모토는 "그저 신자들을 사랑하면 돼."라고 충고하신 어느 노老 신부님의 짧고도 강한 메시지입니다.

두 번째 소임으로 맡은 본당에서 보좌 신부로 살다가 그곳을 떠날 때의 이야기입니다. 주임 신부님과 마지막 식사를 하면서 그동안의 이야기들을 나눴습니다. 그리고 다시 새로운 부임지로 이동해야 한다는 막연한 두려움과 설레는 마음을 담아 신부님께 물었습니다. "신부님, 제가 사제로서 앞으로 어떻게 살아가면 좋을까요?" 평범하지만 제게는 간절한 물음이었습니다. 신부님께서는 온화한 미소를 지으시며 "어디를 가든 그저 신자들을 사랑하면 돼!"라고 말씀하셨습니다. 의외로 답은 너무나 짧고 단순했습니다. 모범적인 답이지만, 그렇게 행동하기는 참으로 어려운 것이었습니다.

하느님 안에서 새로운 신자들과 인연을 맺는 과정에는 두려움과 설렘이 공존하기 마련입니다. 그렇지만 그 중심에 '사랑'이란 요소가 없다면 어느 한쪽으로 치우치는 편견의 관계가 될 것입니다. 결국 '사목司牧'이 아닌 '일[事]' 중심의 관계로 끝나겠지요.

현재 저는 교구에서 노동자·이주민 사목을 전담하고 있습니다. 우리와 다른 피부색과 언어를 가진 형제자매들을 만날 때마다 "그저 신자들을 사랑하면 돼."라는 신부님의 말씀을 떠올리게 됩니다. 앞으로 그들과 함께하는 삶 속에서 그 모토는 더욱 가슴 깊이 새겨지고 제 삶에 자연스럽게 녹아들어 가지 않을까 기대해 봅니다.

오늘 다시금 그 모토를 되새겨 봅니다.

"그저 신자들을 사랑하면 돼!"

〈가톨릭신문〉

1999년 2월 2일 수품

내게 주신 모든 은혜 무엇으로
갚사오리. 구원의 잔 받들고서
주님의 이름을 부르리다.

시편 116,12-13

나춘성 스테파노 신부

    신자가 아닌 집안의 장남으로 태어난 제가 주님께 선택되어 신자가 되고, 사제가 되었을 뿐만 아니라, 저희 가족 모두가 세례를 받아 성가정을 이루게 되었음에 감사드립니다. 이 성구를 선택한 것은 죽을 때까지 사제로서 주님께 제사를 봉헌하며 감사의 노래를 부르리라는 결심과 각오를 담은 말씀이기 때문입니다.

    감사와 찬양은 사제뿐 아니라 믿는 모든 이의 직분입니다. 예수 그리스도가 거두어 주실 잔이 구원의 잔이 되도록 해야 할 것입니다.

1983년 1월 26일 수품

언제나 기뻐하십시오.
끊임없이 기도하십시오.
모든 일에 감사하십시오. 1테살 5,16-18

문선구 비오 신부

　사제품을 받고 얼마나 기뻤는지 모릅니다. 첫 본당에 갔을 때 저는 항상 웃고 다녔습니다. 신자들이 "신부님은 무엇이 좋아서 그렇게 웃고 다니십니까?"라고 물어보면, 저는 "하느님을 사랑하고 또한 사제가 된 것이 너무 기뻐서 웃고 다닙니다."라고 말했습니다. 저는 기도를 통해 기쁨과 평화를 누립니다. 신학교 때부터 기도하던 습관이 지금도 이어져 기도 생활을 계속하고 있습니다. 기도는 저의 생명입니다.

1988년 1월 20일 수품

> 기뻐하는 사람이 있으면 함께 기뻐해 주고 우는 사람이 있으면 함께 울어 주십시오.
>
> 로마 12,15

박종근 안드레아 신부

인간의 세계에는 희로애락이 있습니다. 기쁠 때 함께 기뻐하고, 노여울 때 가라앉혀 주고, 슬픔은 함께 나누고, 즐거움을 함께 누리는 것입니다. 예수님도 그러하셨습니다. 인간을 사랑하시어 강생하신 예수님이 인간과 동고동락하시며 사랑을 구체적으로 실천하신 것입니다. 부족하지만 저도 그러한 사목자가 되겠습니다.

1974년 7월 3일 수품

하느님, 깨끗한 마음을 새로
지어 주시고 꿋꿋한 뜻을
새로 세워 주소서.

시편 51,10

방의성 베드로 신부

    깨끗한 마음은 악의 유혹을 벗어나게 합니다. 깨끗한 마음은 예수 그리스도를 부끄럽게 하지 않습니다. 자신의 신앙을 떳떳하게 합니다. 꿋꿋한 뜻은 하느님을 향한 변함없는 의지입니다. 추함이 있어야 선함이 있음을 깨닫습니다. 추와 선은 거울입니다.
    사제 서품을 준비하면서 저 자신의 추함과 의지의 약함을 줄곧 성찰하면서 이 시편 구절을 선택했습니다.

1984년 11월 19일 수품

내가 너희를 사랑한 것처럼 너희도 서로 사랑하여라.

요한 13,34

백승운 비오 신부

서품 즈음의 일들을 곰곰이 떠올려 보았습니다. 1999년이 끝나갈 무렵 온 세상은 새로운 세기, 새로운 밀레니엄을 맞아 들뜬 분위기였습니다. 매일같이 미디어에서 쏟아져 나오는 수많은 희망의 메시지, 혹은 행여 새로운 세기가 시작되며 발생하게 될 혼란에 대한 걱정들, 그리고 대희년 선포를 앞두고 마련된 교회 안의 많은 행사와 계획들……. 뭐라고 표현을 해야 할까요? 마치 지난 2000년을 한 매듭으로 묶고 새롭게 열리는, 시작을 준비하는 축제의 분위기였다고나 할까요?

그러한 분위기 속에서 서품 성구를 준비하며, 자연스럽게 저는 지난 2000년 동안 세상을 움직여 왔던 '세상의 법'이 과연 무엇일까를 생각했습니다. 그 긴 세월 동안 세상을 제패했던 수많은 제국들은 각기 '그들의 법'을 가지고 있었습니다. 당시에는 영원할 것만 같았던 그들의 법은 언제나 시간의 흐름 속에서 명멸해 왔습니다. 막강한 무력과 재화의 힘으로 결코 깨지지 않을 것처럼 보였던 그들의 영화는 한 줌의 재와 같이 스러져 갔습니다.

또다시 다른 세상의 힘에 의해 대체되었던 순환의 역사를 기억하며 주님께서 주신 '새로운 계명'을 서품 성구로 정하게 됐습니다. 최후의 만찬 때 몸소 제자들의 발을 씻어 주시는 표징을 통해 분명하게 보여 주신 그 '사랑'이야말로, 세상을 참으로 움직일 수 있는 하느님 나라의 '영원한 법'임을 잊지 않고 싶었기 때문입니다.

서품 14년째를 살아가는 요즈음, '세상의 법'은 주변 곳곳에서 한결 더 기승을 부리고 있지만 서품 때 마음에 새긴 주님의 말씀이 결코 헛되지 않음을 오롯이 믿기에, 절망하지 않고 오늘도 당당하게 한 걸음을 내딛습니다. 그분께서 먼저 걸으셨던 사랑의 길을.

〈가톨릭신문〉
2000년 1월 20일 수품

진리가 너희를 자유롭게 하리라.

요한 8,32

서석희 요셉 신부

신학생 때, 일본인 작가 엔도 슈사쿠의 소설 《침묵》을 읽었습니다. 1638년 일본의 박해 시기에 선교를 하던 포르투갈 선교사를 통해 무엇이 가장 아름답고 성스러운 것인지, 무엇이 가장 높은 이상이고 구원인지에 대해 이러지도 저러지도 못하는 고뇌를 보여 줍니다.

무엇보다도 그러한 성스러운 이상과 구원이 이웃을 위한 끝없는 사랑과 상충될 수밖에 없는 현실에서 겪게 되는 선택의 문제, 즉 고통과 죽음의 공포 때문에 배교를 하느냐, 아니면 자기 때문에 신자들이 고통을 받아 거꾸로 매달려야 하느냐의 양자택일의 궁지에 몰린 신부가 결국 신자들의 고통과 죽음을 도저히 묵과할 수 없어서 '배교'를 선택했던 그 결과에 대해 진정으로 그는 두려움을 벗어나 자유로워졌을까를 생각했습니다.

지난 2월, 민병훈 감독의 〈포도나무를 베어라〉란 영화에서도 소설만큼의 무게는 아니지만, '어느 것을 선택하든 가치 있는 것 이라 했을 때 보다 나은 선택은 무엇일까'를 고민하게 합니다.

영화는 선택한 것과 선택하지 않는 것 사이에서 주저하는 모습의 신학생과 자신이 선택한 것에 대해 두 번 생각할 겨를 없이 즉시 행동으로 옮기는 수사의 모습 등을 통해, 그리고 '깃털처럼 가볍게'라는 이 영화의 대사와 주제를 통해, 진정한 자유는 선택한 그 길이 선택하지 않은 길을 외면하고 경멸하는 것이 아니라, 선택하지 않은 길을 다독거리며 끌어안고 화해할 때 가능하지 않겠느냐고 넌지시 제시합니다.

나약한 인간인 저도 사목 현장에서 '어느 한 가지만을 고집'할 때 차라리 편할 때가 있습니다. 다른 선택이나 가치의 수용은 나 자신의 정체성을 흔들리게 하는 두려움이 있기에 애써 감추는 것입니다. 다른 가치를 외면하고 무시하고, 차별화시킴으로써 얻어지는 안정감(?)도 잠시, 다시 불안해지는 까닭은 무엇일까요? 그럴 때마다 다시 이 성경 구절을 되새기게 됩니다.

"진리가 너희를 자유롭게 하리라." 이 말씀 속에는 나 자신을 포기하고, 타인을 포용하고 끌어안음으로써 얻게 되는 '깃털처럼 가벼운 자유'가 있기 때문입니다.

〈가톨릭신문〉

1992년 1월 28일 수품

내 안에 머물러라.
나도 너희 안에 머무르겠다.

요한 15,4

송광섭 클레멘스 신부

저의 서품 성구는 "내 안에 머물러라. 나도 너희 안에 머무르 겠다."(요한 15,4)입니다. 어릴 적 성당을 다니기는 하였지만 신앙 생활을 했다기보다는 그냥 성당을 오가는 정도였습니다. 열심 히 신앙생활을 하시는 부모님을 따라서 저 역시 당연히 성당을 가야 하는 것으로 생각했습니다.

그러다가 주님의 부르심을 받고 신학교에 입학하게 되었습 니다. 제가 신학교 2학년 여름 방학 때 어머니께서 많이 아프셨 습니다. 알고 보니 위암이었고, 중기에서 말기로 진행 중이었 습니다. 그때 정말 기도를 많이 드렸습니다. 그전까지는 성무 일도와 묵주기도와 미사만 했었는데, 이때 주님과 많은 시간을 함께했습니다. 다행히도 어머니께서는 수술을 잘 받으셨고 경 과가 좋았습니다. 이러한 상황에서 "하느님께서 다 해 주실 것이다."라는 어머니의 믿음은 저를 하느님께로 더욱 이끌었습니다.

이러한 때 읽었던 성경 구절이 서품 성구로 다가왔습니다. '주님 안에 머무르면, 주님께서도 내 안에 머무르시면서 다 해 주시는구나!' 이것이 주님께서 저에게 주신 깨달음이었습니다. 아무리 험난한 고통과 힘겨움이 오더라도, 주님 안에 머무르면 주님께서 해 주심을 깨달았고, 신학교 생활을 하면서도 항상 이 말씀은 제 안에 남았습니다. 그래서 서품 성구로 선택을 하게 되었습니다. 서품 상본 앞면의 그림은 대부님께서 선택해 주신 것입니다. 예수님을 잉태한 마리아가 기쁜 얼굴로 사촌인 엘리사벳에게 가는 모습입니다.

하느님과 조금이라도 더 가까워지고 싶었습니다. 그것은 제가 신학생 때부터 계속 든 생각이었습니다. 그리고 사제가 된 지금 역시도 그렇게 하고 싶습니다. 하느님께서는 우리를 사랑하셨습니다. 그래서 우리를 당신의 모습으로 만드셨고, 기뻐하셨습니다.

저는 하느님께서 만드신 사제입니다. 그리고 제가 앞으로 이끌어야 할 양들 역시도 하느님께서 만드신 하느님의 자녀입니다. '사랑만 하기에도 부족한 이 삶' 신자분들을 사랑하면서 살아가고 싶습니다. 하느님께서 저를 사랑하시고, 하느님께서 신자분들을 사랑하시는데, 저 역시도 신자분들을 사랑해야 한다고 생각합니다. 하느님께서 저의 이 첫 마음을, 그 무엇에도 흔들리지 않고 지켜 주시리라 믿습니다. 그리고 하느님 안에 머무르면서, 하느님께서도 제 안에 머무시기를 간절히 청합니다.

2010년 1월 14일 수품

언제나 기뻐하십시오.
끊임없이 기도하십시오.
모든 일에 감사하십시오.

1테살 5,16-18

이사정 라파엘 신부

　사제품을 준비하며 일 년의 부제 기간 동안 서품 성구를 선택하기 위해 틈틈이 신구약 성경을 통독하였습니다. 이 구절은 결국 많은 고민과 축약 끝에 택한 구절입니다.

　어제도 구역반 미사를 신자들과 봉헌하고 다과를 나누면서 15분 동안 369게임을 하며 함께 모인 20여 명의 교우들과 즐거운 시간을 가졌습니다. 가끔은 주일 미사 강론 중에 '어르신 체조'도 합니다. 지난번 부활 성야 미사 때는 예수님 부활의 기쁨을 나누고 축하를 드리자면서 500여 명의 신자들과 '진도 아리랑'과 '서울의 찬가'에 맞추어 율동을 했습니다. 사춘기 청소년들을 제외하고 유치원 아이들부터 연로하신 어르신까지 함박 웃음을 지으며 노래하고 춤을 추십니다.

복음이 기쁜 소식이라면 하느님이 바라시는 우리네 삶도 그런 삶이 아닐까요? 그렇게 언제나 기쁨 속에 살아야 하고 기도하며 모든 일에 감사하는 삶을 누구보다 먼저 사제가 살아야 하며, 주님께서는 특히 저에게 그런 은총을 주시는 것 같습니다. 그래서 더 감사합니다. 다음 주는 또 어떤 율동과 유머로 신자분들을 기쁘게 해 드려야 할까요?

1989년 1월 20일 수품

> 내게 주신 모든 은혜 무엇으로
> 주님께 갚사오리. 구원의 잔
> 받들고서 나의 서원을
> 채워 드리리라.
>
> 시편 116,12-13

이상섭 모이세 신부

사제품을 받기 전 과거를 되돌아보고 현재의 제 자신을 살펴볼 때, 보잘것없는 제 자신의 삶에 비해 현재의 삶이 너무 은혜로웠습니다. 그래서 하느님께 감사하며 제 자신을 온전히 봉헌하고 싶다는 열망에 가득 찼습니다. 특히 주님께서 저에게 주신 모든 은혜에 감사하고, 일생토록 미사를 드릴 때마다 하느님께 제 자신을 봉헌하며 살겠다는 제 마음과 이 시편 말씀이 일치하였기에 이 말씀을 사제 서품 성구로 선택하였습니다.

1979년 1월 30일 수품

나를 따라오너라.

마태 4,19

이상용 야고보 신부

예수님께서 제자들에게 모범을 보이시면서 가르침을 주셨던 것처럼, 저도 주님을 따라가고, 신자들에게도 목자로서의 모범을 보여 주고자 이 구절을 선택하였습니다.

따른다는 것은 권위가 아닙니다. 권력은 더더욱 아닙니다. 따른다는 것은 위엄도 아닙니다. 대가도 아닙니다. 아무것도 이로운 일이 없는 것 같은데도 따르고 싶은 마음이 들 때가 있습니다. 나를 버리지 않을 것 같은 마음, 나를 보호해 줄 것 같은 사랑을 느낄 때, 그리고 믿음을 느낄 때 따르게 됩니다.

예수님께서는 우리를 끝까지 사랑하시어 우리를 구원하시려고 당신 목숨까지 내어 주셨습니다. 우리가 따라야 할 분은 오직 그분, 우주에서 유일무이한 주님이십니다.

1996년 2월 2일 수품

주님께서 나를 도와주는 분이시니 나는 두려워하지 않으리라.

히브 13,6

이정현 루카 신부

    신학교에 입학하여 사제의 삶을 살아가기 위해서는 지, 덕, 체라는 세 가지 덕목을 키워야 합니다. 저 역시 이 세 가지 덕목을 갖추기 위해 많은 준비를 해야 했습니다. 이러한 덕목은 제 자신을 바로 설 수 있게 도와주었지만 그 과정은 순탄하지만은 않았습니다. 그 과정이 너무도 힘들고 어려워서 하느님의 부르심을 거부하고 도망치고 싶은 생각도 참으로 많이 했습니다. 그리고 무엇보다도 부족하고 모자란 제 자신이 하느님의 일을 과연 잘할 수 있을지, 그 두려움이 저를 힘들게 했습니다.

    그러다 보니 온통 걸려 넘어지기 일쑤였고, 다시 일어설 수 없는 힘든 순간들이 많아서 좌절도 했고 괴로워하기도 했습니다. '과연 하느님께서 나를 뽑으신 것인가? 도대체 나를 왜 이곳에 불러 주신 것인가?'라는 의구심이 들었습니다. 그래서 하느님을 보기가 너무나도 두렵고 때로는 원망스럽기도 했습니다.

그렇게 방황하고 힘들어할 때 주님의 음성을 듣게 되었습니다. "내 품은 편안하니 여기서 편히 쉬어라."라고 말입니다. 이런 주님의 음성은 삭막해진 마음을 따스하게 녹여 주었습니다. 또한 "말씀을 실천하는 삶을 살아가라."는 주님의 음성을 듣고 힘과 용기를 얻었습니다. '주님은 나를 버리시지 않으셨구나!'라는 안도감과 희망으로 기뻐할 수 있었습니다. 그리고 사제의 삶을 살아가는 것은 저 자신의 힘이 아니라 주님의 말씀에 있다는 것을 알게 되었습니다.

이렇게 주님께서는 제 자신을 버리고 오직 주님의 말씀 안에서 살도록 저에게 시련과 고통을 주셨지만 한순간도 제 곁을 떠나지 않으셨습니다. 그리고 언제나 저와 함께 계시고 이끌어 주시는 주님을 믿고 의지하며 평생을 살아가야 한다는 확신으로 이끌어 주셨습니다. 그렇기에 저는 그분의 종으로 기쁘게 살 수 있으리라는 힘과 용기를 얻게 되었습니다. 그리고 제가 살아가는 것은 제 자신이 아니라 저를 사랑하시고 도와주시고 이끌어 주시는 주님이시라는 것을 알게 해 주셨습니다.

2010년 1월 14일 수품

사는 길을 그에게 배우고
그의 길을 따라가자.

이사 2,3

장상원 안드레아 신부

　사람이 하나의 목표만을 바라보고 사는 것은 대단히 어려운 일입니다. 어린 시절 소꿉장난을 할 때도 신부님 행세를 하며 사제직을 꿈꾸던 한 사람이, 우여곡절 끝에 겨우 사제로 살아가는 모습을 봐도 그렇습니다.

　신학교의 문턱을 넘기 위한 두 번의 낙방이 그 사실을 실감케 했고, 유혹거리를 찾아다니던 방황의 시절은 하나의 목표를 향한 일편단심의 길을 흔들어 놓기에 충분했습니다. 지금도 직분에 맞갖은 온전한 사제의 길을 걷는다고 하기에는 부끄러움이 많습니다.

　부제 시절, 기회가 있을 때마다 좋은 성경 구절을 골라 놓고 사목 모토로 삼아야겠다고 결심했습니다. 성경과 성무일도서 곳곳에서 심금을 울리는 말씀들을 접한 끝에 결정적으로 제게 다가온 문구가 바로 이사야서의 말씀이었습니다.

"사는 길을 그에게 배우고 그의 길을 따라가자."(이사 2,3)라는 말씀이 성무일도를 바치던 중 뜨겁게 다가왔습니다. 그리고 서슴없이 이 말씀을 제 사목 모토로 정했습니다.

'그래, 이거다. 사제의 삶이란 끊임없이 주님께 배우고, 그분이 걸어가신 길을 따라가는 것이다. 내가 배운 지식과 경험, 의지에 따라 내가 하고 싶은 일을 하는 것이 아니다. 그분께서 당신의 길을 나에게 가르쳐 주시는 대로, 그분의 제자로서 그분의 길을 걷게 되는 것이 바로 사제다.'

사제의 길을 걸어오면서, 무엇이 먼저인가를 잊고 지낼 때가 많았습니다. 때로는 바쁘다는 핑계로, 때로는 뻔뻔스러운 고집 때문에, 알량한 저의 능력과 힘만을 의지하며 하느님의 뜻과 가르침을 헤아리지 못한 채 더디게 움직이며 살아왔습니다.

이번 기회를 통해 완전한 사제로 살아가고자 했던 첫 마음을 회복하고, 죽는 날까지 저의 주인이신 주님께 살아가는 길을 배우고 싶습니다. 또 겸허한 마음으로 그분의 말씀과 행동을 따를 수 있는 은총을 구하고 싶습니다.

〈가톨릭신문〉

1993년 2월 2일 수품

떠나라.

루카 10,3

전우진 안토니오 신부

신학교 시절 부제품을 받고 사제품을 준비하던 중, 부제로서 신학교에서 첫 강론을 했던 복음이 바로 예수님께서 제자들을 파견하시는 장면이었습니다.

"떠나라."(루카 10,3) 하시며 시작하는 예수님의 첫 마디는 사제품을 준비하는 저에게 강렬한 음성으로 다가왔습니다.

'떠남'은 단순하게 외적인 떠남만을 의미하는 것이 아니라 내적인 떠남, 곧 복음을 전하러 파견된 이들의 내면이 다가오는 여러 가지 장애물로부터 순간순간 떠나야 함을 의미한다고 생각했습니다.

2000년 1월 20일 수품

사람을 살리는 사제가 되겠습니다.

정광철 마르첼리노 신부

"네 마음을 다하고 네 목숨을 다하고 네 힘을 다하고 네 정신을 다하여 주 너의 하느님을 사랑하고, 네 이웃을 너 자신처럼 사랑해야 한다."(루카 10,27)

"새 마음을 넣어 주며 새 기운을 불어넣어 주리라. 너희 몸에서 돌처럼 굳은 마음을 도려내고 살처럼 부드러운 마음을 넣어 주리라."(에제 36,26)

서품식이 끝나고 사제단 대표로 감사의 말씀을 전하게 되었습니다. 그때 했던 한마디는 곧 제 사제 생활의 모토가 되었습니다. "사람을 살리는 사제가 되겠습니다."

나를 살리고 이웃을 살리는 것은 예수님의 새 마음, 새 계명입니다.

예수님의 사랑만이 돌처럼 굳은 우리의 마음을 살처럼 부드러운 마음으로 바꿔 줍니다. 사랑 없이 돌처럼 굳어 버린 마음은 우리의 삶마저 돌처럼 만들어 버립니다. 사랑하지 않는다면 살아도 사는 것이 아닙니다. 나를 살리고 이웃을 살리는 길은 서로 사랑하는 것입니다. 서로 하나 되는 것, 함께 한 곳을 향해 걸어가는 것입니다.

그러나 우리는 혼자서는 사랑할 수도 없고, 스스로 살아가지도 못합니다. 예수님의 사랑만이 우리를 살리고 서로 사랑할 수 있게 만듭니다. 그래서 매일 다음과 같은 기도로 하루를 시작합니다.

"사랑이신 주님! 매일 조금 더 당신을 사랑하게 하시고, 매일 조금 더 당신과 같이 나와 형제자매들을 사랑하게 하소서. 서로 사랑하게 하소서. 그래서 저희가 당신을 향한 사랑으로, 서로를 향한 사랑으로 가슴 뛰는 삶을 살게 허락하소서……."

아직은 풋풋한 사랑입니다. 그러나 주님을 향한 사랑으로 가슴 뛰는 사제의 길을, 형제자매들이 예수님의 사랑으로 가슴 뛰는 삶을 살도록 함께 걸어가는 사제의 길을, 사람을 살리는 사제의 길을 주님께 구하며 그 길을 걸어가려 합니다.

〈가톨릭신문〉

2008년 1월 17일 수품

나는 세상 끝 날까지 항상 너희와 함께 있겠다.

마태 28,20

조정오 요셉 신부

가장 든든한 '백back'이신 주님께서 함께하신다는 약속보다 더 큰 위로가 무엇이겠습니까? 인간적 약점이 가득한 부족한 저이지만 그분께서 함께해 주신다면 용기 내어 사제의 길을 걸을 수 있겠다 싶어 선택했습니다. 주님께서 그리 하셨듯이 주님께 충성할 때 주님은 항상 함께 있다는 맹세를 하실 것입니다. 사제의 길도 언제나 하느님 백성들 곁에 함께 있겠다는 다짐입니다.

1977년 12월 27일 수품

제주교구

늘 깨어 기도하여라.

루카 21,36

고병수 요한 신부

지금은 고인이 되신 외국인 원로 신부님이 생각납니다. 그분은 신부가 되자마자 고향을 떠나 머나먼 이곳 제주에서 평생 선교 사제의 삶을 사신 분입니다.

어린 꼬마부터 노인에 이르기까지 기쁨과 영적 위로를 주셨기에 돌아가신 지 십여 년이 흐른 지금까지 그분의 체취는 없어지지 않습니다. 제가 사제의 길로 들어서게 된 동기도 그분의 삶의 모습 때문이었습니다.

신학교에 입학하고 얼마 동안 신부님과 함께 지낸 적이 있습니다. 어느 날 한 청년이 찾아와 어머니가 불치의 병에 걸렸는데 돈이 없어 병원에 갈 수 없다는 딱한 사정을 말했다고 합니다. 다음 날 신부님이 그 집을 찾아가 정성껏 기도를 해 주셨는데, 신부님이 가시고 난 뒤 어머니가 누워 있는 이불 밑에는 '병원비'란 글씨가 써진 하얀 봉투가 놓여 있었다고 합니다.

신부님은 가난한 이에 대한 관심과 애정은 물론 기도 역시 남달랐습니다. 닳을 대로 닳은 성무일도서로 매일 기도를 바치고 성당에 앉아 주님 안에 머무는 시간을 단 하루도 거르지 않았습니다.

　'늘 깨어 기도하라'는 주님의 말씀을 따라, 주님 안에서 힘을 얻고 겸손과 사랑이 가득한 사제의 삶을 사셨습니다. 이는 사제로서 살아온 지 21년차를 맞는 제 삶의 방향타입니다.

　그동안 나름대로 열심히 살려고 노력했습니다. 하지만 돌이켜보면 부족함이 너무도 많습니다. 세월을 더할수록 세상의 삶에 괴로워 힘들어하는 이들에게 깊은 위로가 되고 영적으로 더욱 영글어 가야 하거늘, 웬일인지 더욱 얇고 설익어 감을 느낍니다.

　주님 앞에 다가가 영혼의 옷깃을 추스르고 고백해 봅니다. 가난하고 힘든 이들을 향한 열정으로 불타오르며 '늘 깨어 기도하는' 사제로 거듭나겠노라고…….

〈가톨릭신문〉

1993년 2월 6일 수품

생명의 말씀을 굳게 지키십시오. 그래야 내가 달음질치며 수고한 것이 헛되지 않게 되고 그리스도의 날에 그것을 자랑할 수 있을 것입니다.

필리 2,16

고승헌 마르코 신부

주님께 나아가기 위해서 우리가 살아야 할 덕은 '믿음, 사랑, 소망', 즉 향주삼덕입니다. 또한 이것이 우리가 짊어져야 할 십자가라고 봅니다.

믿음의 십자가, 사랑의 십자가, 소망의 십자가 없이는 주님께 나아갈 수가 없을 것입니다. 그중에서도 제일 중요한 십자가는 믿음의 십자가가 아닐까요.

믿음이 있어야 기도도 사랑도 용서도 가능하고 희망과 겸손과 인내도 가능하다고 봅니다. 믿음은 우리에게 모든 것을 가능하게 하고 용기를 북돋아 줍니다.

히브리서 11장에서 믿음과 믿음의 결과를 설명해 주듯이, 즉 모세가 보이지 않으시는 주님을 보는 사람처럼 굳건히 견디어 내었듯이 믿음은 어려움을 버티어 나갈 수 있는 힘을 주기에 오늘도 사제로서 믿음의 은총을 더해 받고자 기도합니다.

1976년 5월 15일 수품

당신 말씀은 제 발에 등불, 저의 길에 빛입니다.

시편 119,105

김석주 베드로 신부

제가 평생 살아갈 사목 모토로 이 말씀을 정하게 된 이유는 두 가지입니다.

하나는 사제 서품 준비 때문에 몸과 마음이 분주하고 혼란스러웠던 1994년 11월 이맘때, 문득 이런 생각을 했습니다. '내가 가려는 길은 어떤 길인가?' 이 길은 분명히 세상의 길과는 다른 길인데, 저는 서품을 준비하면서 세상의 형식과 준비 방법을 따르고 있었습니다. 평생 사제로 살아가야 하는 제가 보여지는 것에 민감해 있었다는 사실을 알게 되었습니다.

또 다른 하나는, "종교인은 많은데, 신앙인은 적다. 수녀는 많은데, 수도자는 적다. 신부는 많은데, 사제는 적다."라는 어떤 신부님의 말씀 때문입니다. 그 말씀은 제가 걸어가려는 길이 복장과 호칭이라는 외형적인 모습이 아니라, 행동으로써 증거하고 살아가야 한다는 의미로 저에게 다가왔습니다. 그리고 더욱 중요한 것은 눈이라는 '관점'과 머리라는 '논리'로 세상을 바라보는 것이 아니라, 마음이 있어야 한다는 것입니다.

이런 두 가지 고민에 빠졌을 때, 누구의 말인지는 정확히 알 수 없는 '겉으로 드러내려 하지 말고, 마음의 길을 따르라'는 글이 눈에 들어왔습니다.

이 글은 형식과 머리로 살아가려 했던 저에게 마음의 길이 무엇인지 그 의미를 알게 해 주었고, 마음의 길은 하느님의 말씀 안에 담겨 있음을 깨닫게 해 주었습니다. 그래서 "당신 말씀은 제 발에 등불, 저의 길에 빛입니다."(시편 119,105)의 말씀을 사목 모토로 삼게 되었습니다.

〈가톨릭신문〉

1995년 2월 4일 수품

이 희망은 우리를 실망시키지 않습니다.

로마 5,5

신동화 대건 안드레아 신부

하느님은 연약한 아기의 모습으로 우리에게 오셨습니다. 하느님이 사람이 되어 오신 이 신비로 인해, 우리는 이제 우리의 '육신'에 책임을 지고 살아야만 합니다.

그러나 우리가 늘 깨닫는 것은 우리의 '육신'은 너무나도 보잘것없고 나약하다는 사실입니다. 그럼에도 불구하고, 연약한 인간의 모습으로 다가오시는 하느님께서는 우리에게 그 나약함에서 모든 것이 시작된다는 사실을 알려 주십니다. 그리고 미약하지만 결코 끊어 버릴 수 없는 희망이 거기에 있음도 알려 줍니다. 그때 우리는 바오로 사도와 같이 이렇게 고백하게 됩니다. "이 희망은 우리를 실망시키지 않습니다."

2010년 12월 29일 수품

나는⋯⋯ 많은 사람을 얻으려고 스스로 모든 사람의 종이 되었습니다. 1코린 9,19

이대원 미카엘 신부

사제 서품 전 이 구절이 마음에 들어 선택하게 되었습니다. 평소 사목하면서 만났던 장애인들을 도울 수 없을까 생각하던 중에 용돈을 모으기로 결심하였고, 8년이 지난 후 장애인들을 위한 터전을 마련하고 생활 쉼터를 지었습니다.

2년이 지난 후 간경화 초기 증세를 보여 위기에 있던 중 매주 고리예를 순례하게 되었는데 그곳에서 병이 치유될 것이라는 메시지와 함께 소외된 이들을 위해 남은 사제 생활을 봉헌할 것을 약속했습니다. 그 후 12년 동안 장애인 시설과 일터를 마련하였고 100여 명이 넘는 장애인들과 함께 생활하면서 주님께서 이 성경 구절대로 소외된 이들과 함께 살면서 그들을 섬기도록 배려해 주셨음에 감사드리며, 새 부임지에서 장애인들을 돕도록 이끌어 주심을 느끼면서 사목에 전념하고 있습니다.

1975년 7월 5일 수품

너희가 회개하여 어린이처럼 되지 않으면 결코 하늘 나라에 들어가지 못한다. 마태 18,3
주님 안에서 늘 기뻐하십시오. 필리 4,4

이시우 안드레아 신부

    어린이가 된다는 것은 인생의 초심을 발견하는 것과 같습니다. 사제품을 받을 때의 초심을 잃지 않으며 저의 사제직을 오롯이 하느님께 봉헌하고자 이 성구를 결정하였습니다.

    그러나 저의 힘만으로는 부족하기에 주님 안에서 저의 사제직이 영글어지길 청하며 어린이들만이 갖고 있는 깨끗하고 맑은 기쁨을 아울러 청하였습니다.

    이제 만 23년의 사제 삶, 아직도 초심을 잃지 않음에 하느님께 감사드립니다. 더불어서 남은 사제직을 초심으로 봉헌하고자 합니다.

1991년 1월 26일 수품

너는 내가 보내면 누구에게나 가야 하고 내가 명령하는 것이면 무엇이나 말해야 한다.

예레 1,7

허찬란 임마누엘 신부

　광주 신학교에 합격하던 날, 고등학교 때의 한 친구가 "이제 너는 앞길이 훤한 고속도로를 탔다."라며 축하해 줬습니다.

　그렇게 10여 년을 달려 사제가 되던 1998년 1월, 그 고속도로는 IMF 한파로 꽁꽁 얼어붙어 있었습니다. 사람들에게 IMF라는 말이 너무 각인됐던 때였기에 1998년 서품자들의 별명은 자연히 'IMF 신부'가 돼 버렸습니다.

　IMF 시기의 경제 한파로 가정이 붕괴된 채 가장은 실직하고 가족들은 집을 잃고 청소년은 탈선하고 있었습니다. 청년들은 취업을 걱정하고 부부들은 싸움과 이혼이 빗발치는 등 그야말로 책임과 진리는 온데간데없이 사라진 시기였습니다. 제 서품 성구 또한 하느님께서 예레미야를 시켜 남부 유다의 멸망 신탁을 내린 하느님의 부르심과 맞아떨어지던 때였습니다.

몇년 전 교구 사목 연수 때 포콜라레 영성을 사는 새가정 운동 부부로부터 강의를 들으며 혼인한 부부가 성과 출산, 자녀 양육과 교육, 경제적 어려움, 시댁·친정 가족의 부양과 책임으로 처절하게 살아간다는 말에 깊이 공감했습니다. 비록 부부 문제에 있어서는 자유로웠지만 저에게는 하느님께서 어디를 보내든 가야 하고 무엇을 시키든 해야 하는 예언자적 소명이 있습니다. 매일같이 "너는 백성들의 애환을 마음으로 느끼고 사회의 어려움을 직시하며 나의 진리를 선포하는 참사제이냐?" 하는 물음에 거룩한 두려움이 들기도 합니다.

남부 유다가 멸망의 기로에서 하느님 말씀을 무시했던 때와 같이 지금도 국민들은 주리고, 윤리를 챙길 틈도 없이 방향을 잃고 살아가는 것 같습니다. 많은 위정자들은 진리를 외면하고 여론은 무지갯빛 낙관론만 펴고 있는 듯합니다. 하느님 백성인 교회도 제2차 바티칸 공의회가 가르친 하느님 말씀에 온전히 의탁하고, 서로 친교를 이루며 초대 교회로 돌아가려는 회개와 쇄신을 살고 있는지 생각해 봐야 할 때인 것 같습니다.

〈가톨릭신문〉

1998년 1월 24일 수품

너희가 거저 받았으니 거저 주어라.
마태 10,8

현문권 토마스 아퀴나스 신부

'신부가 되면 어떻게 본당 신자들과 행복하고 재밌는 신앙생활을 할 수 있을까.' 사제 서품을 앞두고 즐거운 상상을 하곤 했습니다.

"너희가 거저 받았으니 거저 주어라."(마태 10,8)

본당 신부가 되고 행복하게 지내는 꿈을 꾸며 정한 사목 모토입니다. 주님께서 거저 주셨으니 대가를 바라지 말고 나 또한 거저 줄 수 있는 마음을 갖게 해 달라고 기도하면서 정한 것입니다. 그러나 2년간의 보좌 신부 생활과 유학, 그리고 교구청에서 보내는 기간이 길어지고 꿈꿔왔던 본당 신부 생활이 늦어지자 처음에는 사제성소만이 아니라 본당 신부 성소가 따로 있나 싶을 정도로 주님께 야속(?)한 마음이 들기도 했었지요. (다행히 그 꿈은 이루어져 현재 본당 사목을 하고 있습니다.)

사목 활동을 하면서 느낀 것은 교회 안에는 아무런 대가 없이 묵묵히 교회를 위해 사제들의 사목을 도와주는 많은 봉사자들이 있다는 것입니다. 어쩌면 주님께서는 함께하는 봉사자들을 통하여 저에게 사제 서품 때 결심했던 마음을 잊지 말라고 다시금 당부하시는 것 같습니다.

"거저 받았으니 거저 주어라."

〈가톨릭신문〉

1997년 1월 25일 수품

나는 그리스도 때문에 모든 것을 잃었지만 그것들을 쓰레기로 여깁니다. 내가 그리스도를 얻고 그분 안에 있으려는 것입니다.

필리 3,8-9

현요안 사도 요한 신부

그리스도를 따르는 사제로서의 삶은 자기중심적이고 세속적인 가치의 삶을 포기하는 것입니다. 그렇기 때문에 자신의 모든 것을 잃는 삶이 될 것입니다. 그리고 잃어버리는 모든 것을 오히려 쓰레기로 여기는 그리스도 중심의 가치관이 정립되어야 합니다. 그럴 때 그리스도를 내 안에 모실 수 있고 그분과 일치하여 참생명의 길을 인도하는 그리스도의 착한 목자가 될 수 있을 것입니다. 그리스도 때문에 잃는 것은 모든 것을 얻는 것입니다. 하늘 나라의 모든 것을 갖는 것입니다.

1997년 1월 25일 수품

군종교구

암사슴이 시냇물을 그리워하듯 내 영혼 하느님을 그리나이다.

시편 42,2

유수일 프란치스코 하비에르 주교, 군종교구장

저의 사제 수품 성구는 시편 42편에서 인용한 "암사슴이 시냇물을 그리워하듯 내 영혼 하느님을 그리나이다."이고, 주교 수품 성구는 테살로니카 신자들에게 보낸 첫째 서간 5장 17절 "끊임없이 기도하십시오."를 약간 변경시킨 "끊임없이 기도하며"입니다.

저는 사제품 받는 이들이 상본을 만든다는 것을 사제품 받기 한 달 전에야 알았습니다. 상본에 성구를 넣는다는 사실도 그때 알게 됐습니다. 저는 '성구'라는 말을 들었을 때 그건 주로 성경 구절을 의미할 거라는 생각이 들었습니다. 평소 기도의 필요성과 중요성을 늘 생각했고, 거기다가 여러모로 부족함을 지닌 저에 대해 걱정해 왔기에, 그 부족함들을 극복하는 길은 기도와 하느님 말씀이라고 보고, 즉시 기도와 관계된 성경 구절을 택해야겠다는 생각이 들었습니다.

제가 수도원에 입회하자마자 체험하게 된 새로운 것은 수도원에서 매일 거행되는 미사에 참례하고, 하루에 네 차례 바치는 시간경(성무일도), 곧 아침 기도, 낮 기도, 저녁 기도 그리고 끝 기도에 참여하고, 아침과 저녁 묵상 시간에 참여하는 일이었습니다. 시간경을 바치기 시작하면서 성무일도에는 시편 기도가 많은 부분을 차지하고 있음을 알게 됐습니다. 그 시편 가운데 몇 개 구절이 매우 좋았고 그 구절들은 제가 지금도 가장 좋아하는 구절들이며, 제가 사제품 받은 후 첫 미사를 위해 만든 상본에 실은 성구도 바로 그 구절 중 하나였습니다.

지금부터 약 30년 전 사제들을 위한 성령 쇄신 묵상회에 참석한 적이 있는데, 묵상회에 함께 참석하신 서울대교구의 김 모 신부님과 대화를 나눌 기회를 가졌습니다. 이 신부님은 대뜸 저에게 "신부님은 사제품을 받을 때 만든 상본에 무슨 성구를 적어 넣었습니까?" 하고 물었습니다. 시편 40편의 "'암사슴이 시냇물을 그리워하듯 내 영혼 하느님을 그리나이다'가 좋아 그 구절을 성구로 삼았습니다." 하니, 그 신부님은 "아이고, 그런 구절을 택하셨으니 수도원에 들어가셨지. 나는 병과 관련된 성구를 넣었는데 이상하게도 병에 잘 걸립니다. 이상하게도 성구에 적어 넣은 대로 인생을 살아가는 것 같습니다. 다른 친구 신부들에게도 무슨 성구를 썼는지 물어보는데, 그 성구대로 그들 삶이 이루어지는 것 같습니다."라고 말씀하셨습니다. 그 후에 저는 가끔 혼자 "그래, 그 신부님이 하신 말씀처럼 하느님께서 나보고 기도 더 많이 하라고 수도원으로 보내셨다." 하고 중얼거렸습니다.

2010년 7월 군종교구장 주교로 임명받았을 때, 또 한 가지 새로운 사실을 알게 됐습니다. 주교 문장을 만들어야 하고 그 문장에다 역시 성구를 넣어야 한다는 사실이었습니다. 다행히 훌륭한 화가이자 고등학교 선배인 이종상 화백께서 제 기대에 흡족한 주교 문장을 디자인해 주셨습니다. 문제는 어떤 성구를 넣느냐였습니다. 고민하고 고민하면서 성경 말씀을 하나 택해 약간 변형을 시켜 만들어 냈습니다. 그러고나서는 저의 전임이신 이기헌 주교님께 갖다 보여 드렸습니다.

주교님이 읽으시더니, 잠시 침묵하신 후 "성구 문장이 좀 긴 것 같습니다." 하시는 것이었습니다. 그래서 그 구절을 포기하고 이틀 정도 고민하며 새 성구를 생각했습니다. 그런데 문득 제가 평소에 가끔씩 되새기는 바오로 사도의 테살로니카 1서 5장 17절 "끊임없이 기도하십시오."가 떠올랐습니다. 우선 짧아서 좋았습니다. 그런데 '이 구절이 마치 내가 기도를 대단히 많이 하는 사람인 척하는 인상을 주면 어떻게 하지.' 하는 걱정이 생겼습니다. 그러나 시간 여유도 없고 또 다른 성구도 떠오르지 않아, 이 구절을 약간 변형해 "끊임없이 기도하며"로 정했습니다.

그러던 어느날 성무일도를 바치면서 사제품 때의 성구인 "암사슴이 시냇물을 그리워하듯 내 영혼 하느님을 그리나이다."를 읽게 됐을 때, 문득 제 마음 안에서 '아, 나의 사제품 성구도, 주교품 성구도 모두 기도에 관계된 것이구나.' 하는 생각이 떠오르면서 '기도의 삶에 더 충실하자. 기도로써 하느님을 더욱 사랑하고 그분께 더 가까이 나아가자. 기도로써 더 변화되는 삶을 살자'는 희망 어린 결심을 하게 됐습니다.

〈평화신문〉

1980년 2월 25일 수품

모든 이에게 모든 것이 되었습니다.

1코린 9,22

김주형 히지노 신부

예수님께서 죄인들과 세리들, 가난한 이들과 병자들과 대화하며, 그들의 이야기를 들어주셨던 것처럼, 저 역시 그런 사제가 되기를 바랍니다. 또한 예수님께서 그들에게 다가가시고, 그들의 상황과 그들의 수준에 맞게 이야기하셨던 것처럼, 그리고 바오로 사도께서 코린토 1서 9장 19-23절 이하에 말씀하신 것처럼, 저 역시 모든 이에게 먼저 다가갈 수 있는 용기와 겸손을 주님께 청하면서 이 서품 성구를 정하게 되었습니다.

모든 이에게 모든 것이 된다는 것, 쉬운 일입니다. 아닙니다. 쉬운 일이 아닙니다. 결코 쉬운 일이 아닙니다. 그러나 주님만은 모든 이에게 모든 것이 되신 분입니다.

2011년 1월 13일 수품

힘을 내어 어서 일어나시오.
그분이 당신을 부르십니다.

마르 10,49

류한빈 안드레아 신부

　신학교 입학 면접 당시, 원장 신부님이 이런 질문을 던지신 적이 있습니다. "왜 사제가 되려고 하나?" 그 질문에 아무 망설임 없이 "가난한 사람들을 돕기 위해서입니다."라고 대답했습니다. 그랬더니 "가난한 사람들을 도우려면 사업가가 되어야지."라고 원장 신부님이 말씀하셨습니다.

　그런데 지금도 그 생각엔 변함이 없습니다. '가난한 사람들에게 복음을 전하기 위해서'라고 조금 바뀌었을 뿐입니다. 가난한 이들을 기쁘게 하고, 병을 낫게 하시는 예수님의 모습은 어린 시절 저에게 꿈속의 한 장면처럼 멋있었고 설레게 만들었습니다. 뒤처지고 모자란 사람들과 함께하신 예수님의 삶은 동경과 부러움을 넘어 어떤 삶을 살아야 할지의 구체적인 목표가 되었습니다.

한때는 '내가 어떻게 사제가 될 수 있을까.' 하는 자격지심에 스스로를 탓할 때가 많았습니다. 제가 무슨 훌륭한 능력이 있고, 가진 것이 많아 주님을 따르는 것은 아닙니다. 저 역시 부족한 이로서 저와 같은 이들을 위해 부르심을 받았을 뿐입니다. 예수님은 제자들을 똑똑하고 잘난 사람들 가운데서 뽑지 않으셨습니다. 그들은 부족하고 손길이 필요한 이들입니다.

그래서 조금 부족하고 모자라도 괜찮습니다. 예수님이 그러셨듯이 그들의 가난함과 부족함에 함께할 수 있어 다행입니다. "그를 불러 오시오."(마르 10,49 참조)라는 심부름을 할 역할이면 충분합니다. 제가 잘나고 가진 게 많아서 도와주는 것이 아닌, 그들에게 다시 일어서고 용기를 내게 할 수 있는 말씀을 전해 주고 싶을 뿐입니다.

비록 지금은 많이 모자라지만 가난한 이들에게 복음을 전하고 싶은 생각은 앞으로도 변함이 없을 것입니다. "힘을 내어 어서 일어나시오. 그분이 당신을 부르십니다." 이것은 부족한 저에게 하시는 예수님의 말씀이요, 제가 이웃에게 전해 주어야 할 말씀인 것입니다.

〈가톨릭신문〉

2004년 7월 4일 수품

나의 하느님께서 힘이 되어 주시면 못 넘을 담이 없사옵니다.

시편 18,29

박윤배 니콜라오 신부

 상본을 보면 한 아이가 미소를 띠고 등불을 장대 삼아 담을 훌쩍 넘는 모습이 그려져 있습니다. 두 손으로 꼭 쥐고 있는 등불은 하느님을, 어둠과 담장은 세상을 살아가면서 만나게 될 어려움과 고통을, 그리고 장대를 쥐고 있는 두 손은 굳은 믿음과 의지를 상징합니다. 아이가 캄캄한 어둠에 둘러싸인 높은 담장을 아무런 걱정 없이 웃으며 뛰어넘을 수 있는 건, 이 세상의 어둠을 밝혀 주는 빛이신 하느님께서 나와 함께 하신다는 굳은 믿음과, 높은 담장을 넘으리라는 의지가 있기 때문이 아닐까요.

 사제 서품을 준비하면서 앞으로의 삶에 지표가 될 성구를 묵상하던 중 시편을 읽게 되었고 "나의 하느님께서 힘이 되어 주시면 못 넘을 담이 없사옵니다."라는 구절이 마음에 깊이 와 닿

앉습니다.

  일상을 살아가면서 하느님의 현존을 느끼기 쉽지 않았기에, 가끔씩 겪게 되는 어려움과 벽에 부딪히게 될 때마다 애써 혼자 힘으로 해결하고 극복하려 했던 지난날의 모습을 반성해 봅니다. 그리고 그곳에는 변함없이 하느님께서 함께해 주셨음을 깨닫게 됩니다. 아마도 믿음과 용기가 부족했던 제게 새로운 삶의 지표를 시편 안에서 발견할 수 있도록 해 주신 모양입니다. 그래서 특별히 앞으로 사제로서의 삶에 하느님이 늘 함께해 주신다는 믿음으로 살아가기를 바라는 마음에 이 성구를 택하게 되었습니다.

  쉽지 않은 삶의 여정에 아무리 힘든 일이라도, 극복하지 못할 것 같은 어려움이 있더라도 이 성구를 마음속에 새기며, 저 또한 하느님의 작은 등불이 되어 세상을 밝혀 주시고 힘이 되어 주시는 그분의 사랑을 이웃에게 전할 수 있으면 좋겠습니다.

〈가톨릭신문〉

2003년 7월 4일 수품

내가 있다는 놀라움,
하신 일의 놀라움,
이 모든 신비들,
그저 당신께 감사합니다. 시편 139,14

서상범 디도 신부

"그리스도의 사제여! 이 미사가 너의 첫 미사처럼, 그리고 마지막 미사처럼, 오직 한 번의 미사처럼 봉헌하라."

제의방 거울 앞에 놓인 상본의 글귀입니다. 사제로서 26년을 살아오면서 참으로 많은 미사를 봉헌하였습니다. 문득 생각해 보았습니다. '나는 그동안 몇 번이나 미사에 참례, 봉헌하였는가?' 서품 후 적어도 만 번은 봉헌하였을 것이고, 초등학교 2학년부터 복사를 하면서 매일 아침 미사에 참례했으니 그 횟수가 엄청날 것입니다.

"디도, 성당 가야지!" 새벽 5시 반, 부모님 음성에 졸린 눈을 비비며 군말 없이 일어나 고양이 세수를 하고 30분 거리의 성당으로 달려갑니다. 복사단 군기가 센 시절이라 부복사만 1년,

그것도 평일 미사만 설 수 있었습니다. 4학년 때 본당이 분할되면서 드디어 주복사를 서게 되었습니다. 주일이면 3~4대의 미사 복사를 도맡아 서야만 하였습니다. 본당 신부님만큼이나 어린 저 또한 주일 저녁이면 녹초가 되었습니다. 그래도 군소리 없이 고된 복사 생활을 했던 어린 시절의 저를 생각하면 스스로 기특한 생각이 들기도 합니다. 열심한 복사 생활과 신앙심 깊으셨던 부모님의 영향으로 자연스레 소신학교에 입학하여 성소의 길을 걷게 되었습니다.

소신학교와 대신학교 시절, 그리고 군대 제대 후, 많은 동료들이 신학교를 떠났습니다. 신학교에서 함께 동고동락하던 친구들이 못자리를 떠나는 것을 보는 것은 큰 슬픔이었습니다. 자신의 성소에 대해 진지하게 성찰하며, 때론 용기 있는 결단 속에 신학교를 떠나는 친구들에게는 격려와 함께 부러운 마음이 들기도 하였습니다.

어느 날 영적 지도 신부님을 찾아가 제 고민을 상담했습니다. "제 삶은 너무 평탄했습니다. 마치 온실 속의 화초처럼 고민과 갈등 없이 사제의 길을 걷고 있는 것이 아닌지 불안합니다." 지금 생각하면 조금은 배부른(?) 소리였습니다. 지도 신부님은 제게 역경뿐만 아니라 하느님께서는 평탄함 속에서도 늘 잔잔히 함께하시는 좋으신 분이라고 격려해 주셨습니다.

사제품을 앞두고 제가 목표로 하여 살아갈 성경 구절로, "내가 있다는 놀라움, 하신 일의 놀라움, 이 모든 신비들, 그저 당신께 감사합니다."(시편 139,14)로 정하였습니다.

부족하기 짝이 없는 저 같은 사람을 어린 시절부터 제단의 복사로 불러 주시어 성소의 씨앗을 뿌리셨고, 마침내 사제로 축성해 주셨습니다.

제가 신부가 되었다는 것은 제가 봐도 '놀라움'이니 다른 이들이 보기에는 어떠하였겠습니까? 저의 생애에 그려 주신 모든 일은 그야말로 '신비' 자체였기에 늘 감사하는 마음으로 하느님을 공경하고 신자들을 사랑하며 살자는 마음으로 성구를 정하였습니다.

프란치스코 성인께서는 자신은 주님의 성체를 축성하기에 부족하다는 겸손한 마음에서 사제품을 사양하시고 부제로, 수도자로 살아가셨습니다.

저의 생애에 뿌려 주신 성소의 신비를 잘 열매 맺기 위해 오늘도 미사 봉헌을 준비하며 기도합니다. '이 미사를 나의 첫 미사처럼, 마지막 미사처럼, 단 한 번의 미사처럼 봉헌하리라!'

〈가톨릭신문〉

1988년 2월 12일 수품

보십시오, 저는 주님의 종입니다.

루카 1,38

손해락 멜키올 신부

가브리엘 천사의 방문을 통해 성령으로 아기를 잉태할 것이라는 말씀을 듣고 성모님께서 확신을 얻어 하신 말씀이 저에게는 늘 새롭게 다가옵니다.

성모님께서도 이 말씀을 하시기까지 인간적인 수많은 고민과 두려움에 휩싸여 계셨을 것입니다. 하지만 가브리엘 천사의 한마디로 인간적인 고민과 두려움들은 모두 사라집니다. "하느님께는 불가능한 일이 없다."(루카 1,37)

신학교에 입학할 때부터 사제가 되어 지금 이 순간까지 살아오면서 '주님의 종'으로 살려고 수많은 고민과 노력을 했고 때로는 종이 아닌 주인 행세를 하면서 살기도 했습니다.

사제가 된 지 1년이 지나고 저는 제가 꿈꾸고 있던 유학을 떠나게 되었습니다. 신학교에서 배운 것을 토대로 하여 더 많은 것을 공부해서 교우들에게 더 좋은 것을 알려 주고 싶은 마음을 가득 담고 유학 생활을 시작했습니다. 하지만 그것이 '주님의 종'으로서 주님의 뜻을 제대로 깨닫지 못한 것임을 알아차리게 되었습니다.

공부를 하게 되면서 인간적인 욕심만 가득했던 모습을 발견하게 되었고 사제로서 주님의 뜻이 아닌 제 뜻대로 행동을 하여 영적인 고통과 함께 육체적으로도 힘든 삶을 살게 되었습니다. 결국 공부를 포기하고 다시 한국에 들어와 지금은 군 성당에서 사목 생활을 하면서 '아! 주님께서 나에게 원하셨던 모습이 바로 이것이구나!'라고 느끼게 됩니다.

군 사목을 하면서도 주님의 뜻을 전하고 주님의 뜻대로 얼마든지 살아갈 수 있음에도 불구하고 제 뜻만 고집했던 한때의 순간이 얼마나 바보스러웠던가를 생각해 보면 부끄러움을 감출 수가 없습니다. 하지만 지금 제 삶의 순간순간 '주님의 종'임을 깨닫게 해 주시는 은총에 항상 하느님께 감사를 드리며 기쁘게 살고 있습니다.

오늘도 "보십시오, 저는 주님의 종입니다."라고 마음속으로 외치며 주님께서 원하시는 곳으로 나아가기 위해 한걸음 내딛어 봅니다.

〈가톨릭신문〉

2003년 1월 9일 수품

> 하느님께서는 우리 안에서 힘차게 활동하시면서 우리가 바라거나 생각하는 것보다 훨씬 더 풍성하게 베풀어 주실 수 있는 분이십니다. 에페 3,20

이종덕 가밀로 신부

사제품 받기 전 한 달 피정을 하면서 저의 인간적인 부족함에 너무나 힘들어 하고 있었습니다. 그리고 계속 '이 길이 진정 주님께서 불러 주신 길인가. 내가 하느님이 마음에 들어 하시는 사제가 될 수 있을까? 다른 이들과 함께 살아가면서 그들이 필요로 하는 것을 내가 채워 줄 수 있을까?' 등의 생각 속에서 힘들어 하고 있을 때 저에게 힘을 주는 말씀을 듣게 되었습니다.

바로 에페소서 3장 20절의 말씀이었습니다. 이 말씀을 묵상하며 제 힘으로 제가 가진 능력으로만 세상을 보고 삶을 살아가려고 하는, 겸손하지 못하고 그분에게 진정으로 의탁하지 못한 저를 보고 뉘우쳤습니다. 그리고 그분이 저를 이끌어 주심을, 그곳이 어떤 자리라도 함께해 주심에 감사했습니다.

주님은 제가 원하는 것보다 저에게 필요한 것을 더 잘 알고 이끌어 주시는 분임을……. 지금 그 이끄심으로 군에서 사목을 하고 있습니다. 그리고 이 군 사목을 통해 주님의 이끄심을 느낍니다. 강원도 화천 민통선이 보이는 성당에 살면서 기쁨을 느끼게 하시고 최전방 산골을 다니며 만나는 장병들에게 제가 아닌 교회의 모습을 보이는 것에서 주님의 섭리를 느낍니다.

철책선을 두고 하던 미사와 고해성사는 저에게 주님의 활동을 느낄 수 있는 체험이었습니다. 그리고 부활을 맞이하여 신자들과 외부 본당의 도움으로 마련한 선물 보따리를 들고 전방으로 가는 차 속에서 행복을 느낍니다. 지금도 생활하면서 '진정 하느님의 도우심이 없으면 내가 어떻게 신부로서 생활할 수 있을까?' 하고 생각하게 됩니다.

제가 인간적인 부족함을 느낄수록 하느님의 사랑(은총)이 더욱더 절실하게 다가옵니다. 제대에 피어 있는 꽃의 아름다움을 느끼지만 그 꽃이 무슨 꽃인지 우리는 생각하지 않습니다. 이처럼 저 자신도 주님의 도구로서 주님의 향기를 내뿜을 수 있고 다른 이들이 제가 아닌 주님을 느낄 수 있기를 바랍니다.

〈가톨릭신문〉

2001년 1월 19일 수품

두려워하지 마라. 마태 10,31
내가 너와 함께 있겠다.
이것이 내가 너를 보냈다는
표징이 될 것이다. 탈출 3,12

주용민 리노 신부

주위 사람들로부터 '재미있다. 유머가 많다'는 말을 많이 들어왔습니다. 외향적 성격 때문에 사람들 만나기를 좋아하고, 흥미 있는 얘깃거리들을 재미있는 제스처로 풀어내서 그런지도 모르겠습니다.

신학생 시절 동료들도 같은 얘길 해도 제가 더 재밌게 한다는 말을 하곤 했습니다. 성대모사나 다른 이의 흉내도 잘 내어 사람들을 웃기기도 했습니다. 하지만 이렇게 외향적이어서 사람들을 만나는 걸 즐기고 좋아하더라도 사제로서 여러 사람 앞에서 선다는 것은 신학교 생활 내내 엄청난 두려움으로 다가왔습니다.

부제품을 준비하고 있던 1997년 이맘때는 그 두려움이 더 구체적인 현실로 다가왔습니다. 그것은 아직도 준비가 안 되어 있는, 너무나 부족한 제 모습에 대한 불안감이었습니다. 단순히 시간이 해결해 줄 문제는 아니었습니다. 부족분을 채우기 위해 스스로의 노력도 있어야겠지만 저는 분명 한계를 지닌 한 인간일 수밖에 없었습니다.

부제품 피정 중에 저는 이 심각한 두려움을 주님께 봉헌하고 해답을 주시길 기도하였습니다. 피정을 마칠 때쯤, 모세가 이스라엘 백성을 이집트에서 이끌기에 앞서 하느님께 "부족한 자신이 무엇을 할 수 있겠습니까."라고 한 질문에 제 마음을 일치시켰고, 주님께서는 이 말씀으로 답해 주셨습니다.

"두려워하지 마라."(마태 10,31) "내가 너와 함께 있겠다. 이것이 내가 너를 보냈다는 표징이 될 것이다."(탈출 3,12)

가슴이 벅차고 감사했습니다. 당신께서 함께 계시겠다는데 무엇이 두렵겠습니까?

또한 저는 그분과 함께하지 않으면, 그분으로 채우지 않으면 아무것도 할 수 없는 존재며 주님의 손에 쥐여졌을 때만 드러낼 수밖에 없는 도구임을 다시금 확인하며 새길 수 있었습니다.

〈가톨릭신문〉

1999년 1월 28일 수품

나는 죽지 않으리라. 살아 보리라. 주님의 장하신 일을 이야기하고저.

시편 117,17

현광섭 프란치스코 신부

서품 상본을 만들 때 성구를 정해야 하는데 그리 오래 걸리지 않은 기억이 납니다. 남들은 몇 날 며칠을 고민한다고 하는데 저는 그렇지 않았습니다. 신학교에서 매일 성무일도를 바쳐왔는데, 그때 눈에 들어왔던 시편 한 구절이 생각났기 때문입니다. 그것은 "나는 죽지 않으리라. 살아 보리라. 주님의 장하신 일을 이야기하고저."입니다.

저의 아버지 신부님은 이 구절이 너무 오기 어린(?) 전투적인 시편이 아니냐는 말씀도 하셨지만, 저는 이 시편이 마음에 들었습니다. 그때도 그렇고 지금도 그렇지만 도대체 왜 저를 사제직에 불러 주셨는지 좀 오기 어린 마음이 들었습니다. 신학교 생활을 하면서 고비마다 이러지도 저러지도 못하고 계속 성소의 길을 가고 있는 제 자신을 보면서 '이건 도대체 무엇이란 말인가.' 하는 생각이 들곤 했습니다. 그때마다 눈에 들어온 구절이 바로 이 구절입니다. '그래 해 보자. 한번 가 보자. 갈 데까지 가 보자.' 하는 심사로 살았는데 그때마다 눈에 들어온 내 새끼(?) 같은 구절입니다. 그래서 좀 웃기는 표현이지만 이를 바득바득 갈면서 오늘도 그분을 쫓아가고 있습니다.

신학생 때 읽은 책 제목처럼 '하느님과 싸워 이긴 사나이'가 되기 위해, 그리고 밤새도록 하느님과 씨름을 한 야곱처럼, 저는 지금도 하느님과 한판 하기 위해, 저를 통해 무엇을 이루시려고 이렇게 저를 붙잡고 계신지 알아야 하겠기에 죽지 않고 끝까지 살아 볼 작정입니다.

어느 누가 그런 이야기를 했습니다. 요즘 같은 세상 그냥 열심히 살아서 될 일 하나도 없고, 매일매일 전투하는 마음으로 살아야 잘 살 수 있다고 말입니다. 전 오늘도 군종 신부로서 종교라는 분야의 최전방에서 살고 있습니다. 오늘도 전 한판 붙어 볼 작정입니다. 주님께서 저에게 맡겨 주신 사제직을 잘 살아 무엇이 이루어지는지 저는 꼭 확인하고 싶습니다. 그래서 그것이 주님의 뜻이었다면 그분의 장하신 일을 널리 이야기할 것입니다.

〈가톨릭신문〉

1993년 8월 25일 수품

선교회와 수도회

> 주님의 영이 내 위에 내리셨다.
> 주님께서 나를 보내시어
> 가난한 이들에게 기쁜 소식을
> 전하고…….
>
> 루카 4,18

마요안 요한 신부 (과달루페 외방 선교회)

이 성경 말씀이 저의 마음에 와 닿았습니다. 선교사는 주님의 말씀을 선포해야 합니다. 하느님을 모시지 못하여 영적으로 부유하지 못한 이들에게 하느님 나라의 기쁜 소식을 전하라는 사명은 주님으로부터 받은 사제의 사명입니다.

복음을 선포한다는 것, 사제로서 최고의 기쁜 일입니다.

1982년 2월 20일 수품

> 가거라. 그는 다른 민족들과
> 임금들과 이스라엘 자손들에게
> 내 이름을 알리도록 내가 선택한
> 그릇이다.
>
> 사도 9,15

원헥톨 헥토르 신부 (과달루페 외방 선교회)

저는 어려서부터 하느님을 알고 하느님 때문에 평화롭고 기쁜 삶을 살았습니다. 그래서 선교사가 되어 하느님을 모르는 많은 사람들, 특히 동양 사람들에게 하느님이 누구신지 알려주고 싶었습니다. 왜냐하면 그들도 저처럼 평화롭고 기쁘게 살기를 바랐기 때문입니다.

다른 민족들도 하느님이 이루신 세계입니다. 하느님 안에서 한 민족입니다. 선교는 하느님께서 베푸시는 은총이며 축복입니다. 그릇은 비어 있을 때 그릇입니다. 선교도 자신을 비운 그릇입니다.

1965년 8월 15일 수품

이 몸은 주님의 종입니다. 지금 말씀대로 저에게 이루어지기를 바랍니다.

루카 1,38

고승범 사도 요한 신부 (그리스도의 레지오 수도회)

    성모님과 같이 하느님의 도구로 이용되기를 바라며 미소한 제 자신을 하느님 손안에 맡깁니다. 성모님은 자기 자신을 종이라 부르셨지만 하느님의 특별한 사랑과 보호를 받고 계셨다는 것을 아셨기에 이 말씀으로 자신의 헌신적인 봉헌을 표현하셨습니다. 하느님 아버지의 사랑을 체험한 사람으로서 아버지의 뜻을 언제나 받아들이고 따르며 순종하는 아들이 되고자 합니다. 아버지가 자신의 아들을 내놓으실 만큼 사랑하는 영혼들을 위해서 하느님의 은총의 도구가 되려고 노력하겠습니다.
    저는 주님의 종입니다. 말씀대로 저에게 이루어지기를 바랍니다. 이는 성모님의 위대한 신앙 고백입니다.

2010년 12월 24일 수품

일어나 저 큰 성읍 니네베로 가서, 내가 너에게 이르는 말을 그 성읍에 외쳐라.

요나 3,2

김병진 가브리엘 신부 (글라렛 선교 수도회)

    열심한 신자이신 어머니 덕분에 태어난 지 한 달여 만에 유아 세례를 받은 것을 시작으로, 주님의 큰 보살핌과 축복 속에서 살아왔습니다. 특히 대학 시절부터는 주님 말씀의 은총을 깊이 체험하였습니다.

    일반 대학원을 마치고 사회 생활을 하던 어느 날 주님의 뜻밖의 부르심을 받으면서, 요나와 같은 저 자신을 보았습니다. 결국 주님의 힘에 사로잡혀, 하느님의 말씀, 복음을 전하는 선교 수도회에 입회하여 선교 사제로 기름부음을 받으면서, 주님께서 요나 예언자에게 내리신 말씀을 깊이 새기게 되었습니다.

1992년 7월 3일 수품

이제는 내가 사는 것이 아니라 그리스도께서 내 안에 사시는 것입니다.

갈라 2,20

이순성 베드로 신부 (글라렛 선교 수도회)

저는 그리스도 안에서 죽고 그리스도로 말미암아 살아야 하기에, 이 성구는 그리스도를 증거하며 살겠다는 의미입니다.

제 몸 안에, 제 영혼 안에, 그리스도께서 들어오셔서 계시기에 제가 살 수 있는 것입니다. 사제는 그리스도 안에서 죽어야 합니다. 그래야 살고, 그것이 그리스도를 증거하는 것입니다. 모든 것을 주님께 맡기는 삶, 그것이 제 안에 그리스도를 모시고 사는 삶입니다.

1977년 7월 5일 수품

주님, 저희를 길이 당신의 것(소유)으로 삼아 주소서.

탈출 34,9

이회진 빈첸시오 아 바울로 신부 (글라렛 선교 수도회)

　이 성구는 모세가 시나이 산에 두 번째로 올라 하느님께 드린 기도입니다. 모세가 시나이 산에 올라 하느님께 십계명이 새겨진 돌판을 받아 내려왔을 때, 하느님의 백성은 세상에 대한 두려움과 불안으로 우상을 세워 놓고 올바른 선택을 한 양 만족해했습니다. 이에 모세가 돌판을 깨트리며 하느님의 백성을 비판하자, 그제서야 그들은 모세에게 다시 자신들을 위해 하느님께 오르기를 간청합니다.

　우리는 약하고 죄에 빠지기 쉽습니다. 그러나 하느님께로 돌아서면 그분은 언제나 우리를 용서해 주실 뿐만 아니라, 당신의 가장 소중한 사람으로 받아들이십니다.

　모세는 고단하고 힘들었지만 '사람들'을 위해 시나이 산길을 다시 오릅니다. 사람들이 하느님께 돌아오기만 한다면 그들의 잘못이 얼마나 크든 상관없이 백성의 염원을 등에 지고 시나이 산을 오릅니다.

수도 사제로 하느님께 봉헌된 삶을 살며, 저도 모세처럼 사람들의 무거운 등짐과 염원을 지고 그 산길을 언제나 기꺼이 다시 오르며 주님께 우리를 당신의 것으로 삼아 주시길 기도합니다.

2000년 7월 14일 수품

아버지와 내가 하나인 것처럼 이 사람들도 하나가 되게 하여 주십시오.

요한 17,11

임동욱 안셀모 신부 (꼰벤뚜알 프란치스코 수도회)

하느님 아버지와의 긴밀한 일치 속에 계셨던 예수 그리스도를 본받아 이 세상 사람들을 일치와 사랑의 길로 초대하고 싶었습니다. 제 자신과 상대방이 서로 다르지만 예수님께서 성취하고자 하셨던 그 일치의 길을 닮고 싶습니다. 예수님의 유언과도 같은 이 말씀을 깊이 새기며 예수님 안에 모두 하나 되는 데 조그마한 도구로 살아가고자, 이 성구를 선택하였습니다.

하나가 되려면 사랑이 있어야 합니다. 세상을 하나로 만들려면 사랑과 믿음으로 하나 되게 해야 합니다. 아버지와 제가 하나인 것처럼 믿음으로 세상을 하나가 되게 하고 싶습니다.

2002년 9월 17일 수품

무엇이든지 그가 시키는 대로 하여라. 요한 2,5

최우식 프란치스코 신부 (꼰벤뚜알 프란치스코 수도회)

저는 어릴 적에 콜레라에 걸려 곧 죽을 것처럼 병에 차도가 없었습니다. 그런데 저에게 문병을 온 여동생마저 콜레라에 전염되어 나란히 병원에 누워 있게 되었습니다. 그때 아버지는 저와 제 동생을 성모님 뜻대로 하시라는 기도를 바치셨다고 합니다. 그러자 기적처럼 저와 제 동생의 병이 나았습니다.

그런 뒤 저는 사제가 되고 싶은 마음이 간절해졌고, 수도원과 신학교에 들어오기 전, 명동 성당 무염 시태 성모상 앞에서 성모님께 어떻게 하면 수사 신부가 될 수 있는지 여쭤 봤습니다. 수도원에 입회하고 신학 공부를 하면서, 그리고 군대에 가서도 성모님께 여러 번 의지했고, 제가 무엇을 하기를 원하시는지 여쭤 봤습니다. 군대를 마치고 수련을 시작하는 착복식 전날에도 성모님께 하느님의 뜻을 여쭤 봤습니다.

제가 사제가 되기에 부족함이 있는 것 같아서 원장님께 말씀드릴까 고민한 지 이틀째 되는 날 아침, '딱' 하는 소리와 함께 번쩍 잠에서 깼습니다. 제가 잠결에 김대건 안드레아 신부님의 라파엘호 액자를 살짝 건드린 것입니다. 김대건 안드레아 신부님은 조선에 성직자가 필요해서 라파엘호를 타고 서해를 건널 때 거친 풍랑과 모진 고생 속에서 기적의 성모님 상본을 들고 성모님께 기도하면서 한국 천주교회를 봉헌하셨습니다. 그렇게 김대건 안드레아 신부님이라는 큰 어른의 열정을 맞닥뜨리자 작은 일이라도 해야겠다는 마음이 들었습니다.

저는 김대건 안드레아 신부님이 기도하셨던 것처럼 기적의 성모님과 관련된 상본을 만들고 싶었습니다. 그런데 이탈리아 아시시의 천사들의 성 마리아 성당 제대 뒷 벽화인 프란치스코 성인이 성모 마리아께 화관을 바치고 성모님께서는 예수님을 가리키고 계시는 그림이 마음에 들어 그 그림과 어울리는 성구를 청하였습니다. 그래서 카나의 혼인잔치에서 기적의 성모님께서 "무엇이든지 그가 시키는 대로 하여라."(요한 2,5)라고 하인들에게 말씀하시는 구절을 서품 성구로 정하게 되었습니다. 저는 기적의 성모님께 기도하며 주님의 은총으로 주님께서 맡겨주시는 일들을 완수할 수 있으리라 믿습니다.

2010년 12월 15일 수품

제가 당신을 잘 앎으로써 항상 당신 눈에 들게 해 주십시오.

탈출 33,13

배수판 토마스 아퀴나스 신부 (도미니코 수도회)

모세는 이스라엘 백성들을 이끌고 가나안으로 가기 위해 광야의 삶을 다양하게 체험합니다. 이스라엘 백성들은 하느님의 사랑을 체험하기도 했지만 우상 숭배와 부정부패, 불만과 불평을 합니다. 이 모습을 본 하느님께서는 노하셨지만 모세의 간절한 기도를 들어주십니다. 이 성구는 자신을 뽑으신 주님을 상기시키며, 하느님 보시기에 이스라엘 백성들을 잘 이끄는 지도자가 되기를 청하는 모세의 기도입니다.

눈에 든다는 것, 기쁘고 행복한 일입니다. 눈에 들어온다는 것은 부족함 없이 만족하며 흐뭇한 상태에서 가능한 일입니다. 믿는 이들마다 모두 하느님의 눈에 들도록 신앙의 근본을 높이들 것입니다.

2005년 3월 6일 수품

그것이 너와 무슨 상관이 있느냐?

요한 21,22

이홍영 파스칼 신부 (마리아회)

 부제품을 받고 어려움이 많았을 때, 청주에 있는 마리아의 딸 수도원 피정에 참가했습니다. 피정 마지막 날에 부활하신 예수님에 관하여 묵상했는데, 그때 예수님이 베드로에게 하신 말씀이 뇌성 번개처럼 저를 때렸습니다. 그 이후 이 말씀은 항상 저를 자유와 해방으로 이끌어 주었습니다. 힘들어 하는 신자를 만나면 "그것이 너와 무슨 상관이 있느냐?"라는 말씀을 묵상하게 하였습니다. 그리고 많은 이로부터 좋은 말씀을 주셔서 고맙다는 말과 함께 편안해졌다는 소식을 많이 들었습니다.

 우리가 걱정하는 것의 80% 이상은 괜한 것이라고 합니다. 걱정할 필요가 없는데 걱정하는 것입니다. 사사건건 주님과 연결시켜 죄책감을 가질 필요는 없습니다. 고통과 불안에 싸인 이들에게 평화를 누리는 방법으로 그것이 너와 무슨 상관이 있느냐로 답하겠습니다.

1997년 6월 28일 수품

내가 너와 함께 있으니 두려워하지 마라.

이사 43,5

유용덕 오딜론 신부 (말씀의 선교 수도회)

우리 인간은 언제나 걱정, 불안, 두려움 안에서 살아갑니다. 미래를 알 수 없는 것이 우리 인간의 모습입니다. 사제의 삶을 살아가는 중에도 이러한 부정적인 모습으로 살아갈 수 있다는 마음이 들었습니다. 그렇기 때문에 오로지 주님의 음성을 듣고 그분만을 믿고 살아갈 때 평화롭고 여유로운 삶을 살 수 있다는 강한 믿음으로 이 성구를 택하였습니다.

우리는 하느님께 속한 사람들입니다. 삶 속에 깃들어 있는 그분의 율법이 사제의 길을 가는 데 어떤 경우에도 중력이 되어 그분께로 끌어당겨 줄 것을 굳게 믿을 것입니다.

2001년 10월 20일 수품

말씀하신 대로 저에게 이루어지소서.

Fiat! 루카 1,38

양영진 하상 바오로 신부 (미리내 천주 성삼 성직 수도회)

성모님께서 인간의 생각으로는 도저히 불가능한 일일지라도 순명하셨듯이, 사제로서 그렇게 살아가고자 하는 마음에서 감히 이 말씀Fiat을 선택했습니다.

하느님의 계획은 알 수 없습니다. 성모 마리아는 하느님의 뜻에는 어떤 의심도 하지 않으셨습니다. 하느님께서 언제 어디서 무슨 일을 하실지 아무도 모릅니다. 남자를 모르는 성모님께서 구세주 탄생을 예고받은 것은 청천벽력 같았을 것임에도 그분은 주님의 종으로서 주님의 일에 걸림돌이 되지 않았습니다. 사제 또한 주님의 종입니다.

1993년 2월 2일 수품

주님은 나의 힘, 나의 노래, 나의 구원이시다. 이사 12,2
이제는 내가 사는 것이 아니라 그리스도께서 내 안에 사시는 것입니다. 갈라 2,20

백광현 마르첼로 신부 (살레시오회)

늦게서야 주님을 알고 세례를 받았습니다. 살레시오 수도회에 입회하여 사제직을 준비하면서 부족한 저를 구원하시고 사제로 불러 주신 분이 주님이셨다는 것을 알았습니다. 주님께 감사와 찬미를 드리지 않을 수 없었습니다. 저를 불러 주신 주님은 '저의 힘'이며 '저의 노래'로 찬미해야 할 분이십니다.

살레시오회 사제로서 돈 보스코 성인의 모범을 따라 청소년들의 구원을 위해 온전히 투신하는 삶을 살고 싶습니다. 그러기 위해서는 '그리스도께서 제 안에 사시는 삶'을 사는 사람이 되어야 합니다. 주님의 이 같은 부르심에 매일 응답하며 살아갈 수 있는 은총을 청하며 이 성구를 선택했습니다.

2001년 6월 24일 수품

어미는 혹시 잊을지 몰라도
나는 결코 너를 잊지 아니하리라.

이사 49,15

이태석 요한 신부 (살레시오회)

그들의 삶은 처참하기 이를 데 없고 가장 버림받은 삶이 분명했지만 역설적이게도 그 안에서 그들을 위로하며 함께하시는 예수님의 존재를 느낄 수 있었다. 그때 느낀 예수님은 슬픔의 늪에서 피어난 한 송이 아름다운 꽃과 같은 느낌으로 다가왔다. 예수님의 부족한 손과 발이 되어 그들과 함께하며 살고 싶은 강한 소명도 느끼게 되었다. 지금 생각해 보면 그때 톤즈에서 열흘을 지낸 뒤 떠나오면서 '서품을 받은 후 이곳으로 꼭 돌아오리라.'는 강한 다짐을 가지게 한 것은 가난과 전쟁으로 고통받는 이들을 향한 인간적인 동정심이 아니라, 예수님께서 그 안에 살아 움직이고 계시는 신비스러운 힘을 지닌 '나환자들의 삶' 때문이었다는 것을 느끼게 된다.

《친구가 되어 주실래요?》에서

2001년 6월 24일 수품

> 나는 어진 목자입니다.
> 어진 목자는 양들을 위하여
> 자기 목숨을 내놓습니다.
>
> 요한 10,11

장동현 미카엘 신부 (살레시오회)

    돈 보스코의 사목적 사랑을 몸소 실천하겠다는 사제 수품 결심을 드러내고픈 열망에서 선택한 성구입니다. 목숨을 내놓는 것보다 더 큰 사랑이 어디 있겠습니까? 이런 결단에 찬 사랑, 투신에서 비롯된 사랑의 출발은 '어짊'입니다. 어진 사제가 되고 싶습니다. ('어진 목자'라고 번역한 200주년 기념 성서에서 인용했습니다.)

    착한 목자는 어린양을 어깨에 메고 옵니다. 사제로서 잃어버린 양 한 마리를 찾기 위해서는 목숨까지도 내놓아야 마땅하고 그것은 옳은 일입니다.

1994년 6월 24일 수품

그분께서 당신의 길을 우리에게 가르치시어 우리가 그분의 길을 걷게 되리라.

이사 2,3

남승원 토마스 아퀴나스 신부 (성 골롬반 외방 선교회)

성 골롬반 외방 선교회 선교 사제인 저는, 제가 선택한 삶은 제가 원하는 것, 제가 하고자 하는 것을 하는 삶이 아님을 늘 깨달으며 살기를 바랍니다. 그리고 선교, 특히 해외 선교 안에서 늘 주님의 길을 보고자 하는 열망이 있습니다. 이러한 이유로 저는 이 성구를 택했습니다.

골롬반 성인께서 말씀하신 "우리를 그리스도 안에 속하게 하시고 우리 자신에게는 속하지 않게 하소서 Christi Simus Non Nostri."의 의미를 묵상하며 사제의 길을 갑니다. 그분께서 보이신 길은 하나입니다. 그것은 사랑입니다.

2002년 6월 18일 수품

너는 나를 따라라.

요한 21,22

안성철 마조리노 신부 (성 바오로 수도회)

베드로 사도가 예수님께 요한 사도를 일컬어 "주님, 이 사람은 어떻게 되겠습니까?" 하고 묻자 예수님께서는 "내가 올 때까지 그가 살아 있기를 내가 바란다 할지라도, 그것이 너와 무슨 상관이 있느냐? 너는 나를 따라라." 하고 말씀하십니다(요한 21,22 참고).

서품을 앞두고 40일간의 침묵 피정을 하면서, 저는 많은 일들을 신경 쓰며 간섭하지 않고, 오직 예수님의 뒤만 따라야겠다는 각오로 이 구절을 선택했습니다. 나와 남을 비교하지도 않고, 남에게 온갖 신경을 쓰면서 자신의 영적 사정은 돌보지 않는 사람이 되지 않기 위하여 "너는 나를 따라라."라는 성구를 택하였습니다. 남을 이끌려고 하기 전에 나 자신부터 성화되어야겠다는 각오로 살아갑니다.

2001년 6월 2일 수품

인간이 무엇이기에
아니 잊으시나이까.
이 종락 무엇이기에 따뜻이
돌보시나이까? 시편 8,4

고건상 멜키오르 신부 (성 베네딕도회 왜관 수도원)

하느님이 보시기에 늘 부족한 저에게 그분은 사랑을 넘치도록 베풀어 주십니다. 제가 세상에 베푼 것보다도 항상 더 넘치도록 베풀어 주심에 감사하는 마음으로 살아가려고 이 성구를 정했습니다.

인간은 하느님의 숨결로 완성한 하느님의 창조물입니다. 하느님의 창조물로 태어난 하느님의 자녀인 인간은 부족하고 부족해도, 아니 하느님을 배반해도 그분은 아니 잊으십니다.

쓰러진 저를 일으켜 세워 주시는 분은 주님이시기에 저는 오로지 그분을 따라가렵니다.

1976년 12월 8일 수품

너희는 나를 누구라고 하느냐?

마태 16,15

김수영 바실리오 신부 (성 베네딕도회 왜관 수도원)

"너희는 나를 누구라고 하느냐?" 이 말씀은 곧 "나에게 예수님은 누구이신가?"라는 존재의 근거를 찾게 하는 물음이었습니다. 다시 말해서 "예수님은 누구냐?"라는 것입니다. 이것은 절대적인 가치이고 가장 중요한 것이요 예수님을 알아 가는, 또 찾아가는 우리 신앙의 사명이라 생각합니다. 여기에 모든 것을 쏟아야 하고 우리 일생 곧 저의 삶을 걸어야 하는 것이기에 이 성구를 정했습니다.

주님은 그리스도시며, 살아 계신 하느님의 아드님이십니다.

1996년 9월 3일 수품

그리스도 예수 안에서 필리 2,5

박재찬 안셀모 신부 (성 베네딕도회 왜관 수도원)

 부제품을 준비하고 있던 2000년 10월 9일 갑자기 저의 백부님이셨던 박석희 주교님께서 선종하셨다는 소식을 듣고 놀라움과 슬픔을 감출 수가 없었습니다. 하지만 시간이 흐르면서 '이제부터는 주교님께서 못 다하신 몫을 제가 이어서 해야 한다'는 생각이 밀려왔습니다.

 그러한 마음으로 저는 2001년 10월 15일 사제 서품 때 모토를 주교님께서 사용하셨던 것과 똑같은 필리피서 2장 5절인 "그리스도 예수 안에서IN CHRISTO IESU"라고 정했습니다.

 그리스도 예수 안에서 품어야 할 생각은 성구에 바로 이어지는 2장 6-8절에 잘 나타나 있습니다. 예수님께서 피조물인 인간이 되신 자기 비움의 마음, 자신을 낮추는 겸손의 마음, 십자가에서 돌아가시기까지 순종하신 마음이 바로 그것입니다. 이러한 마음을 간직하고 살고 싶어 하셨던 주교님의 정신을 이어받아 저 역시 수도자로서, 사제로서 예수님께서 지니셨던 겸손과 순종의 마음을 품고 살고 싶습니다.

서품 후, 서류 작성 때문에 신학교 비서실을 찾아갔다가 주교님의 사랑에 다시 한 번 더 놀랐습니다. 그날 비서실에서 오랫동안 일해 왔던 직원이 작은 기도문을 하나 건네며, 주교님께서 대구가톨릭대 교수로 계시다가 안동교구장이 되어 떠나시면서 "내 조카가 내년에 신학교에 들어옵니다. 사제품을 받으면 이 기도문을 전해 주세요."라는 말씀을 남기셨다고 전하셨습니다. 주교님께서는 직접 전해 주실 수 없었음을 알기라도 하셨던 것일까요? 그때 주교님께서 남기신 기도문에 '그리스도 예수 안에서 품어야 할 생각'이 잘 녹아 있어 이 지면을 통해 함께 나눕니다.

조용히 사랑하고/ 조용히 복종하고/ 조용히 기도하고/ 조용하고 정직하게 증거하고/ 너그러이 생각하고 말하고/ 깊은 인상을 남기려 한다거나/ 똑똑한 자인 것으로 보이지 말게 하소서.

오! 하느님 아버지/ 우리 가운데/ 한 어린이를 보내 주셨으니/ 나를 어린이가 되게 해 주시고/ 순수한 어린이가 되게 해 주소서/ 아멘.

〈가톨릭신문〉

2001년 10월 15일 수품

박재찬 안셀모 신부 (성 베네딕도회 왜관 수도원)

사실 사람의 아들은 섬김을 받으러 온 것이 아니라 섬기러 왔고, 또 하느님의 몸값으로 자기 목숨을 바치러 왔다. 마르 10,45

이수철 프란치스코 신부 (성 베네딕도회 왜관 수도원)

　사제는 물론, 주님을 믿는 이들에게 직분이 있다면 '섬김의 직무' 하나만 있을 뿐입니다. '섬김service과 종servant'의 영성을 사는 사목자인 사제는 더욱 그렇습니다. 제 서품 성구로 택한 것 역시 하느님의 섭리입니다. 서품 전, 성구를 무엇으로 할까 고민하던 중 도서실에 굴러다니던 천연색 이콘이 너무 마음에 들었습니다. 예수님이 제자들의 발을 닦아 주는 참 아름다운 장면의 이콘이었습니다. 주저할 것 없이 서품 상본으로 택했고 이 성구(마르 10,45)를 택했습니다. 지금도 시종여일, 주님의 서비스업에 종사한다 생각하며 초심의 자세로 섬김의 직무에 충실하려 합니다.

1989년 7월 11일 수품

착한 목자는 양들을 위하여 자기 목숨을 내놓는다.

요한 10,11

정학근 모세 신부 (성 베네딕도회 왜관 수도원)

구약은 하느님을 목자의 이미지로 표상합니다. 이 표상은 유목민적 삶의 배경을 이루는 이스라엘과 고대 근동 아시아의 긴 전통 속에서 나온 것이며 동시에 그들의 일상적인 삶의 체험에서 유래합니다. 목자의 역할은 양들을 푸른 풀밭으로 인도하여 좋은 목초를 배불리 먹이고, 잔잔한 물가로 이끌어 쉬게 하며, 지쳤던 못에 생기를 돋우어 주는 일입니다(시편 23,1-3 참고).

예수님은 당신을 착한 목자라고 하시면서 하느님께 적용된 표상을 당신께 부여하십니다. 예수님을 닮은 착한 목자가 되는 것이 사제로서 저의 소망입니다.

주님, 예수님을 닮은 착한 목자 되게 하소서.

1974년 12월 13일 수품

나는 나의 영광을 찾지 않습니다.

요한 8,50ㄱ

허성석 로무알도 신부 (성 베네딕도회 왜관 수도원)

영광은 빛나고 아름답습니다. 인간은 영광을 찾아 헤맵니다. 이름을 빛내려고 애를 씁니다. 그러나 사제는 인간의 영광을 찾아서는 안 됩니다. 빛나고 아름다운 영광은 주님의 것이어야 합니다.

이 성구는 예수님께서 유대인들에게 하신 말씀입니다. 이 말씀은 우리의 삶과 활동의 지향점을 잘 상기시켜 줍니다. 우리가 하는 모든 것은 '나의 영광'이 아닌 '하느님의 영광'을 위한 것이어야 합니다.

살아가면서 하느님의 영광을 위하여 시작되고 추진되는 일들은 우리도 모르는 사이에 나의 영광을 위한 것으로 탈바꿈시키려는 유혹이 있습니다. 예수님의 이 말씀은 늘 제 자신을 돌아보게 해 줍니다.

1995년 9월 14일 수품

> 만일 여러분이 약함을 겪는 중에도 겸손하게 자신을 낮추시는 그리스도를 모른 체하지 않는다면, 여러분은 참으로 들어 올려지신 그리스도 안에 확고하게 머물게 될 것입니다. 성 아우구스띠노 설교 142,2

서인석 야고보 신부 (성 아우구스띠노 수도회)

사제 직무를 이행하면서, 사도직을 수행하면서, 인간관계를 맺으면서 마음에 두고 살려는 성구입니다. 겸손은 나약함이 아닙니다. 부드러움이 아닙니다. 하느님을 높이는 매우 예의 바른 태도입니다. 신자들 앞에 서 있는 사제는 신자들과 함께 서 있도록 하시는, 신자들을 존중하게 하시는 그리스도의 겸손을 은총으로 받기 때문입니다. 인간은 지위, 학력, 품성이 다양하지만 모든 이를 존중하고 함께하시는 그리스도의 겸손을 통해 인간관계를 맺고 배우면서 살 때 사제로, 신앙인으로, 인간으로 성숙할 수 있습니다.

2004년 12월 8일 수품

당신은 저의 주님, 저의 행복
당신밖에 없습니다.

시편 16,2

공원표 야고보 신부 (성 황석두 루카 외방 선교 형제회)

주님만 믿고 따르는 행복한 사제로 살고자 합니다. 사람이나 물질에 매이지 않고 오로지 살아 계신 하느님 아버지께만 사로잡힌 자 되고 싶습니다.

티 없이 깨끗하신 마리아 성심을 닮은 깨끗한 사제가 되고 싶습니다. 윗사람이나 아랫사람이나 한결같이 섬기는 사제가 되고 싶습니다. 한 사람 한 사람이 모두 당신 모상으로 창조되었고, 사랑받기 위해 태어난 사람임을 깨달아 제가 섬기게 하소서. 주님, 당신만이 저의 행복이십니다.

2006년 1월 25일 수품

내가 바라는 것은 그리스도를 알고 그리스도의 부활의 능력을 깨닫고 그리스도와 고난을 같이 나누고 그리스도와 같이 죽는 것입니다.

필리 3,10

신동호 베드로 신부 (예수 그리스도의 고난 수도회)

저의 성소는 인간 예수님에 대한 매력으로부터 시작되었습니다. 특히 성경에서 말씀과 행동으로 드러나는 인간 예수님의 진실성에 저는 매우 감동되었고 이것이 예수님과의 관계의 출발점이었습니다.

이 체험으로 인해 저는 결국 수도 생활과 사제의 길을 걷게 되었습니다. 저는 이 여정을 통하여 예수님을 안다는 것은 결국 인간이 누구인지 안다는 것이고, 그것은 또한 그 창조주이신 하느님을 아는 것으로 통한다는 것을 깨닫게 되었지요.

또 예수님이 이렇게 인간의 길을 비추는 분이시며, 하느님을 계시하시는 분으로 체험한다는 것은 그분의 인격과 삶을 사는 것이더군요. 제 영적 여정은 이렇게 예수님이 제 삶의 비전이요, 제 생활을 관통하는 주제가 되었습니다. 이런 맥락에서 바오로 사도의 필리피서 3장 10절의 말씀은 저의 인생관, 신앙관 및 수도자와 사제로서의 소명을 가장 잘 요약하는 말씀이었기에 이를 제 수도 서원과 사제 서품의 성구로 삼았습니다.

이 구절은 저에게 수도 생활이나 사제직이 공통적으로, 하나의 기능적인 문제가 아니라, 온 삶을 포괄하는 인격적인 문제임을 되새기게 해 줍니다. 덕분에 다시 한 번 제 성소를 기억하면서 제 마음을 움직여 주셨던 성령의 현존을 의식하게 되어 감사드리고 싶습니다.

1994년 1월 26일 수품

세상을 이기는 승리의 길은 곧 우리의 믿음입니다.

1요한 5,4

김상식 바오로 신부 (예수 성심 전교 수도회)

이 성경 구절은 《공동 번역 성서》의 번역인데, 절제되고 분명한 언명으로 오랜 기간 제 삶 안에서 생각과 말과 행동의 길잡이가 되어 준 구절입니다. 특히 늦깎이 사제가 될 제 생각의 사다리가 된 것도 이 말씀이었습니다.

청년 시절, 저는 감리교 신자로서 천주교회 안에 있는 야학에서 강학講學으로 노동자들과 만났습니다. 그즈음 프라도회 노동 사제이신 오영진 신부님(올리비에 드 베랑제, 지금은 프랑스 데니스 교구 은퇴 주교)을 만나, 교회를 옮겨 그분께 세례를 받았습니다. 그때 저는 구로동에서 생활 야학을 하면서, 저의 사고와 행동의 지침으로 품고 있던 이 구절을 통해 격려를 받았습니다. 그 성경 구절이 바로 요한 1서의 말씀이었습니다. 매일 야근을 마치고 밤늦게 야학에서 배움에의 목마름을 채우려 했던 친구들과 함께 나누었던 삶에서도 저는 이 구절이 자연스럽게 드러내는 모든 희망에 대해 언급했습니다.

　기회가 있을 때마다 저는, 하느님에 대한 자신의 믿음만이 세상의 모든 것을 이길 수 (극복할 수) 있다는 것을 사람들에게 알리고 싶었습니다. 그리고 이 말씀을 따라 저는 수도회 사제가 되었습니다. 저의 서품 상본에는 이 성경 구절과 성공회대학교에서 저를 가르치신 신영복 선생님이 써 주신 '예수 그리스도, 정의, 평화'라는 글씨를 넣었습니다. 그 글자는 지금도 저의 서품 제의와 백색 영대에 새겨져 제가 드리는 매일 미사를 인도하고 있습니다.

　총체적으로 절망하며 아파하는 힘든 이 시점에서 이 말씀으로 우리네 삶 안에서 주님이 주시는 희망을 가늠할 수 있다면, 하느님의 도움으로 우리는 많은 것을 열매 맺을 수 있습니다. 우리는 타인에 의한 주입식 신앙이 아니라, 하느님에 대한 우리(나)의 주체적인 믿음을 통해, 우리(내)가 서 있는 이 세상(삶의 자리)을 변화시킬 수 있습니다.

〈가톨릭신문〉
2003년 6월 24일 수품

김상식 바오로 신부 (예수 성심 전교 수도회)

나에게는 그리스도가 생의 전부입니다.

필리 1,21

김종기 요셉 신부 (예수 성심 전교 수도회)

그리스도께서 보여 주신 삶, 생애 전체를 모범으로 삼아 저 자신의 사제직을 봉헌하고 싶어서 위의 성구를 선택했습니다. 제 심장의 피는 그리스도의 피입니다. 그러나 저에게는 그리스도가 제 생의 전부일 수밖에 없습니다. 그리스도의 삶을 살아가겠습니다.

특히 낮은 자세로 십자가의 죽음에 이르기까지 온 인류를 위해 하느님 아버지께 자신을 바치신 예수님을 본받으며 사제 직분을 수행하고 싶었기 때문에 이 성구를 선택했습니다. 바오로 사도께서 고백하신 이 말씀은 늘 저에게 큰 힘이 되고 있습니다. 그러려면 철저하게 그리스도여야 합니다. 그리스도를 닮아가는 삶의 형상화가 절실합니다.

1991년 2월 2일 수품

너희는 근심에 잠길지라도 그 근심은 기쁨으로 바뀔 것이다.

요한 16,20

심종혁 루카 신부 (예수회)

    그리스도교의 핵심 체험은 부활 체험입니다. 부활하신 그리스도께서는 위로의 직무를 행하십니다. 실망한 이들에게 희망을, 좌절한 이들에게 용기를, 슬퍼하는 이들에게 기쁨을 심어 주십니다. 이러한 그리스도교의 핵심을 요약한 말씀이 바로 요한 복음 16장 20절입니다.

    하느님이 인간을 쓰러뜨리는 것은 다시 일으켜 세우시길 희망하기 때문입니다. 부활은 예수님의 나라가 오심을 믿게 하는 신앙의 원동력입니다. 부활을 믿는다는 것은 그리스도 신앙인의 본성이 되어야 합니다.

1987년 7월 4일 수품

> 늠름한 풍채도, 멋진 모습도
> 그에게는 없었다. 눈길을 끌 만한
> 볼품도 없었다. 사람들에게 멸시를
> 당하고 퇴박을 맞았다. 그는 고통을
> 겪고 병고를 아는 사람, 사람들이
> 얼굴을 가리우고 피해 갈 만큼
> 멸시만 당하였으므로 우리도 덩달아
> 그를 업신여겼다.
>
> 이사 53,2-3

유시찬 보나벤투라 신부 (예수회)

서품 준비 피정을 할 때까지만 해도 늘 강하고 아름다운, 전지전능한 하느님상을 품고 살아왔습니다. 그러나 서품 준비 피정 때 구유에 누워 계신 주님을 관상하며 약하고 보잘것없는, 힘없는 하느님상을 동시에 보게 되었습니다.

하느님 안에서 그리고 모든 피조물 안에서 이러한 반대되는 양면성을 읽어 내고, 그 양자를 통합해 냄이 영성에 있어 무엇보다 긴요함을 알았습니다.

현대 사회에서 뭐든 이분 대립적으로 갈라 놓고 경쟁 갈등만을 추구하는 상황에서, 이러한 양자 통합과 조화의 정신은 그 어느 때보다도 절실한 가치입니다.

1997년 7월 2일 수품

하느님의 더 큰 영광을 위하여

Ad Majorem Dei Gloriam

조학균 베드로 신부 (예수회)

예수회의 모토인 "하느님의 더 큰 영광을 위하여 A.M.D.G"는 모든 예수회원의 모토입니다. 저 역시 예수회원으로서 모든 것 안에서, 예수 그리스도의 말씀과 행위를 세상에서 실천함으로써 '하느님의 더 큰 영광을 위하여'라는 말씀을 실현할 수 있으리라 믿으며, 이 말씀을 성구로 선택했습니다.

주님은 커지셔야 하고 저는 작아져야 합니다. 하느님의 이름을 거룩하게 빛내 드리는 일, 오늘도 여기서 하느님 나라를 이루어 가는 일이 하느님께 드리는 더 큰 영광임을 믿습니다.

1996년 7월 1일 수품

너희의 아버지께서
자비로우신 것같이 너희도
자비로운 사람이 되어라.

루카 6,36

이병우 루카 신부 (작은 형제회)

　제 고향은 '미리내 성지'에서 아주 가까운 용인에 있는 '한덕골'이라는 곳입니다. 그곳은 박해 시대 때 형성된 교우촌이며, 저의 증조부께서 박해를 피해 그곳으로 오셔서 정착하신 곳이라고 합니다. 제가 이 세상에 태어나 감사하게 생각하는 세 가지가 있습니다. 첫째는 '모태 신앙'이고, 두 번째는 '배고픈 60년대에 태어나게 해 주신 것'이고, 세 번째는 '사제의 길을 걸어가게 해 주신 것'입니다. 수도 생활을 해 나가면서 늘 이 세 가지에 대해 감사하고 있습니다.

　루카 복음 6장 36절의 말씀을 서품 성구로 정한 이유는 단순했습니다. 정말 자비로우신 아버지를 닮고 싶었습니다. 지금 우리에게 그 어느 때보다도 필요한 것이 하느님의 자비라고 생각했고, 자비로우신 하느님 아버지를 닮은 착한 목자가 되는 것이 제가 해야 할 일이고, 이것을 신자들은 갈망한다고 생각했습니다. 이 첫 마음[初心]을 늘 간직하면서 살아가려고 노력하고 있습니다.

2004년 6월 28일 수품

인간이 무엇이기에 이토록 기억해 주십니까? 사람이 무엇이기에 이토록 돌보아 주십니까? 시편 8,5

이태성 아우구스티노 신부 (작은 형제회)

하느님의 부르심을 외면하고 군 복무를 마친 다음, 뒤늦게 1981년 5월 10일 세례를 받은 저를 하느님께서는 곧바로 성소의 길로 들게 해 주셨습니다. 세례받은 지 2년도 안 되어 1983년 2월 작은형제회에 입회시키시고 그해 3월 가톨릭대학교 신학대학에 편입하게 하신 하느님의 은혜에 평생 감사하며 찬양드리는 수도자로서의 삶, 성직자로서의 삶을 살고자 선택한 성구입니다. 인간은 하느님이 만든 그릇입니다. 사랑을 담는 그릇입니다. 그런 그릇을 주님께서는 깨뜨리지 않으십니다. 주님께서는 꺼져 가는 불빛을 끄지 않으시고 부러진 갈대를 꺾지 않으십니다. 하느님은 인간으로 하여금 당신의 이름을 거룩하게 빛내라고 빚으신 존재입니다. 인간으로 하여금 하느님 나라를 이루려고 돌보아 주시는 것입니다.

1991년 7월 8일 수품

예수 그리스도께서 하느님의 마음에
드시는 하나뿐인 희생 제사를
바치셨듯이 저의 온 생애도
하느님께 드리는 영원한 제물이
되게 하소서. 부활 주간 예물 기도 중

김태건 라파엘 신부 (한국 순교 복자 성직 수도회)

인간적인 눈으로 보면 예수님은 바보이십니다. 죽음을 피하실 수 있으면서도 피하지 않으셨습니다. 고통을 피하지 않고 묵묵히 하느님 뜻에 따르셨습니다. 피가 철철 흐를 정도로 매를 맞으셨고, 십자가에 못 박히셨습니다. 이런 바보가 또 있을까요. 하지만 생각해 보면 바보이셨기 때문에 온전한 희생 제사를 바칠 수 있었습니다.

문제는 그리스도를 따르는 우리들이 과연 그 모범을 따르고 있는가 하는 것입니다. 우리는 과연 제물이 되기를 거부하고 있지는 않은가요.

사제가 되면서 가장 고민을 한 것이 과연 내가 나 자신을 드러내지 않고, 오로지 하느님을 위한 삶을 살 수 있는가 하는 문제였습니다. 그러던 중 우연히 접한 부활 주간 예물 기도는 하나의 빛과 같았습니다. 저는 예물이 되기로 했습니다. 저의 온 생애가 영원한 제물이 되기를 희망했습니다.

하지만 사제도 인간이기에 고통이 달가울 리 없습니다. 유혹은 끊임없이 "편하게 살아, 대충대충 살아."라고 속삭입니다. 그래서 지나온 사제의 삶을 돌이켜 보면 부끄러운 점이 더 많습니다. 저 자신이 제물이 되기보다는 평신도의 교육자, 평신도를 가르치는 지도자로 살아오지는 않았나 반성해 봅니다.

제물은 바쳐지는 것입니다. 나 중심에 '나'가 가득해서는 안 됩니다. 제물은 나 중심에 '나'가 아닌 '그분'이 들어오셔야 하는 것입니다. 제물이 하느님 앞에 바쳐질 때 그 제물은 더 이상 자신을 드러내지 않습니다. 자신은 온전히 무無가 되어야 합니다. 그래야 진정한 제물입니다. 또다시 주님 대전에 무릎을 꿇습니다. 그리고 기도합니다.

"주님 저의 온 생애가 당신 제물이 되게 하소서."

〈가톨릭신문〉

1998년 6월 30일 수품

찾아보기

첫머리에

교구 및 선교회와 수도회별

 서울관구

서울대교구

하느님, 저를 불쌍히 여기소서. 시편 51,3_21
김수환 스테파노 추기경 1951년 9월 15일 수품
나 너를 사랑하는 줄을 너 알으시나이다. 요한 21,15_22
정진석 니콜라오 추기경 1961년 3월 18일 수품
아멘, 오십시오. 주 예수님!Amen. Veni, Domine Iesu! 묵시 22,20_25
염수정 안드레아 추기경, 서울대교구장 1970년 12월 8일 수품
아버지의 뜻이 하늘에서와 같이 땅에서도 이루어지게 하소서. 마태 6,10_26
조규만 바실리오 주교 1982년 8월 26일 수품
오직 죄인을 부르러 왔노라. 마태 9,13_27
황인국 마태오 몬시뇰 1964년 12월 18일 수품
너 나를 사랑하느냐? 요한 21,15_28
나원균 바오로 몬시뇰 1971년 12월 8일 수품
당신의 숨을 내보내시면 그들은 창조되고 당신께서는 땅의 얼굴을 새롭게 하십니다. 시편 104,30_29
강귀석 아우구스티노 신부 1986년 1월 28일 수품
나를 구원하신 하느님 안에서 기뻐 뛰렵니다. 하바 3,18_30
강재홍 요셉 신부 1996년 7월 5일 수품
너희가 내 말을 마음에 새기고 산다면 너희는 참으로 나의 제자이다. 그러면 너희는 진리를 알게 될 것이며 진리가 너희를 자유롭게 할 것이다. 요한 8,31-32_31
고형석 스테파노 신부 1997년 7월 5일 수품
우리도 주님과 함께 죽으러 갑시다. 요한 11,16_33
김귀웅 토마스 신부 1995년 7월 5일 수품
밀알 하나가 땅에 떨어져 죽지 않으면 한 알 그대로 남아 있고 죽으면 많은 열매를 맺는다. 요한 12,24_38
김석원 파트리치오 신부 1995년 7월 5일 수품
하느님께서 보시니 참 좋았다. 창세 1,31_39
김성은 베드로 신부 2002년 7월 5일 수품

주님께 의지하는 사람 시온 산 같으니 흔들림 없이 항상 꿋꿋하여라. 시편 125,1_41
김재영 야고보 신부 1994년 7월 13일 수품
나에게 힘을 주시는 분 안에서 나는 모든 것을 할 수 있습니다. 필리 4,13_42
김정남 바르나바 신부 1974년 10월 31일 수품
하느님께서 당신의 힘을 펼치시어 나에게 주신 은총에 따라 나는 이 복음의 일꾼이 되었습니다. 에페 3,7_43
김종국 토마스 아퀴나스 신부 1977년 12월 8일 수품
이 생명 다하도록 십자가 길 따라_44
김충수 보니파시오 신부 1970년 12월 8일 수품
모든 일에 언제나 우리 주 예수 그리스도의 이름으로 하느님 아버지께 감사드리십시오. 에페 5,20_45
김호영 프란치스코 하비에르 신부 1985년 2월 22일 수품
이제는 내가 사는 것이 아니라, 그리스도께서 내 안에 사시는 것입니다. 갈라 2,20_46
김환수 가비노 신부 1997년 7월 5일 수품
내가 아뢰었다. "아, 주 하느님 저는 아이라서 말할 줄 모릅니다." 주님께서 나에게 말씀하셨다. "'저는 아이입니다.' 하지 마라. 너는 내가 보내면 누구에게나 가야 하고 내가 명령하는 것이면 무엇이나 말해야 한다. 그들 앞에서 두려워하지 마라. 내가 너와 함께 있어 너를 구해 주리라. 주님의 말씀이다." 예레 1,6-8_47
박노헌 요한 크리소스토모 신부 1973년 12월 8일 수품
스승이며 주인 내가 너희의 발을 씻어 주었으니 너희도 서로 발을 씻어 주어야 한다. 요한 13,14_48
박정우 후고 신부 1991년 8월 23일 수품
여러분은 이 빵을 먹고 이 잔을 마실 때마다 주님의 죽으심을 선포하고 이것을 주님께서 다시 오실 때까지 하십시오. 1코린 11,26_51
박준호 바오로 신부 1994년 7월 13일 수품
하느님, 당신 자애에 따라 저를 불쌍히 여기소서. 당신의 크신 자비에 따라 저의 죄악을 지워 주소서. 시편 51,3_54
서경룡 아우구스티노 신부 1986년 2월 21일 수품
너는 나를 사랑하느냐? 요한 21,17_55
손석식 대건 안드레아 신부 2002년 7월 5일 수품
제 뜻대로 마시고 아버지 뜻대로 하소서. 마태 26,39_56
신문호 가브리엘 신부 1995년 7월 5일 수품
나는 길입니다. 요한 14,6_57
신정훈 미카엘 신부 2001년 7월 5일 수품
우리는 보이지 않는 것을 희망하기에 인내심을 가지고 기다립니다. 로마 8,25_58
심흥보 베드로 신부 1988년 2월 12일 수품
당신은 저의 하느님, 저를 불쌍히 여기소서. 시편 86,3_59
유종만 바오로 신부 1990년 2월 9일 수품

뒤를 돌아다보아서는 안 된다. 창세 19,17_60
윤종국 마르코 신부 1991년 8월 23일 수품
주님께서 나를 보내시어 가난한 이들에게 복음을 전하게 하셨다. 루카 4,18_61
이기우 사도 요한 신부 1988년 2월 12일 수품
사람의 아들도 섬김을 받으러 온 것이 아니라 섬기러 왔다. 마르 10,45_62
이문주 프란치스코 신부 1962년 12월 21일 수품
그리스도 예수는 점점 커지셔야 하고 나는 점점 작아져야 합니다. 요한 3,30_63
이성국 바오로 신부 1990년 2월 9일 수품
두 사람이나 세 사람이라도 내 이름으로 모인 곳에 나도 함께 있겠다. 마태 18,20_64
이성운 미카엘 신부 1983년 2월 18일 수품
네가 돌아오거든 네 형제들의 힘을 북돋아 주어라. 루카 22,32_65
이성원 베드로 신부 1993년 7월 16일 수품
자애와 공정을 제가 노래하오리다. 시편 101,1_66
이재을 사도 요한 신부 1987년 2월 6일 수품
하느님, 나에게 깨끗한 마음을 새로 지어 주시고, 꿋꿋한 뜻을 새롭게 하소서. 시편 51,12_67
이창준 미카엘 신부 1993년 7월 16일 수품
언제나 기뻐하십시오. 끊임없이 기도하십시오. 모든 일에 감사하십시오. 1테살 5,16–18_68
이철학 바오로 신부 1991년 2월 7일 수품
당신은 저의 주님, 저의 행복 당신밖에 없습니다. 시편 16,2_69
이해욱 프란치스코 신부 1982년 2월 25일 수품
주님, 당신께서 제게 들을 수 있는 귀를 주셨나이다. 나는 예, 대답하며 당신께 나갑니다._70
임병헌 베드로 신부 1984년 10월 10일 수품
주님, 제가 어떻게 하면 좋겠습니까? 사도 22,10_71
임창재 요한 마리아 비안네 신부 2008년 6월 27일 수품
하느님, 내 마음을 깨끗이 만드시고 내 안에 굳센 정신을 새로 하소서. 시편 51,12_72
전원 바르톨로메오 신부 1995년 7월 5일 수품
저희는 쓸모없는 종입니다. 해야 할 일을 하였을 뿐입니다. 루카 17,10_74
정순오 미카엘 신부 1989년 2월 4일 수품
기뻐하는 사람이 있으면 함께 기뻐해 주고 우는 사람이 있으면 함께 울어 주십시오. 로마 12,15_75
조군호 요셉 신부 1976년 12월 8일 수품
그러나 오늘도 내일도 그다음 날도 내 길을 계속 가야 한다. 루카 13,33_76
조민환 사도 요한 신부 2008년 6월 27일 수품
눈물로 씨 뿌리던 이들 환호하며 거두리라. 시편 126,5_77
조재형 가브리엘 신부 1991년 8월 23일 수품
주님께 감사하라. 그 좋으신 분을. 시편 117_78
조학문 바오로 신부 1981년 2월 24일 수품

주님, 제게 당신의 길을 가르치소서. 제가 당신의 진실 안에 걸으오리다. 시편 86,11_79
주수욱 베드로 신부 1981년 2월 24일 수품
주님 뜻대로 사제 되어 첫 미사를 봉헌하나이다._80
최익철 베네딕토 신부 1950년 11월 21일 수품
그분은 커지셔야 하고 나는 작아져야 한다. 요한 3,30_82
최종건 미카엘 신부 1988년 2월 12일 수품
너희가 나를 택한 것이 아니라 내가 너희를 택하여 내세운 것이다. 그러니 너희는 세상에 나가 언제까지나 썩지 않을 열매를 맺어라. 요한 15,16_83
하상진 요한 세례자 신부 1997년 7월 5일 수품
제가 비록 어둠의 골짜기를 간다 하여도 재앙을 두려워하지 않으리니 당신께서 저와 함께 계시기 때문입니다. 당신의 막대와 지팡이가 저에게 위안을 줍니다. 시편 23,4_85
한영만 스테파노 신부 1993년 7월 16일 수품
인간이 무엇이기에 이토록 기억해 주십니까? 사람이 무엇이기에 이토록 돌보아 주십니까? 시편 8,5_86
허근 바르톨로메오 신부 1980년 2월 25일 수품
암사슴이 시냇물을 그리워하듯 하느님, 제 영혼이 당신을 이토록 그리워합니다. 시편 42,1_88
허영엽 마티아 신부 1984년 5월 5일 수품
내 멍에는 편하고 내 짐은 가볍다. 마태 11,30_90
홍성학 아우구스티노 신부 1989년 2월 4일 수품
나에게 힘을 주시는 분 안에서 나는 모든 것을 할 수 있습니다. 필리 4,13_92
황흥복 요셉 신부 1974년 12월 9일 수품

춘천교구

나를 따르려는 사람은 누구든지 자기를 버리고 제 십자가를 지고 따라야 한다. 마태 16,24_95
강동금 베드로 신부 1995년 8월 23일 수품
우리 주 예수 그리스도의 아버지 하느님께 찬양을 드립니다. 에페 1,3_96
김동훈 라파엘 신부 1997년 12월 15일 수품
나에게는 그리스도가 생의 전부입니다. 필리 1,21_98
김현신 요셉 신부 1990년 1월 24일 수품
하느님의 나라는 이 어린이와 같은 사람들의 것이다. 루카 18,16_100
배종호 토마스 신부 1979년 3월 6일 수품
가장 작은 이들 가운데 한 사람에게 해 준 것이 바로 나에게 해 준 것이다. 마태 25,40_101
서성민 파스칼 신부 2003년 1월 14일 수품

나를 당신의 도구로 써 주소서._103
송병철 야고보 신부 1982년 8월 10일 수품
나는 착한 목자다. 요한 10,11_104
신정호 모세 신부 2010년 8월 20일 수품
말이든 행동이든 무엇이나 주 예수님의 이름으로 하면서, 그분을 통하여 하느님 아버지께 감사를 드리십시오. 콜로 3,17_105
윤장호 시몬 신부 2009년 8월 20일 수품
받아먹어라. 이것은 내 몸이다. 마르 14,22_106
원용훈 스테파노 신부 2004년 9월 17일 수품
주님, 저희가 누구에게 가겠습니까? 주님께는 영원한 생명의 말씀이 있습니다. 요한 6,68_108
이동주 시몬 신부 1991년 7월 4일 수품
아버지의 뜻이 이루어지게 하소서. 마태 6,10_109
이흥섭 라우렌시오 신부 1974년 12월 10일 수품
내가 있다는 놀라움, 하신 일의 놀라움, 이 모든 신비들 그저 당신께 감사합니다. 시편 139,14_111
조영수 마태오 신부 2005년 9월 14일 수품
너희가 거저 받았으니, 거저 주어라. 마태 10,8_112
최원석 아넬로 마리아 신부 1985년 8월 16일 수품
내가 말하는 사랑은 하느님에 대한 우리의 사랑이 아니라 우리에 대한 하느님의 사랑입니다. 1요한 4,10_113
최창덕 프란치스코 신부 2001년 1월 12일 수품
마음이 가난한 사람은 행복하다. 하늘 나라가 그들의 것이다. 마태 5,3_115
허동선 마태오 신부 1969년 12월 16일 수품
사랑하는 이는 모두 하느님에게서 태어났으며 하느님을 압니다. 하느님은 사랑이시기 때문입니다. 1요한 4,7-8_116
홍기선 히지노 신부 1989년 1월 20일 수품

대전교구

나는 우리 주 예수 그리스도의 십자가 외에는 어떠한 것도 자랑하고 싶지 않습니다. 갈라 6,14_121
강승수 요셉 신부 1998년 2월 3일 수품
그분만이 내 바위, 내 구원, 내 성채 나는 결코 흔들리지 않으리라. 시편 62,3_123
곽승룡 비오 신부 1989년 2월 13일 수품
그는 네 임자이시니 그 앞에 꿇어 절하라. 시편 45,11_124
김정환 세례자 요한 신부 1999년 1월 26일 수품

주님은 나의 목자, 아쉬울 것 없어라. 시편 23,1_126
김대건 베드로 신부 2005년 1월 25일 수품
진리를 따라 사는 사람은 빛이 있는 데로 나아간다. 요한 3,21_129
김석태 베드로 신부 1993년 8월 11일 수품
이제, 저의 눈이 당신을 뵈었습니다. 욥 42,5_130
김성태 요셉 신부 2002년 1월 29일 수품
우리는 하느님의 작품입니다. 에페 2,10_131
김영곤 안드레아 신부 1983년 2월 8일 수품
너는 나를 사랑하느냐? 요한 21,16_132
김은석 요셉 신부 2010년 1월 13일 수품
주님께서 허락하신 십자가를 버리지 말게 하소서._133
김정수 바르나바 신부 1974년 12월 7일 수품
나에게는 그리스도가 생의 전부입니다. 필리 1,21_134
김한승 라파엘 신부 1990년 2월 20일 수품
제 뜻이 아니라 아버지의 뜻이 이루어지게 하소서. 루카 22,42_135
나봉균 요셉 신부 1999년 1월 26일 수품
하느님에게서 좋은 것을 받는다면, 나쁜 것도 받아들여야 하지 않겠소? 욥기 2,10_137
박찬인 마태오 신부 2001년 1월 30일 수품
당신 말씀은 제 발의 등불, 저의 길에 빛입니다. 시편 119,105_139
백종관 요셉 신부 2010년 1월 13일 수품
나에게는 그리스도가 생의 전부입니다. 필리 1,21_140
백현 바오로 신부 1999년 1월 26일 수품
나의 주시여, 나의 기쁨은 당신의 뜻을 따름이외다. 시편 40,9_142
여충구 마르코 신부 1971년 7월 7일 수품
아버지, 제 영을 당신 손에 맡기옵니다. 루카 23,46_143
연광흠 바오로 신부 2000년 2월 21일 수품
예수님께서 지니셨던 바로 그 마음을 여러분 안에 간직하십시오. 필리 2,5_145
유창연 사도 요한 신부 2007년 1월 24일 수품
당신들을 세상에 보내어 영원히 썩지 않는 열매를 맺으라고 명했습니다. 요한 15,16_146
유호식 아우구스티노 신부 1973년 12월 8일 수품
마음이 가난한 사람은 행복하다. 마태 5,3_147
윤세병 세례자 요한 신부 1977년 12월 8일 수품
사랑은 오래 참습니다. 1코린 13,4_148
이강우 알베르토 신부 2006월 1월 10일 수품
나에게 우리 주 예수 그리스도의 십자가밖에는 아무것도 자랑할 것이 없습니다. 갈라 6,14_151
이득규 바오로 신부 2004년 2월 3일 수품

너는 나를 사랑하느냐? 요한 21,17_152
이용수 대건 안드레아 신부 2011년 1월 12일 수품
오늘도 내일도 그다음 날도 내 길을 계속 가야 한다. 루카 13,33_153
이용호 바오로 신부 1996년 1월 23일 수품
죽음의 그늘진 골짜기를 간다 해도 당신 함께 계시오니 무서울 것 없나이다. 시편 23,4_156
이한영 마르코 신부 1982년 8월 23일 수품
행복하여라, 평화를 이루는 사람들! 마태 5,9_157
정재돈 바오로 신부 1991년 8월 6일 수품
이들도 우리처럼 하나가 되게 해 주십시오. 요한 17,11_159
최견우 사도 요한 신부 1997년 1월 21일 수품
가거라. 네가 믿은 대로 될 것이다. 마태 8,13_160
최병규 안드레아 신부 2009년 1월 14일 수품
와서 아침을 들어라. 요한 21,12_161
최상순 비오 신부 2002년 1월 29일 수품
나는 거닐리라 주님 앞에서, 생명의 지역에서 시편 116,9_163
한광석 마리요셉 신부 1998년 2월 3일 수품
가서 우리가 먹을 파스카 음식을 차려라. 루카 22,8_165
황인제 토마스 아퀴나스 신부 2011년 1월 12일 수품

인천교구

나는 길이요 진리요 생명이다. 요한 14,6_169
최기산 보니파시오 주교, 인천교구장 1975년 12월 6일 수품
그러나 필요한 것은 한 가지뿐이다. 루카 10,42_173
이학노 요셉 몬시뇰 1974년 12월 14일 수품
하느님은 사랑이십니다. 1요한 4,16_174
홍승모 미카엘 몬시뇰 1994년 6월 29일 수품
선생님은 살아 계신 하느님의 아들 그리스도이십니다. 마태 16,16_176
강성욱 스테파노 신부 2005년 12월 8일 수품
아버지, 아버지께서 제 안에 계시고 제가 아버지 안에 있습니다. 요한 17,21_177
김상인 필립보 신부 2008년 7월 11일 수품
다만 정의를 강물처럼 서로 위하는 마음 개울같이 넘쳐흐르게 하여라. 아모 5,24_179
김일회 빈첸시오 신부 1994년 2월 2일 수품
그리스도 예수께서 지니셨던 마음을 간직하십시오. 필리 2,5_180
김현수 토마스 신부 1990년 2월 2일 수품

행복하여라. 마음이 가난한 사람들! 하늘 나라가 그들의 것이니 마태 5,3_181
남상범 세례자 요한 신부 2008년 1월 9일 수품
내가 바라는 것은 그리스도를 알고 그리스도의 부활의 능력을 깨닫고 그리스도와 고난
을 같이 나누고 그리스도와 같이 죽는 것입니다. 필리 3,10_183
박창목 바르톨로메오 신부 1988년 2월 12일 수품
주님은 저의 목자시니, 제게 아쉬울 것이 없습니다. 시편 23,1_185
송용민 사도 요한 신부 1997년 6월 26일 수품
내 영혼아 주님을 찬미하여라. 그분께서 해 주신 일 하나도 잊지 마라. 시편 103,2_187
신일섭 아우구스티노 신부 2010년 1월 12일 수품
나는 세상의 빛이다. 요한 8,12 너희는 세상의 빛이다. 마태 5,14_188
양정환 대건 안드레아 신부 2011년 1월 11일 수품
우리는 하느님께 피어오르는 그리스도의 향기입니다. 2코린 2,15_189
이용권 베드로 신부 1989년 2월 3일 수품
나는 우리 주 예수 그리스도의 십자가 외에는 어떠한 것도 자랑하고 싶지 않습니다. 갈라 6,14_191
이윤하 노르베르토 신부 1984년 5월 5일 수품
내 아들아, 너의 마음을 나에게 다오. 너의 눈이 내 길을 즐겨 바라보게 하여라. 잠언 23,26_192
이재민 아피아 신부 2010년 1월 12일 수품
당신의 이름 깊이 그리워하여, 이 몸 당신 잊지 못하나이다. 이사 26,8_193
임현택 안드레아 신부 2001년 1월 9일 수품
비록 우리가 여럿이지만 모두 한 몸인 것입니다. 1코린 10,17_195
조성교 요한 크리소스토모 신부 1973년 12월 8일 수품
하느님은 사랑이십니다. 1요한 4,16_196
지성용 가브리엘 신부 2004년 7월 5일 수품
내가 세상을 이겼다. 요한 16,33_198
차동엽 노르베르토 신부 1991년 7월 10일 수품
행복하여라. 마음이 깨끗한 사람들! 그들은 하느님을 볼 것이다. 마태 5,8_199
한태경 바오로 신부 2011년 1월 11일 수품
주님이며 스승인 내가 너희의 발을 씻었으면, 너희도 서로 발을 씻어 주어야 한다. 요한 13,14_201
현상옥 스테파노 신부 1997년 1월 30일 수품

수원교구

주님, 내 눈을 열어 남들에게 요긴한 것이 무엇인지 보게 하시고, 내 귀를 열어 남들이 부르짖는
바를 듣게 하시고, 내 마음을 열어 남들을 돕게 하소서. 아시시의 프란치스코 성인_205
이용훈 마티아 주교, 수원교구장 1979년 3월 6일 수품

복음을 전하라! Ad Jesum Per Mariam!_209
변기영 베드로 몬시뇰 1971년 8월 27일 수품
완전한 사람이 되어라. 마태 5,48_210
김길민 크리스토포로 신부 1988년 2월 12일 수품
고생하고 무거운 짐을 진 너희는 모두 나에게 오너라. 마태 11,28_212
김대한 발레리오 신부 2010년 8월 20일 수품
너 어디 있느냐? 창세 3,9_214
김동진 다니엘 신부 2000년 1월 14일 수품
나를 당신의 도구로 써 주소서……. 프란치스코 성인의 평화의 기도_215
김영장 베네딕토 신부 1982년 2월 25일 수품
언제나 기뻐하십시오. 끊임없이 기도하십시오. 모든 일에 감사하십시오. 1테살 5,16-18_216
김정환 비오 신부 2010년 8월 20일 수품
무엇이든지 그가 시키는 대로 하여라. 요한 2,5_217
김태규 판크라시오 신부 2001년 1월 19일 수품
나에게 배워라. 나는 마음이 온유하고 겸손하다. 마태 11,29_218
김현 프란치스코 살레시오 신부 2005년 9월 9일 수품
여인이 제 젖먹이를 잊을 수 있느냐? 제 몸에서 난 아기를 가엾이 여기지 않을 수 있느냐? 설령 여인들은 잊는다 하여도 나는 너를 잊지 않는다. 이사 49,15_219
문석훈 베드로 신부 2008년 8월 22일 수품
너희는 언제나 내 사랑 안에 머물러 있어라. 요한 15,9_220
민영기 요셉 신부 1994년 1월 21일 수품
아버지의 뜻이 이루어지게 하십시오. 루카 22,42_221
박필범 야고보 신부 2006년 9월 15일 수품
아버지의 뜻이 하늘에서와 같이 땅에서도 이루어지게 하소서. 마태 6,10_222
박형주 안드레아 신부 2002년 1월 18일 수품
저는 멍텅구리, 알아듣지 못하였습니다. 저는 당신 앞에 한 마리 짐승이었습니다. 그러나 저는 늘 당신과 함께 있어 당신께서 제 오른손을 붙들어 주셨습니다. 당신의 뜻에 따라 저를 이끄시다가 훗날 저를 영광으로 받아들이시리이다. 시편 73,22-24_224
서상진 바오로 신부 1990년 11월 23일 수품
'저는 아이입니다' 하지 마라. 너는 내가 보내면 누구에게나 가야 하고……. 예레 1,7_225
서용운 미카엘 신부 2009월 8월 21일 수품
주님의 이름을 불렀고 영원히 부르오리다 Et nomen Domini invocalli. 시편 114_227
송영규 바오로 신부 1972년 12월 16일 수품
모든 이에게 모든 것이 1코린 15,28_228
송영오 베네딕토 신부 1992년 1월 28일 수품

저의 하느님, 저는 당신의 뜻을 즐겨 이룹니다. 제 가슴속에는 당신의 가르침이 새겨져
있습니다. 시편 40,9_230
안성노 은수자 바오로 신부 1992년 1월 28일 수품
내 양식은 나를 보내신 분의 뜻을 실천하고 그분의 일을 완수하는 것이다. 요한 4,34_231
안형노 야고보 신부 1994년 1월 21일 수품
친구들을 위하여 목숨을 내놓는 것보다 더 큰 사랑은 없다. 요한 15,13_232
유재훈 솔로몬 신부 2010년 8월 20일 수품
너희는 온 세상에 가서 모든 피조물에게 복음을 선포하여라. 마르 16,15_233
유희석 안드레아 신부 1993년 8월 20일 수품
와서 아침을 드시오. 요한 21,12_234
윤민열 스테파노 신부 2005년 9월 9일 수품
저희는 보잘것없는 종입니다. 그저 해야 할 일을 했을 따름입니다. 루카 17,10_235
이건복 바오로 신부 1995년 1월 20일 수품
그분께서는 끝까지 사랑하셨다. 요한 13,1_237
이건욱 클레멘스 신부 2009년 8월 21일 수품
너는 내 앞에서 살아가며 흠 없는 이가 되어라. 창세 17,1_238
이기수 요아킴 신부 1992년 1월 28일 수품
황혼에 머무른 사랑, 그 안에 머물고 싶어라._240
이대희 대건 안드레아 신부 1998년 1월 16일 수품
산들이 밀려나고 언덕들이 흔들린다 하여도 나의 자애는 너에게서 밀려나지 않고 내
평화의 계약은 흔들리지 아니하리라. 이사 54,10_242
이상각 프란치스코 하비에르 신부 1986년 1월 27일 수품
당신 말씀은 내 발의 등불이요, 나의 길에 빛이옵니다. 시편 119,105_244
전합수 가브리엘 신부 1992년 1월 28일 수품
처음과 같이 이제와 항상 영원히 아멘._245
전현수 마티아 신부 2010년 8월 20일 수품
아멘. 우리 하느님께 찬미와 영광과 지혜와 감사와 영예와 권능과 힘이 영원무궁하기
를 빕니다. 아멘. 묵시 7,12_246
정운택 안드레아 신부 1977년 12월 8일 수품
그가 아직도 멀리 떨어져 있을 때에 아버지가 그를 보고 가엾은 마음이 들었다. 루카 15,20_247
조성규 요한 보스코 신부 2009년 8월 21일 수품
아빠! 아버지! 제가 원하는 것을 하지 마시고 아버지께서 원하시는 것을 하십시오. 마르 14,36_248
조욱현 토마스 신부 1983년 7월 25일 수품
진리가 너희를 자유롭게 할 것이다. 요한 8,32_250
조한영 야고보 신부 1999년 1월 15일 수품

하느님은 사랑이십니다. 1요한 4,16_252
최재철 대건 안드레아 신부 1994년 1월 21일 수품
오늘도 내일도 그다음 날도 내 길을 계속 가야 한다. 루카 13,33_253
최진혁 세바스티아노 신부 1997년 1월 31일 수품
용기를 내어 일어서라. 그분이 너를 부르신다. 마르 10,49_255
한성기 마티아 신부 2003년 1월 17일 수품
내가 너를 지명하여 불렀으니 너는 내 사람이다. 이사 43,1_257
한승주 스테파노 신부 1990년 11월 23일 수품
그분은 커지셔야 하고 나는 작아져야 한다. 요한 3,30_258
허정현 세례자 요한 신부 1992년 1월 28일 수품
나에게는 그리스도가 생의 전부입니다. 필리 1,21_259
현재봉 베드로 신부 1997년 1월 31일 수품
당신은 나의 주님, 당신만이 나의 행복이십니다. 시편 16,2_260
황규현 보니파시오 신부 2003년 1월 17일 수품
당신께서 사랑하시는 아드님의 나라로. 콜로 1,13_261
황용구 안드레아 신부 2007년 8월 17일 수품
주님을 찾는 마음에 기쁨 있어라. 시편 105,3_262
황치헌 요셉 신부 1996년 1월 26일 수품

원주교구

항상 기뻐하라 Semper Gaudete. 1테살 5,16_265
김지석 야고보 주교, 원주교구장 1968년 6월 29일 수품
너희가 나를 뽑은 것이 아니라 내가 너희를 뽑아 세웠다. 요한 15,16_268
김한기 시몬 신부 1983년 2월 15일 수품
나는 길이요 진리요 생명이다. 나를 통하지 않고서는 아무도 아버지께 갈 수 없다. 요한 14,6_270
김현수 바오로 신부 1997년 2월 20일 수품
이제는 내가 사는 것이 아니라 그리스도께서 내 안에 사시는 것입니다. 갈라 2,20_272
박용식 시몬 신부 1979년 3월 6일 수품
당신은 나의 주님, 내 좋은 것, 당신밖에 또 없나이다. 시편 16,2_274
박호영 베네딕토 신부 1978년 5월 18일 수품
내게 주신 모든 은혜 무엇으로 주님께 갚사오리. 시편 116,12_275
박홍표 바오로 신부 1988년 2월 12일 수품
복되어라, 거룩히 기뻐할 줄 아는 백성은. 주여, 당신 얼굴의 빛 속에 걸으리다. 시편 88,16_276
신동민 베드로 신부 1991년 1월 16일 수품

언제나 기뻐하십시오. 끊임없이 기도하십시오. 모든 일에 감사하십시오. 이것이 그리스도
예수님 안에서 살아가는 여러분에게 바라시는 하느님의 뜻입니다. 1테살 5,16-18_278
심상은 베네딕토 신부 2009년 8월 21일 수품
그리스도 예수님께서 지니셨던 바로 그 마음을 여러분 안에 간직하십시오. 필리 2,5_280
이동훈 프란치스코 신부 1998년 2월 17일 수품
내가 사는 것이 아니라 그리스도께서 내 안에 사시는 것입니다. 갈라 2,20_282
이희선 세레자 요한 신부 2010년 8월 18일 수품
내 뜻대로 마시고 당신 뜻대로 하소서. 마르 14,36_283
정의준 요셉 신부 1993년 2월 23일 수품
행복하여라. 마음이 가난한 사람들! 하늘나라가 그들의 것이다. 마태 5,3_284
정인준 파트리치오 신부 1976년 12월 7일 수품
사랑하는 이는 모두 하느님에게서 태어났으며 하느님을 압니다. 1요한 4,7_286
조규정 알렉산델 신부 1982년 8월 24일 수품
나에게는 그리스도가 생의 전부입니다. 필리 1,21_287
최재도 바오로 신부 2009년 8월 21일 수품
주님 안에서 늘 기뻐하십시오. 거듭 말합니다. 기뻐하십시오. 필리 4,4_288
홍량표 펠릭스 신부 1982년 3월 10일 수품

의정부교구

주님, 저희가 누구에게 가겠습니까? 주님께는 영원한 생명의 말씀이 있습니다. 요한 6,68_291
강신모 프란치스코 신부 1994년 수품
주님, 주님께서 영원한 생명을 주는 말씀을 가지셨는데 우리가 주님을 두고 누구를 찾
아가겠습니까? 요한 6,68_293
김경진 베드로 신부 2000년 수품
그러나 필요한 것은 한 가지뿐이다. 루카 10,42_295
김규봉 가브리엘 신부 1998년 7월 3일 수품
나다, 두려워하지 마라. 요한 6,20_298
김영남 다미아노 신부 1983년 4월 15일 수품
주님께서 쓰시겠답니다. 루카 19,31_300
김유철 요한 보스코 신부 1995년 7월 5일 수품
그러니 네가 돌아오거든 네 형제들의 힘을 북돋아 주어라. 루카 22,32_301
도현우 안토니오 신부 1997년 수품
나에게는 그리스도가 생의 전부입니다. 필리 1,21_303
서춘배 아우구스티노 신부 1986년 2월 21일 수품

너희가 나를 택한 것이 아니라 내가 너희를 택하여 내세운 것이다. 그러니 너희는 세상에 나가 언제까지나 썩지 않을 열매를 맺어라. 요한 15,16_305
이범주 사도 요한 신부 1999년 7월 7일 수품
우리가 지금은 거울에 비친 모습처럼 어렴풋이 보지만 그때에는 얼굴과 얼굴을 마주 볼 것입니다. 1코린 13,12_306
이원희 사도 요한 신부 1998년 7월 3일 수품
내가 너희를 사랑한 것처럼, 너희도 서로 사랑하여라. 요한 13,34_307
이진원 십자가의 바오로 신부 2002년 7월 5일 수품
얘야! 번제물로 드릴 어린양은 하느님께서 손수 마련하신단다. 창세 22,8_309
정석현 베드로 신부 2001년 7월 5일 수품
오직 하나 주께 빌어 얻고자 하는 것은 한평생 주님의 집에 산다는 그것. 시편 27,4_310
조성호 라우렌시오 신부 2000년 12월 13일 수품
나는 진리를 증언하려고 태어났으며, 진리를 증언하려고 세상에 왔다. 요한 18,37_311
조해인 바오로 신부 1994년 7월 13일 수품
주여, 당신은 어려서부터 나의 희망이외다. 시편 71,5_313
최성우 세례자 요한 신부 1994년 수품

 대구관구

대구대교구

주님이 얼마나 좋으신지 너희는 보고 맛들여라. 시편 34,9_319
조환길 타대오 대주교, 대구대교구장 1981년 3월 19일 수품
우리 주 예수 그리스도의 복음과 연결이 없는 나는 아무것도 아니옵니다._322
강택규 예로니모 신부 1973년 6월 29일 수품
그리스도께서 여러분 안에 모습을 갖추실 때까지 나는 다시 산고를 겪고 있습니다. 갈라 4,19_323
곽재진 베드로 신부 1992년 6월 29일 수품
그분은 더욱 커지셔야 하고 저는 작아져야 합니다. 요한 3,30_324
김교산 알체리오 신부 1998년 8월 25일 수품
너는 내 아들, 나 오늘 너를 낳았노라. 시편 2,7_325
김민수 레오 신부 2007년 6월 29일 수품
나는 착한 목자다. 착한 목자는 양들을 위하여 자기 목숨을 내놓는다. 요한 10,11_327
김민철 다니엘 신부 2005년 6월 29일 수품

나는 네가 믿음을 잃지 않도록 기도하였다. 그러니 네가 나에게 다시 돌아오거든 형제들에게 힘이 되어다오. 루카 22,32_328
김준년 베드로 신부 1991년 3월 19일 수품
이 잔을 마태 20,22_329
김지현 요한 신부 2002년 수품
주님이며 스승인 내가 너희의 발을 씻었으면, 너희도 서로 발을 씻어 주어야 한다. 요한 13,14_331
김태완 안드레아 신부 2010년 6월 24일 수품
제가 당신을 잘 앎으로써 항상 당신 눈에 들게 해 주십시오. 탈출 33,13_332
박덕수 스테파노 신부 1991년 6월 28일 수품
보라, 나는 너를 내 손바닥에 새겼다. 이사 49,16_333
박비오 비오 신부 1998년 8월 25일 수품
제 한평생 당신을 찬미하고 당신 이름 부르며 저의 두 손 들어 올리오리다. 시편 63,5_335
박성대 세례자 요한 신부 1974년 7월 5일 수품
저희는 쓸모없는 종입니다. 해야 할 일을 하였을 뿐입니다. 루카 17,10_336
박영일 바오로 신부 1990년 6월 29일 수품
당신도 가서 그렇게 하시오. 루카 10,37_337
박준용 유스티노 신부 2006년 6월 29일 수품
회개하시오. 하늘나라가 다가왔습니다. 마태 4,17_338
배상희 마르첼리노 신부 1999년 수품
사람의 아들은 섬김을 받으러 온 것이 아니라 섬기러 왔다. 마태 20,28_340
백명흠 바오로 신부 1991년 6월 28일 수품
끝까지 사랑하셨다. 요한 13,2_341
손현기 모세 신부 2002년 6월 24일 수품
나는 길이요 진리요 생명이다. 요한 14,6_342
연상모 루카 신부 2007년 6월 29일 수품
나는 마음이 온유하고 겸손하니 마태 11,29_343
오영재 요셉 신부 2010년 6월 24일 수품
주님을 위한 노력은 결코 헛되지 않다는 것을 명심하십시오. 1코린 15,58_344
이강재 요셉 신부 2002년 1월 21일 수품
제 영광과 기쁨은 바로 여러분! 1테살 2,20_345
이상재 가스토르 신부 1996년 수품
저분은 주님이십니다. 요한 21,7_347
이성구 요한 신부 1989년 6월 29일 수품
임을 따라 달음질치고 싶어라. 아가 1,4_349
이성진 요아킴 신부 1991년 6월 28일 수품

물 위로 걸어오라고 하십시오. 마태 14,28_350
이압돈 압돈 신부 2002년 6월 24일 수품
모든 이에게 모든 것이 되었습니다. 1코린 9,22_351
이지운 시몬 신부 2007년 6월 29일 수품
나는 너희를 친구라 불렀다. 요한 15,15_352
이지훈 안드레아 신부 2009년 6월 24일 수품
진리가 너희를 자유롭게 할 것이다. 요한 8,32_354
이태우 프란치스코 신부 1998년 8월 25일 수품
하느님의 은총으로 지금의 내가 되었습니다. 1코린 15,10_356
장병배 베드로 신부 1988년 6월 30일 수품
그런데도 예수님께서는 고물에서 베개를 베고 주무시고 계셨다. 마르 4,38_358
정성우 바오로 신부 1978년 7월 5일 수품
나에게는 그리스도가 생의 전부입니다. 필리 1,21_359
정재성 사도 요한 신부 2000년 6월 29일 수품
사람이 무엇이기에 이토록 생각해 주시며 사람이 무엇이기에 이토록 보살펴 주시나이까? 시편 8,5_361
채홍락 시몬 신부 2000년 6월 29일 수품
나에게는 그리스도가 생의 전부입니다. 필리 1,21_363
최재영 시몬 신부 1988년 6월 30일 수품
사랑이 없으면 나는 아무것도 아닙니다. 코린 13,2_364
하상범 바르나바 신부 1995년 6월 23일 수품
일하지 않는 사람은 먹지도 마십시오. 2테살 3,10_365
한창현 요셉 신부 2001년 6월 29일 수품
두려워마라. 내가 네 곁에 있다. 내가 네 힘이 되어 준다. 이사 41,10_366
허광철 요셉 신부 1999년 11월 30일 수품

부산교구

이 몸을 주님의 것이라 불러 주셨음에 감사드립니다. 그리스도 하느님의 힘 1코린 1,24_369
황철수 바오로 주교, 부산교구장 1983년 2월 5일 수품
마리아를 통해 예수님께로_372
하 안토니오 몬시뇰 1958년 4월 27일 수품
주님께 받은 은혜 나 무엇으로 갚사오리. 시편 116,12_374
강영돈 라우렌시오 신부 1975년 7월 5일 수품
여러분은 모두 겸손의 옷을 입고 서로 섬기십시오. 1베드 5,5_375
강지원 토마스 아퀴나스 신부 2000년 1월 28일 수품

우리는 하느님께 바치는 그리스도의 향기입니다. 2코린 2,15_377
고원일 안드레아 신부 1999년 1월 30일 수품
서로 사랑합시다. 사랑은 하느님에게서 오는 것이기 때문입니다. 사랑하는 이는 모두 하느님에게서 태어났으며 하느님을 압니다. 1요한 4,7_378
곽용승 요셉 신부 1998년 2월 7일 수품
사람의 아들은 섬김을 받으러 온 것이 아니라 섬기러 왔고, 또 많은 이들의 몸값으로 자기 목숨을 바치러 왔다. 마르 10,45_379
권지호 프란치스코 신부 1977년 12월 22일 수품
너는 눈에 넣어도 아프지 않을 나의 귀염둥이, 나의 사랑이다. 이사 43,4_380
김경욱 사도 요한 신부 1993년 2월 6일 수품
사랑하는 사람은 누구나 하느님께로부터 났으며 하느님을 압니다. 1요한 4,7_382
김계춘 도미니코 신부 1960년 3월 21일 수품
가서 당신도 그렇게 행하시오. 루카 10,37_384
김두유 세례자 요한 신부 2000년 1월 28일 수품
그분은 갈수록 커지셔야 하고 나는 갈수록 작아져야 한다. 요한 3,30_385
김상호 세례자 요한 신부 1980년 2월 9일 수품
아버지, 제 뜻대로 마시고 아버지의 뜻대로 하소서. 마르 14,36_386
김승주 요한 크리소스토모 신부 1979년 6월 9일 수품
나는 아무에게도 매이지 않은 자유인이지만, 되도록 많은 사람을 얻으려고 스스로 모든 사람의 종이 되었습니다. 1코린 9,19_387
김윤근 베드로 신부 1977년 12월 22일 수품
주님 빛으로 빛을 보옵니다. 시편 36,10_388
김윤태 루카 신부 1995년 2월 4일 수품
너도 가서 그렇게 하여라. 루카 10,37_390
김정렬 모세 신부 1995년 2월 4일 수품
나더러 '주님, 주님!' 하고 부른다고 다 하늘 나라에 들어가는 것이 아니다. 하늘에 계신 내 아버지의 뜻을 실천하는 사람이라야 들어간다. 마태 7,21_392
김종엽 바르나바 신부 1996년 2월 3일 수품
당신께 제 영혼을 들어 올리니, 주님, 당신 종의 영혼을 기쁘게 하소서. 시편 86,4_393
김창석 요셉 신부 2010년 12월 29일 수품
사람이 무엇이기에 이토록 생각해 주시며 사람이 무엇이기에 이토록 보살펴 주십니까. 시편 8,5_394
김현일 예로니모 신부 1996년 2월 3일 수품
아버지, 진리를 위하여 몸을 바치는 사람이 되게 하여 주십시오. 요한 17,17_395
노우재 미카엘 신부 1998년 2월 7일 수품

고생하며 무거운 짐을 진 너희는 모두 나에게 오너라. 내가 너희에게 안식을 주겠다.
마태 11,28_396
박상대 마르코 신부 1988년 2월 6일 수품
그를 통하여 주님의 뜻이 이루어지리라. 이사 53,10_398
박용조 프란치스코 신부 1984년 5월 5일 수품
하느님의 보다 큰 영광을 위하여 Ad Majorem Dei Gloriam_399
박재구 시몬 신부 1989년 1월 28일 수품
내가 있다는 놀라움, 하신 일의 놀라움, 이 모든 신비들, 그저 당신께 감사합니다. 시편 139,14_400
방삼민 가스발 신부 1992년 2월 1일 수품
너는 나를 사랑하느냐? 요한 21,16_401
서강진 스테파노 신부 1997년 2월 1일 수품
진리가 너희를 자유롭게 하리라. 요한 8,32_402
석찬귀 스테파노 신부 1979년 1월 21일 수품
저는 쓸모없는 종입니다. 루카 17,10_403
손영배 미카엘 신부 2006년 12월 29일 수품
인간이 무엇이옵니까? 당신께서 기억해 주시다니! 사람의 아들이 무엇이옵니까? 당신께서 돌보아 주시다니! 시편 8,5_404
안형준 마르첼리노 신부 2003년 12월 27일 수품
너희는 좁은 문으로 들어가도록 힘써라. 루카 13,24_405
엄열 베드로 신부 2010년 12월 29일 수품
항상 기뻐하십시오. 늘 기도하십시오. 어떤 처지에서든지 감사하십시오. 1테살 5,16-18_406
염봉덕 프란치스코 하비에르 신부 1977년 12월 22일 수품
이 사람들이 진리를 위하여 몸을 바치는 사람들이 되게 하여 주십시오. 요한 17,17_408
윤명기 요한 깐시오 신부 1991년 2월 2일 수품
사랑이 없으면 나는 아무것도 아닙니다. 1코린 13,2_409
윤용선 바오로 신부 1988년 2월 6일 수품
예수 그리스도여, 나는 당신의 살과 피를 만들어야 할 사람이며 바로 당신 그리스도가 되어야 할 사람이니, 예수여 나를 위하여 예수가 되어 주소서._410
이병주 시몬 신부 1987년 1월 24일 수품
나는 내 양들을 위하여 목숨을 바칩니다. 요한 10,15_412
이시찬 다니엘 신부 1974년 7월 5일 수품
얘야, 너는 늘 나와 함께 있고 내 것이 모두 네 것이 아니냐? 루카 15,31_413
이영창 스테파노 신부 2001년 12월 28일 수품
이 몸은 주님의 종입니다. 루카 1,38_414
임석수 바오로 신부 1990년 2월 3일 수품

오늘도 내일도 그다음 날도 내 길을 계속 가야 한다. 루카 13,33_416
임성근 판탈레온 신부 2010년 12월 29일 수품
하느님은 사랑이십니다. 1요한 4,16_417
전동기 유스티노 신부 1991년 2월 2일 수품
무슨 일을 하든지 하느님께 여쭤어라. 그가 네 앞길을 곧바로 열어 주시리라. 잠언 3,6_419
전재현 테오도로 신부 2008년 12월 19일 수품
손을 뻗어라. 마르 3,5_420
정철용 안드레아 신부 2010년 12월 29일 수품
나에게는 그리스도가 생의 전부입니다. 필리 1,21_421
정호 빈첸시오 신부 2001년 2월 1일 수품
밀알 하나가 땅에 떨어져 죽지 않으면 한 알 그대로 남고 죽으면 많은 열매를 맺는다. 요한 12,24_424
조옥진 베드로 신부 1977년 12월 22일 수품
그분께서 우리에게 마음의 기쁨을 주시고, 우리 시대에 평화가 깃들게 해 주시길! 집회 50,23_425
주영돈 토마스 신부 1994년 2월 5일 수품

청주교구

사랑은 모든 것을 덮어 주고 모든 것을 믿으며 모든 것을 바라고 모든 것을 견디어 냅니다. 1코린 13,7_429
장봉훈 가브리엘 주교, 청주교구장 1976년 5월 3일 수품
하느님은 사랑이시다. 1요한 4,16_432
김남오 알로이시오 신부 1989년 6월 29일 수품
하느님의 사랑을 받는 사람아, 안심하여라. 두려워 말고 힘을 내어라. 힘을 내어라. 다니 10,19_433
김웅열 토마스 아퀴나스 신부 1983년 5월 14일 수품
일어나, 가시오! 요한 8,11_434
김태원 요셉 신부 2001년 1월 29일 수품
오늘도 내일도 그다음 날도 내 길을 계속 가야 한다. 루카 13,33_435
박용근 베드로 신부 1992년 6월 29일 수품
평화가 너희와 함께 요한 20,21_436
송열섭 가시미로 신부 1977년 12월 22일 수품
그는 부러진 갈대를 꺾지 않고 꺼져 가는 심지를 끄지 않으리니, 성실하게 공정을 펴리라. 이사 42,3_438
안철민 아브라함 신부 2000년 1월 28일 수품
주는 나의 힘 나의 노래 이사 12,2_440
양윤성 다윗 신부 1994년 6월 27일 수품

나는 그리스도 예수님 안에서 하느님을 위하여 일하는 것을 자랑으로 여깁니다. 로마 15,17_442
윤병훈 베드로 신부 1983년 1월 26일 수품
밀알 하나가 땅에 떨어져 죽지 않으면 한 알 그대로 남고, 죽으면 많은 열매를 맺는다.
요한 12,24_444
이경호 베드로 신부 2003년 1월 24일 수품
하느님께서는 지혜로운 자들을 부끄럽게 하시려고 이 세상의 어리석은 것을 선택하셨습니다. 그리고 하느님께서는 강한 것을 부끄럽게 하시려고 이 세상의 약한 것을 선택하셨습니다. 1코린 1,27_446
장병철 바오로 신부 1995년 6월 23일 수품
주님, 아침에는 당신의 사랑을, 밤에는 당신의 진실을 알림이 얼마나 좋으니이까! 시편 92,3_447
장인산 베르나르도 신부 1979년 6월 15일 수품
성령께서 맺어 주시는 열매는 사랑, 기쁨, 평화, 인내, 친절, 선행, 진실, 온유, 그리고 절제입니다. 갈라 5,22-23_449
장홍훈 세르지오 신부 1993년 6월 29일 수품
지금은 내가 하자는 대로 하여라. 마태 3,15_451
최광조 프란치스코 신부 1991년 6월 29일 수품
너는 멜기세덱의 품위를 따라 영원한 사제이니라. 시편 110,4_453
최법관 베드로 신부 2003년 1월 24일 수품

마산교구

저는 주님의 자애를 영원히 노래하오리다. 시편 89(88),2_457
박정일 미카엘 주교 1958년 11월 23일 수품
내가 세상 끝 날까지 언제나 너희와 함께 있겠다. 마태 28,20_458
강윤철 요한 보스코 신부 1979년 12월 29일 수품
말씀이 사람이 되시어 우리 가운데 계시도다. 요한 1,14_460
김정훈 라파엘 신부 1998년 1월 20일 수품
아버지, 아버지의 영광을 드러내소서. 요한 12,28_461
박창균 시메온 신부 1985년 1월 28일 수품
나는 착한 목자이다. 나는 내 양들을 알고 내 양들도 나를 안다. 요한 10,14_463
이은진 도미니코 신부 1981년 2월 2일 수품
너희가 나를 뽑은 것이 아니라 내가 너희를 뽑아 세웠다. 요한 15,16_465
이정근 요한 신부 1999년 1월 28일 수품
하느님은 사랑이십니다. 1요한 4,16_467
이흥우 베네딕토 신부 2004년 1월 13일 수품

당신 자신을 낮추셔서 죽기까지, 아니, 십자가에 달려 죽기까지 순종하셨습니다. 필리 2,8_469
정중규 클라로 신부 1976년 5월 3일 수품
지금까지 하느님을 본 사람은 없습니다. 그러나 우리가 서로 사랑하면 하느님께서 우리 안에 머무르시고, 그분 사랑이 우리에게서 완성됩니다. 1요한 4,12_470
조영희 아니니아 신부 1975년 12월 8일 수품
그리스도와 함께 죽었으니, 이제 그리스도와 함께 삽니다. 로마 6,1-14_471
차광호 파스칼 신부 1987년 6월 28일 수품
내가 너희를 사랑한 것처럼 너희도 서로 사랑하여라. 요한 15,12_473
최봉원 야고보 신부 1977년 12월 28일 수품
누가 감히 우리를 그리스도의 사랑에서 떼어 놓을 수 있겠습니까? 로마 8,35_475
황병석 파스칼 신부 1991년 7월 1일 수품
예수님께서 베드로에게 말씀하셨다. "나는 너의 믿음이 꺼지지 않도록 너를 위하여 기도하였다." 루카 22,32_477
황봉철 베드로 신부 1980년 6월 27일 수품

안동교구

언제나 기뻐하십시오. 끊임없이 기도하십시오. 모든 일에 감사하십시오. 1테살 5,16-18_483
권혁주 요한 크리소스토모 주교, 안동교구장 1983년 1월 26일 수품
눈물로 씨 뿌리는 이들 환호하며 거두리라. 시편 126,5_484
김상진 아우구스티노 신부 1982년 1월 23일 수품
네가 나를 정말 사랑하느냐? 요한 21,16_485
김원현 베드로 신부 2000년 6월 29일 수품
하나가 되게 해 주십시오. 요한 17,11_486
김진조 베드로 신부 2002년 7월 5일 수품
힘을 내시오, 내가 세상을 이겼습니다. 요한 16,33_488
손성문 사도 요한 신부 2005년 7월 3일 수품
누가 감히 우리를 그리스도의 사랑에서 떼어 놓을 수 있겠습니까. 로마 8,35_490
신대원 요셉 신부 1990년 7월 1일 수품
나에게는 그리스도가 생의 전부입니다. 필리 1,21_492
안상기 미카엘 신부 1988년 6월 29일 수품
행복하여라, 마음이 가난한 사람들! 하늘 나라가 그들의 것이다. 마태 5,3_494
윤성규 바오로 신부 2013년 12월 29일 수품
진리가 너희를 자유롭게 할 것이다. 요한 8,32_496
이준건 막시밀리아노 마리아 콜베 신부 1988년 7월 5일 수품

살아 있는 돌로서 영적 집을 짓는 데에 쓰이도록 하십시오. 1베드 2,5_498
정도영 베드로 신부 2000년 6월 29일 수품
당신은(스승님은) 그리스도이십니다. 마르 8,29_500
정일 가브리엘 신부 1982년 1월 23일 수품
너희는 마음을 다하고 목숨을 다하고 힘을 다하여 주 너희 하느님을 사랑해야 한다. 신명 6,5_501
차호철 세례자 요한 신부 1994년 8월 14일 수품

✠ 광주관구 및 군종교구

광주대교구

그리스도의 평화_507
윤공희 빅토리노 대주교 1950년 3월 20일 수품
겸허한 기도와 성실한 노력으로 주께 의탁하오니, 나의 힘, 나의 방패 야훼시여 시편 28,7 한평생 당신 은총 속에 머물게 하소서. 시편 27,4_508
김희중 히지노 대주교, 광주대교구장 1975년 7월 5일 수품
하느님을 사랑하는 이들, 그분의 계획에 따라 부르심을 받은 이들에게는 모든 것이 함께 작용하여 선을 이룬다는 것을 우리는 압니다. 로마 8,28_511
김계홍 크리소스토모 신부 1988년 1월 19일 수품
예수께서 대답하셨다. "그렇다. '너희는 사람의 아들이 전능하신 분의 오른쪽에 앉아 있는 것과 하늘의 구름을 타고 오는 것을 볼 것이다.'" 마르 14,62_513
김형수 비오 신부 1976년 12월 16일 수품
사람의 아들은 섬김을 받으러 온 것이 아니라 섬기러 왔다. 마태 20,28_514
노성기 루보 신부 1993년 2월 4일 수품
그곳을 떠나 한적한 곳으로 가셨다. 루카 4,42_516
박공식 보나벤투라 신부 2000년 1월 25일 수품
나에게는 우리 주 예수 그리스도의 십자가밖에는 아무것도 자랑할 것이 없습니다. 갈라 6,14_518
박병철 세바스티아노 신부 2001년 2월 7일 수품
나는 착한 목자다. 나는 내 양들을 알고 내 양들은 나를 안다. 요한 10,14_520
송종의 야고보 신부 1977년 7월 5일 수품
이 몸은 주님의 종입니다. 지금 말씀대로 저에게 이루어지길 바랍니다. 루카 1,38_522
신영철 베드로 신부 2000년 1월 25일 수품

여러분은 그리스도 예수께서 지니셨던 마음을 여러분의 마음으로 간직하십시오. 필리 2,5_524
유기종 요셉 신부 1995년 1월 25일 수품
시몬아, 너는 나를 사랑하느냐? 요한 21,16_525
윤영남 시몬 신부 1992년 1월 28일 수품
보십시오, 이 아기는 이스라엘에서 많은 사람을 쓰러지게도 하고 일어나게도 하며, 또 반대를 받는 표징이 되도록 정해졌습니다. 그리하여 당신의 영혼이 칼에 꿰찔리는 가운데, 많은 사람의 마음속 생각이 드러날 것입니다. 루카 2,34-35_526
이영선 골룸바노 신부 1993년 2월 4일 수품
예, 주님! 저는 온갖 신뢰 속에 주님과 함께 성실하게 걸어가겠습니다. 주님께서는 길이요 진리요 생명이시기 때문입니다. 요한 14,6 참고_528
이영헌 마리오 신부 1979년 4월 28일 수품
목자는 자기 양들의 이름을 하나하나 불러 밖으로 데리고 나간다. 요한 10,3_530
이재술 마르코 신부 1989년 1월 20일 수품
너희는 언제나 내 사랑 안에 머물러 있어라. 요한 15,9_532
조영대 프란치스코 신부 1991년 1월 22일 수품
사랑으로 서로 종이 되십시오. 갈라 5,13_534
조일도 스테파노 신부 1997년 1월 21일 수품
보십시오, 저는 주님의 종입니다. 말씀하신 대로 저에게 이루어지기를 바랍니다. 루카 1,38_536
최길주 요셉 신부 2001년 2월 7일 수품
내게 주신 모든 은혜 무엇으로 주님께 갚사오리. 시편 116,12_537
황양주 안토니오 신부 1987년 1월 22일 수품

전주교구

그는 상한 갈대도 꺾지 않고 꺼져 가는 심지도 끄지 않으리라. 마태 12,20_541
이병호 빈첸시오 주교, 전주교구장 1969년 12월 15일 수품
내가 너와 함께 있겠다. 탈출 3,12_544
경규봉 가브리엘 신부 1983년 1월 26일 수품
당신 눈동자처럼 저를 보호하소서. 당신 날개 그늘에 저를 숨겨 주소서. 시편 17,8_545
김기곤 프란치스꼬(아시시) 신부 1985년 1월 28일 수품
언제나 기뻐하십시오. 끊임없이 기도하십시오. 모든 일에 감사하십시오. 1테살 5,16-18_546
김봉술 아우구스티노 신부 1993년 2월 2일 수품
아버지, 이 사람들이 모두 하나가 되게 하여 주십시오. 요한 17,21_548
김영신 바오로 신부 1969년 12월 15일 수품

나는 착한 목자이다. 요한 10,11_550
김용태 베네딕토 신부 1971년 7월 5일 수품
너희는 남에게서 바라는 대로 남에게 해 주어라. 마태 7,12_551
김정현 암브로시오 신부 1999년 2월 2일 수품
맑고 고운 당신의 길, 노래하며 걸으오리라. 시편 100_553
김준호 십자가의 바오로 신부 1977년 7월 5일 수품
서로 사랑하여라. 요한 13,34_554
김지광 요한 보스코 신부 2011년 1월 13일 수품
주님은 나의 목자 아쉬울 것 없노라. 시편 23,1_555
김진철 빈첸시오 신부 1991년 1월 22일 수품
당신 말씀은 제 발에 등불, 저의 길에 빛입니다. 시편 119,105_556
김진화 마태오 신부 1988년 1월 20일 수품
그저 신자들을 사랑하면 돼._557
김창신 아우구스티노 신부 1999년 2월 2일 수품
내게 주신 모든 은혜 무엇으로 갚사오리. 구원의 잔 받들고서 주님의 이름을 부르리다. 시편 116,12-13_559
나춘성 스테파노 신부 1983년 1월 26일 수품
언제나 기뻐하십시오. 끊임없이 기도하십시오. 모든 일에 감사하십시오. 1테살 5,16-18_560
문선구 비오 신부 1988년 1월 20일 수품
기뻐하는 사람이 있으면 함께 기뻐해 주고 우는 사람이 있으면 함께 울어 주십시오. 로마 12,15_561
박종근 안드레아 신부 1974년 7월 3일 수품
하느님, 깨끗한 마음을 새로 지어 주시고 꿋꿋한 뜻을 새로 세워 주소서. 시편 51,10_562
방의성 베드로 신부 1984년 11월 19일 수품
내가 너희를 사랑한 것처럼 너희도 서로 사랑하여라. 요한 13,34_563
백승운 비오 신부 2000년 1월 20일 수품
진리가 너희를 자유롭게 하리라. 요한 8,32_565
서석희 요셉 신부 1992년 1월 28일 수품
내 안에 머물러라. 나도 너희 안에 머무르겠다. 요한 15,4_567
송광섭 클레멘스 신부 2010년 1월 14일 수품
언제나 기뻐하십시오. 끊임없이 기도하십시오. 모든 일에 감사하십시오. 1테살 5,16-18_570
이사정 라파엘 신부 1989년 1월 20일 수품
내게 주신 모든 은혜 무엇으로 주님께 갚사오리. 구원의 잔 받들고서 나의 서원을 채워 드리리라. 시편 116,12-13_572
이상섭 모이세 신부 1979년 1월 30일 수품
나를 따라오너라. 마태 4,19_573
이상용 야고보 신부 1996년 2월 2일 수품

주님께서 나를 도와주는 분이시니 나는 두려워하지 않으리라. 히브 13,6_574
이정현 루카 신부 2010년 1월 14일 수품
사는 길을 그에게 배우고 그의 길을 따라가자. 이사 2,3_576
장상원 안드레아 신부 1993년 2월 2일 수품
떠나라. 루카 10,3_578
전우진 안토니오 신부 2000년 1월 20일 수품
사람을 살리는 사제가 되겠습니다._579
정광철 마르첼리노 신부 2008년 1월 17일 수품
나는 세상 끝 날까지 항상 너희와 함께 있겠다. 마태 28,20_581
조정오 요셉 신부 1977년 12월 27일 수품

제주교구

늘 깨어 기도하여라. 루카 21,36_585
고병수 요한 신부 1993년 2월 6일 수품
생명의 말씀을 굳게 지키십시오. 그래야 내가 달음질치며 수고한 것이 헛되지 않게 되고 그리스도의 날에 그것을 자랑할 수 있을 것입니다. 필리 2,16_587
고승헌 마르코 신부 1976년 5월 15일 수품
당신 말씀은 제 발에 등불, 저의 길에 빛입니다. 시편 119,105_589
김석주 베드로 신부 1995년 2월 4일 수품
이 희망은 우리를 실망시키지 않습니다. 로마 5,5_591
신동화 대건 안드레아 신부 2010년 12월 29일 수품
나는…… 많은 사람을 얻으려고 스스로 모든 사람의 종이 되었습니다. 1코린 9,19_592
이대원 미카엘 신부 1975년 7월 5일 수품
너희가 회개하여 어린이처럼 되지 않으면 결코 하늘 나라에 들어가지 못한다. 마태 18,3 주님 안에서 늘 기뻐하십시오. 필리 4,4_593
이시우 안드레아 신부 1991년 1월 26일 수품
너는 내가 보내면 누구에게나 가야 하고 내가 명령하는 것이면 무엇이나 말해야 한다. 예레 1,7_594
허찬란 임마누엘 신부 1998년 1월 24일 수품
너희가 거저 받았으니 거저 주어라. 마태 10,8_596
현문권 토마스 아퀴나스 신부 1997년 1월 25일 수품
나는 그리스도 때문에 모든 것을 잃었지만 그것들을 쓰레기로 여깁니다. 내가 그리스도를 얻고 그분 안에 있으려는 것입니다. 필리 3,8-9_598
현요안 사도 요한 신부 1997년 1월 25일 수품

군종교구

암사슴이 시냇물을 그리워하듯 내 영혼 하느님을 그리나이다. 시편 42,2_601
유수일 프란치스코 하비에르 주교, 군종교구장 1980년 2월 25일 수품
모든 이에게 모든 것이 되었습니다. 1코린 9,22_605
김주형 히지노 신부 2011년 1월 13일 수품
힘을 내어 어서 일어나시오. 그분이 당신을 부르십니다. 마르 10,49_606
류한빈 안드레아 신부 2004년 7월 4일 수품
나의 하느님께서 힘이 되어 주시면 못 넘을 담이 없사옵니다. 시편 18,29_608
박윤배 니콜라오 신부 2003년 7월 4일 수품
내가 있다는 놀라움, 하신 일의 놀라움, 이 모든 신비들, 그저 당신께 감사합니다. 시편 139,14_610
서상범 디도 신부 1988년 2월 12일 수품
보십시오, 저는 주님의 종입니다. 루카 1,38_613
손해락 멜키올 신부 2003년 1월 9일 수품
하느님께서는 우리 안에서 힘차게 활동하시면서 우리가 바라거나 생각하는 것보다 훨씬 더 풍성하게 베풀어 주실 수 있는 분이십니다. 에페 3,20_615
이종덕 가밀로 신부 2001년 1월 19일 수품
두려워하지 마라. 마태 10,31 내가 너와 함께 있겠다. 이것이 내가 너를 보냈다는 표징이 될 것이다. 탈출 3,12_617
주용민 리노 신부 1999년 1월 28일 수품
나는 죽지 않으리라. 살아 보리라. 주님의 장하신 일을 이야기하고저. 시편 117,17_619
현광섭 프란치스코 신부 1993년 8월 25일 수품

선교회와 수도회

주님의 영이 내 위에 내리셨다. 주님께서 나를 보내시어 가난한 이들에게 기쁜 소식을 전하고……. 루카 4,18_623
마요안 요한 신부 (과달루페 외방 선교회) 1982년 2월 20일 수품
가거라. 그는 다른 민족들과 임금들과 이스라엘 자손들에게 내 이름을 알리도록 내가 선택한 그릇이다. 사도 9,15_624
원헥톨 헥토르 신부 (과달루페 외방 선교회) 1965년 8월 15일 수품
이 몸은 주님의 종입니다. 지금 말씀대로 저에게 이루어지기를 바랍니다. 루카 1,38_625
고승범 사도 요한 신부 (그리스도의 레지오 수도회) 2010년 12월 24일 수품

일어나 저 큰 성읍 니네베로 가서, 내가 너에게 이르는 말을 그 성읍에 외쳐라. 요나 3,2_626
김병진 가브리엘 신부 (글라렛 선교 수도회) 1992년 7월 3일 수품

이제는 내가 사는 것이 아니라 그리스도께서 내 안에 사시는 것입니다. 갈라 2,20_627
이순성 베드로 신부 (글라렛 선교 수도회) 1977년 7월 5일 수품

주님, 저희를 길이 당신의 것(소유)으로 삼아 주소서. 탈출 34,9_628
이회진 빈첸시오 아 바울로 신부 (글라렛 선교 수도회) 2000년 7월 14일 수품

아버지와 내가 하나인 것처럼 이 사람들도 하나가 되게 하여 주십시오. 요한 17,11_630
임동욱 안셀모 신부 (꼰벤뚜알 프란치스코 수도회) 2002년 9월 17일 수품

무엇이든지 그가 시키는 대로 하여라. 요한 2,5_631
최우식 프란치스코 신부 (꼰벤뚜알 프란치스코 수도회) 2010년 12월 15일 수품

제가 당신을 잘 앎으로써 항상 당신 눈에 들게 해 주십시오. 탈출 33,13_633
배수판 토마스 아퀴나스 신부 (도미니코 수도회) 2005년 3월 6일 수품

그것이 너와 무슨 상관이 있느냐? 요한 21,22_634
이홍영 파스칼 신부 (마리아회) 1997년 6월 28일 수품

내가 너와 함께 있으니 두려워하지 마라. 이사 43,5_635
유용덕 오딜론 신부 (말씀의 선교 수도회) 2001년 10월 20일 수품

말씀하신 대로 저에게 이루어지소서. Fiat! 루카 1,38_636
양영진 하상 바오로 신부 (미리내 천주 성삼 성직 수도회) 1993년 2월 2일 수품

주님은 나의 힘, 나의 노래, 나의 구원이시다. 이사 12,2 이제는 내가 사는 것이 아니라
그리스도께서 내 안에 사시는 것입니다. 갈라 2,20_637
백광현 마르첼로 신부 (살레시오회) 2001년 6월 24일 수품

어미는 혹시 잊을지 몰라도 나는 결코 너를 잊지 아니하리라. 이사 49,15_638
이태석 요한 신부 (살레시오회) 2001년 6월 24일 수품

나는 어진 목자입니다. 어진 목자는 양들을 위하여 자기 목숨을 내놓습니다. 요한 10,11_639
장동현 미카엘 신부 (살레시오회) 1994년 6월 24일 수품

그분께서 당신의 길을 우리에게 가르치시어 우리가 그분의 길을 걷게 되리라. 이사 2,3_640
남승원 토마스 아퀴나스 신부 (성 골롬반 외방 선교회) 2002년 6월 18일 수품

너는 나를 따라라. 요한 21,22_641
안성철 마조리노 신부 (성 바오로 수도회) 2001년 6월 2일 수품

인간이 무엇이기에 아니 잊으시나이까. 이 종락 무엇이기에 따뜻이 돌보시나이까? 시편 8,4_642
고건상 멜키오르 신부 (성 베네딕도회 왜관 수도원) 1976년 12월 8일 수품

너희는 나를 누구라고 하느냐? 마태 16,15_643
김수영 바실리오 신부 (성 베네딕도회 왜관 수도원) 1996년 9월 3일 수품

그리스도 예수 안에서 필리 2,5_644
박재찬 안셀모 신부 (성 베네딕도회 왜관 수도원) 2001년 10월 15일 수품

사실 사람의 아들은 섬김을 받으러 온 것이 아니라 섬기러 왔고, 또 하느님의 몸값으로 자기 목숨을 바치러 왔다. 마르 10,45_646
이수철 프란치스코 신부 (성 베네딕도회 왜관 수도원) 1989년 7월 11일 수품
착한 목자는 양들을 위하여 자기 목숨을 내놓는다. 요한 10,11_647
정학근 모세 신부 (성 베네딕도회 왜관 수도원) 1974년 12월 13일 수품
나는 나의 영광을 찾지 않습니다. 요한 8,50ㄱ_648
허성석 로무알도 신부 (성 베네딕도회 왜관 수도원) 1995년 9월 14일 수품
만일 여러분이 악함을 겪는 중에도 겸손하게 자신을 낮추시는 그리스도를 모른 체하지 않는다면, 여러분은 참으로 들어 올려지신 그리스도 안에 확고하게 머물게 될 것입니다. 성 아우구스띠노 설교 142,2_649
서인석 야고보 신부 (성 아우구스띠노 수도회) 2004년 12월 8일 수품
당신은 저의 주님, 저의 행복 당신밖에 없습니다. 시편 16,2_650
공원표 야고보 신부 (성 황석두 루카 외방 선교 형제회) 2006년 1월 25일 수품
내가 바라는 것은 그리스도를 알고 그리스도의 부활의 능력을 깨닫고 그리스도와 고난을 같이 나누고 그리스도와 같이 죽는 것입니다. 필리 3,10_651
신동호 베드로 신부 (예수 그리스도의 고난 수도회) 1994년 1월 26일 수품
세상을 이기는 승리의 길은 곧 우리의 믿음입니다. 1요한 5,4_653
김상식 바오로 신부 (예수 성심 전교 수도회) 2003년 6월 24일 수품
나에게는 그리스도가 생의 전부입니다. 필리 1,21_655
김종기 요셉 신부 (예수 성심 전교 수도회) 1991년 2월 2일 수품
너희는 근심에 잠길지라도 그 근심은 기쁨으로 바뀔 것이다. 요한 16,20_656
심종혁 루카 신부 (예수회) 1987년 7월 4일 수품
늠름한 풍채도, 멋진 모습도 그에게는 없었다. 눈길을 끌 만한 볼품도 없었다. 사람들에게 멸시를 당하고 퇴박을 맞았다. 그는 고통을 겪고 병고를 아는 사람, 사람들이 얼굴을 가리고 피해 갈 만큼 멸시만 당하였으므로 우리도 덩달아 그를 업신여겼다. 이사 53,2-3_657
유시찬 보나벤투라 신부 (예수회) 1997년 7월 2일 수품
하느님의 더 큰 영광을 위하여Ad Majorem Dei Gloriam_659
조학균 베드로 신부 (예수회) 1996년 7월 1일 수품
너희의 아버지께서 자비로우신 것같이 너희도 자비로운 사람이 되어라. 루카 6,36_660
이병우 루카 신부 (작은 형제회) 2004년 6월 28일 수품
인간이 무엇이기에 이토록 기억해 주십니까? 사람이 무엇이기에 이토록 돌보아 주십니까? 시편 8,5_662
이태성 아우구스티노 신부 (작은 형제회) 1991년 7월 8일 수품
예수 그리스도께서 하느님의 마음에 드시는 하나뿐인 희생 제사를 바치셨듯이 저의 온 생애도 하느님께 드리는 영원한 제물이 되게 하소서. 부활 주간 예물 기도 중_663
김태건 라파엘 신부 (한국 순교 복자 성직 수도회) 1998년 6월 30일 수품

이름별

[ㄱ]

강귀석 아우구스티노 신부 1986년 1월 28일 수품_29
강동금 베드로 신부 1995년 8월 23일 수품_95
강성욱 스테파노 신부 2005년 12월 8일 수품_176
강승수 요셉 신부 1998년 2월 3일 수품_121
강신모 프란치스코 신부 1994년 수품_291
강영돈 라우렌시오 신부 1975년 7월 5일 수품_374
강윤철 요한 보스코 신부 1979년 12월 29일 수품_458
강재흥 요셉 신부 1996년 7월 5일 수품_30
강지원 토마스 아퀴나스 신부 2000년 1월 28일 수품_375
강택규 예로니모 신부 1973년 6월 29일 수품_322
경규봉 가브리엘 신부 1983년 1월 26일 수품_544
고건상 멜키오르 신부 (성 베네딕도회 왜관 수도원) 1976년 12월 8일 수품_642
고병수 요한 신부 1993년 2월 6일 수품_585
고승범 사도 요한 신부 (그리스도의 레지오 수도회) 2010년 12월 24일 수품_625
고승헌 마르코 신부 1976년 5월 15일 수품_587
고원일 안드레아 신부 1999년 1월 30일 수품_377
고형석 스테파노 신부 1997년 7월 5일 수품_31
공원표 야고보 신부 (성 황석두 루카 외방 선교 형제회) 2006년 1월 25일 수품_650
곽승룡 비오 신부 1989년 2월 13일 수품_123
곽용승 요셉 신부 1998년 2월 7일 수품_378
곽재진 베드로 신부 1992년 6월 29일 수품_323
권지호 프란치스코 신부 1977년 12월 22일 수품_379
권혁주 요한 크리소스토모 주교, 안동교구장 1983년 1월 26일 수품_483
김경욱 사도 요한 신부 1993년 2월 6일 수품_380
김경진 베드로 신부 2000년 수품_293
김계춘 도미니코 신부 1960년 3월 21일 수품_382
김계홍 크리소스토모 신부 1988년 1월 19일 수품_511
김교산 알체리오 신부 1998년 8월 25일 수품_324
김귀웅 토마스 신부 1995년 7월 5일 수품_33

김규봉 가브리엘 신부 1998년 7월 3일 수품_295
김기곤 프란치스꼬(아시시) 신부 1985년 1월 28일 수품_545
김길민 크리스토포로 신부 1988년 2월 12일 수품_210
김남오 알로이시오 신부 1989년 6월 29일 수품_432
김대건 베드로 신부 2005년 1월 25일 수품_126
김대한 발레리오 신부 2010년 8월 20일 수품_212
김동진 다니엘 신부 2000년 1월 14일 수품_214
김동훈 라파엘 신부 1997년 12월 15일 수품_96
김두유 세례자 요한 신부 2000년 1월 28일 수품_384
김민수 레오 신부 2007년 6월 29일 수품_325
김민철 다니엘 신부 2005년 6월 29일 수품_327
김병진 가브리엘 신부 (글라렛 선교 수도회) 1992년 7월 3일 수품_626
김봉술 아우구스티노 신부 1993년 2월 2일 수품_546
김상식 바오로 신부 (예수 성심 전교 수도회) 2003년 6월 24일 수품_653
김상인 필립보 신부 2008년 7월 11일 수품_177
김상진 아우구스티노 신부 1982년 1월 23일 수품_484
김상호 세례자 요한 신부 1980년 2월 9일 수품_385
김석원 파트리치오 신부 1995년 7월 5일 수품_38
김석주 베드로 신부 1995년 2월 4일 수품_589
김석태 베드로 신부 1993년 8월 11일 수품_129
김성은 베드로 신부 2002년 7월 5일 수품_39
김성태 요셉 신부 2002년 1월 29일 수품_130
김수영 바실리오 신부 (성 베네딕도회 왜관 수도원) 1996년 9월 3일 수품_643
김수환 스테파노 추기경 1951년 9월 15일 수품_21
김승주 요한 크리소스토모 신부 1979년 6월 9일 수품_386
김영곤 안드레아 신부 1983년 2월 8일 수품_131
김영남 다미아노 신부 1983년 4월 15일 수품_298
김영신 바오로 신부 1969년 12월 15일 수품_548
김영장 베네딕토 신부 1982년 2월 25일 수품_215
김용태 베네딕토 신부 1971년 7월 5일 수품_550
김웅열 토마스 아퀴나스 신부 1983년 5월 14일 수품_433
김원현 베드로 신부 2000년 6월 29일 수품_485
김유철 요한 보스코 신부 1995년 7월 5일 수품_300
김윤근 베드로 신부 1977년 12월 22일 수품_387
김윤태 루카 신부 1995년 2월 4일 수품_388
김은석 요셉 신부 2010년 1월 13일 수품_132

김일회 빈첸시오 신부 1994년 2월 2일 수품_179
김재영 야고보 신부 1994년 7월 13일 수품_41
김정남 바르나바 신부 1974년 10월 31일 수품_42
김정렬 모세 신부 1995년 2월 4일 수품_390
김정수 바르나바 신부 1974년 12월 7일 수품_133
김정현 암브로시오 신부 1999년 2월 2일 수품_551
김정환 비오 신부 2010년 8월 20일 수품_216
김정환 세례자 요한 신부 1999년 1월 26일 수품_124
김정훈 라파엘 신부 1998년 1월 20일 수품_460
김종국 토마스 아퀴나스 신부 1977년 12월 8일 수품_43
김종기 요셉 신부 (예수 성심 전교 수도회) 1991년 2월 2일 수품_655
김종엽 바르나바 신부 1996년 2월 3일 수품_392
김주형 히지노 신부 2011년 1월 13일 수품_605
김준년 베드로 신부 1991년 3월 19일 수품_328
김준호 십자가의 바오로 신부 1977년 7월 5일 수품_553
김지광 요한 보스코 신부 2011년 1월 13일 수품_554
김지석 야고보 주교, 원주교구장 1968년 6월 29일 수품_265
김지현 요한 신부 2002년 수품_329
김진조 베드로 신부 2002년 7월 5일 수품_486
김진철 빈첸시오 신부 1991년 1월 22일 수품_555
김진화 마태오 신부 1988년 1월 20일 수품_556
김창석 요셉 신부 2010년 12월 29일 수품_393
김창신 아우구스티노 신부 1999년 2월 2일 수품_557
김충수 보니파시오 신부 1970년 12월 8일 수품_44
김태건 라파엘 신부 (한국 순교 복자 성직 수도회) 1998년 6월 30일 수품_663
김태규 판크라시오 신부 2001년 1월 19일 수품_217
김태완 안드레아 신부 2010년 6월 24일 수품_331
김태원 요셉 신부 2001년 1월 29일 수품_434
김한기 시몬 신부 1983년 2월 15일 수품_268
김한승 라파엘 신부 1990년 2월 20일 수품_134
김현 프란치스코 살레시오 신부 2005년 9월 9일 수품_218
김현수 바오로 신부 1997년 2월 20일 수품_270
김현수 토마스 신부 1990년 2월 2일 수품_180
김현신 요셉 신부 1990년 1월 24일 수품_98
김현일 예로니모 신부 1996년 2월 3일 수품_394
김형수 비오 신부 1976년 12월 16일 수품_513

김호영 프란치스코 하비에르 신부 1985년 2월 22일 수품_45
김환수 가비노 신부 1997년 7월 5일 수품_46
김희중 히지노 대주교, 광주대교구장 1975년 7월 5일 수품_508

[ㄴ]

나봉균 요셉 신부 1999년 1월 26일 수품_135
나원균 바오로 몬시뇰 1971년 12월 8일 수품_28
나춘성 스테파노 신부 1983년 1월 26일 수품_559
남상범 세례자 요한 신부 2008년 1월 9일 수품_181
남승원 토마스 아퀴나스 신부 (성 골롬반 외방 선교회) 2002년 6월 18일 수품_640
노성기 루보 신부 1993년 2월 4일 수품_514
노우재 미카엘 신부 1998년 2월 7일 수품_395

[ㄷ]

도현우 안토니오 신부 1997년 수품_301

[ㄹ]

류한빈 안드레아 신부 2004년 7월 4일 수품_606

[ㅁ]

마요안 요한 신부 (과달루페 외방 선교회) 1982년 2월 20일 수품_623
문석훈 베드로 신부 2008년 8월 22일 수품_219
문선구 비오 신부 1988년 1월 20일 수품_560
민영기 요셉 신부 1994년 1월 21일 수품_220

[ㅂ]

박공식 보나벤투라 신부 2000년 1월 25일 수품_516

박노헌 요한 크리소스토모 신부 1973년 12월 8일 수품_47
박덕수 스테파노 신부 1991년 6월 28일 수품_332
박병철 세바스티아노 신부 2001년 2월 7일 수품_518
박비오 비오 신부 1998년 8월 25일 수품_333
박상대 마르코 신부 1988년 2월 6일 수품_396
박성대 세례자 요한 신부 1974년 7월 5일 수품_335
박영일 바오로 신부 1990년 6월 29일 수품_336
박용근 베드로 신부 1992년 6월 29일 수품_435
박용식 시몬 신부 1979년 3월 6일 수품_272
박용조 프란치스코 신부 1984년 5월 5일 수품_398
박윤배 니콜라오 신부 2003년 7월 4일 수품_608
박재구 시몬 신부 1989년 1월 28일 수품_399
박재찬 안셀모 신부 (성 베네딕도회 왜관 수도원) 2001년 10월 15일 수품_644
박정우 후고 신부 1991년 8월 23일 수품_48
박정일 미카엘 주교 1958년 11월 23일 수품_457
박종근 안드레아 신부 1974년 7월 3일 수품_561
박준용 유스티노 신부 2006년 6월 29일 수품_337
박준호 바오로 신부 1994년 7월 13일 수품_51
박찬인 마태오 신부 2001년 1월 30일 수품_137
박창균 시메온 신부 1985년 1월 28일 수품_461
박창목 바르톨로메오 신부 1988년 2월 12일 수품_183
박필범 야고보 신부 2006년 9월 15일 수품_221
박형주 안드레아 신부 2002년 1월 18일 수품_222
박호영 베네딕토 신부 1978년 5월 18일 수품_274
박홍표 바오로 신부 1988년 2월 12일 수품_275
방삼민 가스발 신부 1992년 2월 1일 수품_400
방의성 베드로 신부 1984년 11월 19일 수품_562
배상희 마르첼리노 신부 1999년 수품_338
배수판 토마스 아퀴나스 신부 (도미니코 수도회) 2005년 3월 6일 수품_633
배종호 토마스 신부 1979년 3월 6일 수품_100
백광현 마르첼로 신부 (살레시오회) 2001년 6월 24일 수품_637
백명흠 바오로 신부 1991년 6월 28일 수품_340
백승운 비오 신부 2000년 1월 20일 수품_563
백종관 요셉 신부 2010년 1월 13일 수품_139
백현 바오로 신부 1999년 1월 26일 수품_140
변기영 베드로 몬시뇰 1971년 8월 27일 수품_209

[ㅅ]

서강진 스테파노 신부 1997년 2월 1일 수품_401
서경룡 아우구스티노 신부 1986년 2월 21일 수품_54
서상범 디도 신부 1988년 2월 12일 수품_610
서상진 바오로 신부 1990년 11월 23일 수품_224
서석희 요셉 신부 1992년 1월 28일 수품_565
서성민 파스칼 신부 2003년 1월 14일 수품_101
서용운 미카엘 신부 2009월 8월 21일 수품_225
서인석 야고보 신부 (성 아우구스띠노 수도회) 2004년 12월 8일 수품_649
서춘배 아우구스티노 신부 1986년 2월 21일 수품_303
석찬귀 스테파노 신부 1979년 1월 21일 수품_402
손석식 대건 안드레아 신부 2002년 7월 5일 수품_55
손성문 사도 요한 신부 2005년 7월 3일 수품_488
손영배 미카엘 신부 2006년 12월 29일 수품_403
손해락 멜키올 신부 2003년 1월 9일 수품_613
손현기 모세 신부 2002년 6월 24일 수품_341
송광섭 클레멘스 신부 2010년 1월 14일 수품_567
송병철 야고보 신부 1982년 8월 10일 수품_103
송열섭 가시미로 신부 1977년 12월 22일 수품_436
송영규 바오로 신부 1972년 12월 16일 수품_227
송영오 베네딕토 신부 1992년 1월 28일 수품_228
송용민 사도 요한 신부 1997년 6월 26일 수품_185
송종의 야고보 신부 1977년 7월 5일 수품_520
신대원 요셉 신부 1990년 7월 1일 수품_490
신동민 베드로 신부 1991년 1월 16일 수품_276
신동호 베드로 신부 (예수 그리스도의 고난 수도회) 1994년 1월 26일 수품_651
신동화 대건 안드레아 신부 2010년 12월 29일 수품_591
신문호 가브리엘 신부 1995년 7월 5일 수품_56
신영철 베드로 신부 2000년 1월 25일 수품_522
신일섭 아우구스티노 신부 2010년 1월 12일 수품_187
신정호 모세 신부 2010년 8월 20일 수품_104
신정훈 미카엘 신부 2001년 7월 5일 수품_57
심상은 베네딕토 신부 2009년 8월 21일 수품_278
심종혁 루카 신부 (예수회) 1987년 7월 4일 수품_656
심흥보 베드로 신부 1988년 2월 12일 수품_58

[ㅇ]

안상기 미카엘 신부 1988년 6월 29일 수품_492
안성노 은수자 바오로 신부 1992년 1월 28일 수품_230
안성철 마조리노 신부 (성 바오로 수도회) 2001년 6월 2일 수품_641
안철민 아브라함 신부 2000년 1월 28일 수품_438
안형노 야고보 신부 1994년 1월 21일 수품_231
안형준 마르첼리노 신부 2003년 12월 27일 수품_404
양영진 하상 바오로 신부 (미리내 천주 성삼 성직 수도회) 1993년 2월 2일 수품_636
양윤성 다윗 신부 1994년 6월 27일 수품_440
양정환 대건 안드레아 신부 2011년 1월 11일 수품_188
엄열 베드로 신부 2010년 12월 29일 수품_405
여충구 마르코 신부 1971년 7월 7일 수품_142
연광흠 바오로 신부 2000년 2월 21일 수품_143
연상모 루카 신부 2007년 6월 29일 수품_342
염봉덕 프란치스코 하비에르 신부 1977년 12월 22일 수품_406
염수정 안드레아 추기경, 서울대교구장 1970년 12월 8일 수품_25
오영재 요셉 신부 2010년 6월 24일 수품_343
원용훈 스테파노 신부 2004년 9월 17일 수품_106
원헥톨 헥토르 신부 (과달루페 외방 선교회) 1965년 8월 15일 수품_624
유기종 요셉 신부 1995년 1월 25일 수품_524
유수일 프란치스코 하비에르 주교, 군종교구장 1980년 2월 25일_601
유시찬 보나벤투라 신부 (예수회) 1997년 7월 2일 수품_657
유용덕 오딜론 신부 (말씀의 선교 수도회) 2001년 10월 20일 수품_635
유재훈 솔로몬 신부 2010년 8월 20일 수품_232
유종만 바오로 신부 1990년 2월 9일 수품_59
유창연 사도 요한 신부 2007년 1월 24일 수품_145
유호식 아우구스티노 신부 1973년 12월 8일 수품_146
유희석 안드레아 신부 1993년 8월 20일 수품_233
윤공희 빅토리노 대주교 1950년 3월 20일 수품_507
윤명기 요한 깐시오 신부 1991년 2월 2일 수품_408
윤민열 스테파노 신부 2005년 9월 9일 수품_234
윤병훈 베드로 신부 1983년 1월 26일 수품_442
윤성규 바오로 신부 2013년 12월 29일 수품_494
윤세병 세례자 요한 신부 1977년 12월 8일 수품_147
윤영남 시몬 신부 1992년 1월 28일 수품_525

윤용선 바오로 신부 1988년 2월 6일 수품_409
윤장호 시몬 신부 2009년 8월 20일 수품_105
윤종국 마르코 신부 1991년 8월 23일 수품_60
이강우 알베르토 신부 2006년 1월 10일 수품_148
이강재 요셉 신부 2002년 1월 21일 수품_344
이건복 바오로 신부 1995년 1월 20일 수품_235
이건욱 클레멘스 신부 2009년 8월 21일 수품_237
이경호 베드로 신부 2003년 1월 24일 수품_444
이기수 요아킴 신부 1992년 1월 28일 수품_238
이기우 사도 요한 신부 1988년 2월 12일 수품_61
이대원 미카엘 신부 1975년 7월 5일 수품_592
이대희 대건 안드레아 신부 1998년 1월 16일 수품_240
이동주 시몬 신부 1991년 7월 4일 수품_108
이동훈 프란치스코 신부 1998년 2월 17일 수품_280
이득규 바오로 신부 2004년 2월 3일 수품_151
이문주 프란치스코 신부 1962년 12월 21일 수품_62
이범주 사도 요한 신부 1999년 7월 7일 수품_305
이병우 루카 신부 (작은 형제회) 2004년 6월 28일 수품_660
이병주 시몬 신부 1987년 1월 24일 수품_410
이병호 빈첸시오 주교, 전주교구장 1969년 12월 15일 수품_541
이사정 라파엘 신부 1989년 1월 20일 수품_570
이상각 프란치스코 하비에르 신부 1986년 1월 27일 수품_242
이상섭 모이세 신부 1979년 1월 30일 수품_572
이상용 야고보 신부 1996년 2월 2일 수품_573
이상재 가스토르 신부 1996년 수품_345
이성구 요한 신부 1989년 6월 29일 수품_347
이성국 바오로 신부 1990년 2월 9일 수품_63
이성운 미카엘 신부 1983년 2월 18일 수품_64
이성원 베드로 신부 1993년 7월 16일 수품_65
이성진 요아킴 신부 1991년 6월 28일 수품_349
이수철 프란치스코 신부 (성 베네딕도회 왜관 수도원) 1989년 7월 11일 수품_646
이순성 베드로 신부 (글라렛 선교 수도회) 1977년 7월 5일 수품_627
이시우 안드레아 신부 1991년 1월 26일 수품_593
이시찬 다니엘 신부 1974년 7월 5일 수품_412
이압돈 압돈 신부 2002년 6월 24일 수품_350
이영선 골롬바노 신부 1993년 2월 4일 수품_526

이영창 스테파노 신부 2001년 12월 28일 수품_413
이영헌 마리오 신부 1979년 4월 28일 수품_528
이용권 베드로 신부 1989년 2월 3일 수품_189
이용수 대건 안드레아 신부 2011년 1월 12일 수품_152
이용호 바오로 신부 1996년 1월 23일 수품_153
이용훈 마티아 주교, 수원교구장 1979년 3월 6일 수품_205
이원희 사도 요한 신부 1998년 7월 3일 수품_306
이윤하 노르베르토 신부 1984년 5월 5일 수품_191
이은진 도미니코 신부 1981년 2월 2일 수품_463
이재민 아피아 신부 2010년 1월 12일 수품_192
이재술 마르코 신부 1989년 1월 20일 수품_530
이재을 사도 요한 신부 1987년 2월 6일 수품_66
이정근 요한 신부 1999년 1월 28일 수품_465
이정현 루카 신부 2010년 1월 14일 수품_574
이종덕 가밀로 신부 2001년 1월 19일 수품_615
이준건 막시밀리아노 마리아 콜베 신부 1988년 7월 5일 수품_496
이지운 시몬 신부 2007년 6월 29일 수품_351
이지훈 안드레아 신부 2009년 6월 24일 수품_352
이진원 십자가의 바오로 신부 2002년 7월 5일 수품_307
이창준 미카엘 신부 1993년 7월 16일 수품_67
이철학 바오로 신부 1991년 2월 7일 수품_68
이태석 요한 신부 (살레시오회) 2001년 6월 24일 수품_638
이태성 아우구스티노 신부 (작은 형제회) 1991년 7월 8일 수품_662
이태우 프란치스코 신부 1998년 8월 25일 수품_354
이학노 요셉 몬시뇰 1974년 12월 14일 수품_173
이한영 마르코 신부 1982년 8월 23일 수품_156
이해욱 프란치스코 신부 1982년 2월 25일 수품_69
이홍영 파스칼 신부 (마리아회) 1997년 6월 28일 수품_634
이회진 빈첸시오 아 바울로 신부 (글라렛 선교 수도회) 2000년 7월 14일 수품_628
이흥섭 라우렌시오 신부 1974년 12월 10일 수품_109
이흥우 베네딕토 신부 2004년 1월 13일 수품_467
이희선 세례자 요한 신부 2010년 8월 18일 수품_282
임동욱 안셀모 신부 (꼰벤뚜알 프란치스코 수도회) 2002년 9월 17일 수품_630
임병헌 베드로 신부 1984년 10월 10일 수품_70
임석수 바오로 신부 1990년 2월 3일 수품_414
임성근 판탈레온 신부 2010년 12월 29일 수품_416

임창재 요한 마리아 비안네 신부 2008년 6월 27일 수품_71
임현택 안드레아 신부 2001년 1월 9일 수품_193

[ㅈ]

장동현 미카엘 신부 (살레시오회) 1994년 6월 24일 수품_639
장병배 베드로 신부 1988년 6월 30일 수품_356
장병철 바오로 신부 1995년 6월 23일 수품_446
장봉훈 가브리엘 주교, 청주교구장 1976년 5월 3일 수품_429
장상원 안드레아 신부 1993년 2월 2일 수품_576
장인산 베르나르도 신부 1979년 6월 15일 수품_447
장홍훈 세르지오 신부 1993년 6월 29일 수품_449
전동기 유스티노 신부 1991년 2월 2일 수품_417
전우진 안토니오 신부 2000년 1월 20일 수품_578
전원 바르톨로메오 신부 1995년 7월 5일 수품_72
전재현 테오도로 신부 2008년 12월 19일 수품_419
전합수 가브리엘 신부 1992년 1월 28일 수품_244
전현수 마티아 신부 2010년 8월 20일 수품_245
정광철 마르첼리노 신부 2008년 1월 17일 수품_579
정도영 베드로 신부 2000년 6월 29일 수품_498
정석현 베드로 신부 2001년 7월 5일 수품_309
정성우 바오로 신부 1978년 7월 5일 수품_358
정순오 미카엘 신부 1989년 2월 4일 수품_74
정운택 안드레아 신부 1977년 12월 8일 수품_246
정의준 요셉 신부 1993년 2월 23일 수품_283
정인준 파트리치오 신부 1976년 12월 7일 수품_284
정일 가브리엘 신부 1982년 1월 23일 수품_500
정재돈 바오로 신부 1991년 8월 6일 수품_157
정재성 사도 요한 신부 2000년 6월 29일 수품_359
정중규 클라로 신부 1976년 5월 3일 수품_469
정진석 니콜라오 추기경 1961년 3월 18일 수품_22
정철용 안드레아 신부 2010년 12월 29일 수품_420
정학근 모세 신부 (성 베네딕도회 왜관 수도원) 1974년 12월 13일 수품_647
정호 빈첸시오 신부 2001년 2월 1일 수품_421
조군호 요셉 신부 1976년 12월 8일 수품_75

조규만 바실리오 주교 1982년 8월 26일 수품_26
조규정 알렉산델 신부 1982년 8월 24일 수품_286
조민환 사도 요한 신부 2008년 6월 27일 수품_76
조성교 요한 크리소스토모 신부 1973년 12월 8일 수품_195
조성규 요한 보스코 신부 2009년 8월 21일 수품_247
조성호 라우렌시오 신부 2000년 12월 13일 수품_310
조영대 프란치스코 신부 1991년 1월 22일 수품_532
조영수 마태오 신부 2005년 9월 14일 수품_111
조영희 아나니아 신부 1975년 12월 8일 수품_470
조옥진 베드로 신부 1977년 12월 22일 수품_424
조욱현 토마스 신부 1983년 7월 25일 수품_248
조일도 스테파노 신부 1997년 1월 21일 수품_534
조재형 가브리엘 신부 1991년 8월 23일 수품_77
조정오 요셉 신부 1977년 12월 27일 수품_581
조학균 베드로 신부 (예수회) 1996년 7월 1일 수품_659
조학문 바오로 신부 1981년 2월 24일 수품_78
조한영 야고보 신부 1999년 1월 15일 수품_250
조해인 바오로 신부 1994년 7월 13일 수품_311
조환길 타대오 대주교, 대구대교구장 1981년 3월 19일 사제 수품_319
주수욱 베드로 신부 1981년 2월 24일 수품_79
주영돈 토마스 신부 1994년 2월 5일 수품_425
주용민 리노 신부 1999년 1월 28일 수품_617
지성용 가브리엘 신부 2004년 7월 5일 수품_196

[ㅊ]

차광호 파스칼 신부 1987년 6월 28일 수품_471
차동엽 노르베르토 신부 1991년 7월 10일 수품_198
차호철 세례자 요한 신부 1994년 8월 14일 수품_501
채홍락 시몬 신부 2000년 6월 29일 수품_361
최견우 사도 요한 신부 1997년 1월 21일 수품_159
최광조 프란치스코 신부 1991년 6월 29일 수품_451
최기산 보니파시오 주교, 인천교구장 1975년 12월 6일 수품_169
최길주 요셉 신부 2001년 2월 7일 수품_536
최법관 베드로 신부 2003년 1월 24일 수품_453

최병규 안드레아 신부 2009년 1월 14일 수품_160
최봉원 야고보 신부 1977년 12월 28일 수품_473
최상순 비오 신부 2002년 1월 29일 수품_161
최성우 세례자 요한 신부 1994년 수품_313
최우식 프란치스코 신부 (꼰벤뚜알 프란치스코 수도회) 2010년 12월 15일 수품_631
최원석 아넬로 마리아 신부 1985년 8월 16일 수품_112
최익철 베네딕토 신부 1950년 11월 21일 수품_80
최재도 바오로 신부 2009년 8월 21일 수품_287
최재영 시몬 신부 1988년 6월 30일 수품_363
최재철 대건 안드레아 신부 1994년 1월 21일 수품_252
최종건 미카엘 신부 1988년 2월 12일 수품_82
최진혁 세바스티아노 신부 1997년 1월 31일 수품_253
최창덕 프란치스코 신부 2001년 1월 12일 수품_113

[ㅎ]

하 안토니오 몬시뇰 1958년 4월 27일 수품_372
하상범 바르나바 신부 1995년 6월 23일 수품_364
하상진 요한 세례자 신부 1997년 7월 5일 수품_83
한광석 마리요셉 신부 1998년 2월 3일 수품_163
한성기 마티아 신부 2003년 1월 17일 수품_255
한승주 스테파노 신부 1990년 11월 23일 수품_257
한영만 스테파노 신부 1993년 7월 16일 수품_85
한창현 요셉 신부 2001년 6월 29일 수품_365
한태경 바오로 신부 2011년 1월 11일 수품_199
허광철 요셉 신부 1999년 11월 30일 수품_366
허근 바르톨로메오 신부 1980년 2월 25일 수품_86
허동선 마태오 신부 1969년 12월 16일 수품_115
허성석 로무알도 신부 (성 베네딕도회 왜관 수도원) 1995년 9월 14일 수품_648
허영엽 마티아 신부 1984년 5월 5일 수품_88
허정현 세례자 요한 신부 1992년 1월 28일 수품_258
허찬란 임마누엘 신부 1998년 1월 24일 수품_594
현광섭 프란치스코 신부 1993년 8월 25일 수품_619
현문권 토마스 아퀴나스 신부 1997년 1월 25일 수품_596
현상옥 스테파노 신부 1997년 1월 30일 수품_201

현요안 사도 요한 신부 1997년 1월 25일 수품_598
현재봉 베드로 신부 1997년 1월 31일 수품_259
홍기선 히지노 신부 1989년 1월 20일 수품_116
홍랑표 펠릭스 신부 1982년 3월 10일 수품_288
홍성학 아우구스티노 신부 1989년 2월 4일 수품_90
홍승모 미카엘 몬시뇰 1994년 6월 29일 수품_174
황규현 보니파시오 신부 2003년 1월 17일 수품_260
황병석 파스칼 신부 1991년 7월 1일 수품_475
황봉철 베드로 신부 1980년 6월 27일 수품_477
황양주 안토니오 신부 1987년 1월 22일 수품_537
황용구 안드레아 신부 2007년 8월 17일 수품_261
황인국 마태오 몬시뇰 1964년 12월 18일 수품_27
황인제 토마스 아퀴나스 신부 2011년 1월 12일 수품_165
황철수 바오로 주교, 부산교구장 1983년 2월 5일 수품_369
황치헌 요셉 신부 1996년 1월 26일 수품_262
황흥복 요셉 신부 1974년 12월 9일 수품_92

성구별

[ㄱ]

가거라. 그는 다른 민족들과 임금들과 이스라엘 자손들에게 내 이름을 알리도록 내가 선택한 그릇이다. 사도 9,15_624
가거라. 네가 믿은 대로 될 것이다. 마태 8,13_160
가서 당신도 그렇게 행하시오. 루카 10,37_384
가서 우리가 먹을 파스카 음식을 차려라. 루카 22,8_165
가장 작은 이들 가운데 한 사람에게 해 준 것이 바로 나에게 해 준 것이다. 마태 25,40_101
겸허한 기도와 성실한 노력으로 주께 의탁하오니, 나의 힘, 나의 방패 야훼시여 시편 28,7 한평생 당신 은총 속에 머물게 하소서. 시편 27,4_507
고생하고 무거운 짐을 진 너희는 모두 나에게 오너라. 마태 11,28_212
고생하며 무거운 짐을 진 너희는 모두 나에게 오너라. 내가 너희에게 안식을 주겠다. 마태 11,28_396
그가 아직도 멀리 떨어져 있을 때에 아버지가 그를 보고 가엾은 마음이 들었다. 루카 15,20_247
그것이 너와 무슨 상관이 있느냐? 요한 21,22_634
그곳을 떠나 한적한 곳으로 가셨다. 루카 4,42_516
그는 네 임자이시니 그 앞에 꿇어 절하라. 시편 45,11_124
그는 부러진 갈대를 꺾지 않고 꺼져 가는 심지를 끄지 않으니, 성실하게 공정을 펴리라. 이사 42,3_438
그는 상한 갈대도 꺾지 않고 꺼져 가는 심지도 끄지 않으리라. 마태 12,20_541
그러나 오늘도 내일도 그다음 날도 내 길을 계속 가야 한다. 루카 13,33_76
그러나 필요한 것은 한 가지뿐이다. 루카 10,42_173, 295
그러니 네가 돌아오거든 네 형제들의 힘을 북돋아 주어라. 루카 22,32_301
그런데도 예수님께서는 고물에서 베개를 베고 주무시고 계셨다. 마르 4,38_358
그를 통하여 주님의 뜻이 이루어지리라. 이사 53,10_398
그리스도 예수 안에서 필리 2,5_644
그리스도 예수께서 지니셨던 마음을 간직하십시오. 필리 2,5_180
그리스도 예수는 점점 커지셔야 하고 나는 점점 작아져야 합니다. 요한 3,30_63
그리스도 예수님께서 지니셨던 바로 그 마음을 여러분 안에 간직하십시오. 필리 2,5_280
그리스도께서 여러분 안에 모습을 갖추실 때까지 나는 다시 산고를 겪고 있습니다. 갈라 4,19_323
그리스도와 함께 죽었으니, 이제 그리스도와 함께 삽니다. 로마 6,1-14_471
그리스도의 평화_510
그분께서 당신의 길을 우리에게 가르치시어 우리가 그분의 길을 걷게 되리라. 이사 2,3_640

그분께서 우리에게 마음의 기쁨을 주시고, 우리 시대에 평화가 깃들게 해 주시길 집회 50,23_425
그분께서는 끝까지 사랑하셨다. 요한 13,1_237
그분만이 내 바위, 내 구원, 내 성채 나는 결코 흔들리지 않으리라. 시편 62,3_123
그분은 갈수록 커지셔야 하고 나는 갈수록 작아져야 한다. 요한 3,30_385
그분은 더욱 커지셔야 하고 저는 작아져야 합니다. 요한 3,30_324
그분은 커지셔야 하고 나는 작아져야 한다. 요한 3,30_258
그분은 커지셔야 하고 나는 작아져야 한다. 요한 3,30_82
그저 신자들을 사랑하면 돼._557
기뻐하는 사람이 있으면 함께 기뻐해 주고 우는 사람이 있으면 함께 울어 주십시오. 로마 12,15_75, 561
끝까지 사랑하셨다. 요한 13,2_341

[ㄴ]

나 너를 사랑하는 줄을 너 알으시나이다. 요한 21,15_22
나는 거닐리라 주님 앞에서, 생명의 지역에서 시편 116,9_163
나는 그리스도 때문에 모든 것을 잃었지만 그것들을 쓰레기로 여깁니다. 내가 그리스도를 얻
 고 그분 안에 있으려는 것입니다. 필리 3,8-9_598
나는 그리스도 예수님 안에서 하느님을 위하여 일하는 것을 자랑으로 여깁니다. 로마 15,17_442
나는 길이요 진리요 생명이다. 나를 통하지 않고서는 아무도 아버지께 갈 수 없다. 요한 14,6_270
나는 길이요 진리요 생명이다. 요한 14,6_169, 342
나는 길입니다. 요한 14,6_57
나는 나의 영광을 찾지 않습니다. 요한 8,50ㄱ_648
나는 내 양들을 위하여 목숨을 바칩니다. 요한 10,15_412
나는 너희를 친구라 불렀다. 요한 15,15_352
나는 네가 믿음을 잃지 않도록 기도하였다. 그러니 네가 나에게 다시 돌아오거든 형제들에게
 힘이 되어다오. 루카 22,32_328
나는 마음이 온유하고 겸손하니 마태 11,29_343
나는 세상 끝 날까지 항상 너희와 함께 있겠다. 마태 28,20_581
나는 세상의 빛이다. 요한 8,12 너희는 세상의 빛이다. 마태 5,14_188
나는 아무에게도 매이지 않은 자유인이지만, 되도록 많은 사람을 얻으려고 스스로 모든 사람
 의 종이 되었습니다. 1코린 9,19_387
나는 어진 목자입니다. 어진 목자는 양들을 위하여 자기 목숨을 내놓습니다. 요한 10,11_639
나는 우리 주 예수 그리스도의 십자가 외에는 어떠한 것도 자랑하고 싶지 않습니다. 갈라
 6,14_121, 191
나는 죽지 않으리라. 살아 보리라. 주님의 장하신 일을 이야기하고저. 시편 117,17_619

나는 진리를 증언하려고 태어났으며, 진리를 증언하려고 세상에 왔다. 요한 18,37_311
나는 착한 목자다. 나는 내 양들을 알고 내 양들은 나를 안다. 요한 10,14_520
나는 착한 목자다. 요한 10,11_104
나는 착한 목자다. 착한 목자는 양들을 위하여 자기 목숨을 내놓는다. 요한 10,11_327
나는 착한 목자이다. 나는 내 양들을 알고 내 양들도 나를 안다. 요한 10,14_463
나는 착한 목자이다. 요한 10,11_550
나는…… 많은 사람을 얻으려고 스스로 모든 사람의 종이 되었습니다. 1코린 9,19_592
나다, 두려워하지 마라. 요한 6,20_298
나더러 '주님, 주님' 하고 부른다고 다 하늘 나라에 들어가는 것이 아니다. 하늘에 계신 내 아버지의 뜻을 실천하는 사람이라야 들어간다. 마태 7,21_392
나를 구원하신 하느님 안에서 기뻐 뛰렵니다. 하바 3,18_30
나를 당신의 도구로 써 주소서._103, 215
나를 따라오너라. 마태 4,19_573
나를 따르려는 사람은 누구든지 자기를 버리고 제 십자가를 지고 따라야 한다. 마태 16,24_95
나에게 배우라. 나는 마음이 온유하고 겸손하다. 마태 11,29_218
나에게 우리 주 예수 그리스도의 십자가밖에는 아무것도 자랑할 것이 없습니다. 갈라 6,14_151
나에게 힘을 주시는 분 안에서 나는 모든 것을 할 수 있습니다. 필리 4,13_42, 92
나에게는 그리스도가 생의 전부입니다. 필리 1,21_98, 134, 140, 259, 287, 303, 359, 363, 421, 492, 655
나에게는 우리 주 예수 그리스도의 십자가밖에는 아무것도 자랑할 것이 없습니다. 갈라 6,14_518
나의 주시여, 나의 기쁨은 당신의 뜻을 따름이외다. 시편 40,9_142
나의 하느님께서 힘이 되어 주시면 못 넘을 담이 없사옵니다. 시편 18,29_608
내가 너를 지명하여 불렀으니 너는 내 사람이다. 이사 43,1_257
내가 너와 함께 있겠다. 탈출 3,12_544
내가 너와 함께 있으니 두려워하지 마라. 이사 43,5_635
내가 너희를 사랑한 것처럼 너희도 서로 사랑하여라. 요한 13,34_307, 563, 요한 15,12_473
내가 말하는 사랑은 하느님에 대한 우리의 사랑이 아니라 우리에 대한 하느님의 사랑입니다. 1요한 4,10_113
내가 바라는 것은 그리스도를 알고 그리스도의 부활의 능력을 깨닫고 그리스도와 고난을 같이 나누고 그리스도와 같이 죽는 것입니다. 필리 3,10_183, 651
내가 사는 것이 아니라 그리스도께서 내 안에 사시는 것입니다. 갈라 2,20_282
내가 세상 끝 날까지 언제나 너희와 함께 있겠다. 마태 28,20_458
내가 세상을 이겼다. 요한 16,33_198
내가 아뢰었다. "아, 주 하느님 저는 아이라서 말할 줄 모릅니다." 주님께서 나에게 말씀하셨다. "'저는 아이입니다.' 하지 마라. 너는 내가 보내면 누구에게나 가야 하고 내가 명령하는 것이면 무엇이나 말해야 한다. 그들 앞에서 두려워하지 마라. 내가 너와 함께 있어 너를

구해 주리라. 주님의 말씀이다." 예레 1,6-8_47
내가 있다는 놀라움, 하신 일의 놀라움, 이 모든 신비들 그저 당신께 감사합니다. 시편
    139,14_111, 400, 610
내게 주신 모든 은혜 무엇으로 갚사오리. 구원의 잔 받들고서 주님의 이름을 부르리다. 시편
    116,12-13_559
내게 주신 모든 은혜 무엇으로 주님께 갚사오리. 시편 116,12_275, 537
내게 주신 모든 은혜 무엇으로 주님께 갚사오리. 구원의 잔 받들고서 나의 서원을 채워 드리리
    라. 시편 116,12-13_572
내 뜻대로 마시고 당신 뜻대로 하소서. 마르 14,36_283
내 멍에는 편하고 내 짐은 가볍다. 마태 11,30_90
내 아들아, 너의 마음을 나에게 다오. 너의 눈이 내 길을 즐겨 바라보게 하여라. 잠언 23,26_192
내 안에 머물러라. 나도 너희 안에 머무르겠다. 요한 15,4_567
내 양식은 나를 보내신 분의 뜻을 실천하고 그분의 일을 완수하는 것이다. 요한 4,34_231
내 영혼아 주님을 찬미하여라. 그분께서 해 주신 일 하나도 잊지 마라. 시편 103,2_187
너 나를 사랑하느냐? 요한 21,15_28
너는 나를 따라라. 요한 21,22_641
너는 나를 사랑하느냐? 요한 21,16_132, 401/요한 21,17_55, 152
너는 내 아들, 나 오늘 너를 낳았노라. 시편 2,7_325
너는 내 앞에서 살아가며 흠 없는 이가 되어라. 창세 17,1_238
너는 내가 보내면 누구에게나 가야 하고 내가 명령하는 것이면 무엇이나 말해야 한다. 예레 1,7_596
너는 눈에 넣어도 아프지 않을 나의 귀염둥이, 나의 사랑이다. 이사 43,4_380
너는 멜기세덱의 품위를 따라 영원한 사제이니라. 시편 110,4_453
너도 가서 그렇게 하여라. 루카 10,37_390
너 어디 있느냐? 창세 3,9_214
너희가 거저 받았으니 거저 주어라. 마태 10,8_112, 597
너희가 나를 뽑은 것이 아니라 내가 너희를 뽑아 세웠다. 요한 15,16_268, 465
너희가 나를 택한 것이 아니라 내가 너희를 택하여 내세운 것이다. 그러니 너희는 세상에 나가
    언제까지나 썩지 않을 열매를 맺어라. 요한 15,16_83, 305
너희가 내 말을 마음에 새기고 산다면 너희는 참으로 나의 제자이다. 그러면 너희는 진리를 알
    게 될 것이며 진리가 너희를 자유롭게 할 것이다. 요한 8,31-32_31
너희가 회개하여 어린이처럼 되지 않으면 결코 하늘 나라에 들어가지 못한다. 마태 18,3 주님
    안에서 늘 기뻐하십시오. 필리 4,4_593
너희는 근심에 잠길지라도 그 근심은 기쁨으로 바뀔 것이다. 요한 16,20_656
너희는 나를 누구라고 하느냐? 마태 16,15_643
너희는 남에게서 바라는 대로 남에게 해 주어라. 마태 7,12_551

너희는 마음을 다하고 목숨을 다하고 힘을 다하여 주 너희 하느님을 사랑해야 한다. 신명 6,5_501
너희는 언제나 내 사랑 안에 머물러 있어라. 요한 15,9_220, 532
너희는 온 세상에 가서 모든 피조물에게 복음을 선포하여라. 마르 16,15_233
너희는 좁은 문으로 들어가도록 힘써라. 루카 13,24_405
너희의 아버지께서 자비로우신 것같이 너희도 자비로운 사람이 되어라. 루카 6,36_660
네가 나를 정말 사랑하느냐? 요한 21,16_485
네가 돌아오거든 네 형제들의 힘을 북돋우 주어라. 루카 22,32_65
누가 감히 우리를 그리스도의 사랑에서 떼어 놓을 수 있겠습니까? 로마 8,35_475, 490
눈물로 씨 뿌리는 이들 환호하며 거두리라. 시편 126,5_77, 484
늘 깨어 기도하여라. 루카 21,36_585
늠름한 풍채도, 멋진 모습도 그에게는 없었다. 눈길을 끌 만한 볼품도 없었다. 사람들에게 멸시를 당하고 퇴박을 맞았다. 그는 고통을 겪고 병고를 아는 사람, 사람들이 얼굴을 가리우고 피해 갈 만큼 멸시만 당하였으므로 우리도 덩달아 그를 업신여겼다. 이사 53,2-3_657

[ㄷ]

다만 정의를 강물처럼 서로 위하는 마음 개울같이 넘쳐흐르게 하여라. 아모 5,24_179
당신 눈동자처럼 저를 보호하소서. 당신 날개 그늘에 저를 숨겨 주소서. 시편 17,8_545
당신 말씀은 내 발의 등불이요, 나의 길에 빛이옵니다. 시편 119,105_244
당신 말씀은 제 발에 등불, 저의 길에 빛입니다. 시편 119,105_139, 556, 589
당신 자신을 낮추셔서 죽기까지, 아니, 십자가에 달려 죽기까지 순종하셨습니다. 필리 2,8_469
당신께 제 영혼을 들어 올리니, 주님, 당신 종의 영혼을 기쁘게 하소서. 시편 86,4_393
당신께서 사랑하시는 아드님의 나라로. 콜로 1,13_261
당신도 가서 그렇게 하시오. 루카 10,37_337
당신들을 세상에 보내어 영원히 썩지 않는 열매를 맺으라고 명했습니다. 요한 15,16_146
당신은 나의 주님, 내 좋은 것, 당신밖에 또 없나이다. 시편 16,2_274
당신은 나의 주님, 당신만이 나의 행복이십니다. 시편 16,2_260
당신은 저의 주님, 저의 행복 당신밖에 없습니다. 시편 16,2_69, 650
당신은 저의 하느님, 저를 불쌍히 여기소서. 시편 86,3_59
당신은(스승님은) 그리스도이십니다. 마르 8,29_500
당신의 숨을 내보내시면 그들은 창조되고 당신께서는 땅의 얼굴을 새롭게 하십니다. 시편 104,30_29
당신의 이름 깊이 그리워하여, 이 몸 당신 잊지 못하나이다. 이사 26,8_193
두려워마라. 내가 네 곁에 있다. 내가 네 힘이 되어 준다. 이사 41,10_366
두려워하지 마라. 마태 10,31 내가 너와 함께 있겠다. 이것이 내가 너를 보냈다는 표징이 될 것

이다. 탈출 3,12_617
두 사람이나 세 사람이라도 내 이름으로 모인 곳에 나도 함께 있겠다. 마태 18,20_64
뒤를 돌아다보아서는 안 된다. 창세 19,17_60
떠나라. 루카 10,3_578

[ㅁ]

마리아를 통해 예수님께로_372
마음이 가난한 사람은 행복하다. 마태 5,3_147
마음이 가난한 사람은 행복하다. 하늘 나라가 그들의 것이다. 마태 5,3_115
만일 여러분이 악함을 겪는 중에도 겸손하게 자신을 낮추시는 그리스도를 모른 체하지 않는다
　　면, 여러분은 참으로 들어 올려지신 그리스도 안에 확고하게 머물게 될 것입니다. 성 아우
　　구스띠노 설교 142,2_649
말씀이 사람이 되시어 우리 가운데 계시도다. 요한 1,14_460
말씀하신 대로 저에게 이루어지소서. Fiat! 루카 1,38_636
말이든 행동이든 무엇이나 주 예수님의 이름으로 하면서, 그분을 통하여 하느님 아버지께 감
　　사를 드리십시오. 콜로 3,17_105
맑고 고운 당신의 길, 노래하며 걸으오리라. 시편 100_553
모든 이에게 모든 것이 1코린 15,28_228
모든 이에게 모든 것이 되었습니다. 1코린 9,22_351, 605
모든 일에 언제나 우리 주 예수 그리스도의 이름으로 하느님 아버지께 감사드리십시오. 에페
　　5,20_45
목자는 자기 양들의 이름을 하나하나 불러 밖으로 데리고 나간다. 요한 10,3_530
무슨 일을 하든지 하느님께 여쭈어라. 그가 네 앞길을 곧바로 열어 주시리라. 잠언 3,6_419
무엇이든지 그가 시키는 대로 하여라. 요한 2,5_217, 631
물 위로 걸어오라고 하십시오. 마태 14,28_350
밀알 하나가 땅에 떨어져 죽지 않으면 한 알 그대로 남고 죽으면 많은 열매를 맺는다. 요한
　　12,24_424, 444
밀알 하나가 땅에 떨어져 죽지 않으면 한 알 그대로 남아 있고 죽으면 많은 열매를 맺는다. 요
　　한 12,24_38

[ㅂ]

받아먹어라. 이것은 내 몸이다. 마르 14,22_106
보라, 나는 너를 내 손바닥에 새겼다. 이사 49,16_333
보십시오, 이 아기는 이스라엘에서 많은 사람을 쓰러지게도 하고 일어나게도 하며, 또 반대를 받는 표징이 되도록 정해졌습니다. 그리하여 당신의 영혼이 칼에 꿰찔리는 가운데, 많은 사람의 마음속 생각이 드러날 것입니다. 루카 2,34-35_526
보십시오, 저는 주님의 종입니다. 루카 1,38_613
보십시오, 저는 주님의 종입니다. 말씀하신 대로 저에게 이루어지기를 바랍니다. 루카 1,38_538
복되어라, 거룩히 기뻐할 줄 아는 백성은. 주여, 당신 얼굴의 빛 속에 걸으리라. 시편 88,16_276
복음을 전하라! Ad Jesum Per Mariam!_209
비록 우리가 여럿이지만 모두 한 몸인 것입니다. 1코린 10,17_195

[ㅅ]

사는 길을 그에게 배우고 그의 길을 따라가자. 이사 2,3_576
사람을 살리는 사제가 되겠습니다._579
사람의 아들도 섬김을 받으러 온 것이 아니라 섬기러 왔다. 마르 10,45_62
사람의 아들은 섬김을 받으러 온 것이 아니라 섬기러 왔고, 또 많은 이들의 몸값으로 자기 목숨을 바치러 왔다. 마르 10,45_379
사람의 아들은 섬김을 받으러 온 것이 아니라 섬기러 왔다. 마태 20,28_340, 514
사람이 무엇이기에 이토록 생각해 주시며 사람이 무엇이기에 이토록 보살펴 주시나이까? 시편 8,5_361
사람이 무엇이기에 이토록 생각해 주시며 사람이 무엇이기에 이토록 보살펴 주십니까. 시편 8,5_394
사랑으로 서로 종이 되십시오. 갈라 5,13_534
사랑은 모든 것을 덮어 주고 모든 것을 믿으며 모든 것을 바라고 모든 것을 견디어 냅니다. 1코린 13,7_429
사랑은 오래 참습니다. 1코린 13,4_148
사랑이 없으면 나는 아무것도 아닙니다. 1코린 13,2_364, 409
사랑하는 사람은 누구나 하느님께로부터 났으며 하느님을 압니다. 1요한 4,7_382
사랑하는 이는 모두 하느님에게서 태어났으며 하느님을 압니다. 1요한 4,7_286
사랑하는 이는 모두 하느님에게서 태어났으며 하느님을 압니다. 하느님은 사랑이시기 때문입니다. 1요한 4,7-8_116
사실 사람의 아들은 섬김을 받으러 온 것이 아니라 섬기러 왔고, 또 하느님의 몸값으로 자기 목숨을 바치러 왔다. 마르 10,45_646
산들이 밀려나고 언덕들이 흔들린다 하여도 나의 자애는 너에게서 밀려나지 않고 내 평화의

계약은 흔들리지 아니하리라. 이사 54,10_242
살아 있는 돌로서 영적 집을 짓는 데에 쓰이도록 하십시오. 1베드 2,5_498
생명의 말씀을 굳게 지키십시오. 그래야 내가 달음질치며 수고한 것이 헛되지 않게 되고 그리
　스도의 날에 그것을 자랑할 수 있을 것입니다. 필리 2,16_587
서로 사랑하여라. 요한 13,34_554
서로 사랑합시다. 사랑은 하느님에게서 오는 것이기 때문입니다. 사랑하는 이는 모두 하느님
　에게서 태어났으며 하느님을 압니다. 1요한 4,7_378
선생님은 살아 계신 하느님의 아들 그리스도이십니다. 마태 16,16_176
성령께서 맺어 주시는 열매는 사랑, 기쁨, 평화, 인내, 친절, 선행, 진실, 온유, 그리고 절제입니
　다. 갈라 5,22-23_449
세상을 이기는 승리의 길은 곧 우리의 믿음입니다. 1요한 5,4_653
손을 뻗어라. 마르 3,5_420
스승이며 주인 내가 너희의 발을 씻어 주었으니 너희도 서로 발을 씻어 주어야 한다. 요한 13,14_48
시몬아, 너는 나를 사랑하느냐? 요한 21,16_525

[ㅇ]

아멘. 오십시오. 주 예수님!Amen. Veni, Domine Iesu! 묵시 22,20_25
아멘. 우리 하느님께 찬미와 영광과 지혜와 감사와 영예와 권능과 힘이 영원무궁하기를 빕니
　다. 아멘. 묵시 7,12_246
아버지, 아버지께서 제 안에 계시고 제가 아버지 안에 있습니다. 요한 17,21_177
아버지, 아버지의 영광을 드러내소서. 요한 12,28_461
아버지와 내가 하나인 것처럼 이 사람들도 하나가 되게 하여 주십시오. 요한 17,11_630
아버지의 뜻이 이루어지게 하소서. 마태 6,10_109
아버지의 뜻이 이루어지게 하십시오. 루카 22,42_221
아버지의 뜻이 하늘에서와 같이 땅에서도 이루어지게 하소서. 마태 6,10_26, 222
아버지, 이 사람들이 모두 하나가 되게 하여 주십시오. 요한 17,21_548
아버지, 제 뜻대로 마시고 아버지의 뜻대로 하소서. 마르 14,36_386
아버지, 제 영을 당신 손에 맡기옵니다. 루카 23,46_143
아버지, 진리를 위하여 몸을 바치는 사람이 되게 하여 주십시오. 요한 17,17_395
아빠! 아버지! 제가 원하는 것을 하지 마시고 아버지께서 원하시는 것을 하십시오. 마르 14,36_248
암사슴이 시냇물을 그리워하듯 내 영혼 하느님을 그리나이다. 시편 42,2_601
암사슴이 시냇물을 그리워하듯 하느님, 제 영혼이 당신을 이토록 그리워합니다. 시편 42,1_88
얘야, 너는 늘 나와 함께 있고 내 것이 모두 네 것이 아니냐? 루카 15,31_413
얘야! 번제물로 드릴 어린양은 하느님께서 손수 마련하신단다. 창세 22,8_309

어미는 혹시 잊을지 몰라도 나는 결코 너를 잊지 아니하리라. 이사 49,15_638
언제나 기뻐하십시오. 끊임없이 기도하십시오. 모든 일에 감사하십시오. 1테살 5,16-18_68, 216, 483, 546, 560, 570
언제나 기뻐하십시오. 끊임없이 기도하십시오. 모든 일에 감사하십시오. 이것이 그리스도 예수님 안에서 살아가는 여러분에게 바라시는 하느님의 뜻입니다. 1테살 5,16-18_278
여러분은 그리스도 예수께서 지니셨던 마음을 여러분의 마음으로 간직하십시오. 필리 2,5_524
여러분은 모두 겸손의 옷을 입고 서로 섬기십시오. 1베드 5,5_375
여러분은 이 빵을 먹고 이 잔을 마실 때마다 주님의 죽으심을 선포하고 이것을 주님께서 다시 오실 때까지 하십시오. 1코린 11,26_51
여인이 제 젖먹이를 잊을 수 있느냐? 제 몸에서 난 아기를 가엾이 여기지 않을 수 있느냐? 설령 여인들은 잊는다 하여도 나는 너를 잊지 않는다. 이사 49,15_219
예, 주님! 저는 온갖 신뢰 속에 주님과 함께 성실하게 걸어가겠습니다. 주님께서는 길이요 진리요 생명이시기 때문입니다. 요한 14,6 참고_528
예수 그리스도께서 하느님의 마음에 드시는 하나뿐인 희생 제사를 바치셨듯이 저의 온 생애도 하느님께 드리는 영원한 제물이 되게 하소서. 부활 주간 예물 기도 중_663
예수 그리스도여, 나는 당신의 살과 피를 만들어야 할 사람이며 바로 당신 그리스도가 되어야 할 사람이니, 예수여 나를 위하여 예수가 되어 주소서._410
예수께서 대답하셨다. "그렇다. '너희는 사람의 아들이 전능하신 분의 오른쪽에 앉아 있는 것과 하늘의 구름을 타고 오는 것을 볼 것이다.'" 마르 14,62_513
예수님께서 베드로에게 말씀하셨다. "나는 너의 믿음이 꺼지지 않도록 너를 위하여 기도하였다." 루카 22,32_477
예수님께서 지니셨던 바로 그 마음을 여러분 안에 간직하십시오. 필리 2,5_145
오늘도 내일도 그다음 날도 내 길을 계속 가야 한다. 루카 13,33_153, 253, 416, 435
오직 죄인을 부르러 왔노라. 마태 9,13_27
오직 하나 주께 빌어 얻고자 하는 것은 한평생 주님의 집에 산다는 그것. 시편 27,4_310
와서 아침을 드시오. 요한 21,12_234
와서 아침을 들어라. 요한 21,12_161
완전한 사람이 되어라. 마태 5,48_210
용기를 내어 일어서라. 그분이 너를 부르신다. 마르 10,49_255
우리 주 예수 그리스도의 복음과 연결이 없는 나는 아무것도 아니옵니다._322
우리 주 예수 그리스도의 아버지 하느님께 찬양을 드립니다. 에페 1,3_96
우리가 지금은 거울에 비친 모습처럼 어렴풋이 보지만 그때에는 얼굴과 얼굴을 마주 볼 것입니다. 1코린 13,12_306
우리는 보이지 않는 것을 희망하기에 인내심을 가지고 기다립니다. 로마 8,25_58
우리는 하느님께 바치는 그리스도의 향기입니다. 2코린 2,15_377

우리는 하느님께 피어오르는 그리스도의 향기입니다. 2코린 2,15_189
우리는 하느님의 작품입니다. 에페 2,10_131
우리도 주님과 함께 죽으러 갑시다. 요한 11,16_33
이들도 우리처럼 하나가 되게 해 주십시오. 요한 17,11_159
이 몸은 주님의 종입니다. 루카 1,38_414
이 몸은 주님의 종입니다. 지금 말씀대로 저에게 이루어지기를 바랍니다. 루카 1,38_625
이 몸은 주님의 종입니다. 지금 말씀대로 저에게 이루어지길 바랍니다. 루카 1,38_522
이 몸을 주님의 것이라 불러 주셨음에 감사드립니다. 그리스도 하느님의 힘 1코린 1,24_369
이 사람들이 진리를 위하여 몸을 바치는 사람들이 되게 하여 주십시오. 요한 17,17_408
이 생명 다하도록 십자가 길 따라_44
이 잔을 마태 20,22_329
이제, 저의 눈이 당신을 뵈었습니다. 욥 42,5_130
이제는 내가 사는 것이 아니라 그리스도께서 내 안에 사시는 것입니다. 갈라 2,20_46, 272, 627
이 희망은 우리를 실망시키지 않습니다. 로마 5,5_591
인간이 무엇이기에 아니 잊으시나이까. 이 종락 무엇이기에 따뜻이 돌보시나이까? 시편 8,4_642
인간이 무엇이기에 이토록 기억해 주십니까? 사람이 무엇이기에 이토록 돌보아 주십니까? 시편 8,5_86, 662
인간이 무엇이옵니까? 당신께서 기억해 주시다니! 사람의 아들이 무엇이옵니까? 당신께서 돌보아 주시다니! 시편 8,5_404
일어나 저 큰 성읍 니네베로 가서, 내가 너에게 이르는 말을 그 성읍에 외쳐라. 요나 3,2_626
일어나, 가시오! 요한 8,11_434
일하지 않는 사람은 먹지도 마십시오. 2테살 3,10_365
임을 따라 달음질치고 싶어라. 아가 1,4_349

[ㅈ]

자애와 공정을 제가 노래하오리다. 시편 101,1_66
저는 멍텅구리, 알아듣지 못하였습니다. 저는 당신 앞에 한 마리 짐승이었습니다. 그러나 저는 늘 당신과 함께 있어 당신께서 제 오른손을 붙들어 주셨습니다. 당신의 뜻에 따라 저를 이끄시다가 훗날 저를 영광으로 받아들이시리이다. 시편 73,22-24_224
저는 쓸모없는 종입니다. 루카 17,10_403
'저는 아이입니다' 하지 마라. 너는 내가 보내면 누구에게나 가야 하고……. 예레 1,7_225
저는 주님의 자애를 영원히 노래하오리다. 시편 89(88),2_457
저분은 주님이십니다. 요한 21,7_347
저의 하느님, 저는 당신의 뜻을 즐겨 이룹니다. 제 가슴속에는 당신의 가르침이 새겨져 있습니

다. 시편 40,9_230
저희는 보잘것없는 종입니다. 그저 해야 할 일을 했을 따름입니다. 루카 17,10_235
저희는 쓸모없는 종입니다. 해야 할 일을 하였을 뿐입니다. 루카 17,10_74, 336
제가 당신을 잘 앎으로써 항상 당신 눈에 들게 해 주십시오. 탈출 33,13_332, 633
제가 비록 어둠의 골짜기를 간다 하여도 재앙을 두려워하지 않으리니 당신께서 저와 함께 계
 시기 때문입니다. 당신의 막대와 지팡이가 저에게 위안을 줍니다. 시편 23,4_85
제 뜻대로 마시고 아버지 뜻대로 하소서. 마태 26,39_56
제 뜻이 아니라 아버지의 뜻이 이루어지게 하소서. 루카 22,42_135
제 영광과 기쁨은 바로 여러분! 1테살 2,20_345
제 한평생 당신을 찬미하고 당신 이름 부르며 저의 두 손 들어 올리오리. 시편 63,5_335
주는 나의 힘 나의 노래 이사 12,2_440
주님께 감사하라. 그 좋으신 분을. 시편 117_78
주님께 받은 은혜 나 무엇으로 갚사오리. 시편 116,12_374
주님께 의지하는 사람 시온 산 같으니 흔들림 없이 항상 꿋꿋하여라. 시편 125,1_41
주님께서 나를 도와주는 분이시니 나는 두려워하지 않으리라. 히브 13,6_574
주님께서 나를 보내시어 가난한 이들에게 복음을 전하게 하셨다. 루카 4,18_61
주님께서 쓰시겠답니다. 루카 19,31_300
주님께서 허락하신 십자가를 버리지 말게 하소서._133
주님, 내 눈을 열어 남들에게 요긴한 것이 무엇인지 보게 하시고, 내 귀를 열어 남들이 부르짖는 바
 를 듣게 하시고, 내 마음을 열어 남들을 돕게 하소서. 아시시의 프란치스코 성인_205
주님, 당신께서 제게 들을 수 있는 귀를 주셨나이다. 나는 예, 대답하며 당신께 나갑니다._70
주님 뜻대로 사제 되어 첫 미사를 봉헌하나이다._80
주님 빛으로 빛을 보옵니다. 시편 36,10_388
주님, 아침에는 당신의 사랑을, 밤에는 당신의 진실을 알림이 얼마나 좋으니이까 시편 92,3_447
주님 안에서 늘 기뻐하십시오. 거듭 말합니다. 기뻐하십시오. 필리 4,4_288
주님은 나의 목자 아쉬울 것 없노라. 시편 23,1_555
주님은 나의 목자, 아쉬울 것 없어라. 시편 23,1_126
주님은 나의 힘, 나의 노래, 나의 구원이시다. 이사 12,2 이제는 내가 사는 것이 아니라 그리스
 도께서 내 안에 사시는 것입니다. 갈라 2,20_637
주님은 저의 목자시니, 제게 아쉬울 것이 없습니다. 시편 23,1_185
주님을 위한 노력은 결코 헛되지 않는다는 것을 명심하십시오. 1코린 15,58_344
주님을 찾는 마음에 기쁨 있어라. 시편 105,3_262
주님의 영이 내 위에 내리셨다. 주님께서 나를 보내시어 가난한 이들에게 기쁜 소식을 전하
 고……. 루카 4,18_623
주님의 이름을 불렀고 영원히 부르오리다 Et nomen Domini invocalli. 시편 114_227

주님이 얼마나 좋으신지 너희는 보고 맛들여라. 시편 34,9_319
주님이며 스승인 내가 너희의 발을 씻었으면, 너희도 서로 발을 씻어 주어야 한다. 요한 13,14_201, 331
주님, 저희가 누구에게 가겠습니까? 주님께는 영원한 생명의 말씀이 있습니다. 요한 6,68_108, 291
주님, 저희를 길이 당신의 것(소유)으로 삼아 주소서. 탈출 34,9_628
주님, 제가 어떻게 하면 좋겠습니까? 사도 22,10_71
주님, 제게 당신의 길을 가르치소서. 제가 당신의 진실 안에 걸으오리다. 시편 86,11_79
주님, 주님께서 영원한 생명을 주는 말씀을 가지셨는데 우리가 주님을 두고 누구를 찾아가겠
　　　습니까? 요한 6,68_293
주여, 당신은 어려서부터 나의 희망이외다. 시편 71,5_313
죽음의 그늘진 골짜기를 간다 해도 당신 함께 계시오니 무서울 것 없나이다. 시편 23,4_156
지금까지 하느님을 본 사람은 없습니다. 그러나 우리가 서로 사랑하면 하느님께서 우리 안에
　　　머무르시고, 그분 사랑이 우리에게서 완성됩니다. 1요한 4,12_470
지금은 내가 하자는 대로 하여라. 마태 3,15_451
진리가 너희를 자유롭게 하리라. 요한 8,32_402, 565
진리가 너희를 자유롭게 할 것이다. 요한 8,32_250, 354, 496
진리를 따라 사는 사람은 빛이 있는 데로 나아간다. 요한 3,21_129

[ㅊ]

착한 목자는 양들을 위하여 자기 목숨을 내놓는다. 요한 10,11_647
처음과 같이 이제와 항상 영원히 아멘._245
친구들을 위하여 목숨을 내놓는 것보다 더 큰 사랑은 없다. 요한 15,13_232

[ㅍ]

평화가 너희와 함께 요한 20,21_436

[ㅎ]

하나가 되게 해 주십시오. 요한 17,11_486
하느님, 깨끗한 마음을 새로 지어 주시고 꿋꿋한 뜻을 새로 세워 주소서. 시편 51,10_562
하느님께서 당신의 힘을 펼치시어 나에게 주신 은총에 따라 나는 이 복음의 일꾼이 되었습니다.
　　　에페 3,7_43

하느님께서 보시니 참 좋았다. 창세 1,31_39
하느님께서는 우리 안에서 힘차게 활동하시면서 우리가 바라거나 생각하는 것보다 훨씬 더 풍성하게 베풀어 주실 수 있는 분이십니다. 에페 3,20_615
하느님께서는 지혜로운 자들을 부끄럽게 하시려고 이 세상의 어리석은 것을 선택하셨습니다. 그리고 하느님께서는 강한 것을 부끄럽게 하시려고 이 세상의 약한 것을 선택하셨습니다. 1코린 1,27_445
하느님, 나에게 깨끗한 마음을 새로 지어 주시고, 꿋꿋한 뜻을 새롭게 하소서. 시편 51,12_67
하느님, 내 마음을 깨끗이 만드시고 내 안에 굳센 정신을 새로 하소서. 시편 51,12_72
하느님, 당신 자애에 따라 저를 불쌍히 여기소서. 당신의 크신 자비에 따라 저의 죄악을 지워 주소서. 시편 51,3_54
하느님에게서 좋은 것을 받는다면, 나쁜 것도 받아들여야 하지 않겠소? 욥기 2,10_137
하느님은 사랑이시다. 1요한 4,16_432
하느님은 사랑이십니다. 1요한 4,16_174, 196, 252, 417, 467
하느님을 사랑하는 이들, 그분의 계획에 따라 부르심을 받은 이들에게는 모든 것이 함께 작용하여 선을 이룬다는 것을 우리는 압니다. 로마 8,28_511
하느님의 나라는 이 어린이와 같은 사람들의 것이다. 루카 18,16_100
하느님의 더 큰 영광을 위하여 Ad Majorem Dei Gloriam_659
하느님의 보다 큰 영광을 위하여 Ad Majorem Dei Gloriam_399
하느님의 사랑을 받는 사람아, 안심하여라. 두려워 말고 힘을 내어라. 힘을 내어라. 다니 10,19_433
하느님의 은총으로 지금의 내가 되었습니다. 1코린 15,10_356
하느님, 저를 불쌍히 여기소서. 시편 51,3_21
항상 기뻐하라 Semper Gaudete. 1테살 5,16_265
항상 기뻐하십시오. 늘 기도하십시오. 어떤 처지에서든지 감사하십시오. 1테살 5,16-18_406
행복하여라, 마음이 가난한 사람들! 하늘 나라가 그들의 것이다. 마태 5,3_494
행복하여라, 평화를 이루는 사람들! 마태 5,9_157
행복하여라. 마음이 가난한 사람들! 하늘 나라가 그들의 것이니 마태 5,3_181
행복하여라. 마음이 가난한 사람들! 하늘나라가 그들의 것이다. 마태 5,3_284
행복하여라. 마음이 깨끗한 사람들! 그들은 하느님을 볼 것이다. 마태 5,8_199
황혼에 머무른 사랑, 그 안에 머물고 싶어라._240
회개하시오. 하늘나라가 다가왔습니다. 마태 4,17_338
힘을 내시오, 내가 세상을 이겼습니다. 요한 16,33_488
힘을 내어 어서 일어나시오. 그분이 당신을 부르십니다. 마르 10,49_606